“十二五”国家重点图书出版规划项目

中国社会科学院创新工程学术出版资助项目

列国志

GUIDE TO THE WORLD NATIONS

新版

卢光盛　李晨阳　瞿健文　李　涛
编著

CAMBODIA

柬埔寨

社会科学文献出版社
SOCIAL SCIENCES ACADEMIC PRESS (CHINA)

柬埔寨国旗

柬埔寨国徽

金边大皇宫

国家博物馆

金边独立纪念碑

金边和平宫

女王宫殿

金边殖民时期建筑

金边现代建筑

吴哥窟人面像

吴哥窟建筑局部图片

吴哥窟的毗瑟奴雕像

暹粒巨树覆盖的塔普隆寺庙

巴戎寺寺庙浮雕

西哈努克港的佛教寺院

素可泰历史公园

传统的仙女舞者

水上市场的当地商贩

出版说明

《列国志》编撰出版工作自1999年正式启动，截至目前，已出版144卷，涵盖世界五大洲163个国家和国际组织，成为中国出版史上第一套百科全书式的大型国际知识参考书。该套丛书自出版以来，受到社会各界的广泛好评，被誉为“21世纪的《海国图志》”，中国人了解外部世界的全景式“窗口”。

这项凝聚着近千学人、出版人心血与期盼的工程，前后历时十多年，作为此项工作的组织实施者，我们为这皇皇144卷《列国志》的出版深感欣慰。与此同时，我们也深刻认识到当今国际形势风云变幻，国家发展日新月异，人们了解世界各国最新动态的需要也更为迫切。鉴于此，为使《列国志》丛书能够不断补充最新资料，更好地服务于社会各界，我们决定启动新版《列国志》编撰出版工作。

与已出版的144卷《列国志》相比，新版《列国志》无论是形式还是内容都有新的调整。国际组织卷次将单独作为一个系列编撰出版，原来合并出版的国家将独立成书，而之前尚未出版的国家都将增补齐全。新版《列国志》的封面设计、版面设计更加新颖，力求带给读者更好的阅读享受。内容上的调整主要体现在数据的更新、最新情况的增补以及章节设置的变化等方面，目的在于进一步加强该套丛书将基础研究和应用对策研究相结合，将基础研究成果应用于实践的特色。例如，增加了各国有关资源开发、环境治理的内容；特设“社会”一章，介绍各国的国民生活情况、社会管理经验以及存在的社会问题，等等；增设“大事纪年”，方便读者在短时间内熟悉各国的发展线索；增设“索引”，便于读者根据人名、地名、关键词查找所需相关信息。

顺应时代发展的要求，新版《列国志》将以纸质书为基础，全面整合国别国际问题研究资源，构建列国志数据库。这是《列国志》在新时期发展的一个重大突破，由此形成的国别国际问题研究与知识服务平台，必将更好地服务于中央和地方政府部门应对日益繁杂的国际事务的决策需要，促进国别国际问题研究领域的学术交流，拓宽中国民众的国际视野。

新版《列国志》的编撰出版工作得到了各方的支持：国家主管部门高度重视，将其列入“国家‘十二五’重点出版规划项目”；中国社会科学院将其列为创新工程学术出版资助项目，王伟光院长亲自担任编辑委员会主任，指导相关工作的开展；国内各高校和研究机构鼎力相助，国别国际问题研究领域的知名学者相继加入编辑委员会，提供优质的学术咨询与指导。相信在各方的通力合作之下，新版《列国志》必将更上一层楼，以崭新的面貌呈现给读者，在中国改革开放的新征程中更好地发挥其作为“知识向导”“资政参考”和“文化桥梁”的作用！

新版《列国志》编辑委员会

2013 年 9 月

前　言

自1840年前后中国被迫开关、步入世界以来，对外国舆地政情的了解即应时而起。还在第一次鸦片战争期间，受林则徐之托，1842年魏源编辑刊刻了近代中国首部介绍当时世界主要国家舆地政情的大型志书《海国图志》。林、魏之目的是为长期生活在闭关锁国之中、对外部世界知之甚少的国人“睁眼看世界”，提供一部基本的参考资料，尤其是让当时中国的各级统治者知道“天朝上国”之外的天地，学习西方的科学技术，“师夷之长技以制夷”。这部著作，在当时乃至其后相当长一段时间内，产生过巨大影响，对国人了解外部世界起到了积极的作用。

自那时起中国认识世界、融入世界的步伐就再也没有停止过。中华人民共和国成立以后，尤其是1978年改革开放以来，中国更以主动的自信自强的积极姿态，加速融入世界的步伐。与之相适应，不同时期先后出版过相当数量的不同层次的有关国际问题、列国政情、异域风俗等方面的著作，数量之多，可谓汗牛充栋。它们对时人了解外部世界起到了积极的作用。

当今世界，资本与现代科技正以前所未有的速度与广度在国际间流动和传播，“全球化”浪潮席卷世界各地，极大地影响着世界历史进程，对中国的发展也产生极其深刻的影响。面临不同以往的“大变局”，中国已经并将继续以更开放的姿态、更快的步伐全面步入世界，迎接时代的挑战。不同的是，我们所面临的已不是林则徐、魏源时代要不要“睁眼看世界”、要不要“开放”问题，而是在新的历史条件下，在新的世界发展大势下，如何更好地步入世界，如何在融入世界的进程中更好地维护民族国家的主权与独立，积极参与国际事务，为维护世界和平，促进世界与人类共同发展做出贡献。这就要求我们对外部世界有比以往更深切、全面的了解，我们只有更全面、更深入地了解世界，才能在更高的层次上融入世界，也才能在融入世界的进程中不迷失方向，保持自我。

与此时代要求相比，已有的种种有关介绍、论述各国史地政情的著述，无论就规模还是内容来看，已远远不能适应我们了解外部世界的要求。人们期盼有更新、更系统、更权威的著作问世。

中国社会科学院作为国家哲学社会科学的最高研究机构和国际问题综合研究中心，有11个专门研究国际问题和外国问题的研究所，学科门类齐全，研究力量雄厚，有能力也有责任担当这一重任。早在20世纪90年代初，中国社会科学院的领导和中国社会科学出版社就提出编撰“简明国际百科全书”的设想。1993年3月11日，时任中国社会科学院院长的胡绳先生在科研局的一份报告上批示：“我想，国际片各所可考虑出一套列国志，体例类似几年前出的《简明中国百科全书》，以一国（美、日、英、法等）或几个国家（北欧各国、印支各国）为一册，请考虑可行否。”

中国社会科学院科研局根据胡绳院长的批示，在调查研究的基础上，于1994年2月28日发出《关于编纂〈简明国际百科全书〉和〈列国志〉立项的通报》。《列国志》和《简明国际百科全书》一起被列为中国社会科学院重点项目。按照当时的计划，首先编写《简明国际百科全书》，待这一项目完成后，再着手编写《列国志》。

1998年，率先完成《简明国际百科全书》有关卷编写任务的研究所开始了《列国志》的编写工作。随后，其他研究所也陆续启动这一项目。为了保证《列国志》这套大型丛书的高质量，科研局和社会科学文献出版社于1999年1月27日召开国际学科片各研究所及世界历史研究所负责人会议，讨论了这套大型丛书的编写大纲及基本要求。根据会议精神，科研局随后印发了《关于〈列国志〉编写工作有关事项的通知》，陆续为启动项目拨付研究经费。

为了加强对《列国志》项目编撰出版工作的组织协调，根据时任中国社会科学院院长李铁映同志的提议，2002年8月，成立了由分管国际学科片的陈佳贵副院长为主任的《列国志》编辑委员会。编委会成员包括国际片各研究所、科研局、研究生院及社会科学文献出版社等部门的主要领导及有关同志。科研局和社会科学文献出版社组成《列国志》项目工作组，社会科学文献出版社成立了《列国志》工作室。同年，《列国志》项目被批准为中国社会科学院重大课题，新闻出版总署将《列国志》项目列入国家重点图书出版计划。

在《列国志》编辑委员会的领导下，《列国志》各承担单位尤其是各位学者加快了编撰进度。作为一项大型研究项目和大型丛书，编委会对《列国志》提出的基本要求是：资料翔实、准确、最新，文笔流畅，学术性和可读性兼备。《列国志》之所以强调学术性，是因为这套丛书不是一般的“手册”“概览”，而是在尽可能吸收前人成果的基础上，体现专家学者们的研究所得和个人见解。正因为如此，《列国志》在强调基本要求的同时，本着文责自负的原则，没有对各卷的具体内容及学术观点强行统一。应当指出，参加这一浩繁工程的，除了中国社会科学院的专业科研人员以外，还有院外的一些在该领域颇有研究的专家学者。

现在凝聚着数百位专家学者心血，共计141卷，涵盖了当今世界151个国家和地区以及数十个主要国际组织的《列国志》丛书，将陆续出版与广大读者见面。我们希望这样一套大型丛书，能为各级干部了解、认识当代世界各国及主要国际组织的情况，了解世界发展趋势，把握时代发展脉络，提供有益的帮助；希望它能成为我国外交外事工作者、国际经贸企业及日渐增多的广大出国公民和旅游者走向世界的忠实“向导”，引领其步入更广阔的世界；希望它在帮助中国人民认识世界的同时，也能够架起世界各国人民认识中国的一座“桥梁”，一座中国走向世界、世界走向中国的“桥梁”。

《列国志》编辑委员会

2003年6月

CONTENTS
目录

CONTENTS

目 录

CONTENTS

目录

CONTENTS

目 录

CONTENTS

目录

CONTENTS
目录

CONTENTS

目录

CONTENTS

目录

CONTENTS

目 录

第一章

概　　览

第一节　国土与人口

一　国土面积

柬埔寨王国（The Kingdom of Cambodia）是东南亚一个具有悠久历史的文明古国，也是一个年轻而美丽的国度，它位于中南半岛东南部，国土面积 181035 平方公里，在东南亚 11 个国家中面积居第 8 位，大致与我国湖北省的面积相当。

二　地理位置

柬埔寨在北纬 10°20′～14°32′、东经 102°18′～107°37′之间，南北最长处约 440 公里，东西最宽处约 650 公里。柬埔寨王国东部、东南部和越南社会主义共和国接壤，柬越边界线长约 930 公里；西南部濒临泰国湾（暹罗湾），海岸线长约 460 公里；西部、北部与泰王国相邻，柬泰边界线长约 720 公里；东北部与老挝人民民主共和国交界，柬老边界线长约 400 公里。

三　地形气候

（一）地形

柬埔寨地形的特点非常鲜明，整体上就像一个大盆，北、东、西三面环山，包围着中央一个大平原，西南面向泰国（暹罗）湾是出海口，也有人将它形容为一口“带缺口的大锅”。高原、山地和平原分别占国土面积的29%、25%和46%。依据柬埔寨地势的起伏，由高到低可以分为西南、西北、东北、中部四大区域。

西南地区指洞里萨湖与暹罗湾之间的区域，大体上包括菩萨省、戈公省、贡布省、磅士卑省和磅清扬省，面积约2.6万平方公里，主要由豆蔻山脉和象山山脉两大山系组成。它们像一道横亘在柬埔寨内地与暹罗湾之间的天然屏障，挡住了台风对内地的侵袭。山脉西南麓一带分布着一系列港湾和滨海平原，其余大部分地区则是峰峦叠嶂、山高林密。豆蔻山因盛产柬埔寨民间常用的药用植物豆蔻而得名，从马德望省的珠山向东绵延数百公里，一直延伸到磅士卑省，平均海拔在1000米以上，其中占他武里山和班塔山构成了柬埔寨与泰国的天然分界线。位于菩萨省与磅士卑省之间克佐山脉海拔1813米的奥拉山是柬埔寨境内的最高峰，海拔1744米的第二高峰克莫奈峰坐落在豆蔻山中段，此外还有很多海拔超过1000米的高山，如东坡山（1563米）、普农潘山（1450米）、克莫山（1425米）、邦山（1400米）、莫山（1337米）、库普山（1258米）等。象山山脉则是豆蔻山脉沿海岸向东南和南延伸至卜哥的部分，海拔在1000米以下。

西北地区包括马德望省、班迭棉吉省、奥多棉吉省及柏威夏省，面积约1.8万平方公里。位于柬埔寨北部由西向东延伸300多公里的扁担山脉构成了柬埔寨与泰国之间的天然边界。扁担山脉因其山形狭长、山顶平缓、形似扁担而得名，平均海拔500米，最高处是朴诺姆丹烈克山，海拔761米，扁担山脉南麓是由砂岩构成的悬崖峭壁，将它与中部平原隔开。

东北地区包括上丁省、腊塔纳基里省、桔井省、蒙多基里省和磅湛省的一部分地区，面积约5.2万平方公里。这一地区分布有东部高原、上川龙高原和磅湛高原。这些高原地势平缓，海拔在100～500米之间，其中，绵延于老挝、越南边境的长山山脉西侧长约1000公里、宽50～300公里缓斜的山坡称作多乐高原（又称东部高原）。多乐高原中部地形稍低，向北和向南逐渐升高。南部的上川龙高原海拔在400～1000米之间，最高处是海拔1103米的南里阿山。多乐高原分布着大面积的火山熔岩，经过长时间的风化后形成了肥沃的红土，是柬埔寨重要的旱地农业区。

中部地区以洞里萨湖和湄公河为核心，包括金边市、干丹省、茶胶省、波萝勉省、柴桢省的全部以及磅士卑、磅清扬、磅同、暹粒、磅湛、上丁、桔井、菩萨、马德望等省的部分地区，面积约8万平方公里。洞里萨盆地—湄公河低地构成了柬埔寨最大的地理单元。柬埔寨中部地区在远古时期是一个大海湾，由于湄公河从上游带来大量泥沙淤积，遂使河口不断向外延伸，形成了今日的大平原。洞里萨湖周围地势平坦，海拔低于110米。河流湖泊众多，土地肥沃，人口稠密，交通发达，物产丰富，是柬埔寨著名的鱼米之乡；而湄公河及其支流周围地区，地势低洼，最高处海拔只有32米，最低处海拔仅为3米。金边以南的平原是湄公河三角洲的组成部分，约占整个三角洲总面积的1/5。

（二）气候

柬埔寨地处北回归线以南，属热带季风气候，雨量充沛，空气湿润，气温很高，终年如夏。年平均气温达29℃～30℃；每年的12月、1月气温最低，月平均气温为24℃；每年4月气温最高，月平均气温为35℃，个别地区甚至超过40℃；但是年平均温差只有6℃。

每年定期从海洋和内陆吹来的季风，将柬埔寨分为雨季和旱季两个明显的季节。一般来说，每年5～10月为雨季，柬埔寨全国年均降水量为2000毫米，其中90%的降水集中在雨季，雨季月平均降水都在200毫米以上。受地形和季风影响，各地降水量差异较大，降水的分布很不均衡。西南部地区因迎着西南季风降水量比国内其余地区要多，西南沿海的豆蔻山、象山临暹罗湾一侧年均降水量高达4000毫米以上，降水量最高的卜哥山年降水量达5473毫米；中部平原地区年降水量为1000～1500毫米；东部高原地区年降水量为2000毫米左右。降水量最多的是9、10两个月，降水量最少的是1月份。每年11月至翌年4月为旱季，由于干燥的东北季风从亚洲内陆吹来，使得雨水稀少，整天阳光直射，气温很高。

柬埔寨的气候在不同地域有着不同的特点。地处内陆的北部地区由于受海洋季风影响较小，降水量相对少，气温变化较大，属于典型的高原气候。地处柬埔寨盆地中央的中部平原地区由于地势低，气候比较干热，雨量偏少。西南沿海地区受海洋季风影响很大，降水量充沛，年气温变化较小。

四 行政区划

（一）行政区划的演变

自1953年11月9日获得独立以来，柬埔寨的行政区划经常处于不断调整变化之中，这既是柬埔寨国内政权频繁更迭的结果，又从一个侧面反映出柬埔寨局势在相当长一段时期内处于不稳定状况。

柬埔寨独立前全国分为15个省、1个特别市（金边市）。1957年新增设腊塔纳基里省。1964年新设柏威夏省。1965年柬埔寨对行政区划作了一次大的调整，将全国划分为19个省、5个直辖市。19个省分别是马德望省、贡布省、干丹省、磅湛省、磅清扬省、磅士卑省、磅同省、桔井省、波萝勉省、暹粒省、上丁省、茶胶省、柴桢省、蒙多基里省、柏威夏省、戈公省、奥多棉吉省、菩萨省及腊塔纳基里省；5个直辖市分别是金边市、白马市、波哥市、西哈努克市和基里隆市。1970年朗诺政变上台后对行政区划再作调整，新增了特莫博省、拜林省、磅实拉省、基里翁省、乌东棉吉省、磅达叻省和普依德省，将基里隆市改为基里隆省。这样，柬埔寨全国共划分为27个省。1975年民主柬埔寨政权对行政区划进行大的合并，根据地域将全国划分为6个大区、2个直辖市。6个大区包括中部大区、西南大区、西北大区、北部大区、东北大区及东部大区；2个直辖市是金边市和磅逊市；大区之下设地区、专区和村3级。1979年金边政权上台后基本上又恢复了1965年的行政区划，只是将暹粒省和奥多棉吉省东部合并为暹粒—奥多棉吉省，新设立班迭棉吉省。经调整后的行政区划包括19个省、2个直辖市，省以下设县、乡，乡以下设村组。2个直辖市是金边市、西哈努克市。

（二）行政区划现状

根据1993年9月柬埔寨制宪议会通过的新宪法，柬埔寨王国的行政区划分为省（Khet）/直辖市（Krong）、县（Srok）/区（Sangkat）、乡

（Khum）、村（Phum）4级，全国划分为19个省、2个直辖市（金边市和西哈努克市），金边市、暹粒市和西哈努克市被列为对外开放城市，同时新辟白马市、波哥市和基里隆市为旅游区。柬埔寨新一届政府成立后，对行政区划作了调整，恢复班迭棉吉省建制，并将白马市、拜林市辟为直辖市。截至2004年12月，柬埔寨全国共设有20个省、4个直辖市、185个县（区）、1622个乡、13866个村。

柬埔寨王国的20个省分别是：马德望省、贡布省、干丹省、磅湛省、磅清扬省、磅士卑省、磅同省、桔井省、波罗勉省、班迭棉吉省、暹粒省、上丁省、茶胶省、柴桢省、蒙多基里省、柏威夏省、戈公省、奥多棉吉省、菩萨省和腊塔纳基里省。4个直辖市分别是：金边市、西哈努克市、白马市和拜林市。

五 人口、民族、语言

（一）人口

总体而言，柬埔寨是一个地广人稀的国家，是中南半岛五国中除老挝之外人口最少的国家。同时，柬埔寨又是一个人口增长速度较快的国家，人口年轻化的特点非常明显。

1953年柬埔寨独立后，全国人口只有400万。1962年柬埔寨进行了一次全国范围的人口普查，当时全国总人口为570万。1971年为696万，1985年为738万，1990年人口约840万，1993年人口约870万，1994年为950万。1998年柬埔寨再次举行全国性人口普查，据柬埔寨社会福利部公布的统计数据，1998年全国总人口为1143.5万，1999年人口为1173.5万，2000年人口为1204万，2001年人口为1234万，2002年人口为1258万，2003年人口为1282.4万。2008年人口普查的资料显示，柬埔寨全国总人口为1339.6万，其中男性占48.6%，女性占51.4%。

柬埔寨人口一直保持着较高的增长速度。在1962～1998年，人口年增长率平均达27‰；1998～2002年的人口增长率分别为4.7%、2.6%、2.6%、2.5%、2.0%。根据柬埔寨最新的人口普查数据，2008

年柬埔寨的人口净增长率为1.54%，相较1998年第一次人口普查时的2.49%的增长率有所下降。据柬埔寨官方统计，柬埔寨2011年的人口净增长率为1.5%。2012年亚洲发展银行统计数据显示，柬埔寨人口增长率为1.7%。从柬埔寨全国的人口密度来看，其增长速度也是相当惊人的：1972年为22人/平方公里，1987年为39人/平方公里，1990年为43.7人/平方公里，1998年为64人/平方公里，2008年为75人/平方公里，2012年为82人/平方公里，在40年的时间里人口密度增长了2.7倍。

柬埔寨人口的地理分布很不均衡，其中首都金边的人口密度最高，为4578人/平方公里，人口密度最低的省份是蒙多基里，仅为4人/平方公里。磅湛是柬埔寨人口最多的省份，位于柬埔寨的东部，人口密度为171人/平方公里。人口最少的是白马市，仅为35753人，但人口密度却高达106人/平方公里。柬埔寨人口地理分布多与自然条件相关，例如降水、气温、地理位置等，适宜农业发展的地区聚集较多的人口，而生存环境较差的山地虽然面积较大，但人口稀少。随着经济的发展和国家开放程度的加深，直辖市经济发展迅速，大量的农村人口进入城市打工，使得城市人口的密度远远高于农村。

从人口的年龄结构看，表现出明显的年轻化特点。15岁以下儿童占总人口的比例，1959年为45%，1962年为46%，1987年为44.9%，1991年为47%，2001年为43%。根据最新的柬埔寨人口普查数据，1998年15岁以下儿童为4897808人，占总人口的42.8%；2008年15岁以下儿童为4513792人，占总人口的33.7%；从1998~2012年的14年间，柬埔寨的青少年比率逐年下降，其主要原因是柬埔寨近年的生育观念有所改变。2001年65岁以上人口占总人口的比例仅为2.8%。2003~2012年，柬埔寨的老龄人口有所增加，65岁以上的人口（含65岁）占总人口的比例逐渐升高，依次为4.14%、4.26%、4.38%、4.51%、4.64%、4.77%、4.91%、5.03%、5.15%、5.25%。

柬埔寨的人均预期寿命不算长，独立后的前20多年没有什么变化，到20世纪90年代柬埔寨实现和平、国民经济得到发展后，人均预期寿命有了明显提高。1959 年人均预期寿命男性为 44.2 岁，女性为 43.3 岁；20 世纪 70 年代初期男性为 42 岁，女性为 44 岁；1991 年男性为 46 岁，女性为 49 岁；2002 年人均预期寿命 54 岁；2004 年人均预期寿命为 57.9 岁，其中男性为 56.4 岁，女性为 59.2 岁；2011 年人均预期寿命已延长到 63 岁，其中男性为 61.6 岁，女性为 64.4 岁。

（二）民族

柬埔寨是一个多民族国家，全国共有 20 多个民族和部族，除高棉族之外，还有占族、普农族、老族、泰族、华族、京族、缅族、马来族、斯丁族等少数民族和土著部落。

1. 高棉族（Khmers）

高棉族是柬埔寨的主体民族，约有 1277 万人（2011 年），占全国总人口的 86.3%。我国古书称为吉蔑人，但他们自称高棉人。从体质来看，高棉人普遍身材矮小，但体格强壮，肌肉发达，皮肤浅棕色，鼻子扁平，黑眼珠，厚唇，头发卷曲，经常嚼食槟榔，牙齿漆黑发亮。

从语言看，高棉族有自己的语言和文字。高棉语是柬埔寨全国通用语言。

从族源来看，学术界的看法不一。有观点认为高棉族是从印度迁来的，与印度人同族，但人类学家对高棉人与印度人的体质进行比较后，否定了高棉人来自印度的看法。柬埔寨学者认为高棉族是东南亚的土著民族，可能是美拉尼西亚人与印度尼西亚人混合而产生的一个民族。中国有些学者提出高棉人即我国史书上记载的吉蔑人或昆仑人。他们从亚洲西北高原一路南下到了云南，于公元前 6 ~ 前 5 世纪（有人说是公元前 2 ~ 前 1 世纪）向南迁徙到达柬埔寨。尽管观点各异，但今日的高棉族是由多种民族融合而成，却是公认的事实。

从分布来看，高棉族主要居住在柬埔寨境内，但与柬埔寨相邻的越南、老挝、泰国境内也有高棉人。柬埔寨的高棉人又分为平原高棉人和山地高棉人。平原高棉人主要分布在湄公河沿岸、洞里萨湖平原周围以及过渡性平原和沿海地带，山地高棉人分布在偏僻山区和边境地区。高棉人的住房以人字形干栏式建筑的高脚屋为主，其特点是既防洪水、猛兽又可避湿气。平原高棉人主要从事农业，种植水稻、棉花，兼营渔业和手工业；山地高棉人则靠种植山地作物、采集林产品为生。

高棉人笃信小乘佛教，男性大多当过和尚，在寺院生活过。高棉人喜好清洁，待人有礼貌，乐善好施。社会上有慈善、敬老、和睦、忍耐、团结互助的良好习俗。这些都与高棉人普遍拥有的佛教观念分不开。高棉族的家庭以核心家庭为主，典型的高棉族核心家庭通常是5口之家，即一对夫妇和他们的3个未婚子女，子女结婚后一般都要离开父母，自立门户。高棉人的家庭实行家长制，丈夫是一家之长，但妻子掌握着家庭经济方面的权力，他们的合法子女可以平等地继承家庭财产。

高棉族创造了灿烂的文化，吴哥古迹、柏威夏古寺都是高棉人引以为自豪的文化遗产。高棉族在文学、诗歌、雕刻、民间音乐、舞蹈诸多方面均取得丰硕的成就。

2. 占族

柬埔寨的占族约有22.2万人（2011年），占总人口的1.51%。占族几乎全部信仰伊斯兰教，有人把他们称作穆斯林高棉人。

从体质来看，占族属于马来－波利尼西亚人种，身材普遍较小，棕色皮肤，黑色或褐色头发，脸毛和体毛较长，侧面脸形与欧洲人有点相似。

占族人有自己的语言和拼音文字，文字的写法与高棉族、老族、泰族的文字类似，是从印度的梵文演化而来的，只有年长者懂得这种文字。

从族源来看，占族的历史悠久。公元2世纪占族在中南半岛（今越南中部地区）建立了占婆国。我国史书称之为“林邑”，唐代史籍称之为“环王”，五代以后则称“占城”，该国的碑文自称“占婆”。占婆国曾经强盛一时，12世纪以后开始衰落，越南人不断对占婆国发动兼并战争，1471年大部分领土被越南后黎王朝吞并，17世纪以后完全被越南所灭，一部分占族被越南人所同化，另一部分占族被迫迁往其他地方。今日柬埔寨的占族就是占婆国的遗民。因此，占族绝大部分分布在柬埔寨和越南两国，此外，在马来西亚和印度尼西亚也有少量占族人。柬埔寨占族学者波·达尔马根据宗教信仰将占族分为正宗占族（Orthodox Chams）和传统占族（Traditional Chams）两大族群。

柬埔寨境内的占族主要分布在干丹省西北部乌栋至磅湛省的湄公河沿岸以及干丹省至贡布省的沿海地区，在其余高原山地省份也有一些占族人的小村落。磅湛省是占族人聚居的地方。占婆国被越南人并灭后，大批占族人移居此地，因此被柬埔寨人称作“磅湛”，意即“占族人的村庄”。由于宗教信仰的原因，占族人通常有自己的社区，不与高棉人混居、通婚，而是自成村落，住房多为直接建在地上的平房，人们习惯于把建在湖边、河岸的占族人村子称为江边村落，而建在内陆高地上的称为高地村落。占族人重要的聚居地一般都建有清真寺。占族人与高棉人及其他民族一般能保持比较友好的关系。

居住在湖边、河岸的占族人主要从事捕鱼、种植水稻和蔬菜，用捕获的鱼与高棉人交换大米，妇女从事手工编织与纺织。居住在内陆的占族人主要种植水稻、饲养牲畜、从事渔猎等。占族人善于经商，如贩卖、屠宰牲畜，生产金属制品，从事运输业，织纱笼，编草席等，占族人家庭手工编织的丝织纱笼是柬埔寨著名的特产。

占族人原来信奉婆罗门教，后来他们与从马来半岛和印度尼西亚迁来的穆斯林混居，逐渐改信伊斯兰教。

占族人十分勇敢，内部非常团结，民族观念浓厚。占族人有自己的传统服装，男女都穿纱笼，在腰部打结，妇女上身穿无领长袖紧身上衣，男子上身着开襟白色衬衣，头上包穆斯林头巾或围巾。

3. 华族

柬埔寨华族人口约69.5万人（2011年），其中，金边市有华族10万多人。华侨华人侨居柬埔寨的历史非常悠久，在宋代就有华人在柬埔寨定居，清代以后移民更多。1890年，柬埔寨的华侨华人已达13万人。1963年，柬埔寨华族人口达到43万，占柬埔寨全国总人口的7.4%。首都金边市的华族最多，达13.5万人。20世纪60年代末期，柬埔寨一度出现大规模的排华浪潮，所有的华文报刊被查封，华人在经济领域受到严重限制。70年代以后柬埔寨长期处于战乱之中，大批华人被迫逃离柬埔寨，沦为难民，流落异国他乡，还有成千上万的华人死于战争、饥荒和迫害，柬埔寨的华族减少了10多万人。90年代初，柬埔寨国内政局稳定之后，华族人数逐渐有所回升。

柬埔寨的华族分布在全国各地。20世纪60年代的统计资料表明，大约41%的华族居住在农村。华族多从事商业，尤其是在零售业、批发业中占有较大的比例，也有相当一部分人从事种植业和手工业。华族与柬埔寨各族人民的关系比较友好，华族与当地人通婚的比例较高。

长期以来，华族对柬埔寨社会、经济、文化的发展做出了巨大的贡献，赢得了柬埔寨前国王诺罗敦·西哈努克的高度赞扬。华族给柬埔寨带来了先进的文化和生产技术，促进了柬埔寨现代工农业的形成与发展，以吃苦耐劳的精神为柬埔寨开垦农田、建设市镇，促进了柬埔寨的商品流通，加速了其国内外市场的形成，促进了中华传统文化与柬埔寨高棉文化的交流，加深了两国人民之间的传统友谊。

4. 京族

柬埔寨的京族人口约74万人（2011年），与越南的京族是同一民族。越南人（京族）从17世纪末开始移居柬埔寨。19世纪后期法国殖民者招聘了许多越南人到柬埔寨的橡胶园、胡椒园当劳工。1950年柬埔寨的越南人有29万多人。1979年越南入侵柬埔寨，大量越南人移居柬埔寨，使得其人数一度超过70万。柬埔寨的越南人大都保持着自己的文化，很少与高棉人接近。他们多为小商贩、手艺人，有些则从事捕鱼、种植水稻等。

5. 老（寮）族

柬埔寨的老族人口约2.5万人（2011年），与老挝的老族是同一民族。老族大多分布在柬埔寨东北部湄公河谷地上丁省、柏威夏省与老挝接壤的山区。他们主要从事农业、畜牧业、渔业。

6. 泰族

柬埔寨的泰族人口约2万人（2011年），与泰国的泰族是同一民族。大部分聚居在柬埔寨西部柬泰边境地区，主要分布于马德望省、奥多棉吉省、班迭棉吉省、暹粒省、戈公省。泰族人多从事农业、畜牧业和渔业，也采集林产品，还善于狩猎。

7. 普农族

柬埔寨的普农族人口约 10 万（2011 年）。主要分布在柬埔寨东北部的腊塔纳基里省、蒙多基里省、上丁省人烟稀少的山区。他们是柬埔寨的土著民族，讲高棉语方言，既信佛教，又敬鬼神，由普农、莫依、库伊、布劳、斯丁、比耶、比尔、嘉莱、瑞德等诸多部落组成。普农族主要种植旱稻，善于狩猎、捕鱼。

（三）语言

柬埔寨是一个多民族国家，其语言相当丰富。按照语言的起源可以分为 3 个语系，即南亚语系、汉藏语系和南岛语系。高棉语属于南亚语系，华语、缅语、泰语属于汉藏语系，占族语、马来语则属于南岛语系。按照语言的使用目的划分，又可分为官方语言、工作语言和通用语言等。柬埔寨绝大部分居民使用高棉语，柬埔寨王国宪法第 5 条规定："官方语言和官方文字是高棉语和高棉文。"因此，高棉语成了柬埔寨的国语。

1. 高棉语

高棉语，人们习惯上又称作柬语，作为柬埔寨国语在全国范围内通用，在人们的相互交流中发挥着重要作用。它是在不断吸纳各有关民族语言的基础上逐渐发展完善起来的，属于南亚语系孟－高棉语族。其文字看上去与泰文相似，但它起源比泰文早，是东南亚诸国中最为悠久的文字。在 19 世纪柬埔寨沦为法国殖民地以后，法国殖民当局强制推行法语教育，并把法语作为其官方语言，直到 1953 年柬埔寨获得独立之后，高棉语才恢复了其国语的地位。在柬埔寨境内高棉语分为三大方言区，即以马德望为中心的西部方言区、邻近越南的东部方言区、以金边市为中心的中部方言区，其中，以金边为中心的中部语是其标准语言。

高棉语是一种没有音调的语言。尽管高棉语不变调，却有着丰富的缀音系统。高棉语的词汇可以由 1～2 个音节组成，其句子结构和语序基本与汉语相同，但是其词汇组合结构与汉语不同，通常是主词在前，而形容词在后，即修饰语往往放在被修饰语之后，而不是放在被修饰语之前。

高棉语借用外来语的现象非常普遍。高棉语在发展过程中，既大量地借用了印度梵语和巴利语中有关社会、政治方面的词汇，也从汉语中借用了许多表示商业、财政和烹调方面的词汇，尤其是中国南方的潮州方言被大量吸收，如店主（Taoga，即头家）、粉条（Gauteo，即果条）、靠背椅（Gaoya，即交椅）、下服（Kao，即裤子）等。印度梵语和巴利语词之所以至今仍在使用，主要有两方面的原因：一是由于柬埔寨自古受到印度文化的影响，特别是宗教（包括婆罗门教、大乘佛教和小乘佛教）的流传，使得梵语和巴利语的词汇深入民间；二是柬埔寨王室融合着印度人的血统，历史上梵语和巴利语曾经是柬埔寨上层社会的雅语。近代以来，高棉语又从法语、英语中吸收了许多表示现代科学技术和物质文化的词汇。此外，越南语、缅语、泰语、马来语等语言的部分词汇也被其吸收消化后变成高棉语的组成部分。

高棉文字是在梵文和巴利文基础上结合高棉族语言创造出来的一种古老文字。根据碑铭考证发现，柬埔寨境内最早的高棉文碑铭是公元 609 年（一种说法是 611 年）立于吴哥西南约 20 公里的阿克姆（Akyom），此前的碑铭要么是用南印度巴拉伐字母篆刻，要么是用北印度摩羯陀字体篆刻，这说明高棉文大约是从公元 7 世纪开始使用的，而那时高棉语已经存在若干个世纪了。高棉语言和文字经过了 3 个发展阶段，即古高棉语文阶段（公元 7 ~ 12 世纪）、中世纪高棉语文阶段（公元 12 ~ 17 世纪）和现代高棉语文阶段（17 世纪以后）。

高棉文字是一种多缀拼音文字，有 21 个元音、12 个独立元音和 33 个辅音，共有 66 个字母。辅音字母中分别含有两个不同的潜在元音音素，辅音字母被分成相应的两组，绝大多数辅音都有非重读的可更改形式，称为标在下面的变音符，元音音标可以写在辅音音标之前，也可以写在其后、其上或其下。高棉文采用反切法拼音，元音在前，辅音在后，元音字母在与辅音字母拼读时发出两组不同的声音，但在书写时字形不变。辅音字母有两组不同的字形表，但其读音不变。有些从梵文和巴利文借用的外来词，辅音字母可以单独构成音节或单词，但拼读时须加元音。

高棉语言文字的使用还有讲究，身份地位不同的阶层，其语言的表达就不同，书面语言与方言土话也有很大的差异。如果用词用语不当，就会有失礼节。

2. 其他语言

除了高棉语之外，英语、法语也是柬埔寨政府部门的工作语言，学术界、工商界的许多专业人士都使用英语和法语。华语、越南语是普通市民中使用较多的通用语言。柬埔寨国内各少数民族还有自己的语言，例如，泰族讲泰语、老族讲老挝语、占族讲占语。

占族语言属于南岛语系，是一种没有音调的语言，一个单词可以包含1~3个音节，标准词序是主语—谓语—宾语，形容词通常跟在它所修饰的名词之后。占语有很多外来词，大多是从阿拉伯语、马来语和高棉语中借用的。传统的占族文字书写体以一种印度字体为基础，柬埔寨西部的占族文字则以阿拉伯文字体书写。

柬埔寨东北部的拉德人、嘉莱人也有自己的语言和文字，从语言学的分类来看，应属于南岛语系语言，其文字是在越南语字母基础上用拉丁字母来书写。

六　国旗、国徽、国歌

1. 国旗

1993年6月29日，西哈努克亲王签署命令更改国旗，恢复使用1970年3月18日以前柬埔寨王国国旗的图案。柬埔寨王国国旗呈长方形，长与宽之比为3:2。由3个平行的横长方形相连构成，中间是红色宽面，上下均为蓝色长条。红色象征吉祥和喜庆，蓝色象征光明和自由。红色宽面中间绘有白色镶金边的吴哥窟，这是柬埔寨最为著名的古代建筑，象征柬埔寨悠久的历史和古老的文化。

2. 国徽

柬埔寨王国国徽是以王剑为中心线两边对称的图案。菱形图案中的王剑由托盘托举，喻示着在柬埔寨王权具有至高无上的地位；两侧为由狮子守护着5层华盖，“5”这个数字在柬埔寨风俗里象征“完美、吉祥”；两边的棕榈树叶象征胜利。底部的饰带上用柬文写着“柬埔寨王国之国王”。整个图案象征柬埔寨王国在国王的领导下，是一个统一、完整、团结、幸福的国家。

3. 国歌

柬埔寨王国国歌最初是1941年确定的，1947年又再次得到确认，该国歌从1941年一直使用到1970年。朗诺政变上台后采用了新的国歌。1975年4月17日柬埔寨人民武装力量解放金边后，又恢复使用1941～1970年的国歌，但仅使用了一年的时间，1976～1979年民主柬埔寨采用了新的国歌。1979年柬埔寨人民共和国成立后亦用新的国歌。直到1993年新的柬埔寨王国成立，再次恢复了1970年以前的国歌。

柬埔寨王国国歌是由琼奈（Chuon Nat）作词、F. 佩吕绍（Perruchot）和J. 杰克尔（Jekyll）作曲，根据柬埔寨民歌的基调谱写而成的，国歌的名称是“诺哥列尔”（Nokoreach）〔“诺哥列尔”（Nokoreach）：柬埔寨历史地名，在现今茶胶省境内，耶跋摩七世在吴哥大兴土木时，这里曾盛极一时。“诺哥”在高棉语中表示“城市”，“列尔”表示“皇家”〕。歌词的主要内容是：

上天保护我们的国王，
赐予他幸福和荣耀，
为了统治我们的心灵、主宰我们的命运，
王国缔造者的继承人，
指引着自豪的古老王国。

寺院在丛林中酣睡，
铭记着吴哥王朝的辉煌。
高棉民族像岩石一样永恒。
让我们对挑战时代的王国——柬埔寨的命运充满信心。

歌声从宝塔中升起，
颂扬神圣佛教信仰的荣耀，
让我们忠诚于先辈们的信仰，
上天就会把恩惠慷慨赐予古老的高棉国家——柬埔寨。

第二节 宗教与民俗

一 宗教

柬埔寨是一个有多种宗教信仰的国家。宗教在柬埔寨人民的政治、社会和日常生活中占有十分重要的地位。柬埔寨王国宪法第 43 条规定："男女公民均享有充分的信仰自由，国家保护信仰和宗教自由"，同时又非常明确地将佛教确定为柬埔寨的国教。其他宗教还包括伊斯兰教、天主教和原始宗教等。

（一）小乘佛教

小乘佛教，又称南传上座部佛教，是柬埔寨的国教。全国居民中有 90% 信仰小乘佛教。佛教产生于公元前 6 世纪的印度，公元 2 世纪分裂为大乘与小乘两大派。小乘佛教的教义并不把佛看作是神，而是一位指点迷津的教师，他要信徒超尘脱俗，过简朴平等的生活。小乘佛教崇尚俭朴，宣传"生死轮回""自我解脱"，容易为柬埔寨普通民众所接受。小乘佛教所用语文是巴利文，佛经用巴利文抄写。公元 1 世纪左右，佛教与婆罗门教同时从印度传入柬埔寨，在相当长的历史时期内，婆罗门教占据着柬埔寨的主要宗教地位。公元 5 ~ 6 世纪，在婆罗门教盛行的同时，大乘佛教也很兴盛，但到 14 世纪以后，随着泰国不断入侵，吴哥王朝走向衰亡，吴哥寺等建筑被摧毁，大乘佛教与婆罗门教一并衰落，小乘佛教最终取得了在柬埔寨的主导地位。

近代以来，柬埔寨的小乘佛教分为两大派别，即摩诃尼伽派（Mohanikay）与达摩育特派（Thamayut）。"摩诃"在巴利文中是"大"的意思，"尼伽"意指"群"，"摩诃尼伽"意指"大群"，因此，摩诃尼伽派又称"大群派"，是传统高棉佛教，历史悠久，在普通平民中流传甚广，势力很强，影响颇大。其僧侣人数占柬埔寨僧侣总数的 90%，寺院数占总数的 94%，总部设在金边的乌那隆寺。

"达摩"在巴利文中指"正法"，"育特"是"追随"之意，"达摩育特”就是“追随正法者”，达摩育特派又称“追随正法派”。1864 年泰国曼谷王朝的拉玛四世蒙固王创立达摩育特派，由柏索坤长老从暹罗传入柬埔寨。该派严格奉守小乘佛教正统教派的规矩，戒律森严，主要在柬埔寨王室、贵族和高级官员中流传。尽管僧侣人数只占全国僧侣总数的 10%，由于得到王室和高官显贵的支持，其势力不小，且地位重要。达摩育特派分布于柬埔寨国内的 13 个地区，尤以金边的势力最大，总部就设在金边市宝东华德寺。

小乘佛教两大教派对佛教教义的理解基本一致，地位平等，互不干扰，关系融洽，各派都有自己的僧职系统和寺院，僧侣通常过着诵经参禅的宗教生活，僧王（Samdech the Chiefs of the Orders of the Mohanikay and Thamayut）均由国王任命。国王每年召集两大教派的僧领开一次会。两派的不同体现在持戒、诵经和执钵等方面。相对而言，达摩育特派更强调持戒的严格性，比较重视传统，摩诃尼伽派不过多地强调传统，达摩育特派化缘时用手捧着僧钵，诵经时用地道的巴利语，而摩诃尼伽派则是背着僧钵去化缘，用高棉语诵经。

柬埔寨小乘佛教的两大派别都有自己的全国佛教会和分支机构，还有许多全国性的宗教组织。国王是两派佛教会的最高领袖，国王从两派有威望的高级僧侣中挑选任命僧王。僧王是僧侣的最高领袖，两派僧王彼此独立，分管各自派别属下的僧众。僧侣按照资历分成 11 个等级，最上面的 4 个等级是高级僧侣，通称“罗阇加那”（Rajagna），他们都是出家 20 年以上的僧侣，过着优裕的生活。高僧下面的 7 个等级是初级僧侣和普通比丘，通称“塔纳努克兰”，他们主要依靠信徒的布施维持生计。两大教派在每个省都设一个教区，由一个方丈主持；每个县设一个小教区，由一个副方丈主持；每个寺院有一个主持长老和两个副主持助理。1952 年两大教派联合成立了“柬埔寨佛教共和会”，这是国家最高级的佛教徒组织。1954 年 7 月 1 日，柬埔寨国王谕令成立了“柬埔寨王家佛教大学”，即西哈努克拉查佛教大学，这是柬埔寨佛学的高等学府。1970 年又成立了“柬埔寨宗教学生共和会”，1971 年成立了“柬埔寨佛教青年会”，这些宗教组织在协调教派关系、促进佛教徒的团结合作等方面发挥了重要作用。

几乎每一个村庄都有一座寺庙。寺庙不仅是宗教活动中心，也是当地的主要社会活动场所，还承担着地方教育的职责。每个寺庙常住着若干和尚，拥有一定数量的藏书。寺庙里的和尚分为两级，7~20岁的小和尚称“沙弥”，年龄在20岁以上、已经当过沙弥且经过另一次剃度的和尚称“比丘”。每座寺庙有一名由上级僧长任命的长老全权负责各种事务，还有一些居士和临时工。僧侣除了诵经拜佛，也负责教儿童识字学文化，宣传卫生常识，给村民们看病送药。每逢教日，佛教徒都云集寺庙，聆听僧侣诵经说教。平时佛教徒也会到寺庙举行节日庆典活动和聚会。据统计，1951年柬埔寨全国有寺院2253座，1953年全国共有僧侣3.7万人，1961年寺院为2800座、僧侣达5.35万人，到1967年寺院发展到3120座。但在20世纪70年代，宗教活动一度被禁止，许多寺庙和佛塔被摧毁，直到20世纪80年代中期以后宗教活动才逐步得到恢复。1981年柬埔寨全国只有寺院740座，僧侣4930人；1982年寺院增加到1821座，僧侣7000人。

在柬埔寨，不论地位高低，男性佛教徒一生中必须有出家当和尚的经历，时间可长可短，短则几天，长可终身为僧。很多家长都鼓励子孙削发为僧，一个家庭里有人出家当和尚是非常荣耀的，亲朋好友、街坊邻居都会敲锣打鼓结队相送，因为僧侣在柬埔寨的社会生活中拥有特殊的地位，受到各阶层群众的普遍尊敬。僧侣被视为最有学问的人，也是最有道德修养的人。僧侣在普通民众的社会生活中扮演着相当重要的角色。他们传播宗教思想，普及教育，为民众治病。群众遇到困难通常会向他们求教，他们会帮助出谋划策，替民众排忧解难。在柬埔寨，只要穿上袈裟就被视为不可侵犯的人，不受拘捕、不服兵役，也不纳税，经过剃度当过和尚的人，还俗后在就业、婚姻等诸多方面有优越性，即使僧侣违法犯罪，也必须先由宗教组织令其还俗，才能受到起诉并被追究法律责任。

但是，僧侣的生活也是非常简朴而清苦的。他们必须严格遵守教规戒律，不仅要独身，而且要剃发、剃眉、剃须。僧侣通常身披黄色袈裟，左肩袒露，下身穿黄色纱笼；出门时撑黄伞，赤脚而行；每天清晨起床沐浴后，便二人一组走村串户去化缘，接受布施回到寺庙之后就开始念经。僧侣每天只吃两餐，除了早餐和午餐，从午后到次日早餐前是不能进食的。小乘佛教禁止僧侣饮酒，但允许吃荤，只要不是自己宰杀的就行。

（二）伊斯兰教

伊斯兰教是柬埔寨的第二大宗教，有教徒 20 多万人，其中绝大部分是占族人和马来人。柬埔寨的伊斯兰教属于逊尼派。柬埔寨的穆斯林有自己的清真寺，目前全国大约有 100 多座清真寺。金边附近的克罗昌格瓦清真寺最为著名。每年都有一些占族人专程到马来西亚去学习《古兰经》，但柬埔寨穆斯林更向往能亲自到麦加朝圣。只有那些到过麦加的穆斯林，才能戴圆筒形的穆斯林帽子，围穆斯林头巾，这在占族人中是非常荣耀的。

伊斯兰教是东南亚海岛国家北传至柬埔寨的。19 世纪末在穆普特等 4 位伊斯兰教领袖的领导下，柬埔寨的穆斯林才得到统一。20 世纪 50 年代，独立后的柬埔寨王国政府成立了一个五人委员会，以加强对伊斯兰教的控制。在红色高棉统治的 1975～1979 年间，红色高棉政府不允许穆斯林前往清真寺拜祭，还摧毁了绝大部分的清真寺，直到 20 世纪 80 年代以后，伊斯兰教才逐渐获得复苏，清真寺的数量恢复到 1975 年以前的水平。

（三）天主教

天主教是 17 世纪由欧洲传教士传入柬埔寨的。1660 年，一个由 400 名葡萄牙传教士后裔和其他外侨组成的天主教传教使团来到柬埔寨。由于高棉人笃信小乘佛教，这些西方传教士的传教活动进展非常有限，但在 19 世纪中叶以后法国殖民统治时期，殖民当局对天主教采取保护政策，由法国的“外方传教会”“法国耶稣会”等组织从事天主教的传教活动，成立了各种教友会，在柬埔寨的越南侨民中发展了许多天主教徒。有关资料表明，柬埔寨独立前的 1953 年，全国的天主教会会员共有 12 万人，教徒总数超过了伊斯兰教，一度成为柬埔寨的第二大宗教。到 1970 年遣返越南侨民时，大约有 5 万名是天主教徒的越南侨民被遣回国。1972 年柬埔寨约有 2 万名天主教徒，他们多是留在柬埔寨的法国人。

（四）原始宗教

柬埔寨东部和北部山区的少数民族部落都有自己独特的宗教信仰。他们相信万物有灵，把鬼神和自然界的许多事物联系在一起，石头、大树、水、火、土壤甚至稻谷、道路都可以成为他们崇拜的神。如果遇到灾难，或者有人生病，他们就认为是触怒了这些神灵，必须宰杀家禽家畜，举行各种献祭仪式，才能消除灾难。有的部落还有专门为病人驱鬼治病的巫师神汉。

（五）婆罗门教

婆罗门教是公元1世纪从印度传入柬埔寨的外来宗教。它信奉三大神：梵天、毗湿奴和湿婆，曾经在很长时期内是柬埔寨的主要宗教。公元9世纪，吴哥王朝创始人阇耶跋摩二世宣称自己是湿婆的化身，把对湿婆的信仰与帝王崇拜结合在一起，在柬埔寨大力推崇婆罗门教，婆罗门教进入全盛时期，并对古代柬埔寨的政治体制、意识形态、语言文字、建筑艺术、社会风俗等方方面面都产生了重大影响。14世纪以后婆罗门教逐渐走向衰落几尽灭亡，其地位被小乘佛教所取代。但是婆罗门教的影响仍存在于柬埔寨人民的生活中，特别是王室的重大庆典活动，例如国王登基、王子剃度、王室成员结婚或丧葬、大臣向国王宣誓效忠等，都要由婆罗门教的祭司来主持庆典仪式。柬埔寨国王被称为婆罗门教教主，国王尊婆罗门教祭司为国师。国王的王冕、金履、掌扇、罗伞、宝剑是传国之宝，这些重要物品也由国师保管。婆罗门教主神湿婆仍受到人们的崇拜。

二 节日

柬埔寨的节庆很多，既有世界性的节日，如元旦节、国际妇女节、国际劳动节、国际儿童节等，又有许多柬埔寨特有的节日，如柬埔寨新年、柬埔寨问题巴黎和平协定纪念日、西哈努克国王诞辰日、王国独立日等，还有不少柬埔寨的民间传统节日（见表1－1）。

（一）柬埔寨新年

每年公历4月13～15日是柬埔寨新年，全国放假3天。新年期间，全国各地的寺院都要重新布置，悬挂佛教的五色旗和白色的鳄鱼旗，结上铜铃。男女老少穿上节日盛装，成群结队到寺院礼佛斋僧；建沙塔、浴佛

表 1-1 柬埔寨 2013 年节日一览表

日期	节日	假期
1月1日	元旦	休假1天
1月7日	胜利纪念日	休假1天
2月25日	麦加宝蕉节	休假1天
3月8日	国际妇女节	休假1天
4月13~15日	柬新年	休假3天
5月1日	国际劳动节	休假1天
5月13、14、15日	国王华诞	休假3天
5月24日	比萨宝蕉节	休假1天
5月28日	御耕节	休假1天
6月1日	国际儿童节	休假1天
6月18日	国母华诞	休假1天
9月24日	立宪节	休假1天
10月3~5日	亡人节	休假3天
10月15日	悼念西哈努克国父日（新增节日）	休假1天
10月23日	巴黎和平协定日（新增节日）	休假1天
10月29日	国王登基日	休假1天
10月31日	国父华诞	取消
11月9日	独立节	休假1天
11月16~18日	送水节	休假3天
12月10日	国际人权节	休假1天

资料来源：柬埔寨中文社区，http：//www.7jpz.com/thread-8963-1-1.html。

像是传统的庆祝活动。

新年的第一天为守岁，这天下午要举行迎新年仪式，晚上家家户户张灯结彩，请僧侣诵经祈福。第二天为辞岁，上午举行各种庆贺仪式，下午请僧侣念经，进行沐浴，亲朋好友之间互相馈赠礼物。建沙塔于新年的第一、二天在寺院举行，先由僧侣在寺院周围放置一些沙作为若干个塔基，用竹片、树枝把塔基四周围起来，并插上纸花、红旗等，接下来由民众搬来沙子倒进去。参与建沙塔的人很多，很快就堆成若干个沙塔，人们把香、烛插在沙塔上，洒一些香水和槟榔，举行祈祷仪式，希望来年五谷丰登、健康长寿、幸福就像沙粒那么多！柬埔寨人相信，在新年里建沙塔所积的功德，犹如建造七级浮屠一样多。

新年第三天为新岁，要举行浴佛仪式。人们将装有鲜花、洒过香水的清洁水淋于佛像上，佛像下面用盆子接水，这些浴过佛的水被柬埔寨人视为圣水。人们将圣水带回家，洒在每个人头上，给孩子淋浴。人们相信这样做可以为家人、孩子带来吉祥和幸福。这一天，文武百官和各国驻柬埔寨外交使节都穿上礼服，进王宫给国王、王后拜年。全国各地城乡都举行多种多样的新年庆祝活动。

（二）御耕节

御耕节是柬埔寨一个十分隆重的传统节日，时间是每年柬历比萨月下弦初四（公历 4、5 月间）。柬埔寨是农业国，农业在国民经济中占有相当重要的地位，把御耕节定为传统节日，表明国王重视农耕，鼓励人们从事农业。御耕节期间正是雨季来临，意味着一年农耕的开始。

每年要举行隆重的御耕典礼，政府机关放假一天。

御耕典礼由柬埔寨政府的农业部组织，国王、王后亲临现场观看，文武百官和各国驻柬使节应邀参加。仪式在特定的圣田里进行，圣田周围设有 5 座亭子，每个亭子里有一尊佛像。圣田前方设置礼坛，礼坛上并排放着 7 个大银盘，分别装着稻谷、青豆、玉米、芝麻、青草、水和酒。

仪式开始后，作为国王代表的农业部长率领群众首先来到西北角的亭子，向佛像礼拜后吹起海螺，表示耕作开始。随后，农业部长亲自扶犁，带领耕作队伍来到东边的亭子，把披着五色彩衣的“神牛”解开，用“神水”洒在牛身上，然后由“神牛”拖着木犁，绕着圣田作象征性的犁耙。王后的代表和一些宫女紧随其后，从银盘中抓起五谷种子撒播在圣田里，象征着播种。最后，把“神牛”牵到礼坛前，让它自由选食，以预卜这年庄稼收成的好坏。若是牛吃稻谷、玉米，就预示着这年粮食将有大丰收；要是牛吃了青豆、芝麻，可能意味着水果的好收成。

（三）亡人节

亡人节也是柬埔寨的传统节日，类似中国的清明节。设立亡人节，既是悼念追思自家已故的亲人，又是为了救济无数的“饿鬼野魂”。因此，佛教徒要集体到寺院去做善事，积功德。按照传统，这个节日通常要持续15天，但现在已经缩短到3天。

“添汶”是亡人节的重要活动。节日期间，每天清晨佛教徒们都要聚集到寺院，带上各家煮好的饭菜，把所有的米饭放在一张干净的大草席上，将所有的菜都倒入一口大锅里，摆好碗碟，先请僧人用膳。僧人吃完后，佛教徒们才吃早餐。饭后各自回家。有些老人一直待到节后才回去，当地人称“受节”。

亡人节最后一天活动很多，也最为隆重热闹。第一个仪式是“波列隆达”。凌晨3时人们就起床，用芭蕉树皮制作小船，焚香点烛，将装有食品的小船放到河水里，任它随波逐流，漂向远方，寓送先人升上天堂之意。第二个仪式是“砌沙坛”，天亮后人们着盛装来到寺院，善男信女们砌好8座沙坛，围坐其旁，僧人在沙坛上点上几炷香开始诵经。信徒们依次传递着点燃的蜡烛，以此为已故先人赎罪。第三个仪式是“邦速鼓”，人们将寄放在寺院的骨灰盒取出，没有骨灰盒的则把死者的名字写在一张纸上，请僧人为之诵经超度。仪式完成后，亡人节就算结束了。

（四）送水节

送水节是柬埔寨盛大的传统节日之一，时间是佛历“佳得”月满月（公历11月）。柬埔寨国土上到处江河纵横，水在人们的日常生活中有巨大的影响。“在柬埔寨文化中，水象征着生命与生育”。“送水节”是祭祀每年11月间湄公河、洞里萨河河水退潮的节日。每到雨季，湄公河、洞里萨河河水高涨，淹没许多田地，11月份落潮之后大片土地变成了良田，农业获得丰收。柬埔寨人认为这是上天的恩赐，因此，每年河水退潮时就要举行仪式，欢送水神、地神，酬谢上天赐予他们水和土地，同时，也祈求上天对他们平时浪费水和土地行为的宽恕。

送水节通常持续3天，全国各地张灯结彩，纷纷举行规模浩大的庆祝活动，国王、王后和王室成员都要参加。国王还亲自主持某些重要仪式，邀请各国驻柬外交使节观礼。最重要的活动主要有3项，首先是“放河灯”。节日期间，人们在湄公河、洞里萨河沿岸搭建起许多浮宫和观礼台，河面上停泊着无数的小船。当夜幕降临、圆月东升之时，湄公河、洞里萨河畔响起隆隆的礼炮声。在王室成员或政府高官的主持下，由高僧带领众人进行祷告，“愿流水把一切病魔和灾难冲走，把幸福与安康带给人间”。祷告仪式结束后，人们开始放河灯，各式各样的河灯漂浮在湄公河和洞里萨河上，宛如繁星闪烁，承载着人们默默的祝福随河水流向远方。渔民们在各自的小船上设祭台，摆满祭品，点亮灯烛，把河面照得透亮。王室的河灯最为华丽，往往是一艘装饰辉煌、设有祭台的小艇，祭台上布置了数百支红蜡烛，先由国王亲自点燃其中的几支，然后由王室其他成员和贵宾们把其余的蜡烛一一点燃，任由这艘小艇在江面漂流，与数不清的大小河灯混杂在一起，构成了河灯、明烛与圆月争辉的美景，也体现了王室与民同乐的情怀。

其次是“祭月”仪式，通常在午夜时分举行。国王用圣水浸湿手掌和脸，然后用一片树叶蘸着圣水，洒在孩子们身上，为他们祈福。老百姓一般在寺院里祭月，以水果、蔬菜作为祭品，点燃蜡烛，向月亮拱拜，祈求来年庄稼有好收成。

另一项活动是龙舟竞赛。节日期间每天下午在金边著名的四臂湾都要举行龙舟竞赛，每次有几十艘龙舟参赛。全国各地的村民们把安放在寺院里的龙舟取下来，请僧侣念经祈祷后，再把龙舟重新油漆一遍，在龙舟上画一对金色的大眼睛就可以正式参赛了。龙舟一般长约 20 米，可容纳 40 ~ 50 名选手。每艘龙舟的船首都站立着一位指挥者，他控制着划桨的速度和节拍；船尾坐着一位舵手，负责掌握行船的方向；船上还有一位扮装成小丑、戴着面具的鼓劲者，他时而唱出嘹亮的歌声，时而做出诙谐的动作，时而发出低沉的笑声，时而吹出高昂的号角，不断给自己船上的选手鼓劲。江面上百舸争流，河岸边成千上万身着节日盛装的男女老幼欢歌笑语，加油呐喊。人们都沉浸在狂欢之中，场面十分壮观。

（五）加顶节

加顶节是柬埔寨佛教徒最隆重的节日之一，时间从每年佛历 11 月初一开始，持续一个月（10 月 29 日至 11 月 26 日）。加顶节是指在雨季斋期结束后佛教徒给僧侣们添置一套袈裟、馈赠一些日用品这样的活动，因此每到加顶节期间，经常可以看到人们排起长队向僧侣们赠送袈裟的场面。

加顶节仪式由善男信女自发组织，通常由富裕人家或是德高望重的人发起并承担有关费用。他们负责收集人们捐赠的物品，主要有袈裟、钵、蚊帐、椅子、碗筷和食品等。送袈裟的头一天要搭建一个临时会场，人们把捐赠的礼物放进一顶轿子，敲锣打鼓抬到会场，举行诵经祝福仪式。晚上，人们唱歌跳舞一直狂欢到深夜。第二天清晨，人们穿上新衣服来到会场，用轿子抬着礼物前往寺院，在外面绕行 3 圈才进入寺院。烧香拜佛后，由一位代表把礼物敬献给寺院住持，僧侣们以诵经的方式向人们祝福。仪式结束后人们高高兴兴地敲锣打鼓回家。

三　民俗

（一）生活习俗

1. 婚姻习俗

结婚成家是柬埔寨人生活中的一件大事。由于地处热带，气候炎热，柬埔寨人普遍发育成熟早，加上饮食、传统习惯等多方面的原因，柬埔寨男女青年结婚比较早，通常男子在 18～25 岁、女子在 16～22 岁结婚。柬埔寨人非常尊重传统，其婚姻生活也保持了自己的民族传统特色。

柬埔寨实行一夫一妻制。父母对子女的婚姻很重视，一方面，成年男女有充分的恋爱自由，另一方面，成婚须由媒人说亲，征得双方父母的同意之后，再按照传统仪式完婚。这通常需要经过物色配偶、请人说亲、商定聘礼、举行婚礼等步骤。

在柬埔寨，成年男女青年可以自由地在一起玩耍，以便在互相交往过程中寻找意中人。那些出家当过和尚后还俗的男子比较受女子喜欢，更容易找到自己的配偶。男女青年产生感情后，男子便请求父母找媒人到女方家里提亲。男方的父母在选择媒人时，通常要找那些在当地有地位、家庭美满的“好命人”为媒。媒人带上水果、糕点、槟榔、烟叶等礼物到女方家提亲，征求女方家长的意见；如果女方家有意，媒人第二次再带礼物去求婚，并索取女方的生辰八字，请巫师算卦；要是卜得吉兆，媒人第三次带礼物去女方家把婚事确定下来。

订婚之后，媒人还要多次为双方牵线搭桥，商量嫁妆、彩礼等事宜，经协商取得一致意见后，男方就要给女方送聘礼。聘礼一般是钱物，也有送金银首饰、布料甚至给女方盖新房的。女方家收下聘礼之后，便要请巫师卜卦选择结婚日期。婚礼要选黄道吉日，但不能在佛教斋日和逢单数的月份。从订婚到举行婚礼通常要有两三个月的准备时间。有的地方还要求男方在订婚后先到女方家干活，如果女方家对男方干活不满意的话，有可能会解除婚约。

柬埔寨有“女娶男”的风俗。婚礼多在新娘家举行。按照传统习惯，婚礼一般要持续3天，场面十分隆重，也相当讲究。在举行婚礼过程中有“睡米”“凿齿”“牵衣角”“收草席”等诸多仪式，要请和尚为新郎新娘诵经祈福，有条件的家庭还要请乐队吹奏乐曲。男女双方的亲朋好友、乡里乡亲都来祝贺，大家欢聚一堂，载歌载舞，十分热闹。

随着时代的发展，柬埔寨的传统婚礼有逐步简化的趋势，时间也从3天缩短至1天，但仍保留了一些古老的婚姻仪式。在城镇居民中，传统婚俗的痕迹越来越淡化。

今天，大多数柬埔寨人对婚姻大事仍持相当慎重的态度。尽管离婚、再婚都已合法化，但人们普遍还是看不起离过婚的人，一个人离婚之后要承受很大的社会压力，因此，除非万不得已，人们一般不会提出离婚。柬埔寨的离婚率很低就和这些传统有关系。按照有关法律规定，离婚必须有相当充分的理由，只有经过调解无效之后，才能离婚。

2. 丧葬习俗

信仰小乘佛教的柬埔寨人相信生命有轮回，把死看成一个生命的结束、另一个生命的开端。当病人临终之前，家人要请和尚来念经，为即将离世之人赎罪和祈祷。人死后，要在床头点燃一对蜡烛，并把一枚银币或戒指放入死者口中，表示人死万事空，连一枚银币也带不走，同时还有警示活着的人多行善事的意味。谁家遇到丧事，通常要在门外插一面白色的三角旗。

柬埔寨佛教徒死后实行火葬。火葬前要用香水将尸体洗净，穿上白色寿衣，用白布或白绸包裹之后再用5条白绳把尸体绑紧，才能放入棺材。家里的孝子孝孙须剃光头发，身着白色孝服，女性亲属披一条白布并穿孝服。火葬一般在午夜进行，地点通常是寺院的焚尸阁。出殡时由一位年老的和尚领头，旗幡鼓乐开道，孝女紧随灵柩之后，沿途抛撒炒米。尸体抬到寺院后，把灵柩安放在火葬坛上，死者的头部要朝向西方。先由和尚在灵前诵经，用法水冲洗遗体，然后用五香木点火焚尸，与此同时举行孝子削发为僧的仪式。孝子手捧袈裟站在火葬坛前，跟着老和尚念经。老和尚把袈裟上面的腰带套在孝子颈项上，孝子披上袈裟就成为一名僧人。按照习俗，在葬礼上当和尚是孝子为了报答父母养育之恩。

尸体焚烧之后，要举行“换身”仪式，即在骨灰堆上画一个头部朝东的像，佛教徒认为头部朝西象征着死亡，头部朝东表示诞生，“换身”就是预祝死者早日投生。火葬结束后，死者家属要给所有参加火葬仪式者一些纪念物，通常是死者火化后留下的牙齿、骨头等。这些物品被一些人用来充当护身符。

3. 饮食习俗

柬埔寨是世界上著名的水稻产地之一，洞里萨湖周围平原被誉为鱼米之乡，因此，大米和鱼虾是柬埔寨人民的主要食品。高原山地的居民除了食用大米之外，还辅以玉米、大豆、甜薯等。鱼虾是他们获取蛋白质的主要来源，既可新鲜煮食，又可制作干鱼、咸鱼、熏鱼，还能制成鱼露，特别受普通百姓喜爱。柬埔寨人喜欢吃素，经常将茄子、木瓜、南瓜、冬瓜、椰果等各种蔬菜在一起煮，成为一道蔬菜大杂烩。他们还爱吃甜食，很多食品中都要加糖。他们喜欢在食物中加入生姜、豆蔻、薄荷、胡椒、柠檬、鱼露等各种调料。人们在进餐时都喜好喝汤，最常见的是酸鱼汤，将酸菜和鱼虾放在一起煮，再加入各种香料，味道十分清香可口，能增进人的食欲。水果是茶余饭后必不可少的。柬埔寨人经常食用的水果有香蕉、芒果、番木瓜、棕榈果、红毛丹等。

在柬埔寨广大农村，人们还保持着传统的饮食习惯，他们爱用瓦锅煮饭、土锅熬汤、椰壳当勺。一家人围坐在铺好席子的地板上进餐，中间放一个大木盆，盆子里装着各种大小不等的碗、盘，再准备一份净水。他们习惯用大碗盛饭，用小盘子盛菜，用右手抓饭入口，不使用筷子、刀、叉等物。一边抓饭吃，一边在清水里涮手指，别有一番风味。值得注意的是，柬埔寨人对左右两手的用途有严格的区分，只能用右手进食。柬埔寨男人进餐时还喜欢抽烟喝酒。如今，由于受到外来文化的影响，不论城乡，用筷子吃饭的人越来越多。

4. 服饰习俗

柬埔寨常年气温很高，人们的穿着极其简单，但柬埔寨人的服饰也有鲜明的特色。占人口绝大多数的高棉族的典型传统服饰是“纱笼”和“桑博”，以黑色为主，制作起来比较容易。男子上身穿对襟短上衣，热天穿圆领汗衫，下身穿“纱笼”，那是一种用数尺横幅布从两边缝合的长裙，宽度在1～3米，布料通常是棉布，有钱人喜好用丝绸。“纱笼”的透气性能好，穿着简便且凉爽，比较适合炎热的天气。妇女上身穿对襟无领短袖衫，颜色以深色和白色为主，下身穿的长裙叫“桑博”，其制作方法与穿着方式跟“纱笼”完全一样，只是颜色更为丰富，除了黑色之外，还有鲜艳的金色、黄色、棕色、绿色；布料的质地有棉、丝、麻、涤、绸缎等，而且印有各种椰树、花草鱼鸟和风景图案；有些妇女还配上金色、银色的腰带，更显得美观大方。

柬埔寨还有一种叫做干曼的古老服装，说是服装，其实是一幅八九尺长的锦缎或棉布，不用缝合，直接围于腰间。穿上之后，无论从前面还是从后面看，其形状都有点像鱼的尾部，颇有特色。这种服装自古以来就是柬埔寨的礼服，只有在举行传统庆典活动或正式场合，王室成员和高级官员才会穿锦缎干曼。

柬埔寨另一个有特色的服饰就是“水布”，当地人称作“嘎玛”，是一块长约150厘米、宽约80厘米的方格布巾。专供儿童使用的水布规格略小一些，是用红、白、蓝、绿等颜色的棉纱或丝绸织成的横幅，中间是各种颜色的方格图案，两端各有10多厘米的长条形图案，有的留出一段线头编成穗状，多数都是直接收口。水布是柬埔寨男女老幼随身携带的必备之物，佩戴的方式多种多样，可以盘在头顶，围在颈部，搭在肩上，系在腰间，盖在身上等。水布用途十分广泛，既有实用价值，又有艺术价值，可以用来遮阳避雨，充当汗巾，还可作围腰、纱笼或被单。对爱美的女性来说，水布还是很好的装饰品，此外，水布还常被作为礼物赠送给亲朋好友。

柬埔寨占族人的服饰具有明显的穆斯林特点，男子穿类似“纱笼”的长袍，戴白色无檐帽或黑色土耳其帽；女子披头巾，戴耳环，穿色彩艳丽的纱笼，上身是一种敞领、束腰、紧袖的外衣，颜色以黑色、绿色为主，有的则穿一种中间打结的蜡染布衫。

如今，柬埔寨人的服饰已经发生了很大变化。尤其是女性服装，不仅色彩更加艳丽多姿，而且款式越发多种多样。在城市，人们在公共场合大多西装革履，但闲暇时间着装随意。年轻人多穿T恤衫、牛仔裤，只有在家里才会穿传统服装。在乡村，穿“纱笼”和“桑博”的也逐渐变少，穿长衣长裤的人慢慢多起来。此外，柬埔寨人不论男女都喜欢佩戴装饰品，妇女喜欢用色彩鲜艳的颜料涂抹手足。据说这些都是婆罗门教的遗风。

（二）交往礼节

柬埔寨是历史悠久的文明古国，又是佛教国家。“高棉的微笑”是这个礼仪之邦留给世人的普遍印象。柬埔寨人非常注重礼节，讲究温、良、恭、俭、让，长幼有序，尊老爱幼，人与人之间友好和睦，待人十分有礼貌。

柬埔寨人见面时要打招呼并互相行“合十礼”，即有礼貌地以双手合十，指尖朝上，口说“三拜”，向对方致礼，表示问候和尊敬。“合十礼”是柬埔寨人民的传统礼节，其“三拜”有多方面的意思，可以用于各种不同的场合，例如，婚礼上夫妻之间的“三拜”，是一对新人成婚的“三拜”；向师长的“三拜”是表示感恩的意思，以感谢师长的教诲；向别人道歉也要“三拜”，是祈求宽恕之意。

打招呼也有讲究。熟人之间打招呼，通常不称呼对方的姓，而是直呼其名，但要在名字前面加上一个表示性别、长幼、尊卑的冠词。例如，祖父辈叫孙子时，要在名字前面加“召”（意为孙儿），叔伯辈叫侄子则加“克梅”（意为侄子），同辈男子之间要加“邦”（意为兄长）。这样相互打招呼就显得很有礼貌。

行“合十礼”就更有讲究，其动作所包含的内容相当丰富，动作略有不同，所表达的意思也就不一样。在预备行“合十礼”时，应双手合十放于胸前，目光要端正，不能左顾右盼。行礼过程中双手向上高举或者放下时，双手必须始终正对上方，头部应略微下俯，态度要虔诚，动作轻盈而流畅，这样才显得谦卑有礼。“合十礼”不仅是见面时使用，告别时也使用。

柬埔寨人很注意长幼、尊卑的区分。年轻人应先向年长者行“合十礼”，子女应先向父母亲行“合十礼”，弟妹应先向兄姐行“合十礼”，晚辈应先向长辈行“合十礼”，平头百姓应先向官员行“合十礼”，俗人应先向僧侣行“合十礼”；而父母、长辈不必向孩子、晚辈回礼“三拜”。一旦儿子、晚辈剃度当了和尚，父母、长辈就要对他“三拜”。

“合十礼”有诸多规格，一般来说，行礼的对象越尊贵，双手举的位置就越高，但最高也不能高于头顶。普通百姓之间、官阶相同的官员之间行“合十礼”，双手合十举至胸前即可；政府官员之间下级向上级行礼时，合十手掌尖举至口部为限；老百姓见到省长、大臣一类的高官时，应将合十手掌尖举至鼻端才算礼貌；子女向父母行礼、孙子向祖父母行礼、学生向老师行礼时，应将合十手掌尖举到眉目之间，以示尊敬。老百姓见到王室成员和高僧时，通常应跪下或蹲下来行“合十礼”，表示崇敬。

在柬埔寨广大农村，人们只习惯于行“合十礼”。在城市居民中，除了沿袭这种传统礼节，也有行握手礼的。

（三）禁忌避讳

柬埔寨人民的日常生活中也有一些禁忌，当地人称之为“拍蒲”。俗话说入乡随俗，了解这些避讳，可以更好地与柬埔寨人打交道。

在家庭里，如果一家老小同居一室，晚辈的床位一定不能高于长辈的床铺，任何人不得把脱下的裤子悬挂在别人的头上方，否则就是犯大忌，将被视为罪孽。吃饭、递东西一定要用右手，如果用左手给别人盛饭或是递东西，会被视为无礼。

人们见面互相行“合十礼”时，合十的双手不能左右摇摆，也不能偏朝身体的左边或右边，切忌将手举过头顶或向前远伸。如果是行握手礼，必须用右手握手，因为柬埔寨人把右手看得很圣洁，认为左手是不干净的。

无论在公共场合还是在家里，都不能用脚指着别人，也不要用手去摸他人的头部。这样做是非常无礼的。

当人们进寺庙烧香拜佛时，严禁穿鞋，否则将被视为犯下大罪。寺庙里通常不允许拍照。拍摄和尚的相片，必须事先征得其同意，否则被视为大不敬。一般情况下，妇女不得进入寺庙，否则会被视作亵渎圣洁之地。

在婚姻方面，堂兄妹、表兄妹等有血缘关系的亲戚之间禁止通婚。

第三节　特色资源

一　名胜古迹

柬埔寨悠久的历史、灿烂的文化、绚丽的自然风光和多姿多彩的民族风情，使它拥有极为丰富的旅游资源。主要旅游点包括世界闻名的吴哥古迹、金边古迹群和其他为数众多的游览胜地。

（一）吴哥古迹（Angkor）

吴哥古迹是柬埔寨最著名的旅游景点，也是世界上闻名遐迩的旅游胜地之一。吴哥（Angkor，该词由来于梵语 Nagara，意为都市）位于暹粒省境内，距首都金边约 240 公里，离暹粒省会约 5 公里。在公元 9 世纪至 15 世纪时，吴哥曾是柬埔寨的王都，最盛时人口达数十万。吴哥始建于公元 802 年，完成于 1201 年，前后历时 400 年。在几百年的建造过程中，吴哥三易中心。第一次王都中心建在巴肯寺（阇耶跋摩一世时代），第二次王都中心是在巴戎寺（罗因陀罗跋摩二世时代），第三次王朝中心又定在巴芳寺（乌答牙提耶跋摩二世时代）。吴哥曾先后两次遭洗劫和破坏。第一次是在 1177 年占婆人侵入柬埔寨时，吴哥遭受了劫掠；第二次是 1431 年暹罗军队的入侵，攻陷了吴哥。吴哥遭到了严重破坏，王朝被迫迁都金边。此后，吴哥被遗弃，逐渐湮没在丛林莽野之中，直到 19 世纪 60 年代一个名叫亨利·穆奥的法国博物学家才重新发现了吴哥古迹。

吴哥古迹现存 600 多处，分布在面积 45 平方公里的丛林里。大吴哥和小吴哥是它的主要组成部分，其中有许多精美的佛塔以及众多的石刻浮雕，蔚为壮观。这些佛塔全部用巨大的石块垒砌而成，有些石块重达

8吨以上。佛塔刻有各种形态的雕像，有的高达数米，生动逼真。吴哥寺中的5座莲花蓓蕾似的佛塔高耸入云，是高棉民族引以为荣的精湛建筑。

除大吴哥、小吴哥及3个王都中心外，女王宫和空中宫殿也是吴哥古迹中著名的景点。空中宫殿是一座全石结构建筑，据说建于11世纪。宫殿建在一座高12米的高台上，成金字塔形，分3层。台中心建有一塔，塔上涂金，光芒四射。高台四周有石砌回廊环绕。由于台高，给人一种悬在空中的感觉，因而得名。

吴哥建筑群具有鲜明的印度色彩，同时也具有鲜明的柬埔寨民族风格，以其神秘、独特的东方魅力吸引着世界各地游人的目光，是了解柬埔寨及东南亚历史文化的最佳窗口。

吴哥古迹规模之宏伟壮观，其建筑艺术之璀璨夺目，令人惊叹。考古学家把它与中国的长城、埃及的金字塔和印度尼西亚的婆罗浮屠并称为东方四大奇迹。1992年，联合国教科文组织世界遗产委员会把整个吴哥古迹列为世界文化遗产。

吴哥建筑群包括数座著名的建筑物，其中最著名的是吴哥王城、吴哥窟、女王宫、巴戎寺、空中宫殿等。柬埔寨国家博物院也坐落在这里，里面陈列着众多历史文物。

吴哥王城（Angkor Thom），是“大吴哥”之意，成形于公元12世纪的阇耶跋摩七世（Janyavarman VII，1181～1215年在位）时期，呈正方形，周围达12公里余，城墙高约7米，四面皆有一门通向城中心的巴戎寺。护城河宽达100米，有大石桥跨越护城河上，54个石神分别跪坐两旁，构成栏杆。石神各握一条石蛇，神态各异，栩栩如生。整个吴哥王城的规模宏大，是世界封建社会时代都市建筑的杰出代表。王城中央的巴戎寺（巴戎，Bayon，意为“荣誉山”），是由50多座石塔构成的建筑群，中间一座高达45米，每座塔尖都雕刻有四面佛佛像，神态安详、平和，面带微笑，具有柬埔寨建筑的明显特征。塔基四周的内外回廊上也雕刻有精致的浮雕。

吴哥窟（Angkor Wat）即吴哥寺，又称小吴哥，是“塔城”之意，是吴哥地区最集中、最杰出的古迹，位于吴哥城南郊，修建于1113～1150年的苏耶跋摩二世（Suryavarman II）时期，他死后的骨灰即葬于此。根据宗教习惯，吴哥窟大门朝西，四周各有一个宽190米、长1300～1500米不等的水池，寺内外各有石墙一道，寺内有3层台基，塔高65米，庄严雄伟，气度恢弘。其中长达800米的“浮雕回廊”，雕刻的是印度古代史诗《摩诃婆罗多》和《罗摩衍那》中的故事，是闻名世界的艺术瑰宝。吴哥窟的“窟”字只是英文“Wat”或法文“Vat”的音译而已，是寺庙的意思，与敦煌莫高窟完全是两码事。

女王宫（Banteay Srei），被誉为“吴哥古迹的明珠”，位于吴哥城东北，距巴戎寺约25公里，原名湿婆宫，建成于吴哥王朝阇耶跋摩五世（Jayavarman V）元年（968年）。它坐西朝东，长200米，宽约100米，中心为3座并列的塔形神祠和左右对称的配殿。朱红色的塔祠建在一个1米多高的台基上，居中一座最高，约10米。正中的神祠供湿婆神，南面神祠供梵天神，北面神祠供毗湿奴神。每座塔祠的东、南、北各有一门，门高仅1.2米，礼拜者须弯腰屈膝方能入内。每个门前均有守护神石雕一对，两侧墙上有手持长矛的武士及仙女的浮雕。塔祠外围3道围墙，内外围墙之间，有拱门、镂花石柱和石碑等。整个塔祠群巍峨壮观，建筑奇巧别致，雕刻细腻优美。每座塔祠上都刻有各种神鬼的雕像。塔基及其两侧的神龛和门楼上有许多千姿百态的浮雕，内容多是记载古代高棉人民的生活情景和抵御外族侵略的战斗场面。1431年吴哥城被暹罗攻陷时，女王宫也遭到破坏。现存女王宫内有许多的妇女雕像，这些雕像雕刻精美，形象生动，风格独特。

从2000年开始，柬埔寨开始实施在暹粒省暹粒市至吴哥寺之间兴建“酒店城”计划，该工程预计占地67公顷。

（二）金边古迹群

金边是柬埔寨的历史文化名城，始建于1372年，1434年开始作为柬埔寨首都，迄今已有500多年历史，从1867年成为柬埔寨固定首都至今也有近140年的历史。王宫和塔仔山是金边的两大名胜。

王宫坐落在金边著名的四臂湾，占地16万平方米，始建于1434年。

这是一组色彩斑斓、具有东方特色的斗拱飞檐式建筑，由 20 余座大小宫殿组成，整个王宫以黄色为主调，显得金碧辉煌、光彩照人而又庄严雄伟。金殿是国王御座所在的正殿，陈列的黄金御用饰品重量超过 1000 公斤，极显富丽堂皇。银殿又称玉佛寺，是国王家族拜佛之所，地面用 4700 多块镂花银砖砌成，大殿内供奉的玉佛，高约 60 厘米，由整块晶莹剔透的翡翠雕刻而成，被视为柬埔寨的国宝。

位于金边市中心诺罗敦大街北端的塔仔山是金边的象征。山高近百米，是市内的最高点，柬埔寨语称之为“百囊奔”。1434 年索里约波国王迁都至此，在山上修建了一座佛寺，人们称它为“塔山寺”。此后，金边就以塔仔山为核心向周围逐步发展起来，塔仔山也就成了金边的奠基之地。登上山顶，金边全景一览无遗。山顶有一座高 30 米的圆锥形尖塔，旁边拱立着 4 座小塔，塔旁是奔寺，寺内饰有各种精美的石雕。塔仔山下绿草如茵，林木葱郁，被辟为塔仔山公园。

位于洞里萨河畔的独立广场，作为柬埔寨 1953 年从法国殖民统治下获得独立这一伟大历史事件的纪念地，有着重要的历史意义。由中国援建的柬埔寨国家体育馆、柬埔寨国宾馆、中华医院等建筑，作为柬中两国人民传统友谊的历史见证，都为这座古城增添了新的光彩。

（三）其他游览胜地

白马市是柬埔寨著名的风景区和避暑、旅游胜地，位于贡布省最南端象山山脉的尽头，市郊的白马山山清水秀，气候宜人，远眺海景，令人心旷神怡。尤其是白马海边美丽、宽阔的海滨浴场，沙滩细软，海水清澈，素有柬埔寨“南海之珠”的美称。

西哈努克市既是柬埔寨最大的海港，也是旅游度假的好去处。那里依山傍海，绿树白沙，海阔天空，令人向往。

波哥市是一座山城，波哥山海拔 1075 米，山岭巍峨，松涛阵阵，瀑布飞泻，气候凉爽，怪石嶙峋，繁花似锦，景色迷人；每年都吸引了柬埔寨国内外的大量游客。

基里隆市位于磅士卑省西部，浓荫蔽日，飞流千尺，景色秀丽，也是著名的避暑胜地。

二 著名城市

柬埔寨由 4 个直辖市和 20 多个省组成，其中金边市、西哈努克市、白马市、拜林市都是柬埔寨的著名城市。

金边（Phnom Penh） 柬埔寨的首都，位于湄公河、洞里萨河、巴沙河和前江的汇合处，这四条河流在城东联结成 K 字形，西方文献称之为“四臂湾”，金边市区呈长方形，分老城和新城两部分。金边同时也是柬埔寨最大的城市。金边一共分为九个区：桑园区、隆边区、玛卡拉区、堆谷区、朗哥区、棉芷区、雷西郊区、森速区和菩森芷区。其中五个区在市中心，四个在郊区，是全国人口密度最高的地方。

金边是柬埔寨的政治、经济、文化、宗教中心，也是柬埔寨最大的工商业城市。柬埔寨汇集了全国最主要的工商企业和金融机构，是国内商业和贸易的基地。金边主要的工业部门有汽车修理、船舶、塑胶、化工、纺织、陶瓷、电力、轮胎、玻璃、酿酒。金边汇集了众多的中小企业、金融机构。金边不仅是柬埔寨的交通中心，而且是印度支那地区重要的交通枢纽之一。金边有 7 条国道连接全国各省，全国唯一的两条铁路均以金边为起点。金边国际机场是柬埔寨最大的航空港，可以起降大型飞机，是东南亚重要的国际机场，有多条国际航线通往世界各地。金边港是柬埔寨最大的港口，金边到出海口的湄公河段全长 330 千米，海轮可以常年通航。金边有 6 座古佛寺和许多后来修建的佛寺，这些庄严肃穆的庙宇使金边成为柬埔寨的佛教中心。金边还有十几所高等院校，也是全国的教育中心。金边市名胜古迹众多，有监狱博物馆、万谷湖、塔山寺、王宫、乌那隆寺、巴云寺、巴肯山、圣剑寺、女王宫等多个著名旅游景点，是世界上著名的旅游城市。

西哈努克市（Sihanoukville） 原名磅逊市、磅逊港（Kampong Som），位于柬埔寨西南沿海，濒临泰国湾，距柬埔寨首都金边 240 公里。西哈努克城建于 1950 年以后，是一个比较新的城市，和柬埔寨其他城市相比更为现代。战乱时期红色高棉曾经根据当地地名将西哈努克港改称磅逊港。20 世纪 90 年代大选之后，这里又恢复了西哈努克港的名字，很多人简称它为西港。

西哈努克市在30年中自由发展，至今拥有居民将近15万人，成了一个以国际货物吞吐、渔业和旅游为主的大城镇，也是柬埔寨唯一的深水港和进出口贸易的咽喉。西哈努克市通铁路、公路，同首都和内地相连。交通发达，有铁路可直达首都金边，全长270公里。西哈努克市北部和东北部是工业区，内有大型炼油厂和柬最大的啤酒生产企业。目前，西哈努克市的工业主要是制衣业，有来自中国大陆、台湾、香港等地的投资企业20多家。西哈努克市拥有柬埔寨进出口贸易的最大国际深水海港，万吨级以上海轮可以自由出入。因此西哈努克市是柬埔寨目前最大的国际海港和对外贸易枢纽。西哈努克市既是一座新兴的港口城市，也是一座新兴的工业城市。该市是柬埔寨的对外开放窗口之一，拥有较好的基础设施条件，交通十分方便，还有国家级机场——西哈努克机场。西哈努克港主要出口货物为大米、木材及橡胶等，进口货物以杂货为主。

西哈努克市同时也是金边著名的旅游城市，其中胜利海滩、Ochheuteal海滩、索卡海滩、独立广场、金狮纪念碑、圣米歇尔天主教堂等都是西哈努克市著名的旅游景点。目前，柬埔寨已经批准在西哈努克市建设经济特区，该市也因此吸引了不少外国投资者。随着西哈努克市经济特区的建设，多家大型国外企业在西哈努克市投资建厂、开发旅游项目。在不久的将来，西哈努克市必将成为柬埔寨的经济支柱和世界著名旅游城市。

白马市（Krong Kep） 位于贡布省南部象山山脉东南端的尽头，距金边市148公里，从海上到越南河仙市很近。白马市北与贡布省相邻，东与茶胶省相连，南临暹罗湾，西与西哈努克市交界。

白马市因市郊的白马山而得名。这里依山傍水，景色秀丽，气候宜人，年最高气温30℃，最低气温23℃，是柬埔寨的避暑胜地，有马岛、菩岛、白兔岛等自然景点，白马海滩、安哥尔海滩每年要吸引很多海内外游客。

拜林市（Krong Pailin） 位于马德望省西南部豆蔻山脉的北麓，是柬埔寨的边境重镇，战略地位十分重要。拜林市东、南、北三面与马德望省交界，西与泰国接壤。

拜林原以盛产红宝石、蓝宝石以及贵重热带木材而闻名，但拜林真正引人注目的是因为它自20世纪70年代以来一直处于战争的前沿阵地，硝烟不断。80年代中期以后，红色高棉武装把拜林作为军事总指挥部，依靠境内的高山密林和豆蔻山易守难攻的地形，长期与柬埔寨政府军对抗。直到20世纪90年代末，随着红色高棉武装的彻底覆没，拜林才恢复了平静。拜林市地处高原，气候凉爽，年最高气温29℃，最低气温27℃，有雅得山、乌大奥瀑布等景点。

三 建筑艺术

柬埔寨的建筑业兴起于扶南时期，随后在吴哥时期建筑艺术得到了极大的发展，并达到了顶峰。寺庙是古代高棉建筑的主要形式，柬埔寨人一直将寺庙奉为神灵的住所。人们修建的寺庙大多是用于供奉婆罗门教中的天神，如湿婆、因陀罗、毗湿奴等；佛教的寺庙则用于供奉佛祖，还有一些寺庙是为国王的祖先或者其他英雄人物而建的。为了方便研究，柬埔寨学者以寺庙的名称来为建筑风格命名，并将柬埔寨古代的建筑风格分为两个主要时期。

（一）前吴哥时期的建筑风格

（1）达山风格（公元1~6世纪）：最初的柬埔寨人修建的寺庙是通过开凿山体来修建的。

（2）松博风格（7世纪上半叶）：这一时期的寺庙主要使用砖石及由石灰和糖制成的灰浆建筑，寺庙规模较小，且相互分离。由于灰浆筑成的寺庙本身并不牢固，至今几乎完全坍塌。而门、窗、支柱等则由砂岩石制成，砂岩石有灰色与玫瑰红色，在砂岩石上还有精美的雕刻。

（3）布雷克蒙风格（7世纪下半叶）：这一时期的建筑风格与上一时期的松博风格是相似的。

（4）圣港风格（8世纪）：寺庙的建筑风格与之前的风格类似，即将寺庙修筑在平地上，但同一时期的奥雍寺却与众不同，这座寺庙修建了几层，形似佛塔。

（二）吴哥时期的建筑风格（公元9~13世纪）

（1）荔枝山风格（9世纪中期）：这一风格与阇耶跋摩二世的长期统治有关，阇耶跋摩注重修建形似山形的寺庙，或者将寺庙修建在山顶上，以便举行由其创立的“天王仪式”，而当时的都城就建在荔枝山上。人们将荔枝山时期当作文艺复兴时期，因为这一时期人们尝试将前吴哥时期的艺术特点与爪哇、占族的艺术形态相互融合，创造一种新型的艺术风格，该时期的风格对后期吴哥风格建筑的影响非常巨大。

（2）圣牛风格（9世纪70年代至90年代）：这一时期柬埔寨人喜欢用石块修建寺庙，更喜欢在一层台阶上修建多个锥形高塔，来祭祀国王的祖先。如修建在巴宫寺第四层台阶上的12座朱砂岩石的小塔，堪称圣牛风格的代表。门梁上的精美浮雕是圣牛风格的显著特点。圣牛风格时期的艺术特点具有纯正的高棉风格，并在后世获得极大的发展。

（3）巴肯风格（9世纪末至10世纪初）：这一时期的建筑与之前的风格迥异，人们开始使用砂岩石修建大型的寺庙，形似阶梯式的金字塔有很多层，人们尤其喜欢在山顶修建寺庙，如著名的巴肯寺。虽然巴肯风格建筑的门梁装饰较少，但多重曲线的顶式第一次出现，倒“U”形和三角形的顶式相继出现，展示了高棉建筑的特色风格。

（4）盖岛风格（10世纪20年代至50年代）：盖岛风格与巴肯风格相近却又注入了一些鲜活的形象来表达现实的场景。人们还发现了在盖岛建筑群中有一座修建了7层，高达35米的寺庙。

（5）女王宫风格（10世纪下半叶）：女王宫由红土岩和玫瑰红的砂岩建成，其建筑风格错综复杂，模糊不清。除了精美绝伦的女性雕像外，宫中的顶式皆精雕细琢，三角形、倒“U”形、多重曲线的顶式建筑综合运用于女王宫中。

（6）仓库风格（10世纪末至11世纪中叶）：仓库风格起源于10世纪末，是吴哥时期建筑风格中最重要的一种，其所具有的狭长走廊和走廊拱顶在之后的吴哥建筑中被广泛应用。当时人们已经改用砂石修建寺庙而不再使用砖石。山寺和寺庙的回廊在这一时期得到了巨大的发展，同时开始在四边修建角塔。

(7) 巴芳风格（11 世纪下半叶）：这一时期的建筑装饰与前期相比进步很大，也融入了不少之前的建筑风格。这一时期的山寺建筑越来越多，而通向山寺的台阶也越来越高。

(8) 吴哥风格：这一时期的高棉建筑发展达到了顶峰。人们使用砂岩石修建了整座吴哥寺，回廊上的浅浮雕精美绝伦，四边的角塔和中央的石塔高高矗立。在修建吴哥寺之前，人们就已在平地上修建与吴哥寺设计相似的米拉湖寺。

(9) 巴戎风格：由于这一时期的大多数寺庙都是匆匆忙忙修建而成的，因此无论是雕刻还是装饰，甚至使用的石头质量都不如前期的寺庙。除巴戎寺外，这一时期的寺庙都是修建在平地上的。巴戎风格最大的创新是建造四面佛塔楼，同时还在通往寺庙两旁的道路上修筑了那伽蛇像。

古代柬埔寨寺庙的建筑材料主要是山石、砖块、灰浆、砂砾和砖红壤。可以抵御各种恶劣天气的石质和红壤使寺庙得以完整保存。虽然木质材料也有使用，但仅作为修建天花板、顶梁柱和屋檐的辅助材料。此外，木料还用于建造王宫和各种节日时的礼台。

吴哥时期是柬埔寨古代文化发展史上最辉煌的时期，同时柬埔寨的建筑艺术也在该时期发展到了顶峰。1992 年吴哥古迹被列入世界文化遗产后，古代柬埔寨的建筑艺术更广为人知，并得到了更好的保护。吴哥寺和吴哥通无疑是吴哥时期建筑艺术的最杰出代表。

第二章

历　史

第一节　上古简史

柬埔寨最早的国家出现于公元 1 世纪，在此之前是柬埔寨的上古时期。由于资料的缺乏，柬埔寨上古时期的历史目前尚不能准确描述，只能根据中国史籍中的一些记载以及零星的考古材料从民族学和人类学的角度进行勾勒。

一　柬埔寨的原始居民

高棉人（也称吉蔑人）是今天柬埔寨这块土地上的原始居民。关于高棉人的来历，学术界有不同的看法。包括柬埔寨本国部分学者在内的一些人认为，最早的高棉人生活在印度南部，后来的高棉国是整个从印度南部迁移到中南半岛的。但这种关于高棉人与印度人族源相同的观点经不起人类学家在体质方面的检验。所以，不能把高棉人与印度人视为一族，至于高棉人在语言文字、风俗习惯和宗教信仰等方面与印度人有很大的相似性只能证明高棉文化深受印度文化的影响。

随着研究的深入，一些学者提出了土著说，并得到了大多数柬埔寨人的认可，即高棉人是美拉尼西亚人和印度尼西亚人在当地融合的结果。

岑仲勉等中国学者依据中国古籍的记载，认为高棉人（吉蔑人）与中国史籍上记载的昆仑人有着共同的祖源。准确地说，高棉人是昆仑人的一个重要支系。古高棉人最初生活在亚洲西北高原，后来南下到今天的云南，大约在公元前 6 世纪 ~ 前 5 世纪到达柬埔寨。这种观点也得到了包括部分西方学者在内的学者们的认同。古高棉人在向中南半岛迁徙的过程中，首先与孟人发生了极为密切的关系。所以，民族学家和语言学家到今天还把这两个民族的语言合称为“孟 - 高棉语族”（这个语族还包括其他一些民族的语言）。

需要强调的是，在古高棉人到达柬埔寨之前，这里已有其他土著存在。他们后来逐渐被高棉人同化，但也是高棉人的祖先。

二 文化遗址与上古文明

柬埔寨的早期居民创造了比较辉煌的上古文明，迄今为止发现的文化遗址主要有洛安斯边、三隆森、隆帕奥、莫卢波雷、川龙河等。这些遗址从 19 世纪后半叶开始挖掘，柬埔寨独立后继续，并且陆续有一些重要的发现。

1966 ~ 1969 年发掘的马德望省洛安斯边遗址是迄今为止在柬埔寨发现的最古老、连续性最强的文明古迹。根据法国学者的测定，该遗址第一层的时间约为公元 750 年，第三层约在公元前 2050 年，第四层约在公元前 4290 年。与洛安斯边遗址同时发掘的克罗斯密山遗址大体上属于同一时期，约在公元前 3420 年。

位于磅清扬省境内的三隆森是一处新石器时代的遗址，1876 年被首次发现，1879 年被确认。经过此后数十年的挖掘，发现了大量的石器以及少量的骨器、贝器和陶器。1902 年，在距离三隆森东南 30 公里处又发现了另一处与三隆森相似的新石器时代遗址，被命名为隆帕奥（或龙甫劳）。经过对两处遗址中人类骨骼的研究，证明这里的居民就是现今柬埔寨人的祖先。

1943 年，在柬埔寨柏威夏省北部的莫卢波雷发现了一处金石并用时代的遗址，时间大约在公元前几个世纪。在此处遗址中除发现石器和陶器外，还有用铜做的箭头、刀、斧和钩以及一件铁凿。由于铁器是孤证，所以很难说当时柬埔寨已经进入了铁器时代。这处遗址的墓葬中还发现有屈腿跪姿女性遗骸以及用珍珠穿成的手镯和项链等陪葬品，说明当时可能出现了私有财产和贫富之分。

1962 年挖掘的磅湛省川龙河遗址也是金石并用时代的，存在的时间约在公元前 1500～前 500 年。这里出土的石器式样奇特，有卵形和四角形的；陶器饰有花纹，金属器比较粗糙，还有围墙和坚固的防御工事。

根据上述遗址，可知公元前 4000 多年就有人类在今天的柬埔寨居住。他们也是今天高棉人的祖先。这些人逐渐从高原和山地向以洞里萨湖和湄公河下游为中心的平原地区迁徙，并且从新石器时代过渡到金石并用的时代。在新石器时代，早期的柬埔寨居民使用卵形石斧、扁石斧以及矩形石斧从事生产。这些石制斧形器构成了柬埔寨新石器文化的特征。发展到金石并用时代后，柬埔寨居民接受并拥有了自己的青铜文化，学会了制造和使用新型的工具——青铜工具。从总体上看，当时的柬埔寨社会属于原始氏族公社，当时的居民已会选择在较高的台地建造简单的房屋，普遍信仰鬼神，开始种植水稻、饲养家畜、狩猎、捕鱼和纺织，还具有较高的造船技术、航海技术和粗浅的天文知识，海上对外贸易已通达中国和印度。

第二节 中古简史

从公元 1 世纪最早的国家出现到 1864 年基本沦为法国殖民地，是柬埔寨的中古时期，可以分为扶南王朝、早期真腊、吴哥王朝、晚期真腊、柬埔寨王国 5 个时期。

一 扶南王朝（1～7 世纪初）

扶南（Fou Nan）是东南亚最早出现的国家之一，形成于公元 1～3 世纪。中国《后汉书·章帝纪》中的“究不事”就是指扶南。据考证，扶南是中国对古高棉语“Bnam”（意为“山”）的译音。扶南的统治者自称为“山地之王”，反映了古代高棉人把山岳当作神明降临圣地的自然崇拜思想。

根据中国古籍的记载，传说在 1 世纪时，统治扶南的是女王柳叶

（很可能只是母系氏族公社的首领，不是真正意义上的国王）。后来一个可能是来自印度的“事鬼神者”混填来到扶南，依靠神弓降服了柳叶，并娶她为妻，成为扶南的新国王。混填即位后，用比较先进的印度文化治理扶南，改变了扶南人裸体不穿衣服的落后习俗，建立了分封制的行政制度（混填将他的7个儿子分封到7个地方）。这可以说是扶南的第一次“印度化”。混填死后由其后裔混盘况继位。混盘况使用“诈力”挑拨离间周边的诸侯国，进而利用他们的互相猜忌各个击破，扩大了扶南的版图。混盘况还进一步发展了分封制。他的子孙被派往各地，号称“小王”。

据说混盘况活到90多岁才死，由其子盘盘继位。由于盘盘年幼，由大将范曼执掌朝政。盘盘3年后死去，范曼就直接登上了王位，时间约在公元3世纪初。传说范曼“勇健有权略”，他“以兵威攻伐旁王，咸服属之，自号扶南大王”。为了扩大统治地盘，范曼还派遣水军攻打马来半岛北部，相继攻克了“屈都昆、九稚、典逊等十余国，开地五六千里”。经过范曼的东征西讨，扶南的疆域包括了现在的柬埔寨及越南南部，势力也可能达到今泰国、缅甸的南部和马来半岛北部。

范曼在发兵征讨金邻的途中染病，不久病故。太子金生被范曼的外甥、“二千人将”范旃诱杀，范旃自立为王。范曼的幼子范长在民间长大后，笼络了一批志士袭杀了范旃，范旃手下的将军范寻又将范长杀死，登基称王（约244～289年在位）。根据三国时吴国孙权派往扶南的使者康泰、朱应回国后所写的《吴时外国传》《扶南土俗》和《扶南异物志》的记载，范寻虽“更缮治国内”，但使用的手段极其野蛮和残酷，经常以烧红的铁能否使人的手烧焦来判定无罪或者有罪。扶南的工艺、建筑技术在这一时期已发展到较高水平，已能造可搭载上百人的海船，出现了海上对外贸易，建筑物注重雕刻花纹来装饰。此外，佛教已在扶南广为传播。

范氏王朝的统治一直持续到4世纪初，但范寻死后，中国古籍对扶南的记载出现了约70年的空白。究其原因，最可能的是扶南发生了内乱，其影响急剧下降，已不能引起中国古代统治者的注意。

根据《晋书》记载，“竺旃檀”358年之前就已在扶南称王。由于

“旃檀”是印度贵霜王朝的迦腻色迦王世系的王号“Chandan”的中译名，因而一般认为竺旃檀是从印度逃到扶南的印度贵族。他之后的诸王也来自印度。扶南在文化上也进一步受到了印度的影响，此为扶南的第二次“印度化”。竺旃檀以后的国王大都带有“跋摩”（梵文“Varman”的音译，意为“保护者”）的称号，所以从竺旃檀到627年的扶南王国被称为“跋摩王朝”。

竺旃檀在位的时间为4世纪中叶到5世纪初，他的继承人是一位来自印度的婆罗门侨陈如。侨陈如从马来半岛的盘盘国来到扶南并登上了王位之后，“复改制度，用天竺法”。法国学者默涅认为，侨陈如约在410～430年期间当政。他不仅在扶南推行印度的行政、法律制度，还引进了古拔罗婆字母和塞伽纪元（比基督纪元晚78年）。在他统治期间，婆罗门教在扶南更加盛行，大乘佛教也传播开来。这些外来的印度文化与本土文化不断融合，逐渐形成了高棉人自己的文化。

侨陈如死后，恃犁陀跋摩继位，在位约40年。恃犁陀跋摩主张发展与中国封建王朝的友好关系，不仅拒绝借兵给林邑攻打交州，而且于434、435和438年3次派使者来中国。

恃犁陀跋摩于5世纪70年代去世，侨陈如的后裔侨陈如·阇耶跋摩继位。期间，致力于兴修水利，大力发展农业和对外贸易，扶南达到了鼎盛时期。“如冉冉上升的太阳，悬空皓皓的明月，扭转乾坤，无与伦比”就是对他政绩的称颂。笃信佛教的梁武帝也因为他对中国与扶南的佛教文化交流所作出的突出贡献，赐他“安南将军、扶南王”的称号。

514年侨陈如·阇耶跋摩死后，长子留陀跋摩在王位争夺中胜出，登上了王位，但内乱也随之发生，扶南逐渐衰落。627年前后，扶南被真腊所灭。

扶南的社会性质在学术界一直争论不休，分别主张奴隶制和封建制的学者根据同样的史料、运用大体相同的理论和研究方法，却得出了截然不同的结论。因此，由于史料并不充分，双方的论据和推理都带有很强的主观色彩。

二 早期真腊（7~8 世纪末）

在扶南衰落的同时，其属国真腊逐渐强盛起来。“真腊”是他称，其来源有二：一是接近中国或中国商人能从此买到真正的蜂蜜；二是真腊人与扶南人属于同一个民族，即高棉人，语言和风俗习惯相同。因此，有些学者认为真腊是吉蔑的古称“Kemara”的音译，目前的柬汉词典也把“Kemara”和“Khmer”都译成吉蔑或高棉。根据《隋书·真腊传》的记载，“真腊国，在林邑西南……去日南郡舟行六十日，而南接车渠国，西有朱江国”。林邑即占婆，车渠一般认为在今柬埔寨南部（也有学者认为在今缅甸的丹那沙林或马来半岛北部），朱江即缅甸的古国骠国。因此，真腊的位置应在今柬埔寨北部和老挝南部，处于湄公河的中游，中心在老挝的巴色一带。

真腊的第一代国王拔婆跋摩一世（意为“被湿婆保护的人”）是真腊的开创者，约 550~600 年在位。根据柬埔寨碑铭和中国《新唐书》《唐会要》的记载，拔婆跋摩在 540 年前后发动了对扶南的战争，国力已严重衰退的扶南节节败退，不得不把都城由特牧迁移到那弗那城（今柬埔寨茶胶省的吴哥波雷）。拔婆跋摩死后，其弟摩诃因陀罗跋摩（也称质多斯那，意为“被大因陀罗保护的人”，约 600~615 年在位）继承王位，并且继续对扶南用兵。为了保证后方的安全，他与占婆（林邑）签订了和约。摩诃因陀罗跋摩死后，拔婆跋摩的儿子伊奢那跋摩（中国古籍称之为伊奢那先，约 615~635 年在位）继位。《新唐书·真腊传》记载真腊于“贞观初（627~649）并扶南有其地”，就是说伊奢那跋摩最终约在 627 年完成了对扶南的征服和兼并。

伊奢那跋摩征服扶南后，定都于伊奢那补罗（今柬埔寨磅同附近的三坡波雷库）。在他的统治下，真腊的政治、经济均有很大的发展。据《隋书·真腊传》的记载，“居伊奢那城，郭下二万余家……总大城三十，城有千家，各有部帅，官名与林邑同”。这是说当时真腊都城已有约 10 万居民（以每户 5 人计算），已是一座很大的城市；全国还有 30 个大城市，每个都有数千户人家，并且采用与占婆同样的官名进行管理。同样根据《隋书·真腊传》的记载，当时真腊的等级制度和中央集权制已经确立，国王拥有至高无上的权威，并规定非王后所生子女不得继承大统。为防止其他兄弟争夺王位，新王一即位就对其兄弟实施酷刑，并且要求他们搬离京城，不得再做官。

伊奢那跋摩死后，拔婆跋摩二世（636～656年在位）继位。在他当政期间，真腊局势比较稳定，国王个人热衷于发展湿婆教。拔婆跋摩二世之后的国王阇耶跋摩一世（657～681年在位），征服了现今老挝的中部和北部，使真腊王国的疆域有所扩大，其北部和中国云南地方政权南诏相邻，南达湄公河下游，大约包括今天的柬埔寨、老挝和越南南部的广大地区。阇耶跋摩一世还是一个军事家。他引进了骑兵，发明了破坏大象运输队的战术。阇耶跋摩一世无嗣，死后由其侄女阇耶提黛维（681～713年在位）继位。但王室的凝聚力下降，女王无力掌控朝局，国家出现动荡。真腊最终分裂为北部的陆真腊和南部的水真腊。水、陆真腊的分界线在今老挝的巴色地区。

关于真腊的分裂，《旧唐书·真腊传》是这样记载的："自神龙（705～707）以后，真腊分为二：半以南近海多陂泽处，谓之水真腊；半以北多山阜，谓之陆真腊，亦谓之文单国。"但新旧唐书均没有说明真腊分裂的具体时间。另据《册府元龟》记载，唐中宗神龙三年（707）五月尚有真腊国遣使贡方物，但到景龙四年（710）六月，就有"文单国、真腊朝贡还藩"。这说明真腊的分裂应在707～710年之间。

根据《新唐书·真腊传》的记载，"陆真腊，或曰文单，曰婆镂，地七百里，王号'笪屈'"。以研究老挝史见长的学者申旭认为陆真腊在今天的老挝地区，文单是陆真腊的都城，即今天的老挝首都万象。但他也认为，"王号笪屈"应是"王居笪屈"之误，"笪屈"是老挝地名"他曲"的不同音译。他曲是陆真腊初期的都城，后来迁都文单之后，才开始称文单国。

根据《旧唐书》卷一九七《南蛮·真腊国》条，"水真腊国，其境东西南北约员八百里，东至奔陀浪州（今越南南部藩朗），西至堕罗钵底国（今泰国湄南河下游），南至小海（暹罗湾）"。而据柬埔寨发现的碑铭记载，水真腊有两个朝廷和两个都城：一个是太阴王朝，定都于阿迪塔补罗（确切位置待考证）；另一个是太阳王朝，定都于湄公河流域的桑比补罗（今柬埔寨的三坡）。这两个王朝始终未能合二为一，相反后来又分裂为5个相互敌对的小国。大约在774～787年间，爪哇海盗以中南半岛沿海的一些岛屿为据点，不断侵袭水真腊和占婆等国。大约在787年，爪哇海盗攻陷了水真腊太阳王朝的都城桑比补罗，国王摩希婆提跋摩被杀，其头颅及部分王族和大量财物被海盗带回爪哇。从此至802年，水真腊一直处于爪哇的夏连特拉王朝统治之下。

三　吴哥王朝（802～1432年）

8世纪末，阇耶跋摩二世（802～850年在位）从爪哇回到水真腊，并被拥戴为王。802年，阇耶跋摩二世宣布独立，并定都于今吴哥东北约30公里的考伦山。由于此后几百年间国都一直在吴哥附近，因此，后人习惯上把这一时期称为吴哥王朝。在随后的几十年里，阇耶跋摩二世先是统一了水真腊，并在他去世前一年（849年）完成了真腊的统一，从而开创了柬埔寨历史的新篇章。

9～15世纪初叶的吴哥王朝是柬埔寨历史上最强盛的时期，被誉为“古代东方文化四大奇迹”之一的吴哥文化就产生于这一时期。建立在发达灌溉农业基础上的吴哥王朝疆域宽广，东邻南海，西达缅甸中部，南抵马来半岛，老挝、占婆（今越南中部南区）、泰国的一部分都曾处于吴哥王朝的控制之下。吴哥王朝一直实行政教合一的封建专制政体，虽然设有各司其职的行政官吏和省、区、村等地方行政系统，但国家大权实际掌握在以国王为首的王室手中。

从公元9世纪到10世纪末，是吴哥王朝的前期，有的历史学家称之为第一时期吴哥或初期吴哥。阇耶跋摩二世死后，其子阇耶跋摩三世（850～877年在位）继位，虽作为不大，但国内保持了繁荣稳定的局面。阇耶跋摩三世无子嗣，死后由其堂弟因陀罗跋摩一世（877～889年在位）继位。因陀罗跋摩一世在吴哥历史上是一个非常重要的国王。他在吴哥周围建造了一个庞大的水利灌溉系统，极大地促进了稻作农业的发展，为吴哥后来的兴盛积累了丰厚的人力、物力。在国力增强的基础上，因陀罗跋摩一世开始建造宏伟的巴肯石寺和波列戈石寺，标志着以砖石结构为主体的高棉古典建筑艺术的开端，后来的吴哥建筑就是在此基础上发展起来的。因陀罗跋摩一世死后，其子耶输跋摩一世（889～900 年在位）继位。耶输跋摩一世是吴哥历史上最重要的国王之一。他即位后继续在吴哥地区兴修水利工程，建造了一个长 7 公里、宽 2 公里的大型水库（即现在的东巴莱湖），其容量超过 4000 万立方米。这样大规模的水利工程为下一个时期吴哥的极盛打下了基础。890 年，耶输跋摩一世迁都到吴哥地区的第一个吴哥城——耶输陀罗补罗，并以新的都城为中心继续修建大型宗教建筑。耶输跋摩一世还开疆拓土，其疆域赶上了极盛时期的扶南。

10 世纪的吴哥王朝共有 6 位国王执政，但没有什么可圈可点的政绩。耶输跋摩一世过世后，他的两个儿子曷利沙跋摩一世（900～923 年在位）和伊奢那跋摩二世（923～928 年在位）先后即位。928 年，耶输跋摩一世的弟弟阇耶跋摩四世（928～941 年在位）从其侄子手中夺得王位。942 年，曷利沙跋摩二世（942～944 年在位）继承大统，但因年幼很快被罗贞陀罗跋摩（944～968 年在位）推翻。罗贞陀罗跋摩在吴哥城修建了不少新建筑，他的继承人阇耶跋摩五世（968～1001 年在位）显示了一定的才干，主持修建的部分建筑留存至今。

11 世纪初，吴哥王朝进入极盛时期，并一直持续到 12 世纪上半叶。这是吴哥王朝发展的第二个时期。这一时期的柬埔寨是中南半岛甚至整个东南亚最为强盛的国家，其以印度教和大乘佛教为主导的思想文化也发展到了顶峰。

1001 年继位的优陀耶迭多跋摩一世在位时间只有一年。苏利耶跋摩一世（1002～1050 年在位）在位期间皈依了大乘佛教，修建了颇有特色的披梅那卡寺和茶胶寺，统治的版图扩大到今泰国南部的大部分地区。在苏利耶跋摩一世之后统治吴哥的是其长子乌迭蒂耶跋摩二世（1050～1066 年在位）。这是一位善战的国王，两次取得了对占婆战争的胜利。他与此前的吴哥国王相同的业绩是修建了西巴莱湖，并增添了新的宗教建筑。

1066 年，乌迭蒂耶跋摩二世之弟曷利沙跋摩三世（1066 ~ 1080 年在位）即位。该王在位期间，外有强敌入侵，内有劲敌觊觎其王位。1074 年，吴哥遭到占婆的袭击，损失惨重。这是一次与吴哥的强大不相称的失败。1080 年，该王被非王族的阇耶跋摩六世（1080 ~ 1107 年在位）推翻，国家仍处于混乱状态。阇耶跋摩六世没有子嗣，死后由其兄长陀罗尼因陀跋摩一世（1107 ~ 1113 年在位）继位。1113 年，陀罗尼因陀跋摩一世被其侄孙苏利耶跋摩二世（1113 ~ 1150 年在位）推翻。

自称为"太阳护卫神"的苏利耶跋摩二世是一位有作为的君主。他登基后，率领大军东征西讨，一度吞并占婆（1145 ~ 1149 年间统治占婆），远征越南李朝，一直打到现在的清化，并占领湄南河流域广大地区，使吴哥王朝的影响深入马来半岛。吴哥成为当时东南亚最强盛的国家。苏利耶跋摩二世好大喜功，征调大批劳力开始建造举世闻名的吴哥寺（最终于 1201 年由其后代完成）。苏利耶跋摩二世被认为是柬埔寨历史上最伟大的历史人物之一。诺罗敦·西哈努克亲王曾称其为"柬埔寨的拿破仑"。

从 12 世纪中叶开始，吴哥王朝进入了第三个时期。苏利耶跋摩二世的统治建立在军事征服的基础上，并不稳固，连年的对外战争和大规模营建吴哥寺，使国内生产力遭到严重破坏。在他去世之前，占婆摆脱了吴哥王朝的统治，并攻入吴哥王朝的腹地。1150 ~ 1177 年，陀罗尼因陀跋摩二世（1150 ~ 1160 年在位）、耶输跋摩二世（1160 ~ 1166 年在位）和特里布婆那迭多跋摩（1166 ~ 1177 年在位）先后继位。1177 年，占婆又一次攻陷了都城吴哥。占婆对吴哥的统治持续了 5 年，直到阇耶跋摩七世（1181 ~ 1219 年在位）继位后，吴哥王朝才得以复兴。阇耶跋摩七世亲率大军进攻占婆，攻入佛逝城，占婆被迫长期（1203 ~ 1226 年）臣服于吴哥。他统治的疆域超过了苏利耶跋摩二世在位时的吴哥，再次在东南亚建立了一个空前强大的帝国。他还竭尽国力修筑了方圆约 12 公里的吴哥通王城以及大量的寺庙。

阇耶跋摩七世 1219 年死后，因陀罗跋摩二世（1226 ~ 1243 年在位）即位。吴哥王朝迅速衰落下去。从国内看，连年用兵和大兴土木基本耗尽了国力。从外部看，吴哥面临的形势发生了重大变化，西部暹罗境内的泰人势力越来越强大。1238 年，泰人摆脱吴哥的统治，建立了素可泰（Sukhothai）王国。阇耶跋摩八世（1243～1295 年在位）统治期间，南传上座部佛教成为柬埔寨占统治地位的宗教。

周边地区新国家的兴起使吴哥王朝遇到了前所未有的挑战。因陀罗跋摩三世（1295～1307 年在位）刚即位，素可泰王朝就于 1296 年首次攻陷并洗劫了吴哥。阿瑜陀耶（Ayuthaya）王朝 1350 年取代素可泰之后，更加频繁地进攻吴哥王朝。1351 年，阿瑜陀耶王朝的军队进攻吴哥，围城一年多后将其攻陷。1369 年和 1393 年，阿瑜陀耶王朝的军队又两次攻占吴哥。吴哥王朝历代国王的大兴土木本来就已极大地消耗了国内的人力、物力，在连续不断的外敌侵略下，柬埔寨的水利系统受到严重破坏，成千上万的居民被掠走，吴哥王朝赖以兴盛的经济基础丧失殆尽，不可避免地走向了衰落。

1431 年，吴哥又一次被阿瑜陀耶的军队占领。1432 年，柬埔寨国王蓬黑阿·亚特（1432～1467 年在位）决定放弃吴哥，迁都至湄公河东岸的巴桑（也有的说迁到斯雷山托）；次年又迁移到四岔口（扎多木），即今天的金边。这标志着吴哥王朝的结束，柬埔寨丧失了在中南半岛的强国地位。

四 晚期真腊（15 世纪初～16 世纪末）

15～16 世纪，柬埔寨陷入了内忧外患的困境，外有泰人的侵略，内部纷争不断。1467 年，蓬黑阿·亚特国王禅位于长子诺雷（1467～1472 年在位）。1472 年，诺雷去世，其弟拉马蒂菩提（1472～1473 年在位）继位，内乱随即爆发。诺雷之子索里约太控制斯雷山托地区称王，拉马蒂菩提的兄弟达摩罗阇（1486～1504 年在位）也觊觎王位。暹罗趁机插手，出兵支持索里约太。对形势判断失误的拉马蒂菩提令其弟达摩罗阇坐镇金边，自己则率军讨伐索里约太。达摩罗阇立即向暹罗求和，仅要求保留柬埔寨中部和南部的权力。暹罗同意了达摩罗阇的请求，拉马蒂菩提兵败被俘，索里约太乞降不成，最后与拉马蒂菩提一起饿死在暹罗的监狱中。

达摩罗阇是柬埔寨历史上第一位被暹罗控制的傀儡国王，他虽然把呵叻、尖竹汶割让给暹罗，但并没有换来太平。达摩罗阇死后，其长子丹卡索空托继位，但罗阇的弟弟安赞（1516～1566年在位）以及一位名叫乃坎（1505～1516年在位）的神奴都起兵争夺王位，最终乃坎获胜，安赞逃亡暹罗。乃坎登基后，采取了一系列措施振兴国内经济，因而引起了暹罗的警惕和不满。暹罗于是支持在阿瑜陀耶王宫生活了8年之久的安赞起兵打回国内。安赞最终战胜乃坎，登上王位。

安赞王统治期间，柬埔寨一度复兴，国力有所增强。安赞虽然是依靠暹罗登上王位，但他坚持独立自主，拒绝向暹罗称臣纳贡。1510年，安赞王率军在吴哥的河边击败了来犯的暹罗军队，战场附近的一个村庄因此被命名为暹粒。意为“被征服的暹罗人”。为了便于防御外来侵略，安赞于1528年把都城迁移到了金边西北约40公里的洛韦（Lovek）。1531年，安赞王还成功地袭击了暹罗的巴真省。

安赞及其继位者巴隆·拉嘉一世（1556～1567年在位）执政时期，阿瑜陀耶王朝由于自身忙于应付缅甸的入侵，对柬埔寨的威胁有所减弱。巴隆·拉嘉一世曾于1557、1559、1562年3次进攻暹罗，均取得了胜利，并收复了呵叻。萨塔一世（1567～1594年在位）一度出兵协助暹罗抗击缅军。萨塔一世为了解决长期面临的阿瑜陀耶王朝的威胁，一度寄希望于西方人的帮助，但马六甲的葡萄牙殖民当局腾不出人力和财力来援助柬埔寨。萨塔一世后来又求助于西班牙驻菲律宾殖民当局，但西班牙同样无力援助柬埔寨，只许诺在柬暹之间进行调停。

阿瑜陀耶王朝在解除了缅甸的威胁之后，便继续向东扩张。1593年，暹罗派兵10万再次大举进攻柬埔寨，1594年1月占领其首都洛韦。萨塔一世与其子吉·哲塔一世等人仓皇出逃，其他王室成员和9万居民被押往阿瑜陀耶，吴哥王朝以来的重要文物和文献均被损毁。洛韦的被占，成为真腊真正走向衰落的转折点。

五　柬埔寨王国时期（16世纪末～1863年）

根据中国的《明史》《东西洋考》等史籍的记载，真腊大约在16世纪末改称柬埔寨。从此时到19世纪上半叶，柬埔寨被越南和暹罗两面夹攻，加上经常发生王室内讧和国内叛乱，柬埔寨国势日衰，领土逐渐被吞并，国家基本上处于泰（暹罗）、越两国的轮番控制之下。

暹罗军队主力从洛韦撤走后，萨塔一世的远房亲戚崇佩（1595～1596年在位）亲王率领一支军队攻占了洛韦，并自立为王。由于国王公开谴责葡萄牙冒险家韦洛索等人以及部分西班牙人欺压华人的暴行，韦洛索等人夜袭王宫并杀死了国王，引起了柬埔寨人的公愤和随行的西班牙军队的不满。韦洛索等人辗转找到萨塔一世的次子东亲王，并扶持其登上王位，称巴隆·拉嘉二世（1597～1599年在位）。在韦洛索等人的鼓动下，巴隆·拉嘉二世继续与在菲律宾的西班牙殖民者联系。由于西班牙军队和传教士在金边胡作非为，柬埔寨人和其他国家的移民奋起反抗，杀死了韦洛索和带队的西班牙军官，巴隆·拉嘉二世也在骚乱中丧生。此后继位的巴隆·拉嘉三世（1599～1603年在位）虽然平息了这起反对国王和西班牙人的事件，但西班牙人再也未能进入柬埔寨，被西方学者称为柬埔寨史上的“西班牙插曲”，以西班牙人的失败而告终。

1603年，巴隆·拉嘉四世（1603～1618年在位）从暹罗回到国内继承王位，成为又一个在暹罗控制下的傀儡国王，柬埔寨也成为暹罗的藩属国。在1618年，巴隆·拉嘉四世让位于其子吉·哲塔二世（1618～1628年在位）。吉·哲塔二世不愿向暹罗称臣，改变了先王在柬埔寨推行的暹罗化政策，转而恢复高棉的传统服饰和礼仪风俗，并且迁都于现今金边西北约30公里的乌东。1623年，他成功地击退了暹罗人的入侵。为了抗衡暹罗，他还与越南南部的阮氏政权结盟，并娶阮氏公主为妃。

越南阮氏政权吞并占婆王国后，就不断从东面挤压、蚕食柬埔寨。1623年，阮氏政权趁吉·哲塔二世有求于越南的时候，开始向以西贡为中心的柬埔寨领土——湄公河三角洲大量移民和派驻军队。

从17世纪20年代开始，由于暹罗和越南的插手，柬埔寨以争夺王位为目的的内讧和政变迭起，国内政局更加混乱。吉·哲塔二世死后，其子波尼·笃继位，乌迭亲王摄政，并掌握实权。1630年，乌迭以波尼·笃与自己的妻子有染为由，杀死波尼·笃，立其弟波尼·努为王。1640年，波尼·努过世，乌迭立子为王，称安侬一世，但引起了其他王室成员的强烈不满。1642 年，吉·哲塔二世的三子安赞（1642～1659 年在位）在占婆人和马来人雇佣军的帮助下杀死乌迭，囚禁安侬，自立为王。为了回报占婆人和马来人，安赞王不仅保护穆斯林的商业利益，驱逐荷兰人，还改宗伊斯兰教，改名易卜拉欣，并娶了一名马来女子为妻。安赞的贸易和宗教政策引起了国内其他势力的严重不满。1659 年，安赞被乌迭之子巴东·拉嘉杀死。巴东·拉嘉恢复佛教为国教，采取亲越政策。1672 年，吉·哲塔三世（1672～1673 年在位）发动宫廷政变，杀死国王巴东·拉嘉，夺取王位。1673 年，巴东·拉嘉之子安季又率兵夺回王位，吉·哲塔三世被杀。安季随后与其弟安丹为争夺王位而相互残杀，安季战死，安丹病死。巴东·拉嘉的弟弟安侬在越南军队的支持下，杀回国内，占领乌东。但安季的另一个兄弟安索率军赶走了越南人，称吉·哲塔四世（1675～1695 年在位），安侬则在越南的支持下在柴棍（今西贡）称王，为安侬二世。这样，柬埔寨就出现了两个政权：吉·哲塔四世在暹罗的支持下，建都乌东，其辖区大致相当于古代的陆真腊，即今日的柬埔寨；安侬二世统治的地区相当于古代的水真腊，即今天的越南南部。安侬曾多次对吉·哲塔四世发起进攻，但直至他 1691 年死去也未成功。吉·哲塔四世虽保住了中央政权，但国力日渐衰弱。

从 1699 年至 1775 年的 70 多年间，柬埔寨有 12 位国王走马灯似的先后上台执政，其中吉·哲塔四世和安东更是多次即位，又多次下台。这种不正常的王位更迭使柬埔寨王室的控制力进一步减弱。也就在这一时期，柬埔寨的大片领土被越南蚕食。1693 年，越南阮氏政权占领东浦（嘉定），设嘉定府，并派军镇守。1699 年，吉·哲塔四世被迫将西贡、边和及巴地三省割让给越南。1708 年，统治着河仙等 7 个村社、被柬埔寨封为太守的华人莫玖率部归附越南。河仙成为越南的势力范围后，嘉定与河仙之间的湄公河三角洲中间地带便成为越南的囊中之物。1733 年，阮氏兴兵占领嘉定西部的美荻、沙沥地区（后来被越南设为定祥省）；1739 年，柬埔寨兵败，被迫将嘉定以南至湄公河的整块土地割让给越南阮氏政权；1747 年，柬王安东为了获得越南的承认，又把茶荣、巴色（塑庄）献给越南。到18世纪下半叶乌迭二世（1758～1775年在位）统治期间，整个湄公河三角洲都落入了越南人手中。阮氏政权不仅霸占柬埔寨领土，还将其国王变为傀儡，在柬埔寨推行阮氏的管理制度。越南派到柬埔寨的将领可以任命官吏，直接征税。但柬埔寨人民并不惧怕越南人的统治，完全投靠越南的萨塔二世（1722～1737年在位）被菩萨省的农民起义所推翻。

1771年，越南爆发西山农民大起义，阮氏政权自身难保，无暇西顾；而暹罗从1760年开始一直疲于应付缅甸的侵略，无暇东顾。柬埔寨获得了一个短暂的喘息机会。安侬二世（1775～1779年在位）趁机出兵收复被越南侵占的领土，一度夺回了美荻、永隆，但柬国内的动乱使收复失地进程中止。1779年，柬埔寨德良太守牟氏发动叛乱，推翻了安侬二世，扶植年仅6岁的安英王（1779～1796年在位）登基。执掌朝政的牟氏、卞氏和苏斯相互倾轧，根本不考虑如何收回故土。1782年，苏斯联合卞氏诛杀了牟氏，不久卞氏又杀苏斯。苏斯余部起兵造反，卞氏挟持安英王仓皇逃往暹罗。当时的暹罗曼谷王朝已经建立，缅甸贡榜王朝的威胁已基本解除，便开始考虑东进的问题。1794年，拉玛一世为安英王在曼谷加冕，曼谷王朝成为柬埔寨的宗主国。曼谷王朝军队将安英王护送回国后，顺手将马德望、吴哥、蒙哥比里、诗梳风和呵叻等地据为己有，此时柬埔寨的领土已比吴哥时期缩小了一半。1796年，安英王病故，其子年幼（4岁）无法继位理政，其他王室成员在战乱中也被杀得所剩无几，于是朝廷官员波克受命处理国务，王位一直空悬到1806年波克去世。

1802年越南阮朝建立，随即开始向柬埔寨扩张，并和曼谷王朝争夺对柬埔寨的控制权，1811年和1833年两次击败暹罗军队。1807年，柬埔寨国王安赞二世（1806～1834年在位）被迫向阮朝称臣纳贡。1813年，阮朝军队侵入柬埔寨境内，柬沦为越南的“保护国”。但越南的军事占领和“越南化”的统治政策，引起了1828年和1840年两次柬埔寨人民的抗越民族起义。在阮朝军队遭到严重打击之际，曼谷王朝军队于1841年进占金边，将名义上的安眉女王（1834～1840年在位）推翻，立安东（1841～1859年在位）为柬埔寨新国王。1845年暹越签订和约，越南承认安东的王位，并把军队撤出柬埔寨，而安东则同意向暹、越两国纳贡。作为对暹罗的报酬，安东被迫正式割让1814年被暹罗夺走的莫卢波雷和洞里勒普等地。

安东虽然是在曼谷王朝的支持下登上王位的，但他极力使柬埔寨成为不受暹、越干涉和控制的独立国家，因而颇受后人的尊敬。安东还在国内进行大规模的经济、行政和司法改革，使柬埔寨这个奄奄一息的古老国家恢复了生机。安东于1854年通过法国驻新加坡领事馆转给拿破仑三世一封求援信。1856年10月，法国驻上海领事蒙迪宜在法国传教士的帮助下，试图诱骗安东王签署丧权辱国的法柬条约，但遭到安东的拒绝。1859年安东王死后，长子诺罗敦（Norodom，诺罗敦·西哈努克的曾祖父）成为柬埔寨新国王。但诺罗敦之弟西伏塔亲王与国王的矛盾尖锐，支持西伏塔的贵族发动叛乱，柬埔寨国内形势陷入混乱。诺罗敦在曼谷王朝的支持下平定了叛乱，并于1862年回国复位。但法国殖民主义者趁柬埔寨国内政局发生变故之机，干涉其内政，试图使之摆脱暹罗与越南的双重影响，变为法国的保护国。1863年7月，法国驻交趾支那（越南南圻）总督、海军上将拉格兰迪埃尔率军舰沿湄公河而上，抵达柬首都乌东。他向诺罗敦国王提出：法国可提供“保护”，以保障柬埔寨对暹罗的“独立”，并强迫诺罗敦国王于8月11日草签《法柬条约》。《法柬条约》规定柬埔寨受法国的“保护”，法国派一名领事驻柬埔寨；未经法国允许，柬埔寨不得接受其他国家的领事；法国人有权在柬埔寨自由居住、经商和传教；法国商品可以免税进入柬埔寨等。暹罗对此条约不满，在《法柬条约》正式签字之前，就迫使柬埔寨于同年12月秘密签订《柬暹条约》，把柬埔寨变为暹罗的属国。1864年3月，当诺罗敦前往曼谷参加拉玛四世为他举行的加冕典礼时，法国军队占领乌东，并在王宫前升起法国国旗。诺罗敦被迫返回乌东，并于同年4月12日在《法柬条约》上签字，承认法国对柬埔寨的保护权。1867年，法国将马德望、诗梳风、暹粒三省割让给暹罗，以换取暹罗对《法柬条约》的认可。就这样，柬埔寨沦为法国的保护国，客观上也避免了被越南和暹罗完全肢解的惨剧。

第三节 近代简史

一 法国对柬埔寨的殖民统治

1867 年，柬埔寨首都由乌东迁到金边。但法国人并不满足于取得对柬埔寨的保护权，在越南站稳脚跟之后，于 1884 年 6 月派军队闯入王宫，用刺刀胁迫诺罗敦国王签署第二次《法柬条约》。该条约规定柬埔寨必须保证“实行法国政府认为符合保护国利益的有关行政、司法、财政、商业上的各种改革”；还规定法国在柬王身边设立理事长官（最高驻扎官），在各省设置听命于理事长官的驻扎官；法国每年拨款 30 万法郎作为柬埔寨王室经费；未经法国同意，不能向其他国家借款；柬埔寨官员受法国监督；等等。通过这个条约，法国控制了柬埔寨的内政、外交，柬埔寨进一步沦为法国的殖民地，法国的统治也由间接变为直接。

1887 年 10 月，法国政府颁布法令，将越南的东京、安南和交趾支那 3 个地区与柬埔寨一起组成法属印度支那联邦（1899 年老挝并入法属印度支那联邦）。法国对印度支那联邦各个组成部分的统治，既有共性，也有差异。其中最突出的共性，是法国在法属印度支那联邦实行总督的集权统治。从 1888 年 9 月至 1945 年，法国共任命了 33 名总督或统督，其中 1890 ~ 1902 年担任总督的保罗・杜美最终形成了法国在印度支那的殖民行政体制。总督拥有决定财政预算，遴选和管理文武官员，负责内政、治安和对外防务，使用和调动驻印度支那的法国陆海军的权力，并且具有与法国驻远东各国的外交代表或领事磋商外交事务的权力。总督府设一名总务长官协助总督处理日常事务，还设立财务、工务、卫生保健、农、林、关税、邮电、矿山、地质和教育等 16 个部局。在总督主持下，建立政务评议会、财政经济最高会议和国防会议。总督是这些会议的当然主席或主席。上述机构只具有咨询性，总督操有对任何提案的否决权。

具体到柬埔寨，法国在柬埔寨驻扎了首席殖民官员，各省的省会派驻由首席殖民官员领导的地方驻扎官。1897 年，法国人强迫诺罗敦修改 1884 年条约，剥夺了国王最后的权力，柬埔寨完全沦为法国的殖民地。国王虽被保留下来了，但徒具虚名，国家的行政、司法、财政及官吏任免大权均操于首席殖民官员手中，国王只是名义上的国家元首和佛教的保护人。没有首席殖民官员的批准，国王的命令、枢密院的决议、政府大臣的任命均是无效的。柬埔寨的军队更是掌握在法国人手中，高棉人在军队中最高只能任排长。

法国殖民当局还在柬埔寨实行“以越治柬”政策。据 1904 年的统计，柬埔寨的 46 名省级印支籍官员中，有 22 名是越南人；金边市政府的 16 名非法籍官员中有 14 名是越南人；在 1886 年的殖民地军队中，法籍官兵为 1164 人，越籍官兵却有 1468 人。

法国殖民当局操纵了国王的继承权，他们往往将有独立倾向的王位继承人打下去，起用亲法的王室成员担任国王。1904 年，诺罗敦国王逝世，理应由他的长子尤康托尔继位，但法国人不喜欢他，就把主张与法国人合作的诺罗敦国王的弟弟西索瓦（Sisowath）亲王扶上王位。西索瓦 1927 年去世后，法国人却以恢复原来的传统为由，安排其子西索瓦·莫尼旺（Sisowath Monivong）继承大统。莫尼旺 1941 年过世后，法国人又抛弃了国王的儿子莫尼赛恩，选中了诺罗敦国王年轻的曾孙诺罗敦·西哈努克（Norodom Sihanouk）。这一次法国人看走眼了。西哈努克并不是驯服的绵羊。

为了加强对柬埔寨的控制，法国殖民当局专门设置了“侦探楼”来监视柬埔寨人民，打击那些有民主和独立思想的人。法国人还禁止柬埔寨各级地方官员与老百姓有密切接触，一旦触犯，立即调走。

在经济领域，法国人全面控制了柬埔寨的经济命脉，橡胶、金融、林业、渔业、铁路、航空以及进出口贸易基本上由法国资本掌握，柬埔寨沦为法国的原料产地和商品销售市场。为了获得足够的原料，法国殖民当局允许土地自由买卖，大规模种植他们所需要的经济作物，如橡胶。由于法国人将印度支那联邦的海关、货币以及行政管理部门集中在越南的西贡等沿海大城市，柬埔寨的发展就大大落后于越南，到独立前夕几乎没有自己的民族工业，传统手工业也受到严重摧残。

在文化领域，法国人在柬埔寨大力传播天主教。法国人根本不重视教育，到 1935 年才在柬埔寨建立了第一所高级中学，到 1939 年才毕业了 4 个学生。而高等院校，直到独立前也没有建立起来，法国殖民当局甚至千方百计阻挠柬埔寨人去法国的高等院校留学。与此同时，法国人却在柬埔寨各地开设鸦片烟馆、酒馆、赌馆和妓院，败坏柬埔寨的社会风气。

法国对柬埔寨的侵略和殖民统治引起了柬埔寨人民和部分王族的反对。由于对《法柬条约》不满，爱国的阿卡·索亚亲王在 1863 年率领农民和僧侣发动了第一次反法起义，其势力发展到柬埔寨东南部的茶胶和贡布等省份。但这次起义因阿卡·索亚亲王被捕而失败。1866 年，柬埔寨爆发了由伯坤博亲王领导的反法起义，起义军于同年底进攻乌东，逼近王宫，但最终功败垂成。在法国殖民者与越南顺化朝廷的联合镇压下，起义很快被压制，伯坤博亲王也在 1867 年底的一次战斗中被捕后遇害。不过这次起义有一个鲜明的特点，就是柬埔寨人民与越南人民不计前嫌，共同抗击法军，这是柬、越历史上非常罕见的事件。1884 年法国人强迫柬埔寨王室签订第二次《法柬条约》后，诺罗敦国王的弟弟西伏沙亲王在 1885 年发动了一场声势浩大的反法起义，起义军先以磅湛和桔井为根据地，后又发展成为大规模的游击战，但坚持了 3 年后被法国人以收买的形式瓦解。

到 20 世纪 40 年代，柬埔寨人民反对法国殖民统治的民族主义运动再度高涨。1942 年，山玉成（Son Ngoc Thanh）起兵反法，兵败后流亡日本。1943 年，因抗议法国殖民当局逮捕高僧阿查·汗鸠，金边爆发了有数万人参加的反法示威游行。这场抗议行动后来转化为武装起义。起义虽然没有成功，但促进了柬埔寨的民族觉醒。

二 日本对柬埔寨的短暂占领

1940 年 9 月，日本与法国维希政府签订了一个条约，日本获得了经由印度支那调运军队和军需物资的权力，并为下一步侵占柬埔寨打开了缺口。与此同时，已与日本签署《友好条约》的泰国依仗日本的支持，出兵进攻柬埔寨，并且要求法国殖民当局归还 1907 年被夺走的马德望、诗梳风和暹粒三省。在日本人的胁迫下，法国于 1941 年 3 月 11 日在东京与泰国签订条约，将柬埔寨西部的马德望和暹粒两省以及北部的磅同和上丁两省的部分地区割让给泰国，使柬埔寨丧失了 1/3 的国土和约 150 万人口。柬埔寨国王莫尼旺对此非常失望，愤然离开金边，很快病逝于南部口岸的布卡尔山。

1941 年 8 月，日本出兵进入柬埔寨，实际上控制了整个柬埔寨。但出于多方面的考虑，日本人保留了法国在柬埔寨的行政机构，仍由法国殖民当局进行管理。由于日本要求柬埔寨提供非正规部队的战斗人员、劳工以及大米、鱼、木材等物品，法国也要求柬埔寨提供大米、木棉等物资，因而柬埔寨人民遭受了法、日的双重压迫和剥削，生活更加困难。

1945 年 3 月 9 日，在世界反法西斯战争胜利在望的情况下，日本孤注一掷发动兵变，推翻了法国殖民当局，直接统治柬埔寨。3 月 13 日，日本要求西哈努克国王正式宣布柬埔寨独立，并且废除 1863 年和 1884 年两次签署的《法柬条约》。但西哈努克认识到这样的独立“只是一颗空心大白菜”。由于感到西哈努克并不是理想的代理人，日本人便扶持曾在 1942 年发动反法起义的山玉成，先是让他在 1945 年 6 月出任外交部长，随即又于同年 8 月 10 日让他担任柬埔寨内阁首相。但这些举措并不能挽回日本人失败的命运，8 月 15 日，日本天皇宣布无条件投降。同年 10 月 5 日，法国伞兵部队占领金边，并且很快重新占领了柬埔寨全境。

三　柬埔寨人民争取独立的斗争

在二战期间，大约 10 万名柬埔寨士兵被补充到法国军队中参加欧洲战场的作战，一位王子甚至为此献出了生命。因此，当法国人在战后再度对柬埔寨实行殖民统治时，柬埔寨人民从感情上已难以接受，他们发动了不屈不挠的独立斗争。与南越保大政权不一样，1941 年被法国人推上王位的西哈努克国王在这场斗争中发挥了突出的个人作用。

在印支战争前夕，法国人为了稳住柬埔寨这个后方基地，于 1946 年

1月7日与西哈努克政府签署了一项关于承认柬埔寨是“法兰西联邦内的一个自治国”的临时协定，规定国王签署的一切文件都须征得法国驻柬高级专员的同意，这种自治有名无实。西哈努克虽然不满意临时协定，但还是希望与法国在某些领域进行合作；不赞成也不参与武装抗法斗争，却愿意借助不断增长的反法力量来迫使法国在柬独立问题上做出让步。1946年5月31日，西哈努克颁布了选举法；同年9月，制宪会议讨论通过了宪法草案。1946年8月，在高棉伊沙拉克（自由）阵线领导下，柬埔寨人民建立了抗法武装，并相继在一些地区建立了游击根据地。1946年11月，法国迫使泰国与之签订一项协定，宣布废除1941年的东京条约，泰国归还二战期间占领的柬埔寨领土。1947年5月5日，柬埔寨王国宪法正式颁布，规定柬埔寨王国实行君主立宪和三权分立。在1947年12月举行的首届国民议会选举中，尤萨旺亲王领导的民主党获得了75个议席中的55个。

1949年11月8日，柬法签署新条约，法国在法律上承认柬王国的独立，但司法、警察、军队、外交、财政等方面的权限仍由法国控制，柬埔寨并没有取得完全的独立，柬埔寨人民对此大失所望。由于以民主党为首的国民议会两次拒绝批准法柬条约，西哈努克国王便解散了议会。1950年，山玉成领导的高棉伊沙拉克阵线组建了高棉临时抗战政府。到1950年底，全国14个省中已有11个建立了抗法游击根据地。1951年3月11日，高棉伊沙拉克阵线与越南国民联合阵线、寮国伊沙拉三方的代表举行会议，决定组成由三国民族统一战线代表参加的越南－高棉－寮国人民联盟委员会，共同驱逐法国殖民者和美国干涉者，以完全获得独立。1951年11月选举产生的新一届国民议会抵制西哈努克国王提出的关于削弱国民议会权力的宪法修正案，西哈努克国王再次解散了议会。

在与民主党以及山玉成领导的高棉伊沙拉克进行斗争的过程中，西哈努克逐渐意识到，在1949年11月的法柬条约上签字是一个错误决定，要进一步缓和国内矛盾和巩固其地位，必须使国家彻底取得独立。1952年6月15日，西哈努克国王庄严地向国民许诺，将在今后3年内完全取得国家的主权。1953年初，西哈努克发起了“争取独立的王家改革运动”（或

“王家独立十字军东征”)。在与法国的谈判中，柬法两国在柬埔寨是否加入法兰西联邦以及法国继续把柬埔寨作为它对越南和老挝作战的基地问题上意见相左。1953 年 2 月 9 日，西哈努克亲自前往法国，就争取独立事宜与法国总统交涉。3 月 5 日，西哈努克致函给当时的法国总统，陈述实情，要求法国扩大柬埔寨独立范围。4 月 3 日，西哈努克又分别致函法国总统和法国政府，敦促法国方面尽快解决给予柬埔寨全部权力的问题。由于法国政府在实质问题上一直不肯给予西哈努克明确的答复，国王于当年 4 月 11 日前往加拿大、美国游说。迫于国际社会的压力，法国政府同意做出一些让步。1953 年 5 月 13 日，西哈努克国王回到金边，并再次向国民承诺柬将获得百分之百的独立。5 月 14 日，西哈努克主持了内阁会议。由于法国迟迟不兑现其诺言，西哈努克离开柬埔寨，自我流放到泰国曼谷。

在得知世界各国对柬争取独立的要求表示理解后，西哈努克返回国内，并来到 1949 年和 1952 年期间法国移交给柬埔寨军事自治权的 3 个省——暹粒、马德望和磅同。西哈努克在此发誓，将在柬获得国家完全独立后才返回金边，并下令组建皇家民兵和勇敢女子队，准备与法国人进行武装对抗。

法国人虽然对西哈努克的态度严重不满，一度准备与国王军事摊牌。但考虑到法国当时在越南战场上已节节败退，法军无力在柬埔寨再开辟第二战场，加之柬国内要求独立的浪潮势不可挡，国际社会也普遍支持柬埔寨的独立要求。所以，法国在 1953 年 7 月 3 日宣布给予柬埔寨完全的独立和主权，但要求把柬埔寨作为军事基地保留下来，直至印支战争结束。西哈努克坚决不同意法国的无理要求，并且提出在 9 月 1 日之前移交全部权力。法国被迫再次做出让步。同年 8 月 29 日，柬法两国签署司法权移交和警察权移交协议，10 月 17 日两国签署柬全国军事主权移交协议，柬外交权也同时通过两国政府以换文方式解决。

1953 年 11 月 8 日，西哈努克国王回到金边。11 月 9 日，在王宫前举行了隆重的权力移交仪式。法国龙拉克将军把自己的军队指挥权交给西哈努克，法国对柬埔寨延续了约 90 年的殖民统治正式宣告结束。这一天后来被定为柬埔寨独立日和国庆节。但柬埔寨名副其实的完全独立，直到法国军队 1954 年 7 月撤出柬埔寨和法国在 1954 年 12 月正式承认柬埔寨的财经自主权后才真正获得。

第四节 现代简史

柬埔寨独立后进入了一个新的历史发展时期。西哈努克国王争取独立斗争的成功使他和他所领导的王国政府在柬埔寨赢得了巨大的声誉，也为他在柬埔寨政治舞台上长期发挥不可替代的重要作用奠定了基础。

一 西哈努克掌权的柬埔寨王国时期（1953～1970 年）

在 1954 年的日内瓦会议上，柬埔寨的独立获得了国际社会的承认，《日内瓦协议》同时规定柬埔寨必须在 1955 年举行新的大选。

为了顺利恢复宪政，西哈努克在 1955 年 3 月让位于其父苏拉玛里特亲王（Norodom Suramarit），自己新成立了由他任主席的“人民社会同盟”（Sangkum Reastre Niyum），直接参与政治斗争。人民社会同盟主张国家、佛教、国王三位一体，要求在政治、经济和社会等领域进行必要的改革。由于许多小党为了表示对国王和西哈努克亲王的效忠而纷纷加入人民社会同盟，加之该同盟提出的竞选口号“独立、中立、和平、民主、廉洁”深入人心，因此，人民社会同盟在 1955 年 9 月举行的大选中获得了 82% 的选票和全部国民议会议席，成为无可匹敌的执政党。

西哈努克领导的人民社会同盟每半年召开一次全国代表大会，决定国家重大问题。为了阻止国民议会与政府作对，1957 年 1 月举行的人民社会同盟第四次全国代表大会决定把人民社会同盟代表大会作为国家的决策机构，国民议会只作为讨论、批准和执行同盟代表大会决议的工具。

为了巩固自己的统治，西哈努克还扶持成立了高棉王家社会主义青年联盟，并担任该联盟主席。该联盟不规定入盟条件，强调它是一个“全民、各阶层的团结组织”；在政治上，该联盟在国内外重大问题上完全执行西哈努克的主张，拥护君主政体。拥有 50 万盟员的高棉王家社会主义青年联盟很快成为人民社会同盟的得力助手。

为了体现民主，西哈努克利用传统的政治生活方式，即允许各阶层的人在王宫前集会，允许他们向国王、西哈努克亲王以及政府提出批评和问题。

通过这些方式，西哈努克领导的人民社会同盟在柬埔寨政治中的优势越来越大，反对派无法对同盟提出挑战。因此，人民社会同盟在 1958 年和 1962 年的两次大选中继续取得了压倒性的胜利。

1960 年 4 月，苏拉玛里特国王病逝。西哈努克在辞去首相职务的同时，拒绝了许多人要求他重新担任国王的要求，并促使国民议会通过宪法修正案。修正案规定柬埔寨的最高权力属于国家元首，国家元首一经选出就拥有“君主的权力和特权”。1960 年 6 月 20 日，西哈努克就任国家元首，他的母亲哥沙曼太后（Kossamak Nearira Sisowath Monivong）作为象征性君主。柬埔寨政治生活完成了一次以西哈努克为中心的转变。

尽管西哈努克依靠其个人威望在相当长一段时间里控制了柬埔寨政局，柬埔寨一度出现了政治稳定、经济复兴的良好局面，但在冷战格局下，美国并不允许柬埔寨实行中立政策，对柬的干涉越来越多，柬国内一些深层次的矛盾也日益尖锐。柬埔寨经济从 20 世纪 50 年代末开始停滞，60 年代以后出口收入锐减，进口替代战略难以继续实施，私人企业因为缺乏资金也举步维艰；60 年代中期后主要农产品歉收，国内消费品严重短缺。为了反对美国的干涉，西哈努克在 1963 年 11 月 19 日宣布拒绝一切美援。美国政府恼羞成怒，就策动柬国内的亲美势力破坏经济稳定，加剧了柬的经济困难。尽管西哈努克政府采取了加强国有化等应对措施，但没能从根本上解决问题。

从 60 年代中期开始，西哈努克亲王的权力地位受到了越来越严重的挑战，人民社会同盟内部亲美右翼势力日益反对他的和平中立外交政策，试图推翻君主制的反对党表现出咄咄逼人的态势，而柬埔寨共产党的势力也不断扩大，控制了整个东北部。1966 年 9 月 11 日，柬埔寨举行了战后的第六次国民议会选举，并产生了由亲美的朗诺（Lon Nol）中将为首相的新内阁。1967 年 4 月 29 日，由于矛盾激化，朗诺辞职，西哈努克再度组建了由他任首相的内阁。进入1968年后，柬国内局势变得更加动荡，人民社会同盟内部尤其是军队的右翼势力反对西哈努克的呼声越来越高，西哈努克亲王对国家的控制能力进一步减弱。

尽管柬埔寨政府于1969年7月2日恢复了与美国的外交关系，但是美国继续向柬施加压力。1969年8月，以朗诺为首相兼国防大臣的新内阁得到国民议会的批准，施里玛达（Sirik Matak）出任副首相，并兼任内政、安全、国民教育和宗教大臣。同年底，根据施里玛达的提议，柬国民议会同意废除国家控制银行和对外贸易等措施。西哈努克为了阻止这一政策的出台，于1969年12月27日召开了人民社会同盟代表大会，并取得了代表们的支持，从而使国民议会的决定不能实施。

在国内局势有所改善的情况下，西哈努克于1970年1月赴法国治病。同样在法国治病的朗诺见有机可乘，就于同年2月回到金边，开始筹划政变。1970年3月18日，在西哈努克离法访苏之际，朗诺-施里玛达集团在美国的支持下，发动了针对国家元首西哈努克的政变。他们控制下的国民议会宣布“取消对西哈努克亲王作为柬埔寨元首的信任”，改由国民议会主席郑兴（Cheng Heng）担任国家元首，但实际权力掌握在朗诺手中。

二 朗诺执政的高棉共和国时期（1970～1975年）

（一）朗诺统治下的柬埔寨

朗诺集团发动政变后，建立了亲美的傀儡政府，美国立即向其提供大量援助。朗诺集团在政治上强化集权统治，剥夺人民的民主权利，同时又笼络和麻痹人民。所以，朗诺集团一方面颁布“军事法”实施宵禁，限制人民的活动自由，另一方面又导演“还政于民”的闹剧。1970年10月9日，朗诺集团宣布取消君主立宪制，成立了所谓的“高棉共和国”（Khmer Republic）。

不过朗诺集团内部矛盾重重，不断发生争权夺利的斗争。尽管施里玛达是朗诺发动政变时的盟友，但政变一成功，朗诺就开始限制和削弱他的权力。通过两次内阁改组，到1970年7月，朗诺出任首相兼国防部长，集军政大权于一身，而施里玛达只剩下一个副首相的虚职。1971年4月，朗诺为对施里玛达施加压力而提出辞职，导致了政府组阁危机。但施里玛达也不甘受制，当朗诺在1972年初去美国治病时，立即扩大自己的权势，企图取而代之，由于朗诺弟弟依朗的抵制才未能成功。见此情况，朗诺不得不带病回国，并于1972年3月10日宣布接管国家元首郑兴的全部权力，由他亲自担任国家元首。3月20日又宣布成立由他兼任总理、山玉成任首席部长兼外交部长的新内阁。同年4月，朗诺集团颁布了新宪法，并于6月3日在其控制区内举行了总统选举，9月举行了国会选举，10月成立了参议院，并产生了由朗诺兼任总统和总理的新政权。

朗诺集团在经济上依靠美国援助，国内商品奇缺，物价飞涨，财政赤字由1970年的64.9亿瑞尔上升到1974年的482.4亿瑞尔。

（二）西哈努克领导的王国民族团结政府的成立及其活动

朗诺政变后，中国、朝鲜等第三世界国家坚决支持西哈努克，拒不承认美国扶植的朗诺政权。1970年3月23日，西哈努克亲王在北京发表声明，宣布建立柬埔寨民族统一战线（National United Front of Kampuchea），并任主席。在西哈努克的倡议下，柬埔寨、老挝和越南南北两方领导人举行了印度支那最高级会议（又称印度支那三国四方会议），讨论了加强团结和进行抗美斗争的共同战斗任务。会议发表了联合声明，号召印度支那三国人民加强团结，英勇战斗，把抗美救国战争进行到底。同年5月5日，柬埔寨王国民族团结政府（Royal Government of National Union of Kampuchea）在北京成立，西哈努克亲王担任国家元首，宾努（Penn Nouth）亲王任首相，乔森潘（Khieu Samphan）任副首相兼国防部长和武装部队总司令。这可以视为柬埔寨民族主义者和共产党人的联合。王国民族团结政府分为国内和国外两部分，国外部分的总部设在北京，国内部分即以柬埔寨共产党领导的武装力量为主体的柬埔寨民族解放武装力量。同年7月，为了加强国内外的联系，柬共派英萨利作为国内部分的代表常驻北京。西哈努克亲王在北京开展了频繁的外交活动，广泛争取国际社会的支持，并且很快打开了局面。1973年5～7月，西哈努克亲王在英萨利的陪同下，出访亚非欧三大洲的11个国家。1974年3～9月，乔森潘率领阵线与政府代表团又出访了12个国家。这些外交活动有力地配合了国内的军事斗争，到柬埔寨解放前夕，已有62个国家和国际组织承认王国民族团结政府。

（三）柬埔寨人民的抗美救国斗争

1970年4月30日，借口清除越共在柬境内的“庇护所”和“供给线”，美军和南越军队10万多人公然入侵柬埔寨，并把战火扩大到柬埔寨境内，柬埔寨人民的抗美救国战争从此全面展开。在王国民族团结政府的统一指挥下，柬埔寨共产党领导的武装力量开展了抗击美国侵略者及朗诺集团的战争。由于国际社会的强烈反对，美军地面部队不得不在1970年6月撤离柬埔寨，但大批南越伪军继续帮助朗诺政权镇压革命，美国空军则一直没有停止过对柬埔寨的大规模轰炸，数万柬埔寨人死在美国的炸弹之下。

战争之初，朗诺依仗美军和南越伪军的直接参战，于1971年8月发动了代号为“真腊2号”的大扫荡。但柬埔寨人民武装力量经过3个多月的艰苦战斗，彻底粉碎了敌人的扫荡，打死打伤敌人1.2万多名，俘虏数千人。自此之后，朗诺集团在战场上由主动进攻转入了被动防御。到1971年底，柬埔寨人民武装解放力量已控制了大半国土。

1973年1月美国签署《关于结束战争、恢复和平的协定》，并从印度支那撤军后，朗诺政权的日子就更加难过了，被围困在金边、马德望等一些城镇之中，陆上交通线被切断，所有物资全靠美国从空中或水路补充。与此同时，人民武装力量则发展极快。到1974年底，包括正规部队、地方部队和游击队在内的人民武装力量总兵力已超过20万人，其中正规部队在10万以上，并在许多地方建立了以师为建制的正规部队，朗诺政权大势已去。

1975年1月1日，人民武装力量向金边发起了战略进攻。15天内拔除了朗诺政权的260个据点，并且打到离金边仅5公里之处，先是卡断了从西贡通往金边的湄公河航道，接着又炮击金边与外界的唯一空中通道——波成东机场，给予朗诺政权以致命打击，金边陷入一片混乱。1975年4月1日，朗诺宣布辞去“总统”职务，乘飞机逃离金边，苏金奎任代总统。4月12日，包括大使在内的美国驻金边大使馆人员也被迫离开柬埔寨。4 月 17 日，柬共领导的武装力量从 5 个方向向金边发起最后攻击，解放了金边，推翻了亲美的朗诺政府。拒绝随同美国大使一起离开的朗诺集团主要成员施里玛达等人被红色高棉（Khmer Rouge）处决。

第五节　当代简史

从 1975 年 4 月至今是柬埔寨的当代时期。

一　柬埔寨共产党的发展及其短暂执政

（一）柬埔寨共产党的建立与发展

1960 年 9 月 30 日，1951 年成立的高棉（柬埔寨）人民革命党 21 位领导人在金边秘密举行代表大会，宣布将高棉人民革命党改名为柬埔寨劳动党。杜斯木（Tou Samouth）当选为党的总书记，农谢（Nuon Chea）任副总书记，波尔布特（Pol Pot）、英萨利（Ieng Sary）为政治局委员。1962 年 7 月 30 日，杜斯木神秘失踪。1963 年 2 月，波尔布特当选为党的总书记。从此，以波尔布特为首的留法派成为柬埔寨劳动党的领导核心。为了躲避西哈努克政府的打击，波尔布特、宋成（Son Sen）、英萨利等主要领导人于 1963 年 7 月离开金边，到东北部的腊塔纳基里省开辟了新的根据地。

1966 年 9 月，柬埔寨劳动党改名为柬埔寨共产党。1967～1970 年的国内形势使柬共觉得开展武装斗争的时机已成熟，于是在 1968 年 1 月建立了自己的武装——柬埔寨革命军，到年底就控制了东北部地区。鉴于美国从 1969 年 3 月起派飞机轰炸柬埔寨领土，柬共转而高举抗美救国的旗帜。

1970 年 3 月 18 日的朗诺集团政变以及随之而来的美国和南越军队入侵，为柬共的发展提供了绝好的机会。西哈努克和柬共捐弃前嫌，结成了抗美救国统一战线，柬埔寨革命军改名为“柬埔寨人民民族解放武装力量”。由于西哈努克远在国外，国内的武装斗争基本上是由柬共领导的。到 1975 年 4 月 17 日，柬共取得了抗美救国战争的全面胜利，在世界上再创了一个农村包围城市的成功范例。

（二）柬埔寨共产党的短暂执政

柬埔寨全国解放后，柬共凭借其强大的军事力量主导了王国民族团结政府，回到国内的西哈努克亲王并无实权。1976 年 1 月 5 日，柬共颁布了《民主柬埔寨宪法》，决定改国名为民主柬埔寨（Democratic Kampuchea），实行人民代表大会制度。同年 3 月 20 日，柬埔寨举行了全国解放后的第一次普选。4 月 11～13 日，在金边召开了第一届全国人民代表大会第一次会议，会议选举农谢为全国人大常委会委员长，任命乔森潘为国家主席团主席、长期处于幕后的柬共总书记波尔布特为政府总理、英萨利为负责外交事务的副总理、宋成为负责国防事务的副总理，王国民族团结政府前首相宾努亲王任国家主席团最高顾问。在此之前的 4 月 4 日，西哈努克亲王被迫宣布退休，随后被软禁。民柬政府为照顾舆论，才授予他伟大的爱国英雄称号，并为他树了一个纪念碑。1977 年 9 月 27 日，在庆祝建党 17 周年纪念大会上，长期处于地下状态并以“革命组织”（柬语为“安卡”）名义活动的柬共宣布公开。

柬共执政后，虽然在恢复和发展国内生产方面取得了一定的成绩，但它不顾柬埔寨基本国情，试图使柬埔寨在短期内跳跃式地建成共产主义的指导思想，以及为此而推行的一系列极左政策给人民带来了史无前例的灾难。这些错误政策主要有：

在政治上，柬共主张“从肉体上消灭资产阶级”，将大批旧政权人员、知识分子、工商界人士关进集中营进行强制改造，并把其中的相当一部分人处死；强制推行无神论，将数万名神职人员强行赶出寺院，集中到农村从事体力劳动；为绝对控制舆论，关闭了所有出版社、报纸、杂志社和学校。尤其难以置信的是，以波尔布特为首的核心集团在 1975 年 4 月至 1978 年 12 月的 3 年多时间里，在柬共内部进行了 9 次大清洗，包括内政部长、经济与财政部长、农业部长、公共工程部长、情报部长、通信、贸易、工业和橡胶种植业部长、国务委员会第一和第二副主席、主管经济的副总理乃至柬共重要的创始人之一、波尔布特的亲密战友符宁和胡荣在内的柬共高级领导人都没有逃脱被从肉体上消灭的命运。

在经济上，强制推行合作化和完全的国有化，取消货币，废除商品交易，实行配给制，将200多万城市人口强行赶到农村，造成全国工业生产和商业活动全部瘫痪。

柬共的上述做法造成了极其严重的后果。首先是使柬埔寨的生产力遭到严重破坏，国民经济基本崩溃。其次是党内的大清洗使柬共失去了大批中坚分子和领导干部，自身力量大为削弱，尤为严重的是党失去了凝聚力，陷入众叛亲离的境地。叛逃者于1978年在越南成立了“柬埔寨救国民族团结阵线”，韩桑林（Heng Samrin）任阵线主席。最后社会改造运动导致了100多万人的非正常死亡，连西哈努克的10多个子女亲属都被下放农村劳动，最后下落不明。这使柬共丧失了民心，也遭到了国际社会的普遍反对和谴责。

与此同时，由于柬共拒绝与越共建立特殊关系，柬共就成了当时越南领导人谋求建立“印度支那联邦”的一个“肉中刺”。越南向柬埔寨提出重新划分边界的要求也遭到了柬埔寨的拒绝，两国为此不断发生边界争端和冲突。1977年12月31日，柬越两国断交。1977年底到1978年初，越南军队几次进攻柬埔寨，但未能得逞。

柬共在短短的3年多执政期间，其所作所为实际上是与马克思主义背道而驰的。值得探讨的是，包括波尔布特在内的柬共核心领导人基本上都有留学海外的背景，其中乔森潘、胡荣等人还在法国取得了经济学博士学位，为何他们会采取如此极端的政策呢？这一问题值得深入探讨。

二　越南入侵与柬埔寨各派力量的抵抗

1978年12月25日，越南在苏联的支持下，出动20万人的武装部队，在飞机、坦克、大炮的配合下，兵分7路从柬埔寨边境的柴桢、斯努、腊塔纳基里等地大举入侵柬埔寨，并迅速突破了民柬国民军的防线。1979年1月7日，越军占领金边，进而占领了其他主要城市和交通要道。1月10日，越南人扶持的“柬埔寨救国民族团结阵线”易名为“柬埔寨人民革命党”，宣布成立“柬埔寨人民共和国”，韩桑林任总理，并逐步建立了从中央到乡村的各级行政机构。1981年，金边政权颁布宪法，选出了国会，由韩桑林任国务委员会主席，宾索万任部长会议主席（即总理）。

在人民革命党第四次代表大会上，宾索万被选为总书记。1981 年 12 月，韩桑林取代宾索万担任人民革命党总书记，姜西接任部长会议主席。1984 年 12 月姜西病逝后，洪森（Hun Sen）接任部长会议主席。

在越军优势兵力的打击下，民柬国民军损失惨重，8 万正规部队只剩下 1 万多人，柬共中央和民柬政府被迫转入西部柬泰边境的山区和农村坚持斗争。在严酷的形势面前，柬共总结了经验教训，逐步进行了重大的战略调整。1979 年 5 月，民柬国民军决定放弃阵地战，确立了以游击战为主的作战方针。同年 8 月 21 日，民柬国家主席团主席乔森潘宣布成立“柬埔寨爱国、民主、民族大团结阵线”，号召柬埔寨人民不分政治倾向，积极行动起来，赶走越南侵略者，推翻韩桑林政府，建立独立、统一、民主、和平、中立和不结盟的柬埔寨。同年 9 月 6 日，民柬公布《民族大团结阵线政治纲领草案》，强调各民族人民“结成广泛的民族阵线，以各种方式同越南侵略者进行坚决斗争，把他们从柬埔寨国土上全部赶出去”，同时宣布将保障人民在政治、精神和物质生活中的民主自由，扩大民柬和各级地方政权，并允许私人从事各种经济活动和使用国家货币在国内自由贸易。同年 12 月，柬共宣布“停止搞社会主义和共产主义”，中止执行 1976 年宪法，“执行爱国民族团结阵线政治纲领”；改组政府机构，波尔布特辞去柬共中央书记和政府总理职务（只保留武装力量总司令一职），成立以乔森潘为总理的新政府。1981 年 12 月 6 日，柬共宣布解散，只留下“民柬武装力量”的称号，国外则普遍称其为“红色高棉”，波尔布特仍是实际上的最高领导人。

在柬埔寨的抗越救国斗争中，除民柬外，还有两支重要的力量。一是 1979 年 10 月成立、由宋双（Son Sann）领导的高棉人民民族解放阵线，该阵线组建了“高棉人民民族解放军”进行抗越斗争。二是 1980 年 3 月在朝鲜平壤成立的、由西哈努克亲王任主席的“争取柬埔寨独立、中立、和平与合作民族团结阵线”（奉辛比克党的前身），英丹任该阵线领导的武装力量“西哈努克民族主义军”（1987 年 7 月改称西哈努克民族军，1990 年改称柬埔寨独立民族军）司令。至此，柬埔寨出现了分别由乔森潘、宋双和西哈努克领导的三方抗越力量，且三方均有意加强团结与合作。

1981年9月2～4日，乔森潘、宋双和西哈努克在新加坡举行会谈，一致同意组成一个联合政府。1982年6月22日，三方领导人在吉隆坡会晤并签署了《民主柬埔寨联合政府成立宣言》，宣布三派抗越力量实行联合。同年7月9日，西哈努克在柬埔寨解放区宣布正式成立民主柬埔寨联合政府（Coalition Government of Democratic Kampuchea），由西哈努克任主席，乔森潘任副主席兼管外交事务，宋双任总理。尽管三方的联合很松散，民主柬埔寨联合政府也是一个空架子，但这种联合对于获取抗越斗争的合法性以及国际社会的支持具有至关重要的意义。从此柬埔寨抗越救国斗争进入了一个新阶段。

在军事上，越军和金边政权武装1978～1986年连续发起了8次旨在消灭柬埔寨抵抗力量的旱季攻势。但越军速战速决和外堵内剿的作战方针都没有奏效，民柬抵抗力量在度过了最困难的1979年之后，逐渐变消极防御为积极防御，扭转了以往被动应付越军扫荡的局面。1982年6月，三方抵抗力量联合后，于当年雨季组织反击战，收复了不少失地。越军由于无力进行大面积扫荡，就在1983年发动了3次重点进攻。但被抵抗力量的以攻为守和主动出击所粉碎。1984年，越军出动7个师对抵抗力量的西部边境根据地进行大扫荡，企图消灭抵抗力量。越军占领民柬边境基地后，抗越力量又转移到内地乡村，由边境作战为主改为内地作战为主，活动区域反而不断扩大，使越军无法再次发动旱季攻势。到20世纪80年代末，三方抵抗力量发展到7万多人（其中民柬国民军约4万人、柬埔寨独立民族军约2万人、高棉人民解放军约1.5万人）。

三　柬埔寨问题的和平解决

到20世纪80年代中期，越军与三方抵抗力量在军事上陷入僵持；但在国际上，民主柬埔寨继续得到绝大多数国家的承认和支持，在联合国拥有合法席位，尤其是东盟大力支持柬埔寨爱国军民的抗越斗争；而越南空前孤立，金边政权一直得不到世界的承认，但却控制了柬埔寨约70%的面积和80%的人口。

1986年3月17日，民柬联合政府主席西哈努克在北京宣布了关于政治解决柬埔寨问题的八点建议，提出民主柬埔寨联合政府三方准备参加包括韩桑林及其支持者在内的四方联合政府，提议越南同三方举行谈判，开始了政治解决柬埔寨问题的艰难历程。但西哈努克的这一建议因越南坚持民柬必须先与金边政权而不是直接同越南谈判而搁浅。1987 年 9 月，东盟在原柬埔寨 7 名高级官员建议的基础上，提出由柬四方先举行会谈，接着越南与东南亚国家参加的折中方案。西哈努克顺水推舟，于 9 月初同意了这一方案，并于 1987 年和 1988 年两次在法国巴黎与金边政府领导人洪森进行会谈。1988 年 7 月 25 ~ 28 日，柬埔寨四方在印尼首都雅加达举行了首次非正式会晤。由于金边政权与民柬三方在一些重大问题上存在严重分歧，特别是越南拒绝从柬埔寨撤军，谈判未能取得实质性进展。

80 年代末国际形势的重大变化，为柬埔寨问题的和平解决创造了条件。随着苏联在全球实行战略收缩，从阿富汗撤军以及实现中苏关系的正常化，尤其是苏联大量减少对越南的军事和经济援助，使越南认识到依靠苏联来建立所谓的“印度支那联邦”已变得越来越不现实。为了摆脱国内的政治、经济危机，越南开始谋求与中国关系的正常化，以便集中精力搞经济建设。1989 年 4 月，越南宣布将在 1989 年 9 月底之前从柬埔寨撤出全部越军。

国际社会为了避免越南撤军后柬国内再度爆发全面内战，决定进一步推动柬埔寨问题的政治解决。1989 年 7 月 30 日至 8 月 28 日，在法国巴黎举行了有联合国 5 个常任理事国代表、东盟各国外长、越南和柬埔寨四方代表参加的柬埔寨问题国际会议。由于金边政权坚持在越南撤军后维持现状，反对成立四方临时政府，本次会议未能取得预期效果。1989 年 9 月 26 日，越南从柬埔寨撤走了最后一批部队，但和平并没有马上到来。

为了打破过渡时期在权力机构问题上出现的僵局，西哈努克亲王在 1990 年 2 月 3 日宣布将国名由民主柬埔寨改为柬埔寨，国旗、国歌改为朗诺政变前的国旗、国歌；民主柬埔寨联合政府改为柬埔寨民族政府，国家元首的正式职衔是柬埔寨主席。4 月 9 日，西哈努克亲王又提出了九点和平计划，同意在过渡时期内不彻底解散金边政权，由民柬联合政府（三方）和金边政权各出 5 人组成全国最高委员会。此后，联合国安理会又为柬埔寨问题进行了多次磋商，并于1990年8月28日在纽约达成了《全面政治解决柬埔寨问题的框架文件》，就解决柬埔寨冲突的关键问题确定了原则、方向和实施办法。这个框架文件后来被柬四方接受并获得安理会批准和第45届联大通过，成为解决柬埔寨冲突的基础。

《全面政治解决柬埔寨问题的框架文件》通过后，柬四方于1990年9月在雅加达宣布成立柬埔寨全国最高委员会（Supreme National Council of Cambodia）作为唯一的合法机构和权力来源，在整个过渡时期体现柬埔寨的独立、主权和统一；最高委员会由民柬联合政府三方各出2名代表，金边方面出6名代表组成。1991年6月24日，柬全国最高委员会在泰国举行会议后宣布，自6月24日起实行无限期停火。7月，最高委员会又在北京举行会议，一致推举西哈努克为委员会主席，意味着柬埔寨问题的解决取得了突破性进展。9月，最高委员会在泰国举行第二次正式会议，一致同意在柬实行自由的政治制度，公民可以组织和参加政党，四方一致同意各裁减70%的武装。至此，全面政治解决柬埔寨问题的主要障碍已经扫清。

1991年10月23日，柬埔寨问题巴黎国际会议在中断26个月后正式复会，以西哈努克为首的柬埔寨全国最高委员会12名成员及19个国家的外长与会，共同签署了《柬埔寨冲突全面政治解决协定》《柬埔寨恢复和重建宣言》等4个重要文件（简称《巴黎协定》）。《巴黎协定》规定，柬埔寨全国最高委员会的主席是西哈努克亲王；决定成立“联合国驻柬过渡时期权力机构”（United Nations Transitional Authority in Cambodia，简称UNTAC），以监督和保证柬埔寨在和平条件下进行公正和自由的选举；协议还就撤出外国军队解散各派武装、遣返难民以及在18个月内举行大选等问题做了具体安排。协定自签字之日起生效，并立即在柬实现停火。国际社会称之为“战后合作程度最高的文件”。

四　首次大选的举行与联合政府的成立和运作

1991年10月17～18日，柬埔寨人民革命党举行特别代表大会，决定改名为柬埔寨人民党，由谢辛（Chea Sim）接替韩桑林任党的主席，也不再把马克思主义作为唯一的指导思想，主张政治多元化。1991 年 11 月 14 日，柬埔寨全国最高委员会主席西哈努克亲王重返金边，但在 11 月 27 日，代表民柬的柬最高委员会成员乔森潘与宋成在金边的住所遭到暴力袭击，西哈努克被迫于当日下午返回曼谷。原定于 12 月 4 日举行的柬最高委员会会议因而被迫延期。经过西哈努克亲王的多方努力，多次延期的柬最高委员会第一次会议于同年 12 月 30 日在金边举行，会议决定延请联合国驻柬权力机构（简称联柬机构）比原定计划提前数月进驻柬埔寨。

1992 年 2 月 28 日，联合国安理会决定向柬埔寨派出由 15900 名维和部队、2400 名文职人员和 3600 名警察组成的联柬机构，时间为 16 个月，全部费用 20 亿美元。3 月 15 日，联合国秘书长特别代表、联柬机构主席明石康抵达金边。联柬机构落实《巴黎协定》规定的第一阶段全面停火计划完成得比较顺利，并从 6 月 13 日开始第二阶段停火计划，要求柬埔寨各方向联合国维和部队开放各自的控制区；柬四方共 20 万军队到指定地点集结，复员各自 70% 的军队并收缴武器等。但民柬方面以《巴黎协定》中关于监督和核查越南军队撤出以及使柬最高委员会成为柬唯一合法机构和权力来源这两个关键问题没有得到解决为由，拒绝执行第二阶段停火计划，拒绝集结部队、解除武装，维和部队不准进入民柬控制区。但联柬机构不接受民柬方面提出的理由和要求。

为防止来之不易的柬和平进程不致半途夭折，东盟和日本以及联合国进行了多次调停，但民柬与金边政权未能取得一致。同年 11 月 30 日，联合国安理会通过制裁民柬方面的 792 号决议。但民柬并没有因为联合国的制裁而改变自己的立场，柬埔寨第二阶段的停火计划不了了之。与此同时，民柬同金边政权的军事冲突愈演愈烈。1993 年 1 月 25 日，金边政权对民柬阵地发起大规模攻势，重点进攻拜林市。

1993 年 1 月 28 日，柬最高委员会和联柬机构特别会议在北京举行。联柬机构主席明石康提议在 1993 年 5 月 23 ~25 日举行柬埔寨立宪议会选举，得到各方的赞同。1993 年 2 月 25 日，联柬机构宣布有 20 个政党获准参加大选，461.8 万选民参加了选举登记。但民柬以过去提出的参加第二阶段停火所需要解决的两个问题仍未解决，柬还不具备大选所必不可少的中立政治环境，因此，民柬虽然成立了“柬埔寨民族团结党”，但坚持不参加大选。民柬的如意算盘是金边政权的政治恐怖和暴力活动可能会使西哈努克、拉那烈（Norodom Ranariddh）以及宋双等人抵制大选，那样就只能成立由西哈努克领导的政府，这样民柬就能有更大的分量。但民柬对形势估计错了，根据安理会 1993 年 3 月 8 日通过的 810 号决议，柬埔寨大选的竞选活动在 4 月 7 日拉开了序幕。5 月 23 日，事隔 20 多年的再一次大选在细雨蒙蒙中举行，数百万选民在全国 21 个省的 1450 个选票站投了票，投票率高达 89%。

6 月 10 日下午，大选结果公布，大出人们所料的是拉那烈领导的奉辛比克党（以下简称奉党）获得了 401 万多张有效票的 45.4%（182 万张），赢得了 120 个国民议会议席中的 58 席，成为第一大党；谢辛和洪森领导的柬埔寨人民党居第二位，获得 38.2% 的选票（153 万张），获 51 个议席；宋双领导的佛教自由民主党（Buddhist Liberal Democratic Party）得票率为 3.8%，获 10 个议席。

但是号称有 300 万党员的人民党违背原来的诺言，指责联柬机构没有保证“准确性和公正性”，要求在 4 个省重新选举。没有对大选进行破坏的民柬却表示接受大选结果，如果金边政权不接受选举结果，他们将重返战场。经过联柬机构和西哈努克国王的斡旋与磋商，拉那烈和洪森最终同意组建两党联合政府，拉那烈任政府第一首相，洪森任第二首相，政府各部设双部长，人民党主席谢辛任国民议会主席。7 月 2 日，新一届政府成员在西哈努克国王的带领下宣誓就职，柬埔寨经过 20 多年的动荡之后，终于有了自己的民选政府。

1993 年 7 月 19 日，驻柬维和部队在没有完成解除各派武装、成立统一军队工作的情况下开始撤离，到 11 月 15 日全部撤完。同年 9 月 21 日，柬议会以绝对多数通过了新宪法，宪法规定柬埔寨实行君主立宪制，改国名为柬埔寨王国。9 月 24 日，西哈努克在新宪法上签字，重新登基为王。

新政府成立后的柬埔寨仍然矛盾重重，局势并不稳定。首先是民柬问题。柬埔寨人民党与民柬虽然是死对头，但在国际压力下，新政府与民柬都没有放弃和解的努力。1993 年 11 月 21 日，拉那烈与乔森潘在曼谷举行了会谈。新政府强调民柬要先解散军队，交出控制区；而民柬则要求先参加政府，占据政府和军队的领导岗位，以保障其合法权益。双方各执己见，会谈不欢而散。既然谈判桌上不能解决问题，双方转而诉诸武力。1994 年 2～4 月，政府军与民柬武装围绕着安隆汶和拜林展开了拉锯战，政府军先后攻占了这两处重要据点，随即又被民柬收复，双方未能分出胜负。同年 5 月和 6 月，双方在金边举行了两次会谈，但依然未能达成任何协议。6 月底，民柬驻金边的办事处被迫关闭。7 月，柬国民议会以全票通过宣布民柬为非法组织的提案，民柬被取消了《巴黎协定》所规定的合法地位，从国内的一个政治派别沦为非法武装组织，其财产和活动都被视为非法。这一法案对民柬的打击远大于军事进攻，悲观主义情绪在民柬内部急剧扩散，开始出现成建制的部队叛逃。波尔布特这时又使出了内部清洗的招数，但适得其反，民柬内部思想更加混乱，最终导致了民柬的分崩离析。曾是民柬第二号人物、波尔布特的连襟英萨利率领驻梅莱山和拜林的 415 师、450 师全体官兵于 1996 年 9 月 8 日宣布投降政府。由于民柬已被宣布为非法，西哈努克国王遂于 9 月 14 日签署特别法令，赦免英萨利。王国政府还同意他成立“民族民主团结运动”，其部队正式并入柬埔寨皇家军队。英萨利的结局又带动了一批民柬部队向政府投诚。

在王国政府与民柬斗得不亦乐乎的同时，柬政府两大执政党之间、两党内部以及国王与政府之间的斗争也一刻都没停息。

最先出现问题的是人民党内部。1993 年 7 月 2 日，以夏卡朋（Norodom Chakra Pong）王子为代表的人民党强硬派因对洪森处理民柬和拉那烈的政策不满，发动了政变，但没有成功。国王与人民党的矛盾也随后爆发。西哈努克国王 1994 年底在接受《远东经济评论》记者采访时表示愿意亲政，希望组建包括民柬在内的真正的民族和解政府。洪森奋力反击，并提醒国王要按宪法行事，国王被迫作出“有生之年永不执政”的公开声明。

当然最激烈的当属人民党与奉党之间的斗争。人民党与奉党联合执政本属拉郎配，随着时间的推移，两党关系日趋紧张。人民党利用奉党缺乏干部和执政经验，在联合政府中大肆捞权，排挤奉党势力，并且设计离间奉党。1994 年 10 月，人民党成功地离间了拉那烈与奉党二号人物桑兰西（Sam Rainsy）之间的关系。被开除出奉党的桑兰西另组高棉民族党，并拉走一批奉党干部。奉党遭受了第一次打击。1995 年 11 月，人民党以奉党秘书长、王国政府副首相兼外交大臣施里武亲王扬言要派人暗杀洪森为由，派兵包围了施里武的住宅，先是将其软禁，随后又将其驱逐出境，终生不许其回国。1996 年 3 月，拉那烈要求人民党按照协议将 50% 的地方政权移交给奉党，但被洪森坚决顶回。进入 1997 年后，随着新的大选日益临近，两党之间的矛盾和斗争也进入了白热化。1997 年 2 月，拉那烈宣布成立包括民柬在内的民族团结阵线，共同参加 1998 年大选。由于民柬已被宣布为非法，奉党与其结盟无疑是触犯了法律。因此，拉那烈的做法不仅引起了党内的分歧，也被洪森抓住了把柄。同年 4 月 15 日，以翁潘为首的 5 名奉党资深议员宣布不再接受拉那烈的领导；拉那烈不仅没有诚恳挽留，反而将这 5 人开除出党。人民党立即介入，反对奉党取消这 5 人的议员资格，而且支持他们召开“奉党全国代表大会”，另组奉党领导机构。这次分裂使奉党在国民议会中彻底丧失了多数党的地位。

1997 年 5 月 25 日，奉党以“零配件”名义进口的近 3 吨武器被人民党查获。经过一天的对峙，最后只有手枪交给了拉那烈的卫队，其余的武器全被国防部没收。这起“武器走私案”使拉那烈忍无可忍，只有与人民党斗争到底一条路可走。但当时的 10 万人的皇家军队中，奉党能控制的只有 3 万人，实力明显处于下风。于是拉那烈和洪森又展开了一场争夺民柬的恶斗，也正是因为这场斗争民柬最终消亡。

在奉党和人民党人的斗争一触即发时，民柬内部也在为生存问题而绞尽脑汁。以乔森潘为首的温和派建议与拉那烈谈判，并把民柬武装并入拉那烈的部队。这样一来保存了民柬的力量，同时增强了奉党与人民党对抗的力量。尽管波尔布特不是太愿意，但最终还是同意了这一方案。洪森在感情上不愿意与波尔布特一伙接触，但又不愿意奉党与民柬联合，于是宣布与民柬谈判是非法的，与民柬谈判的人应当逮捕。但拉那烈并不理会洪森的威胁，派其亲信作为政府的首席谈判代表与民柬谈判。经过 5 ~ 6 月间的3次谈判，拉那烈的代表与乔森潘就所有的细节问题达成了一致。洪森随即派人与民柬武装部队总司令宋成联系。波尔布特知晓此事后，就派人于1997年6月9日夜里杀害了宋成全家。但波尔布特的这一行动遭到了乔森潘和切春的反对，宋成的部下反过来围攻波尔布特。波尔布特仓皇逃跑，几天之后向切春投降。6月21日，乔森潘和切春与拉那烈的代表恢复谈判，并于7月3日达成了最后协议。双方决定于7月6日举行合并仪式。但这不是洪森愿意看到的，于是他命令所属部队于7月5日对拉那烈部队发动进攻。由于实力相差悬殊，事先得到消息的拉那烈不得不于7月4日离开金边，流亡法国，民柬回归社会的想法也随之破灭。

国际社会对柬国内的武装冲突十分关注，并且普遍对洪森持批评态度，同情和支持拉那烈，东盟甚至决定延缓柬埔寨加入东盟。面对国际社会的压力，洪森采取了比较精明的应对之策，最终化解了这场危机。首先，洪森继续坚持双首相制，并且让奉党高级官员翁霍担任第一首相。其次，洪森强调拉那烈的行为危害了国家安全，触犯了法律，必须加以审判。最后，洪森保证在1998年按期举行大选。为了使未来的大选结果得到国际社会的承认，在东盟和日本的调解下，洪森又导演了一场精彩的大戏。1998年3月15日，金边法院以走私武器、勾结民柬、阴谋推翻政府等罪名判处拉那烈30年徒刑、罚款5000万美元。洪森随即于3月21日请求西哈努克国王赦免拉那烈。3月31日，拉那烈回到国内，新一届大选拉开了序幕。

五 第二届大选的举行与联合政府的再次成立

在第二届大选之前，形势对人民党总体有利。波尔布特于1998年4月15日死亡，政府军又于6月5日攻陷了民柬最后的基地安隆汶。民柬的基本瓦解可以说为人民党参加大选聚敛了一笔雄厚的政治资本。从外部环境来看，当时东盟正在经受金融危机的冲击，对柬埔寨事务的关注程度降低；西方国家因为洪森同意拉那烈回国参加大选，对他的批评也大大减少。从两党的力量对比来看，人民党人多势众，组织严密，内部较为团结，竞选策略得当，而且掌握着宣传和舆论工具。而奉党几经分裂之后，力量已大不如昔。拉那烈的竞选策略重形式而轻结果，以他为主组建的民族团结阵线也未能发挥应有的作用。桑兰西党（高棉民族党 1996 年 3 月与自由团结党合并后改用现名）的异军突起，又拉走了奉党的部分选票。这样大选由上届的两强相争变成了三强角逐。

随着大选的临近，反对党对大选的恶劣环境的抗议也不断高涨。以奉党为核心的民族团结阵线先是要求国会满足他们的 4 个条件。由于在设定的最后期限 5 月 18 日之前，国会没有完全满足反对党的要求，民族团结阵线宣布抵制这次大选。由于洪森的态度强硬，柬全国选举委员会宣布选举计划按原计划进行。

1998 年 7 月 26 日，大选如期举行。共 39 个政党在全国 23 个选区竞争 122 个国会议席。本次大选登记的选民有 540 万人，投票率高达 90%，有效票为 490 万张。8 月 5 日，大选初步结果公布（9 月 1 日公布的最终结果与初步统计完全一致）：人民党的得票率为 41.4%（203 万张），获 64 个议席；奉党得票率为 31.6%（155 万张），获 42 个议席；桑兰西党得票率为 14.3%（70 万张），获 16 个议席；其他 36 个政党没有获得议席。

由于人民党未能获得宪法规定的单独组阁的 2/3 议席（82 席），于是洪森提出组建三党联合政府，并得到了国王的首肯。但奉党和桑兰西党联合近 20 个反对党指责人民党在大选中有严重的舞弊行为，并且先后提出了彻底核实选票、在部分选区重新选举、改变议席分配等要求，都被人民党拒绝，全国选举委员会也驳回了反对党的投诉。

奉党和桑兰西党并不善罢甘休，从 8 月 23 日开始在金边组织抗议游行，并且规模越来越大，直至发生流血冲突。由于此次大选有来自世界各地的 500 名观察员在联合国的统一安排下监督，国内的非政府组织和参选政党也派出了近 50 万人进行监督，因而大选的公正性得到了国际社会的普遍认可。因此，拉那烈和桑兰西的行动没有获得国际社会的支持。

在关键时刻，西哈努克国王再次发挥了他无与伦比的作用。经过他的斡旋，三党同意在规定的 9 月 24 日举行新一届国民议会议员就职典礼，从而避免了一场宪法危机。但三党在国民议会和政府领导人的人选问题上的分歧依然存在，多轮协商无果而终。于是西哈努克国王又提出了一个能让各方接受的方案：将议会由目前的一院制改为两院制，拉那烈担任国民议会主席，人民党主席、上届国民议会主席谢辛担任新设的参议院主席，并且规定国王不在国内时，由参议院主席代行国家元首的职责；而洪森继续担任首相。经过复杂的修改宪法程序以及议会和政府其他重要职位分配的反复协商，新一届联合政府最终于 1998 年 11 月 30 日正式成立，并且宣布其目标是实现国家持久和平与稳定，振兴经济，消除贫困。2000 年，本届政府又提出了"三角战略"并大力推行。"三角战略"实际上是柬埔寨长期社会经济发展的三大目标：一是维护国家与人民的和平、稳定和安全；二是柬埔寨融入国际社会，并与国际金融机构实现关系正常化；三是使柬埔寨坚定不移地走上改革开放的道路，重点就是要做好复员军警，财政、管理和司法改革以及严禁非法砍伐树木等方面的工作。

经过努力，新政府取得了比较明显的成就。第一大成就是基本保持了政局稳定。再次联合执政的人民党和奉党都吸取了上一届政府的教训，签订了共同政治纲领作为联合执政的基础，在实际工作中注意协商和配合，相互扯皮和争斗的现象明显减少，没有再次出现兵戎相见的局面。洪森和拉那烈多次在讲话中强调要维护两党的团结，洪森甚至认为，两党联合执政是维持柬埔寨长期稳定的决定条件；不论是人民党还是奉党，如果谋求一党单独执政，就会犯历史错误，他不会出任由人民党一党组成的政府总理。政局的稳定也为柬埔寨的发展创造了良好的条件。新政府的第二大成就是基本解决了民族和解问题。在新政府的感召下，乔森潘、农谢等民柬领导人于 1998 年 12 月 27 日向政府投降。1999 年 3 月，民柬最后的军事领导人切春（Chhit Thoeun，也称达莫）被捕。这样民柬就从柬埔寨彻底消亡了。新政府的第三大成就是改善了对外关系，提高了柬埔寨的国际地位。1998 年 12 月 8 日，联合国恢复了柬埔寨在联合国的合法席位；1999 年 4 月 30 日，东盟在河内同意柬埔寨正式加入东盟，成为东盟的第 10 个成员国。此外，中断近两年的国际援助逐渐恢复，外资增长速度明显加快。新政府的第四大成就是柬埔寨的经济重建工作取得了较大的成效。新政府把发展经济作为其主要任务，并且制定了使 GDP 增长率保持在 6% ~

7%，10~15 年赶上越南和印尼的目标，同时强调缩小贫富差距和不破坏自然环境的可持续发展。为实现这一目标，新政府主要开展了 3 个方面的工作：一是大力发展农业生产，二是重点发展国际旅游业，三是积极引进外资。经过几年的努力，经济增长率虽然没有实现预定目标，但在东南亚金融危机肆虐的大环境下，新政府任期内的年均增长率能接近 6% 已是难能可贵了。此外，耕地面积、粮食产量、工业产值和就业人数以及外资都有一定程度的增长。

即便是这样，影响柬埔寨的政治发展和社会稳定的问题仍然大量存在，主要表现在以下 4 个方面。一是君主立宪制面临严重挑战。在共和制和多党制的冲击下，君主立宪制能否在柬埔寨长期存在已不得不打上问号。二是审判民柬前领导人问题。美国、联合国等强调必须公开审判民柬前领导人，柬政府从还历史的本来面貌、巩固现政权的角度出发，也同意审判。但双方在接受审判的人员名单、审判的地点和法庭的组成等问题上存在严重分歧。尤其是柬政府意识到审判问题处理不当，有可能使得来之不易的民族和解局面毁于一旦。如英萨利等人的投诚为瓦解民柬作出了重要贡献，事后得到了西哈努克国王的赦免；乔森潘等人也是主动投诚政府。这些人以及一些仍握有实权的前民柬将领明确反对审判，并且多次扬言再度发动武装斗争。如果名单进一步扩大，就会牵涉到西哈努克国王本人以及在国王身边工作过的人。为了维护国内的稳定，柬政府不得不与国际社会周旋和斗争，以争取到以柬埔寨为主的审判权力，并且坚决反对审判英萨利。但美国和联合国在此问题上拒不让步，双方的谈判一度陷入僵局，最后以柬埔寨政府的让步而告终。三是地方选举的问题。尽管人民党和奉党都强调要保持团结，但双方争夺柬埔寨政坛主导权的结构性矛盾是不可调和的，双方都把 2002 年的地方选举作为 2003 年大选的预演和动员。为此，人民党和奉党都召开党代会，制定了地方选举的具体目标和计划。奉党的目标是在地方选举中获得 40% 的席位。人民党为了保持对基本政权的绝对控制，洪森政府就规定此次地方选举只能投票给政党而不能投票给个人，这样的选举办法明显不利于人民党以外的其他政党。反对党的抗议根本就不可能改变人民党的决定。四是柬埔寨政治谋杀事件层出不穷，社会治安恶化。1993 年以来，每次大选前后，针对奉党和其他反对党的政治谋杀屡屡发生。这不仅严重影响了国内政治的稳定与各政党之间的合作，也使国际社会多次谴责柬政府保护人权不力，严重影响了柬埔寨的国际形象。同时这也反映出柬埔寨的多党民主制度既没有稳定的经济和社会基础，政治基础也很薄弱，柬埔寨的民主化道路还很坎坷。

2002 年 2 月 3 日，7 个政党的将近 7 万名候选人参加了地方选举，争夺全国 1621 个乡、区地方政权的席位。最终人民党赢得了 1597 个地方政权，并占据了其他职位的 70%；在首都金边的 76 个分区政权机构中，人民党获得了 70 个。奉党在地方选举中遭到惨败，所获席位竟然少于桑兰西党。地方选举的结果也预示着人民党将在下一届大选占有较大优势。2002 年 5 月，洪森宣布新一届大选将于 2003 年 7 月 27 日举行，各大政党的活动又以大选为中心展开，开始了一个新的政治轮回。

六 第三届大选的举行与新政府的艰难成立

在地方选举中惨败的奉党，在 2002 年 5 月又先后发生了两次大的分裂，力量进一步被削弱。第一次分裂的起因是以担任柬埔寨皇家部队副总司令的奉党元老坎萨文指责担任联合政府内政部长的尤霍里出卖党的利益，并且结党营私，打击异己，因而建议拉那烈撤销其部长职务。拉那烈最初想大事化小，但奉党的 62 名中央委员中有 55 人坚持要求将其撤职，拉那烈只好将与自己关系密切的尤霍里撤职，尤霍里随即退出奉党，于 6 月 4 日另立山头。第二次分裂是拉那烈的同父异母弟弟夏卡朋退出奉党。夏卡朋虽然在人民党与奉党之间多次改换门庭，其间又因两次发动未遂政变而被判刑和流放，后来是因为国王的赦免才得以回国，但他财大气粗，经费充足，仍然有一批追随者。因此，夏卡朋另组“高棉之魂夏卡朋党”并与桑兰西党结成联盟。这样，从 1997 年至此，从奉党分裂出去另外成立的政党已多达 7 个，在面临新的大选之前再次分裂则表明拉那烈的个人地位已受到严重挑战。要求改组中央领导，制定新的路线，调整与人民党关系，适当进行斗争，已成为奉党内部的主流呼声。

但奉党也没有坐以待毙。原来的全国选举委员会由 11 人组成，其中

7人由人民党任命，实际上人民党主宰了全国选举委员会。针对这一情况，为了在未来的大选中获得一个比较公平的竞争环境，奉党在2002年4月提出了选举法修正案，主要内容是全国选举委员会人数由11人减少为6人，由人民党、奉党和桑兰西党各出2人组成，同时改革省级选举委员会和地方选举委员会的工作程序。拉那烈明确表示，如果不改革选举办法，新的大选就不能提前举行。奉党的提案引起了其他党派的强烈共鸣，洪森政府不得不于7月26日举行内阁会议，讨论并通过了选举法修正案。8月21日，由拉那烈任主席的国民议会对内阁提交的选举法修正案进行了修改补充后予以通过，新的法律规定全国选举委员会由5人组成，其中主席和副主席各1人，成员3人，但没有规定选举委员会产生的办法。

桑兰西党虽然也出现了内部分裂，但总的来说处于发展和上升势头。2002年6月，桑兰西党召开了党代会，制订了参加2003年大选的具体计划，决定积极扩大基层，模仿人民党组建村级委员会，以使该党在国民议会中的席位从目前的15席增加到55~65席。

面对奉党和桑兰西党的咄咄逼人之势，人民党则显得气定神闲，并没有出台大的举措。这表示人民党对自己的实力已有充分的信心。

2003年2月20日，历时1个月零5天的选民登记结束，由于登记的选民在规定的2月15日之前并未达到选民总人数的95%，所以实际上这次选民登记是延长了5天。全国共有620万选民进行了登记（占选民总人数的93.8%），比上一届的510万人增加了110万人。到参加选举的政党登记截止日，共有23个政党进行了登记，比上一届的39个减少了16个。

6月26日，为期一个月的竞选活动正式开始。奉党和桑兰西党都以建立廉洁政府为主要竞选口号，以抨击人民党的贪污腐败。此外，奉党还打出了不怕越南人和反越南人的旗号，桑兰西党则批评柬埔寨有可能像缅甸一样，被一群腐败的将军所控制。6月30日，参加大选的各政党签署了保证不使用暴力、保证大选在公正与安全的环境中举行的联合宣言。值得一提的是，洪森在大选之前的7月21日将其中文译名改为“云升”。尽管有关方面给出了各种各样的解释，但从他后来又将名字改回去的行动来看，这次改名的目的只有一个，即希望借这个名字的吉祥寓意，使他的党在大选中再次获胜，个人再次出任国家领导人。

7月27日，1993年以来的第三次大选在柬埔寨全国的24个选区、1.28万个投票站举行，23个政党角逐123个议席。已经登记的620万选民中有80%参加了投票，1000多名国际观察员和3万多名本国观察员监督了整个投票过程。

最初的计票结果显示，人民党在此次大选中一枝独秀，将肯定获得过半席位。虽然人民党表示希望继续与奉党组成联合政府，但奉党明确表示不愿意，而桑兰西党也表示不会同人民党联合执政。到7月30日，人民党在大选中获胜已成定局，但不够单独组阁的2/3议席。这时人民党与奉党和桑兰西党的矛盾进一步激化，奉党和桑兰西党既不承认目前的大选结果，也拒绝参加由洪森担任首相的政府，而是公开要求成立一个没有洪森参加的三党联合政府。这一要求遭到了人民党的拒绝，洪森本人也不同意辞职。8月8日，全国选举委员会公布了大选的初步结果，人民党、奉党和桑兰西党的得票率分别为53%、21.87%和20.75%。人民党表示尊重大选结果，并重申支持洪森出任新一届政府首相，而奉党和桑兰西党则继续拒不承认大选结果，公开拒绝与人民党和洪森合作。

8月10日，西哈努克国王提出了一个完全将奉党和桑兰西党排除在政府和议会之外的解决政治僵局的方案，但遭到了这两个党的坚决抵制。8月23日，奉党和桑兰西党联合成立“民主联盟”（简称民联），继续要求成立没有洪森的三党联合政府。8月30日，大选的最终结果公布，在总共123个议席中，人民党获得73席，奉党获得26席，桑兰西党获得24席。此次大选的结果表明，人民党的势力和影响不断扩大，有可能在2008年大选中获得单独组阁的2/3席位；奉党在柬埔寨政坛已是明显走下坡路，甚至可能进一步被边缘化；桑兰西党是异军突起，已成为柬埔寨实际上的第二大党，该党在以美国为首的西方势力支持下，有进一步上升的可能性。

桑兰西党与人民党本是死对头，该党抵制大选结果，拒不参加联合政府是在意料之中的事情，而与人民党有10年联合执政经验的奉党这次拒绝人民党的邀请则是该党对自身现状有一个比较清醒认识的表现。奉党第一次与人民党联合执政时，与人民党进行针锋相对的斗争，但最终被人民党打败，国家也陷入混乱；第二次联合执政时，奉党注意与人民党的团结与协作，这样做虽然有利于国家，但本党的影响力却急剧下降，人民党对奉党也不是很重视。因此，奉党的真实想法是，最好的结局是成立没有洪森的三党联合政府，削弱人民党的影响力；即使要与人民党再次联合执政，也必须使人民党充分认识到不能再轻视奉党这个盟友。当然，奉党周旋于人民党与桑兰西党之间究竟是弊大于利还是利大于弊，目前尚不好评估。

从斗争方式来看，为了不给人民党启动国家机器进行镇压的机会，奉党和桑兰西党一改 1998 年大选后进行大规模示威游行的做法，只是依据宪法规定拒绝与人民党联合执政，这种非暴力不合作政策使人民党只能干着急。而人民党在 2003 年 9 月中旬开除了内阁中的 17 名奉党官员，并警告将把更多的奉党党员开除出政府。

经过西哈努克国王的多方斡旋，新一届国会议员于 2003 年 10 月 4 日宣誓就职。但由于奉党和桑兰西党的抵制，不仅国会不能正常运转，新一届政府也迟迟未能成立。面对奉党和桑兰西党的顽固立场，人民党也做了一些让步，同意组建三党联合政府，但必须由洪森担任首相，而且要按 6:2:2的比例分配政府部长席位。2003 年 11 月 5 日，三党领导人谢辛、洪森、拉那烈和桑兰西出席了由西哈努克国王举行的三方会谈，并在由西哈努克起草的关于国会和政府框架的声明上签字。根据这份声明，三党同意组建三方联合政府，洪森继续担任首相，谢辛任参议院主席，拉那烈任国民议会主席，人民党成员任第一和第二副主席，桑兰西党成员任第三副主席。但就在僵局即将打破的关键时刻，风云突变，拉那烈突然离开金边前往法国，接着“民联”宣布在框架声明上签字是迫于国王的压力，“民联”也没有同意洪森出任新政府首相。这使得柬埔寨的政治发展又被乌云笼罩。

又经过几个月的相持，局势并没有往“民联”所希望的方向发展。洪森领导的看守政府并没有被拖垮，相反社会基本稳定，经济稳步发展。对“民联”不利的是国际社会指责的对象不再是人民党和洪森，而是变成了奉党和桑兰西党。日本政府明确表示希望人民党与奉党组成联合政府，拉那烈和桑兰西向欧美国家游说的行动也没有取得什么效果，即使是支持桑兰西的美国都希望柬埔寨尽快成立新政府。由于国际环境有利，国内也没有出现动荡，人民党的立场日趋强硬，一方面不再谋求三党联合执政，另一方面表现出将单独执政到2008年的态势。与此同时，为了使奉党同意与人民党联合执政，人民党许诺给奉党45%的政府职位，另外安排24个副省长、185个副县长职位，以帮助奉党的发展。为了照顾奉党与桑兰西党的关系，人民党还同意奉党推荐部分桑兰西党成员参加政府，数量多少由奉党决定（当然只能包含在45%的总数之内）。在现实面前，拉那烈又一次妥协了，他在2004年3月15日与洪森举行了单独会晤，会后两党迅速成立了联合工作小组。

为了防止奉党在国民议会表决新政府领导人时变卦，以及与桑兰西党联合抵制对洪森的任命，人民党和奉党在2004年7月8日和12日通过他们所控制的国民议会和参议院通过了一项宪法补充条款，规定新国会和政府组成将用举手方式一次性表决通过。但这项有争议的宪法补充条款遭到了桑兰西党以及一些非政府组织的批评，西哈努克国王也拒绝签字，授权代理国家元首谢辛签署。

尽管出现了政变谣言，桑兰西党议员拒不出席国会，但新国会和新政府还是如期在2004年7月15日正式成立。国会和政府主要领导人基本上还是原班人马，持续了将近一年的柬埔寨政治僵局终于打破。

在这场政治风波中，真正得利的是人民党，不但赢得了民心，在国际社会也得分不少，并且获得了单独执政的经验。奉党虽然得到了45%的政府职位，实际上只是把应该属于桑兰西党的职位据为己有，而奉党的东摇西摆和言行不一可能使它在未来失去更多。在这场斗争中还有一个失意者就是西哈努克国王。国王提出的多个解决政治僵局方案都被否决，表明国王的影响力已明显下降。展望柬埔寨未来的政治发展，柬埔寨主要党派可能围绕首相任期不能超过两届以及将组阁的条件由获得2/3的席位变为简单多数进行磋商和斗争。

2004年，柬埔寨政坛还发生了一件重要变故，那就是年已82岁的西哈努克国王10月6日宣布逊位，他的儿子诺罗敦·西哈莫尼（Norodom Sihamoni）亲王于10月29日成为柬埔寨的新一任国王，柬埔寨进入了后西哈努克时代。过去10年来人民党一直不同意西哈努克退位，关键是害怕他退位之后继续从政。这次人民党之所以改变态度，主要有以下三方面的原因：一是西哈努克年事已高，他和王室在柬埔寨的影响力已大不如前；二是拉那烈牢固把持着奉党的领导权，与人民党的合作进入了相对稳定的阶段，西哈努克已无东山再起的政治资本；三是新国王西哈莫尼长期生活在国外，对国内政局无法构成实质性影响。

七　第四届大选的举行和新政府的成立

在第三届联合王国政府的成立过程中，桑党采取抵制参加国会的错误策略，导致自我排除在国会和参院之外。新政府由人民党和奉党联合执政。然而，桑党也迅速调整了斗争策略，表示要做一个“建设性的反对党”，并要求修改宪法。人民党看出桑党的韬光养晦，以图东山再起的策略，没有同意修改宪法，继续加强与奉党的合作，并对桑党进行打压。2005年，柬埔寨军事法庭指控桑党的重要领导人谢占尼密谋组建军队，要求进行传讯。2月3日，国会召开会议以2/3的绝对多数同意通过决议撤销桑党主要领导人桑兰西、谢占尼和谢布的豁免权，桑兰西和谢布逃亡国外，谢占尼遭到了刑拘。

2006年，柬埔寨的政党关系出现了“重新洗牌”的局面，人民党的搭档奉党由于党首拉那烈官司丑闻缠身再次出现了分裂，而桑党却渡过重重难关，在2006年东山再起。奉党主席拉那烈面临巨大压力于3月3日提出辞去国会主席职务的申请，很快得到人民党的同意，10月18日，拉那烈党主席的职务遭到奉党罢免，12月，拉那烈又被妻子指控犯重婚罪。面对这样的局势，拉那烈只得自我流放海外。同年，洪森通过柬埔寨一个富豪的斡旋，接受桑兰西的书面道歉，建议西哈莫尼国王赦免桑兰西的罪名。2006年2月10日，桑兰西回到柬埔寨。桑党与奉党握手言和，使柬埔寨的政党关系出现新的局面。而总的说来，人民党已经完全掌握了领导国家的主导权。

2007 年 4 月，柬埔寨成功进行了第二届全国基层选举。由于选举是在全国大选前一年举行，因此被看作是大选前的预演。各个政党都把基层选举结果看作是分析和调整选举大选战略的依据。在此次地方选举中，执政党人民党获得了压倒性的胜利，在全国的 1622 个区、乡政府中，人民党赢得 1592 个区乡，反对党桑兰西党获得 28 个区乡，分裂后的新奉党只获得 2 个区乡，新组成的拉那烈党全军覆灭。

2008 年，柬埔寨第四届全国大选投票工作顺利举行。像在基层选举中一样，人民党赢得了压倒性胜利，获得了国会 123 个议席中的 90 个。大选结果显示，人民党已经成为柬埔寨政坛上第一大党。人民党获得压倒性胜利的同时，成为反对党联合其他大选失利的政党攻击的目标。他们认为大选中出现了许多非正常情况和人民党在大选中作弊。柬埔寨国家选举委员会在解决了反对党关于大选中不正常情况的多项投诉后，于 9 月 2 日正式公布了大选结果，这个结果与人民党在大选结束后公布的一致。9 月 24 日，柬埔寨成立了由人民党副主席为首相的新一届政府。

八 第五届大选的举行

2012 年 6 月，柬埔寨举行了地方性的选举，主要的几个政党进行了角逐。人民党仍然赢得了压倒性的胜利，奉辛比克党、拉那烈党、人权党以及桑兰西党在地方性选举中的表现都不佳。地方性选举结束后，柬埔寨主要的政党就开始为国会大选做准备。在地方性选举中失利的政党积极进行组合。拉那烈党和奉辛比克党再次合并组成新的奉辛比克党；桑兰西党和人权党合并组成柬埔寨救国党。

2013 年 7 月 28 日，柬埔寨正式进行第五届国会投票选举。尽管一共有 8 个政党符合参选条件，但人民党、新组建的奉辛比克党和救国党是最有实力的三大政党。初步投票结果显示，全国共有 540 万选民投票。在国会的 123 个席位中，人民党赢得 68 个席位，救国党出人意外地赢得了 55 个席位，奉辛比克党没有获得席位。人民党没有获得像第四届国会选举时出现的压倒性胜利，获得的议席比上届少了 22 席，所得议席占国民议会全部议席的比例也是 1998 年以来的最低水平。此外，救国党还明确表示拒绝接受该结果，认为选举过程存在违规行为。当全国选举委员会正式公布选举结果后，救国党举行了连续数日的和平示威活动抵制新一届政府的成立。应该说洪森领导的人民党政府在过去几年中政绩尚可，救国党之所以能异军突起，与民众对人民党长期执政所产生的“审美疲劳”以及人民党政府的贪腐行为日益严重不无关系。

尽管救国党不承认选举结果的示威游行不断，但柬埔寨还是于2013年9月25日召开了首次内阁会议，宣布新政府成立，洪森继续连任柬埔寨首相。

第六节　红色高棉的审判进程

1993年，柬埔寨第一届王国政府刚成立，桑兰西和几个学生组织就呼吁审判红色高棉，但是遭到洪森政府和柬埔寨大多数民众（由于宗教原因）的反对。因此，对红色高棉的审判一直没有启动。

2004年10月，审判红色高棉的法案获得国会通过并得到联合国的支持。然而，第三届王国政府在2005年再次拖延了对红色高棉的审判工作。因为还有非常多的障碍阻碍“审红”工作的开展，如一些红色高棉政府的官员已经成为现政府的官员，有的还身居要职；柬埔寨法官的可靠性、能力以及独立性问题没有完全得到保障。而且，非常具有讽刺意味的是，比较多的柬埔寨民众支持被告。然而，面对巨大的国际压力，洪森政府不得不把“审红”提上日程。2006年，洪森政府决定2007年初开始审判红色高棉领导人，预计历时3年完成审判工作。2006年7月21日，前红色高棉“四号人物”塔莫在金边病逝。2007年6月12日，预期存在3年的特别法庭通过了内部规约，开始运作。当年7月3日，17名柬埔寨人和12名外国人组成法官和起诉人团队，混合了柬埔寨法律和国际司法标准的诉讼程序终于启动。运作3个月后，特别法庭就出现了问题。2007年10月，联合国的2名专家分别就行政管理和特别法庭两套制度并用所产生的严重问题提交了报告，指出特别法庭在缺乏正常雇用程序的情况下，以过高的薪水雇用了不合格的柬埔寨雇员。联合国以“严肃考虑完全撤出该项目”为由，要挟柬埔寨一方改革有关架构。在经过一番磨合和较量之后，2007 年 11 月 20 日，由联合国和柬埔寨组建的特别法庭审判前红色高棉领导人正式拉开帷幕。2009 年 2 月 17 日，柬埔寨特别法庭对前波尔布特政府（即“红色高棉”或者“民柬”）5 名核心领导人犯下的群体灭绝罪及其他严重罪行进行追讨的法律程序已进入审理阶段。这五人是：“S－21”监狱负责人康克由、前红色高棉第二号人物农谢、前总理乔森潘、前外长英萨利及其妻前社会部长英蒂迪。目前，“红色高棉”的审判取得了重要进展。2013 年 10 月 16 日，农谢和乔森潘被进行结案审讯，据悉他们将于 2014 年上半年被做出最终判决。

第七节 现当代著名人物介绍

诺罗敦·西哈努克（Norodom Sihanouk） 1922 年出生，1941 年 4 月 23 日继承王位。领导柬埔寨获得完全独立。1955 年让位于其父诺罗敦·苏拉玛里特，1958 年 7 月出任首相。1960 年 6 月就任国家元首。

1970 年 3 月 18 日，亲美的朗诺发动军事政变后，西哈努克在北京成立了柬埔寨民族统一阵线领导下的王国民族团结政府，出任国家元首，1976 年就任民柬国家元首，同年 4 月宣布退休。越南入侵柬埔寨后，西哈努克一直在为柬埔寨的民族独立奔走。1991 年 11 月，他被柬埔寨各方一致拥戴为国家元首。2004 年 10 月 6 日，西哈努克国王宣布退位成为“太皇”，于 2012 年 10 月 15 日逝世于北京。

诺罗敦·西哈莫尼（Norodom Sihamoni） 1953 年出生。1992 年任柬埔寨全国最高委员会驻联合国代表。1993 年 8 月起任柬驻联合国教科文组织代表，2004 年登基成为柬埔寨的新国王。西哈努克对西哈莫尼非常器重，认为他是“一位正直的爱国者，不论在任何环境都会与国家及人民共甘苦，对抗侵略本国的人”。西哈莫尼国王登基后受到广大民众的热烈欢迎，得到了全国人民的了解和认可。

洪森（Hun Sen，曾用名云升） 1951 年出生，曾参加红色高棉部队，1970 年加入柬埔寨共产党。因不满柬共的大清洗和自相残杀政策，他参加了韩桑林领导的反政府活动，失败后逃到越南。越军占领金边后，洪森出任“柬埔寨人民革命委员会”委员和柬埔寨人民共和国外交部长。1985 年 1 月，他被任命为总理兼外交部长，成为当时世界上最年轻的政府首脑。在柬埔寨问题的和平解决过程中，洪森作为柬埔寨人民革命党的代表与西哈努克多次谈判。1991 年 10 月，洪森当选为人民党副主席。1993 年 5 月，洪森作为柬埔寨人民党推荐的首相候选人参加了大选，出任柬埔寨王国政府第二首相，并兼任高棉皇家军联合总司令。洪森在 1997 年 7 月发动武装政变，驱逐了拉那烈，罢免了其第一首相职务。自 1998 年的大选至今，洪森一直担任柬埔寨首相。

诺罗敦·拉那烈（Norodom Ranariddh） 1944 出生。1983 年开始步入柬埔寨政坛。从 20 世纪 80 年代末开始，拉那烈在柬埔寨问题的政治解决和巴黎和平协定的签订中发挥了重要作用。1993 年 5 月，他出任柬埔寨联合政府第一首相。1997 年 10 月被洪森免去第一首相职务。1998 年他领导奉党参加柬埔寨第二次大选，与洪森领导的人民党组成联合政府，出任国民议会主席。2004 年 7 月，拉那烈连任国民议会主席。2006 年，丑闻官司缠身断送了其政治生涯被迫流亡海外。2008 年柬埔寨大选后获得特赦回国，2012 年，他宣布退出柬埔寨政坛。

谢辛（Chea Sim） 1932 年出生（也有资料说他是波萝勉省人）。1976 年当选为民柬人民代表大会常务委员会委员、柬共东部大区第 20 区党委书记。因不满红色高棉上层路线，他参与了反对波尔布特的政变，失败后潜逃到越南，随后跟随入侵柬埔寨的越南军队回到国内，并出任柬埔寨人民革命委员会委员，负责内政部工作。1981 年 12 月，他出任“柬埔寨建设和保卫祖国团结阵线”主席。1982 年当选为国会主席和柬埔寨人民革命党中央政治局委员。1991 年被选为新改组成立的人民党主席。1993 年 10 月至 1998 年 10 月任国民议会议长。1999 年 3 月任参议院议长。2006 年 3 月再次当选，任参议院议长。

韩桑林（Heng Samrin） 1934 出生，早年参加柬共。1977 年组织反柬政府活动，失败后逃到越南。越军占领金边后，他出任柬埔寨人民革命委员会主席，兼任国务委员会主席。从 1981 年 12 月到 1991 年 10 月，他是人民革命党名义上的最高领导人。1991 年 10 月，韩桑林被免去人民党总书记，改任柬埔寨人民党名誉主席。2006 年，韩桑林作为人民党名誉主席、国民议会第一副议长被选为国民议会议长。目前韩桑林仍担任柬埔寨王国国会主席。

朗诺（Lon Nol） 1913 年出生。由于他一再表示效忠西哈努克国王，因而颇受器重。1955 年出任柬埔寨军队参谋长、同年 12 月出任国防大臣，1960 年 4 月任军队总司令。1966～1967 年，朗诺出任首相，卸任后去法国。朗诺于 1970 年 3 月 18 日在美国支持下发动政变，推翻了西哈努克亲王的统治，成立“高棉共和国”，并自任总理。1975 年 4 月 1 日，朗诺出逃到美国。1985 年 11 月 17 日病故于美国。

山玉成（Son Ngoc Thanh） 1908 年出生。年轻时主要从事反法殖民统治工作，1945 年他从日本回到柬埔寨，担任日本人操纵下的傀儡政府首相兼外交部长。1945 年 10 月法军重返柬埔寨后，他被以叛国罪判处 20 年徒刑。1951 年 10 月获释继续组织抗法斗争。遭到西哈努克排斥并在大选中失利后，他躲到柬泰边境。从 1955 年开始，他就以西贡为基地从事反西哈努克活动。1970 年朗诺发动政变后，山玉成回到柬埔寨并被朗诺委以总理兼外交部长要职，后遭朗诺排挤隐退西贡并于 1975 年病逝。

波尔布特（Pol Pot） 原名沙洛特绍。1928 年出生。1953 年参加了反君主制的政治运动以及反对越南人在柬埔寨东部煽动的叛乱活动，成为柬埔寨共产党的创始人之一，并于 1962 年担任该党总书记。柬共武装占领金边后，他在柬埔寨开始了一场极“左”的共产主义试验。越南入侵柬埔寨后，他逃到柬泰边境，出任民柬国民军总司令，直到 1985 年 9 月他宣布退休为止。随后一直行使柬共最高指挥权，但由于政策不当致使民柬分崩离析，波尔布特最终逃往丛林并于 1998 年在丛林中死亡。

乔森潘（Khieu Samphan） 1931 年出生。早年是柬埔寨的“左派”人士。朗诺政变后，乔森潘当选柬埔寨民族统一战线中央政治局委员，先后担任国防大臣、副首相、总司令、最高军事部主席。红色高棉解放柬埔寨后，他当选为国家主席团主席。越军占领金边后，他出任民柬总理，并保留国家主席团主席职务。1991 年，柬埔寨问题和平解决后，他受到群众攻击和民柬的抵制不得不再次回到丛林。2013 年 10 月底，审红特别法庭结束了对乔森潘的审讯，计划于 2014 年内作出判决。目前，乔森潘正在接受联合国和柬埔寨组建的红色高棉特别法庭的审判。

英萨利 1930 年（也有资料说是 1926 年）出生，早年领导争取柬埔寨独立的学生运动，1960 年被选为柬共中央委员。1963 年被通缉后逃到柬埔寨东部的丛林地区。朗诺政变后，他出任柬埔寨民族统一战线中央政治局委员。1975～1978 年间，他担任民柬政府副总理，负责外交事务。越南占领金边前，他逃到泰国。1996 年他向柬埔寨王国政府投降并得到西哈努克的赦免。

宋双（Son Sann） 1911 年出生，早年弃政从商。1949 年后先后担任柬埔寨副首相、外交大臣、国民议会议长，是柬埔寨民主党的创始人之一。柬埔寨独立后，宋双在柬埔寨政局演变中扮演着重要的角色。1991 年 12 月，宋双将高棉人民民族解放阵线改名为佛教自由民主党并参加了 1993 年举行的大选。之后他在政治上无太大建树从而移居法国，于 2002 年病逝。

桑兰西（Sam Rainsy） 1949 年出生。1992 年他与拉那烈等创建奉辛比克党。1993 年当选为柬埔寨国民议会议员。1995 年被开除出奉党。桑兰西随后自创桑兰西党。2005 年，由于受柬埔寨人民党和奉辛比克党指控，桑兰西被迫前往新加坡。2006 年得到国王赦免回国。2012 年，桑兰西组建了柬埔寨最大反对党——柬埔寨救国党，并在 2013 年的国会大选中获得 55 个议席，成为柬埔寨仅次于人民党的第二大党。

第三章

政　　治

从1953年11月独立到20世纪90年代初，在近40年的时间里柬埔寨政局一直动荡，政权更迭频繁，政体发生多次变更，国内各派政治力量经历了3次大的分化组合。直到1991年，在国际社会的多方共同努力下，关于柬埔寨问题的《巴黎协定》正式签署，柬埔寨终于结束了长达20余年的战争，走上了和平与发展之路。此后又经过20多年来多党民主政治的实践，以沉重的代价大体上实现了国家的重大转型，基本建立起君主立宪、多党民主的政治框架，为柬埔寨未来的和平、稳定与发展奠定了基础。

第一节　政治体制的演变

一　1953～1970年柬埔寨王国时期的政治体制

柬埔寨1953年11月9日独立后并没有颁布新的宪法，而是沿用1947年5月5日西哈努克国王颁布的王国宪法，该宪法规定柬埔寨王国的政治体制是君主立宪制，实行三权分立。国王是国家最高元首、武装部队最高统帅，拥有颁布法律，解散国民议会，任命首相、大臣、外交使节等广泛的权力。议会实行两院制，由国民议会和王国议会组成。由选举产生的国民议会是议会下议院，有立法权、内阁人选同意权、倒阁权，每届任期4年；王国议会是议会上议院，主要是审查国民议会初读通过的法案，就王国政府向它提出的问题提供意见。王国政府内阁由首相、各部大臣及国务秘书组成，首相由国王指定，大臣由首相提名、国民议会批准、国王正式任命。内阁必须得到国民议会的信任才能行使职权。

根据1954年日内瓦会议精神，在国际监察委员会的监督下，柬埔寨于1955年9月11日举行了独立后的首次全国大选。为了参加全国大选、树立正义和民主的形象，1941年继承王位的西哈努克国王于1955年3月20日宣布逊位，将王位让给他的父亲苏拉玛里特亲王，西哈努克成立了“人民社会同盟”并亲自担任主席，该党奉行“国家、宗教和国王三位一体”的基本原则，主张在政治、经济、社会等方面进行必要的改革，提出了“独立、中立、和平、民主、廉洁”的竞选口号，最终获得了全国82%的选票和国民议会的全部议席，组成了以西哈努克为首相的王国政府。从1955~1970年，人民社会同盟一直是柬埔寨的执政党。人民社会同盟每半年召开一次全国代表大会，决定国家的重大问题。1957年人民社会同盟第4次全国代表大会做出决定，把人民社会同盟代表大会作为国家最高决策机构，其决议对国民议会具有约束力，从此国民议会成了讨论、批准、执行人民社会同盟代表大会决议的工具。西哈努克亲王的许多重大决策，都是通过人民社会同盟全国代表大会提出的。1960年4月3日国王苏拉玛里特去世，4月12日西哈努克辞去首相职务，6月20日西哈努克就任柬埔寨国家元首，他的母亲哥沙曼王太后担任象征性君主。按照国民议会通过的宪法修正案规定，柬埔寨的最高权力归于国家元首，国家元首一经选出就拥有君主的权力和特权，柬埔寨的政治体制没有发生本质变化。

进入20世纪60年代，柬埔寨面临内外交困的局面，政局开始出现动荡。外部有美国不断施加的压力，企图控制柬埔寨的政治、经济和军事；内部有反对党和柬埔寨共产党的压力以及军人右翼势力的迅速崛起，经济发展陷入困境，这些都对西哈努克的权力地位形成了日益严重的挑战。亲美的朗诺于1966年10月、1969年8月两次组阁，逐步控制了国民议会和内阁，西哈努克对国家的实际控制能力大大削弱。

二　1970~1975年高棉共和国时期的政治体制

1970年3月18日，柬埔寨内阁正副首相朗诺、施里玛达发动政变，他们控制国民议会和王国议会，做出“取消对西哈努克亲王作为柬埔寨元首的信任”的决定，改由国民议会议长郑兴担任国家元首。4 月，美军和南越军队进入柬埔寨，使越南战争的战火烧到了柬埔寨。5 月和 7 月，朗诺两次改组内阁，出任首相和国防部长，将军政大权掌握在自己手中。10 月 9 日宣布废除君主立宪制，取消柬埔寨王国宪法，建立“高棉共和国”。1972 年 3 月 11 日朗诺宣布接管国家元首的全部权力，亲自担任“总统”，在 3 月 20 日组成的新内阁中朗诺兼任首相。4 月颁布新宪法，6 月举行“总统”选举，9 月举行国会选举，10 月产生了参议院。

高棉共和国实行总统共和制。新宪法规定：总统既是国家元首，又是行政首脑，由全体公民直接选举产生。总统有权颁布法律、任命总理和内阁成员、签署外交条约、主持内阁，提名驻外大使、各省省长和其他文武官员，总统还是武装部队的统帅。内阁不设首相、副首相，改设总理、副总理。王国议会改为共和国议会，拥有立法权。共和国议会实行两院制，设众议院和参议院。朗诺成为高棉共和国第一任总统。但是朗诺集团靠出卖国家、民族利益来换取美国的支持，靠镇压人民的反抗来维持其统治，这样的统治注定长久不了。1975 年 4 月 1 日，朗诺宣布辞去“高棉共和国总统”职务，逃往国外，由苏金奎任代总统。4 月 17 日柬埔寨人民武装力量解放金边，取得了抗美战争的胜利，也宣告了朗诺政权的瓦解。

“3·18”政变发生后，西哈努克于 1970 年 3 月 23 日在中国北京宣布建立柬埔寨民族统一战线，同年 5 月 5 日成立柬埔寨王国民族团结政府，西哈努克任主席，宾努任政府总理，柬共领导人乔森潘任副总理兼国防部长、武装部队总司令，27 名知名人士担任正副大臣和国务秘书。柬埔寨民族团结政府分为国外、国内两部分，国外部分总部设在北京，主要开展外交活动，争取国际社会的支持；国内部分则领导柬埔寨武装力量开展抗美战争。因此，从 1970 年 5 月至 1975 年 4 月柬埔寨出现了两个政府并存的局面。

三 1975～1978 年民主柬埔寨时期的政治体制

1975 年 9 月柬埔寨国民大会通过新宪法，将国家的名称定为“民主柬埔寨”，柬埔寨王国民族团结政府退出历史舞台，西哈努克也于1976年4月2日宣布“退休”。民主柬埔寨实行人民代表大会制，柬埔寨共产党（红色高棉）为唯一的执政党。最高立法机关是全国人民代表大会，国家一切权力归全国人民代表大会，人民代表大会的职责是“制定民主柬埔寨国内外法令和规定其他政治路线”。人民代表大会的代表“由全国人民通过亲自和无记名投票选举产生，每届任期5年”。全国人民代表大会共设250名代表，其中农民代表150名，工人和其他劳动者代表50名，军队代表50名。1976年3月20日民主柬埔寨举行首次普选。同年4月11～13日民主柬埔寨第一届人民代表大会召开，选举农谢为全国人大常务委员会委员长，努刚为第一副委员长，波苏为第二副委员长。

《民主柬埔寨宪法》规定：“政府是柬埔寨人民代表大会一切法律和政治路线的执行机构”，政府由人民代表大会选举产生并就国内外一切事务对全国人民代表大会负责。政府设总理、副总理和5个部，即卫生部、社会事务部、公共工程部、新闻宣传部、文化教育部；还设立了农业、工业、商业、交通运输、能源、橡胶等专业委员会。1976年4月第一届人民代表大会选举柬埔寨共产党总书记波尔布特任民主柬埔寨政府总理，温威、英萨利、宋成任副总理，乔森潘担任国家主席团主席。

由于红色高棉不顾本国国情，竭力鼓吹柬埔寨社会的“跳跃式发展”，在国内推行“极左”错误路线，给柬埔寨人民带来了巨大的灾难，国民经济几近崩溃，很快就失去了民心，在国际上更是声名狼藉。1978年底，越南军队大规模入侵柬埔寨时，民柬已无力抵挡。

四　1979～1993年的柬埔寨人民共和国政权和民主柬埔寨联合政府

1979年1月7日，越军攻下金边。1月8日组成以韩桑林为首的“柬埔寨人民革命委员会”。1月10日，韩桑林等人宣布成立“柬埔寨人民共和国”，但始终未能得到包括联合国大会在内的国际社会的承认。1981年3月颁布《柬埔寨人民共和国宪法（草案）》，根据该宪法，国会是国家最高权力机关，部长会议是最高权力机关的执行机关。部长会议对国会负责。1981 年 5 月举行大选产生了第一届国会。1981 年 6 月国会第一次全体会议通过了宪法，产生了国务委员会和部长会议。韩桑林任国务委员会主席，宾索万任部长会议主席。作为国家最高行政机构的部长会议设主席、副主席和 12 个部，即国防部、外交部、计划部、工业部、财政部、贸易部、司法部、文化宣传部、教育部、邮电部、卫生部、国家工作检查部。洪森任外交部长。1981 年 12 月，宾索万当选柬埔寨人民革命党总书记，姜西被任命为部长会议主席。1984 年 12 月姜西病逝，1985 年 1 月洪森接任部长会议主席。

在反抗越南侵略的斗争中，柬埔寨形成了三大抵抗力量：一是红色高棉领导的“民柬武装力量”，1979 年 8 月 21 日乔森潘宣布成立“柬埔寨爱国、民主、民族团结阵线”；二是宋双领导的“高棉人民民族解放军”，1979 年 10 月成立“高棉人民民族解放阵线”；三是西哈努克领导的“柬埔寨民族解放运动”，1981 年 3 月 26 日成立“争取柬埔寨独立、中立、和平与合作民族统一战线”。1982 年 6 月 22 日，三方领导人在马来西亚首都吉隆坡会晤并签署了《民主柬埔寨联合政府成立宣言》，同年 7 月 9 日西哈努克正式宣布成立民主柬埔寨联合政府，由西哈努克任联合政府主席，乔森潘任副主席，宋双任总理，西哈努克、乔森潘、宋双三人组成内阁核心；其下设立 4 个协调委员会，即财政与经济协调委员会、国防协调委员会、文化和教育协调委员会、卫生和社会事务协调委员会。民柬联合政府得到国际社会的广泛支持，被确定为柬埔寨在联合国的唯一合法政府。这样，在柬埔寨又一次出现两个政府并存、军事上陷入对峙的局面。

1986 年 3 月 17 日，西哈努克提出解决柬埔寨问题的八点建议，拟组建四方联合政府。1988 年 7 月 25 ~ 28 日，柬埔寨四方首次非正式会晤在印度尼西亚举行。1989 年 7 月 30 ~ 8 月 28 日，柬埔寨问题国际会议在法国巴黎举行。1990 年 4 月 9 日西哈努克又提出了九点和平计划。1990 年 8 月 28 日联合国 5 个常任理事国在纽约达成了《全面政治解决柬埔寨问题的框架文件》，以安理会 668 号文件在第 45 届联合国大会上获准通过。9 月由 12 人组成的柬埔寨最高委员会在雅加达成立，在最高委员会中民柬联合政府三方各有2名代表、金边方面有6名代表。1991年7月16～17日，柬埔寨最高委员会在北京举行会议，选举西哈努克为主席。1991年10月23日，柬埔寨问题巴黎国际会议复会，柬埔寨最高委员会12名委员及有关的19国外交部长与会，共同签署了《柬埔寨冲突全面政治解决协定》《柬埔寨恢复和重建宣言》等4个重要文件（简称《巴黎协定》），决定成立“联合国驻柬过渡时期权力机构”，该机构于1992年3月15日进入柬埔寨，联合国维和部队也进驻柬埔寨，开始了联合国历史上规模最大的一次维和行动，为保证柬埔寨在和平条件下举行公正、自由的选举奠定了基础。1993年1月18日，柬埔寨最高委员会举行四方代表会议，同意1993年5月举行全国大选。

五　1993年大选后新的柬埔寨王国的政治体制

1993年5月23～25日，在联合国驻柬机构的主持和监督下，柬埔寨20多年来的第一次多党选举顺利举行，尽管民柬方面拒绝参选，但柬埔寨仍有19个政党参加大选，参加投票的选民更是高达90%，充分反映了饱经战火的柬埔寨人民希望通过大选早日恢复国内和平的强烈愿望。同年6月10日，联合国驻柬机构公布大选结果，拉那烈领导的奉辛比克党获得45.4%的选票和国会中的58个议席，人民党获得38.2%的选票和51个议席，佛教自由民主党获得3.8%的选票10个议席。6月15日，联合国安理会一致通过决议，认可柬埔寨大选的结果。9月21日，柬埔寨制宪议会以压倒多数通过了柬埔寨王国新宪法，确立了柬埔寨新的政治体制。9月24日，西哈努克在新宪法上签字，成为柬埔寨王国国王；同一天西哈努克国王任命拉那烈任第一首相，洪森任第二首相，柬埔寨王国新一届政府正式成立；议会通过了新内阁名单，批准了新政府的施政纲领。

1998年7月26日，柬埔寨举行第二次全国大选，39个政党参加了选举，人民党得到41%的选票，在国会122个席位中，获得64席，成为国会第一大党。奉辛比克党获得42席，桑兰西党获得16席。1998年11月30日成立了以洪森为首相的柬埔寨王国第二届政府。拉那烈担任第二届国民议会议长。谢辛任第一届参议院议长。

2003 年 7 月 27 日，柬埔寨举行第三次全国大选，有 23 个政党参加选举。人民党得到 53% 的选票，在国会 123 个议席中获得 73 席，保持了国会第一大党的地位。奉辛比克党获得 26 席，桑兰西党获得 24 席。

2004 年 7 月 15 日柬埔寨国会以“一揽子选举”方式通过了对以洪森为首相的内阁信任案投票，并选举拉那烈任国民议会主席。7 月 16 日柬埔寨新内阁宣誓就职。

2008 年 7 月 27 日，柬埔寨进行了第四次全国大选，人民党在大选中获得了压倒性的胜利，赢得了国会 123 个议席中的 90 个，于 9 月 24 日组建了新政府，人民党副主席洪森继续出任首相。

2013 年 7 月 29 日，柬埔寨国家选举委员会宣布第 5 次全国大选的非正式结果，人民党获得 68 个国会议席，反对党救国党获得 55 个议席。人民党当日发表声明接受大选结果。但是救国党主席桑兰西宣布不接受大选结果，并要求成立联合调查委员，调查他们所称之为的大选中的问题。此次选举中，人民党在国会中的议席从 90 席，减少到了现在 68 席，丢掉了 22 席，而反对党全国救国党的议席数则从 29 个猛增到 55 个，而保皇党奉辛比克党丧失了全部的席位。有分析认为，这是柬埔寨反对派取得的重大突破，而在这背后，反映的是柬埔寨社会和人民对于社会变革越来越迫切的需求。

尽管如此，自 1993 年以来，柬埔寨经过了 5 次全国大选的考验，“民主政治”的理念开始在柬埔寨人民的心中萌芽，柬埔寨的政治发展已进入向民主政治的转型期，《柬埔寨王国宪法》所规定的“君主立宪制”“自由民主多党制”的政治框架基本得以确立。在经历了多年的冲突与动荡之后，柬埔寨恢复了君主立宪制，应该说有它的历史必然性。柬埔寨新体制的主要特点是：

（1）恢复柬埔寨君主立宪政体；

（2）政治上实行自由民主多党制；

（3）经济上实行市场经济；

（4）外交上坚决奉行永久中立和不结盟政策。

第二节　宪法

一　柬埔寨王国宪法的演变

1953年柬埔寨独立以来，伴随着政权的频繁更迭，各个不同历史时期的柬埔寨历届政府都要颁布新的宪法，确立新的政治体制。迄今为止已经颁布实施过5部宪法。

柬埔寨独立后的第一部宪法基本上沿用了西哈努克国王1947年5月5日颁布的王国宪法，但根据实际情况适时作出修改、补充。该宪法是柬埔寨历史上的第一部成文宪法，宪法草案于1946年9月经制宪会议讨论通过。它规定柬埔寨王国实行君主立宪制和三权分立，明确了国王的地位和职权，划分了议会两院的权限和组成方式，对王国政府的产生、组成、职责、权力都做了规定。1955年9月，柬埔寨议会通过“宪法修正案”，对原宪法中与形势不相适应的个别条款进行修改，一方面删除了宪法中有关柬埔寨加入法兰西联邦的条款，另一方面又新增加了在各省成立省级议会的条款，西哈努克认为省级议会将对省级行政管理工作起着更有效的监督和检察地方行政官员的作用。1956年1月，柬埔寨议会通过新的“宪法修正案”，增加了柬埔寨各阶层妇女享有选举权，并有资格担任乡长等公职的条款。1960年苏拉玛里特国王驾崩后发生了王位继承危机，于是国民议会通过了对宪法第122条的修正案，作出以下规定：柬埔寨的最高权力归于国家元首，元首一经选出，就具有“君主的权力和特权”，每当不能依照现行宪法遴选国王或摄政委员会时，在国民议会议长召集和主持下，两院联席会议可依据人民所表达的意志，“把国家元首的权力授予全民投票特地选出的著名人物”。

柬埔寨独立后的第二部宪法是1972年4月颁布的《高棉共和国宪法》，该宪法很多地方借鉴美国的宪法模式，规定高棉共和国实行总统共和制，总统由全体公民直接选举产生，既是国家元首，又是行政首脑，还是武装部队的统帅。总统大权独揽，有颁布法律、任命总理和内阁成员、签署外交条约等广泛的权力，这些都是为了适应朗诺独裁统治的需要而制定的。

柬埔寨独立后的第三部宪法是1976年1月5日正式颁布实施的《民主柬埔寨宪法》，该宪法引进了社会主义国家人民民主的政权模式，规定："柬埔寨是柬埔寨工人、农民和一切其他劳动者的国家，柬埔寨正式命名为民主柬埔寨"，"立法权属于工人、农民和柬埔寨所有劳动者代表大会"，"各级政府机构由柬埔寨人民代表大会选举产生"，"各级法院由同级人民代表大会选举并任命"。

柬埔寨独立后的第四部宪法是1981年6月通过的《柬埔寨人民共和国宪法》，该宪法借鉴、吸收了苏联和越南的政治体制模式，规定：国会是国家最高权力机关，部长会议是最高权力机关的执行机关和国家最高行政机关，部长会议由国会选举产生并对国会负责。

柬埔寨独立后的第五部宪法即现行宪法，该宪法1993年9月21日经柬埔寨制宪会议通过、西哈努克国王于同年9月24日签署生效。1999年3月4日，国民议会通过宪法修正案，新宪法由原来的14章139条增加到16章158条。宪法规定，柬埔寨系君主立宪制王国，实行多党自由民主制和自由市场经济，立法、行政、司法三权分立。国王治理国家，但不执政，是终身国家元首、国家军队最高司令、国家统一和永存的象征。国王有权宣布大赦。2004年7月，柬埔寨颁布实施新增宪法条款，即"一揽子选举"的宪法增补条款。该条款规定，国民议会可以通过一次性投票方式决定国民议会领导层人选和批准新政府。2006年3月2日，柬埔寨国会审议并通过了桑兰西提出的将国会中通过政府组成和任命等重大事项所需票数，从原来的三分之二绝对多数同意，改为只需获得超过半数议员同意的简单多数表决同意即可通过的宪法修正案。

二 柬埔寨王国宪法的主要内容

（一）宪法的基本结构

1993年9月24日颁布实施的柬埔寨王国宪法包括序言、14章、139个条款。第一章"主权"有6个条款；第二章"国王"有24个条款；第三章“公民的权利与义务”有 20 个条款；第四章“政治”有 5 个条款；第五章“经济”有 9 个条款；第六章“教育、文化和社会事务”有 11 个条款；第七章“国民议会”有 23 个条款；第八章“王国政府”有 10 个条款；第九章“司法机构”有 8 个条款；第十章“宪法委员会”有 9 个条款；第十一章“行政区划”有 2 个条款；第十二章“国民大会”有 3 个条款；第十三章“宪法的效力及修订”有 4 个条款；第十四章“过渡性规定”有 5 个条款。

1999 年 3 月 4 日柬埔寨国会通过的宪法修正案，对 1993 年的宪法做了比较大的修订，首先是对 1993 年宪法中第 11、12、13、18、22、24、26、28、30、34、51、90、91、93 条款的内容做了修订；其次是对 1993 年宪法第八章至第十四章的内容和顺序都做了调整，修订后的宪法第八章是新增加的“参议院”，有 17 个条款；第九章是新增加的“国民议会与参议院”，有 2 个条款；第十章至第十六章依次为：“王国政府”“司法机构”“宪法委员会”“行政区划”“国民大会”“宪法的效力及修订”“过渡性条款”，这样，修订后的宪法共有 16 章 158 个条款。

（二）宪法确立的主要原则

1. 君主立宪原则

宪法第 1 条就明文规定“柬埔寨是君主立宪制国家，国王根据君主立宪制和自由民主多党制原则治理国家”。第 7 条进一步补充规定“柬埔寨国王治理国家，但不执政”。第 17 条再次对这项重大原则予以强调，“本宪法第 7 条第 1 款有关国王治理国家，但不执政的条文，不得更改”。为了确保君主立宪原则得到实施，宪法还规定“柬埔寨王国的王后无权干预政治，既不担任国家或政府领导职务，也不担任任何行政或政治职务”。

2. 主权在民原则

尽管柬埔寨是君主立宪国家，但宪法第 51 条仍明确规定“柬埔寨公民是国家的主人，国家一切权力归公民，公民通过国家议会、政府和司法部门行使自己的权力”。第 35 条规定“柬埔寨男女公民均享有参加国家政治、经济、社会和文化的权利。国家机构要认真研究和落实公民的各项建议”。修订后的宪法第147条还指出“柬埔寨男女公民均有参加国民大会的权利”，而国民大会是让公民直接了解国计民生事宜并当面向国家权力机构提出质询和要求的机构，这些规定都是为了保障主权在民原则落到实处。

3. 人权至上原则

柬埔寨经历了长年的战乱，在战乱环境下人民颠沛流离、民不聊生，特别是民柬统治时期犯下的严重践踏人权的罪行，让盼望和平安宁的柬埔寨人民十分珍视人权，数十条保护人权的条款写进了宪法，例如，宪法第31条规定“柬埔寨王国承认并履行联合国宪章中有关人权的规定、世界人权宣言及有关保护妇女儿童权益的一切国际公约”。宪法还明确规定公民享有生存、自由、安全、财产、迁徙、择业、接受教育等权利，享有选举和被选举权，享有言论、新闻、出版、集会、罢工、游行、结社、组织政党等权利。第38条规定“禁止对监禁者和犯人采取逼供、体罚或其他形式的惩罚”；“通过肉体拷打或精神折磨获得的供词不能作为有罪证据”。为此，柬埔寨还废除了死刑。宪法第38条、第73条则强调“国家依法保护儿童权益，特别是生存权、受教育权和战时特别保护权。反对使用童工和对儿童性骚扰”“国家保护儿童和母亲的利益”。

4. 主权独立与永久中立原则

柬埔寨历史上就曾多次受到外国的入侵，近代以来先后被法国、日本、美国、越南等占领统治过，因此，柬埔寨人民把国家的领土完整和主权独立看得无比珍贵。宪法第1、2条规定“柬埔寨是独立、主权、和平、永远中立、不结盟国家”，“柬埔寨领土完整不可侵犯”。第52、53条指出“柬埔寨王国政府坚决捍卫国家的独立、主权和领土完整”，“柬埔寨王国奉行永久中立和不结盟政策”，“柬埔寨王国不参加、不缔结任何不符合中立立场的军事联盟和军事协定”，“柬埔寨王国不允许外国军队在其领土上建立军事基地”。柬埔寨提出废除一切不符合其独立、主权、领土完整、中立和国家统一立场的条约和协定，显示了柬埔寨维护主权独立的坚定决心。

5. 宗教信仰自由原则

柬埔寨是一个多民族国家，有多种宗教，宗教在国家事务、社会事务和人民日常生活中占有相当重要的地位，因此，宪法第 3 条提出“柬埔寨王国的口号是民族、宗教、国王”，第 43 条则规定“男女公民均享有充分的信仰自由；国家保护信仰和宗教自由，但不得妨碍他人信仰和宗教自由、社会公德和社会安宁”。考虑到柬埔寨占人口总数 90% 以上的高棉族都信奉小乘佛教，宪法明确指出“佛教为柬埔寨国教”。第 13 条还将小乘佛教两派僧王指定为柬埔寨王位委员会的法定成员。

6. 市场经济和多党民主原则

柬埔寨内战结束后，国际社会普遍认为只有加快其民主化进程、大力发展市场经济，才能确保柬埔寨国内的持久和平，促进国民经济的恢复与发展，因此，政治上实行自由民主多党制，经济上实行市场经济体制，就成为柬埔寨宪法确立的一项重要原则。宪法第 56 条提出“柬埔寨王国实行市场经济体制。市场经济体制的建立和实施应载入法律；金融、货币制度应载入法律”。第 51 条规定“柬埔寨王国实行自由民主多党制”，“国家立法权、行政权、司法权分立”。

（三）宪法的主要内容

1. 宪法明确规定了柬埔寨的根本政治制度

柬埔寨是君主立宪制国家，实行自由民主多党制。柬埔寨公民是国家的主人，一切权力归公民。同时，柬埔寨又是一个独立、主权、和平国家，奉行永久中立和不结盟的对外政策，其领土完整不容侵犯，柬埔寨王国不可分裂。柬埔寨王国与世界上一切国家和平共处，绝不侵略或干涉别国内政，不允许外国军队在其领土上建立军事基地，禁止生产、使用和拥有原子武器、化学武器和细菌武器。在柬埔寨王国，“民族、宗教和国王”是最为关键的因素，高棉族是柬埔寨的主体民族，高棉语、高棉文字是官方语言文字，柬埔寨的国旗、国歌、国徽都反映了高棉族的悠久历史与灿烂文化。

2. 宪法规定了柬埔寨王国国王的地位及职权

柬埔寨国王是国家元首，是国家统一和延续的象征。国王拥有任命首相及内阁成员、任免军政高级官员、驻外特命全权大使和法官的权力，国王有权宣布国家进入紧急状态、发布战争动员令、颁布宪法和法律等，但宪法强调“国王治理国家，但不执政”，国王也无权指定王位继承人，王后无权干预政治。

3. 宪法规定了柬埔寨公民享有的权利和义务

柬埔寨公民享有的权利主要是生存、自由、安全、财产的权利；选举和被选举权；参加国家政治、经济、社会、文化活动的权利；自由选择职业和同工同酬的权利；组织、从事工会工作的权利；组织罢工和游行的权利；人身自由不受侵犯的权利；对国家机关和社会团体及其成员在履行职务过程中的违法失职行为提出申诉和控告的权利；要求国家赔偿的权利；旅行和自由迁居的权利；言论、新闻、出版、集会、通信自由的权利；结社和组织政党的权利；信仰自由的权利；国家依法保护妇女和儿童的权益，特别是儿童的生存权、受教育权及战时特别保护权，禁止歧视妇女，禁止买卖人口，禁止使用童工，怀孕妇女有享受工作和各种社会福利的权利。公民的主要义务有遵守宪法和法律、为建设和保卫国家做出积极贡献、维护国家主权和自由民主多党制、爱护公共财产和私人的合法财产；父母有抚养和教育孩子的义务；子女有赡养父母的义务。

4. 宪法规定了柬埔寨的基本经济制度

柬埔寨实行市场经济体制，国家依法征税，依法实施国家预算，依法管理金融货币及国有财产；国家保护环境，保持生态平衡，重视水利、现代技术和信贷体系建设；帮助农民、手工业者解决生产资料，保护产品价格，促进偏远地区农业、手工业、工业的发展；严禁进口、生产和贩卖毒品及伪劣过期产品。

5. 宪法规定了柬埔寨公民依法享有的教育、文化和社会福利

国家保护和鼓励公民接受各种良好教育的权利，国立中小学校实行免费 9 年制义务教育；保护和发展民族文化，严惩一切毁坏文物古迹的犯罪行为；保护公民健康，重视对疾病的预防和治疗，穷困公民可在公立医院、医疗站享受免费医疗；国家优抚伤残军人和为国捐躯的士兵家属；制定安全和福利保障制度。

6. 宪法规定了国民议会、参议院、国民大会的职责权限和运作方式

国民议会是唯一的立法机构，国民议会批准国家预算、国家计划，批准国家借贷资金议案，审核商业协定和规定，制定、修改和废除税收，审批特赦法令，批准或废除所缔结的国际协议或条约，做出罢免内阁成员或解散政府内阁的决定。国民议会不得少于120人，议员通过自由、直接和无记名投票的全国大选选举产生，可以连选连任；议员是全体公民的代表，享有豁免权，议员有权向王国政府提出质询，议员履行职责、发表观点意见，有不受指控、逮捕、拘留、监禁、刑事审判的权利，议员享受津贴待遇，就职前必须宣誓。国民议会每届任期5年，每年召开2次会议，国民议会闭会期间，由议会常务委员会主持日常工作。国民议会议长、副议长、各专门委员会主席组成国民议会常务委员会，议长主持国民议会会议。参议院负责审查国民议会通过的法案，参议院的议员人数不得超过国民议会议员总数的一半，国王可以指定2名参议员，其余参议员由选举产生。年满40岁以上的柬埔寨公民可以参加参议员竞选，参议员可以连选连任，每届任期6年，参议员享受津贴，享有豁免权。每年至少召开2次大会。国民大会是让公民直接了解国计民生事宜并当面向国家权力机构提出质询和要求的机构，由政府首相召集，每年12月初召开。

7. 宪法规定了王国政府的职责权限和运作方式

王国政府是由首相、副首相、大臣、副大臣和国务秘书组成的内阁委员会。国王任命在大选中获胜政党的一名杰出议员组阁；国民议会投信任票后，由国王签署命令任命全体内阁成员，就职前必须举行宣誓。内阁对国民议会实行集体负责制，各部实行大臣负责制。

8. 宪法规定了司法机构、法律委员会的职责权限和运作方式

司法机构是一个独立行使权力的机构，由高等法院和各级法院组成。法院行使审判权，不受任何立法和行政机关的干涉。法官拥有审判权，法官的职务不得解除，只有最高司法委员会有权对法官做出处分或罢免。最高司法委员会直接对国王负责，最高司法委员会主席由国王指定。法律委员会由9人组成，任期9年，负责监督实施和解释国民议会批准的宪法和

法律。法律委员会对法律法规有最终审定权。

9. 宪法规定了其本身的效力以及修改宪法的程序

宪法是柬埔寨王国的最高法律，各级政府的命令、法规必须符合宪法的规定。国王、首相和国民议会议长有权根据国民议会三分之一以上议员的要求，提出修改和补充宪法的建议；修改宪法必须得到国民议会全体议员中三分之二多数的同意，宪法的修订或补充条文，不得与自由民主多党制和君主立宪制的原则相抵触；禁止在紧急状态下修改和补充宪法，以维护宪法的权威性。

第三节 国王

一 国王的地位与作用

2000 年 1 月 1 日，柬埔寨王国反对党主席桑兰西在讲话中宣称，“君主制是没有希望和垂死的制度”，鼓动人民起来为建立“现代国家”而斗争。桑兰西的讲话，遭到柬埔寨各界人士的广泛批评，一时成了众矢之的。西哈努克国王发表电视讲话，对这种公开反对君主制和佛教制度的言论进行谴责。柬埔寨执政的人民党和奉辛比克党也发表声明，强烈谴责桑兰西的言论。洪森首相公开发表讲话说，“柬埔寨的君主制将一直存在下去”。

2004 年 10 月 6 日，西哈努克国王在北京宣布退位，在柬埔寨引起极大反响。国民议会议长拉那烈表示，西哈努克国王决定退位令全体柬埔寨人民感到震惊和遗憾。参议院议长谢辛、政府首相洪森和拉那烈等政界要人立即要求前往北京觐见国王，恳求他不要退位。“我们希望并相信西哈努克国王将很快复位，以维护国家稳定局面和全体人民的共同利益”。有消息称西哈努克国王提出退位主要是反对党领导人桑兰西写信给国王说：根据他得到的消息，在国王和王后回国当天，金边将发生反对他们回国的暴力示威。拉那烈表态说，桑兰西这么做是试图破坏柬埔寨君主立宪制，引起国家政局动荡，进而推翻现政府。但是柬埔寨执政的人民党和奉辛比克克党将坚决维护君主立宪制。桑兰西则坚决否认国王决定退位与他给国王写信有关。他说，全体桑兰西党议员与全体柬埔寨人民一样，对国王退位的消息感到震惊，并表示“我们完全支持国王复位”。柬埔寨的平民百姓都对他退位的决定感到沮丧。44 岁的三轮车夫索辛说：“国家一出问题，国王西哈努克往往都能化解。因此如果他退位，谁来解决我们的问题呢？我希望他再次登位，做柬埔寨国王。”由此不难看出，在柬埔寨国家政治生活和社会生活中，国王具有很高的地位和影响。

西哈努克宣布退位之后，当年 10 月 29 日柬埔寨迎来了新国王，西哈努克最小的儿子诺罗敦·西哈莫尼（Norodom Sihamoni）正式宣誓登基。2012 年 10 月 15 日，柬埔寨前国王西哈努克在北京逝世，享年 90 岁。虽然是前国王，但是西哈努克从未远离柬埔寨的政治中心。他在国内也深受民众尊崇。现任国王西哈莫尼当天搭乘飞机前往北京迎送西哈努克灵柩回国。其灵柩于 17 日送抵金边，逾 10 万柬埔寨民众有秩序地站在灵柩经过的道路两边，迎接国父回国。柬埔寨政府按照王室传统习俗举行了丧礼，并规定 17～23 日为全国哀悼日。由此可见国王在柬埔寨人民心中具有很高的地位和影响，主要可以归结为以下几点：

（1）国王是柬埔寨王国的终身国家元首，国王的人格不可侵犯。

（2）国王是柬埔寨国家统一和延续的象征，是柬埔寨王国统一、主权和领土完整的保证人。

（3）国王是柬埔寨王国公民权利和自由以及国际公约的保证人。

（4）国王是柬埔寨王国确保正确行使行政权力的最高仲裁人。

（5）国王是最高国防委员会主席，高棉皇家军队的最高统帅。

（6）国王是司法机构独立行使权力的保证人。

二　国王的权力与义务

柬埔寨是君主立宪制国家，宪法授予国王广泛的权力。

（一）不可侵犯权

柬埔寨王国国王是终身国家元首，是国家统一和永存的象征，也是最高的宗教领袖，因此，国王不受任何人、任何政党或社会团体的侵犯，具有至高无上的地位。

（二）最高任免权

根据宪法修订案有关条款的规定，在国民议会大选后，国王任命在大选中获胜政党的一名杰出议员担任首相。首相提名内阁成员名单，由国王签署命令进行任命。国王还有权根据内阁的提请，任免政府的高级官员和柬埔寨王国驻外特命全权代表。国王有权任命高棉皇家军队总司令。1999年3月的宪法修正案又赋予国王任命参议院议长的权力。根据宪法修订案第134条的规定，国王任命最高司法委员会主席，并根据最高司法委员会的建议任免法官。宪法虽然没有明文规定，但按照柬埔寨的传统习惯，柬埔寨小乘佛教两派僧王也是由国王任命的。

（三）颁布法律与批准条约权

宪法第26、28条规定，经国民议会通过的宪法和法律以及内阁请求实施的行政法规，由国王颁布实施。国民议会批准的国际条约和协定，由国王签署颁布实施。此外，国王还有修改宪法的建议权，宪法修订案第151条规定，国王有权根据国民议会四分之一以上议员的要求，提出修改和补充宪法的建议。

（四）解散议会权

宪法第78、83条规定，如果内阁在一年内两次下台，国王可根据首相的提议并征得国民议会议长的同意后，宣布解散议会。遇有战争或其他特殊情况，不能举行国民议会大选，国王可以提议让国民议会延长一年。国王还可以提议召开国民议会常务委员会临时特别会议。

（五）军事动员权

宪法第22～24条规定，国王是最高国防委员会主席，高棉皇家军队的最高统帅。当国家濒临危险，经与首相和国民议会议长取得一致意见后，由国王宣布国家进入紧急状态。国王有权根据国民议会的决定，发布战争动员令。

（六）颁发荣誉权

宪法第29条规定，国王有权根据内阁提请制作和颁发国家勋章，有权依法授予军事和民事人员衔职。

（七）颁布大赦和特赦权

宪法第27条规定，由国王颁布大赦和特赦令。

（八）接受外国使节

宪法第25条规定，由国王接受外国使节。国王在法律上拥有非常广泛的权力，但柬埔寨宪法第7、17条强调了现代君主立宪制的真正含义。第7条规定“国王治理国家，但不执政”，第17条进一步强调“本宪法第7条第1款有关国王治理国家，但不执政的条文，不得更改”。此外，作为柬埔寨王国国王，也必须承担许多义务，具体说来主要有以下几点：

（1）保证柬埔寨王国统一、主权和领土完整。

（2）保证柬埔寨公民权利和自由得到落实。

（3）保证柬埔寨所缔结的国际公约的贯彻实施。

（4）确保柬埔寨行政权力的正确行使。

（5）确保柬埔寨司法机构独立行使权力。

（6）每月两次召见首相和内阁成员，听取国家形势报告。

（7）国王在大选结束后60天内召开国民议会第一次会议，平时应与国民议会保持书面联系。

（8）国王无权指定王位继承人。

（9）国王治理国家，但不执政，王后无权干预政治。

为了确保国王能够正常履行职责，保证国王权力的顺利交接，宪法修订案第11、30条还规定，国王生病，经医疗专家组确认不能正常履行国家元首职责，以及国王不在国内期间，由参议院议长代理国家元首职务；柬埔寨王位实行选举制，国王晏驾后，由参议院议长代理国家元首职务，同时由首相、小乘佛教两派僧王、参议院和国民议会议长、副议长组成9人王位委员会，从王族后裔中推选产生新国王。

2004年10月8日和11日，柬埔寨国民议会和参议院先后审议并批准了《王位委员会组成和执行法》，根据该法案，在国王去世、退休或退位后7天内，以简单多数表决方式，从安东、诺罗敦和西索瓦三大王族后代中选举出柬埔寨新的国王。王位继承人不能少于30位，但不必是西哈努克亲生儿子。如果7天内无法选出新国王，柬埔寨君主立宪政体可能会被废除。柬埔寨新国王诺罗敦·西哈莫尼就是根据这部法律于2004年10月14日被柬埔寨王位委员会一致推选出来的。

第四节 议会

一 柬埔寨王国议会的沿革

柬埔寨最早的议会成立于1947年。根据1947年5月5日颁布的王国宪法，在国王之下分别设立皇家议会、国民议会和王国议会。通常所称的议会两院指的是国民议会和王国议会。皇家议会只负责处理与王位有关的事宜。当王位空缺或没有指定王位继承人时，由皇家议会指定新国王；如果新国王过于年幼，则由皇家议会指定摄政王。

国民议会是立法议会的下议院，由普选产生，任期4年。国民议会组成18个月后，国王有权将其解散；任期届满时，国王有权延长其任期，但每次最多延长1年。国民议会有立法权、通过内阁人选和倒阁权，有表决通过法律和国家预算的权力。王国议会是立法议会的上议院，有24名议员，其中2名由国王在王族成员中指定，2名由国民议会推荐（但国民议会议员不得兼任王国议会议员），8名由各省市通过限制性选举产生，8名由各行业中产生，4名由公务人员担任。其职权主要是负责审查国民议会初读通过的法案，并提出意见。国民议会和王国议会之间互相制约。如果王国议会对国民议会初读通过的法案提出修正，国民议会应当重新审查。如果国民议会仍以绝对多数维持原案，则原案仍可成立。但是，当王国议会否定整个提案时，国民议会无权通过二读来维持原案。独立前柬埔寨于1947年、1951年举行了两次国民议会选举，民主党都赢得了大选的胜利，但两届国民议会均遭解散。

1953年柬埔寨独立后，仍保留君主立宪制，议会实行两院制，由国民议会和王国议会组成，于1955年、1958年、1962年举行了3次国民议会选举，西哈努克领导的人民社会同盟都赢得了大选的胜利。

1970年3月18日，朗诺发动政变，废黜西哈努克国王。3月19日，国民议会宣布暂时取消宪法规定的一切自由和权利6个月，并于同年9月将该禁令的效力延长6个月。1970年10月18日，国民议会任期届满，但政府延长其任期1年。同年12月，国民议会举行全体会议，决定以共和国议会（参议院）取代王国会议。1971年10月16日，政府决定在议会任期届满后，撤销议会两院，代之以制宪会议，而制宪会议唯一职能就是完成一部新宪法。1972年3月10日，朗诺接管了国家元首的一切权力，随即中断了制宪会议的工作，另外组织一委员会负责起草新宪法。

1975年，红色高棉推翻朗诺政权，建立民主柬埔寨后，于1976年颁布《民主柬埔寨宪法》，规定人民代表大会为柬埔寨最高立法机构，每年举行一次会议，职责是制定法律和规定其他政治路线。其代表由选举产生，任期5年。人民代表大会的成员共250名，其中农民代表150名，工人和其他劳动者代表50名，军队代表50名。人民代表大会有权决定政府的组成，任命司法委员会和法院成员。其常设机构为常务委员会，在人民代表大会闭会期间行使代表大会的职权。

1976年3月，柬埔寨全国首次举行普选，产生250名全国人大代表。同年4月，人民代表大会举行了第一届人民代表大会第一次会议，选举产生第一届人民代表大会常务委员会和各专门委员会，农谢当选为人民代表大会常务委员会委员长，乔森潘担任国家主席团主席。

1979年1月，柬埔寨改国名为“柬埔寨人民共和国”。1981年5月1日，柬埔寨人民共和国举行普选，产生国会。国会是最高代表机构、最高权力机构和立法机构，每届任期5年，国会代表由普选产生。国会的常设机构为国务委员会。国会共有117个席位，其中男性代表96人，女性代表21人。柬埔寨人民革命党拥有53个席位。1981年6月13日，该国会召开了第一次会议。

1991年《巴黎协定》签署后，1993年5月联合国驻柬临时权力机构组织了柬埔寨全国大选，产生了有120个席位的制宪会议，奉辛比克党获得其中的58席，人民党获得51席，佛教自由民主党10席，高棉争取自由民族解放运动获得1个席位。1993年9月24日，柬埔寨王国宪法颁布生效后，制宪会议即转为国民议会，成为全国最高权力机关和立法机关。

谢辛出任首届国民议会议长。

1998 年 7 月，柬埔寨进行了第二次国民议会大选，共有 39 个政党参加竞选。国民议会的 122 个议席被人民党、奉辛比克党和桑兰西党三大政党包揽，其中人民党获 64 席，奉辛比克党获得 43 席，桑兰西党获得 15 席。其余 36 个政党因得票少，均没有得到任何议席。奉辛比克党主席拉那烈出任第二届国民议会议长。

1999 年 3 月 4 日，柬埔寨国民议会通过宪法修正案，设立参议院。1999 年 3 月 25 日，参议院正式成立，并举行了第一次会议，人民党主席谢辛担任首届参议院议长，第一副议长为西索瓦·芝万·莫尼拉，第二副议长是涅本蔡。第一届参议院共由 61 人组成，任期 5 年。2 名参议员由国王直接任命，其余 59 名参议员按人民党、奉辛比克党和桑兰西党三党在国民议会中拥有的议席比例进行分配，结果是人民党 31 名，奉辛比克党 21 名，桑兰西党 7 名。根据柬宪法修订案的规定，从第二届起参议员的任期改为 6 年。参议院有权审议国民议会通过的法律条款并提出意见，参议院议长在国王因故不能视事时任代理国家元首。下设 2 名副主席和 9 个工作委员会。从 1999 年开始，柬埔寨王国议会就从一院制转变成两院制。

1999 年的宪法修正案第 116、117 条规定，在特殊情况下，柬埔寨的国民议会与参议院可以集合成一个国会，以解决重要的全国性问题，为此，宪法要求就这个可能诞生的国会如何组建、它的职能等问题专门立法。至此，柬埔寨王国的议会制度基本定型，根据柬埔寨王国宪法，议会是全国最高权力机构和立法机构，由国民议会和参议院两院组成。

2003 年 7 月 27 日，柬埔寨举行第三次全国大选，拉那烈连任国民议会议长，谢辛连任参议院议长。2006 年 3 月，拉那烈被迫辞去国民议会议长职务，人民党名誉主席韩桑林继任。2008 年 7 月，柬埔寨举行第四次全国大选，韩桑林和谢辛分别连任国民议会议长和参议院议长。2013 年，柬埔寨举行第五届国会选举，人民党在全部席位中获得 68 席，赢得大选。但反对党救国党席位较去年翻番，达 55 席。

二 国民议会

（一）国民议会的职能

柬埔寨王国宪法修正案第90条规定，国民议会是全国最高权力机构和立法机构，它的职能主要有以下几点：

（1）批准国家预算、国家计划、国家借贷资金议案、国家金融合同，制定、修改和废除国家税收。

（2）批准政府的预算执行报告。

（3）审批大赦法令。

（4）批准或废除国际条约或国际协议。

（5）审批宣战法令。

（二）国民议会的构成

柬埔寨王国宪法第76条规定，国民议会由不少于120人组成。迄今为止的三届国民议会均符合这项规定，1993年第一届国民议会有议员120人，1998年第二届国民议会有议员122人，2003年第三届国民议会有议员123人。国民议会每届任期5年。

国民议会由1名议长、2名副议长和若干专门委员会成员组成。第一届国民议会议长是人民党主席谢辛；第二、三届国民议会议长是诺罗敦·拉那烈；2006年3月，韩桑林接替诺罗敦·拉那烈出任议长至今；第四届国会主席为韩桑林，国会第一副主席是阮涅，第二副主席是宫桑达里。下设9个工作委员会，分别是：

（1）保护人权、诉讼调查与议会联络委员会，主席坤淑达莉，副主席万兴利；

（2）经济、财政、银行与审计委员会，主席姜叶，副主席斯曼典；

（3）计划、投资、农业、农村发展、环保与水资源委员会，主席迪千华，副主席艾控；

（4）内政、国防、调查、反贪污与公共职能委员会，主席温能，副主席巴宋恩；

（5）外交、国际合作与新闻宣传委员会，主席钱温，副主席恩纶；

（6）立法与司法委员会，主席班奔亚，副主席刑奔鸿；

（7）教育、青年、体育、宗教事务、文化与旅游委员会，主席蒙金辉，副主席海控；

（8）公共卫生、社会福利、退伍军人、青年康复、劳工、职业培训与妇女事务委员会，主席胡暖，副主席蒙闲；

（9）公共工程、交通、通信、邮电、工业、矿产、能源、贸易、土地管理、城市规划与建设委员会，主席能沙澎，副主席绍真。

每个工作委员会由不少于7名成员组成，通过选举产生主席、副主席和秘书各1名。国民议会还可以根据需要，任命专门的委员会，这个专门委员会的人数不固定。每个工作委员会还可以向国民议会议长提出请求，邀请一些非国会议员的专家来协助工作，但是，这些专家在工作委员会里没有决策权。

在国民议会闭会期间，由国民议会常务委员会主持日常工作。常务委员会由议长、2位副议长和9个专门委员会主席组成，由议长担任常务委员会主席。

常务委员会和工作委员会召开会议，出席会议的人数必须达到应出席总人数的一半，才是合法的。不论是常务委员会成员还是工作委员会成员，如果不事先向国民议会议长请假就无故缺席会议，根据1993年10月28日通过的《柬埔寨王国国民议会内部规定》第68、69、70、71、72条的规定，将受到相关的纪律处分。

（三）国民议会议员

柬埔寨王国宪法第77条规定，国民议会议员是全体公民的代表，不是个人所在地区的代表，议员通过自由、直接和无记名投票的全国大选选举产生，可以连选连任，年满25岁的公民，不论性别都有权参加国民议会议员竞选。如果国民议会议员在任期届满前6个月去世、辞职或失去议员资格，必须依据国民议会内部条例和选举法的有关条款进行补选。

国民议会议员享受津贴待遇，有权向王国政府提出质询，依法享有豁免权。宪法规定国民议会议员履行职责，发表观点意见，有不受指控、逮捕、拘留、监禁的权利。如果要指控、逮捕、拘留、监禁国民议会议员，必须征得国民议会的同意；在国民议会闭会期间，须征得国民议会常务委员会的同意。如果国民议会议员犯下刑事罪行，有关部门应及时向国民议会或者国民议会常务委员会呈送报告，请求裁决。国民议会常务委员会的裁决必须提交下次国民议会会议讨论，经国民议会议员的三分之二多数通过才能予以确认。在上述情况下，如果要中止对该议员的拘留和诉讼，须经议员四分之三多数的同意。

国民议会全体议员就职前都要宣誓。在任期内，除非是应邀到王国政府中任职，否则，议员不能在其他法定机构中兼职，也不能承担其他公共服务职责。如果该议员在王国政府中任职，那么，他（她）就不能在国民议会常务委员会和工作委员会中担任职务。如果国民议会议员言行与其职责相违背，可罢免其担任的内阁职务，保留其议员资格，但要取消其在常务委员会或工作委员会中的职务。

（四）国民议会的运作

新一届国民议会成立后召开首次会议，就意味着上一届国民议会的终止。除非王国政府一年之内两次下台，否则，国民议会不得解散。假如出现这种情况，国王应根据内阁总理的提议，经国民议会议长同意后宣布解散国民议会。国民议会解散后的 60 天之内，应举行新国民议会的选举。在战争期间或是其他特殊情况下，使得国民议会的选举无法正常进行，那么，根据国王的要求，经国民议会三分之二议员的同意，可以允许国民议会的任期延长一次，时间为一年。

国民议会的运作方式主要是召开会议。根据宪法第 83 条的规定，国民议会每年应召开两次大会，每次大会至少持续 3 个月，会议通常在首都金边的国民议会大厦举行，出席会议的议员必须达到总人数的十分之七才是合法有效的。会议通常采取公开方式举行，议员的座位都是按照他们的年龄顺序安排的，国民议会大厦内还准备了若干旁听席，会议期间允许公民旁听；若是议长、至少十分之一的议员、国王或首相提出要求，可以举行秘密会议。如果国王、首相或至少三分之一的议员提议，国民议会常务委员会可以召集特别大会，特别大会的日期及议程应事先告知民众。当国家处于紧急状态时，国民议会可以每天召开会议，在此期间国民议会是不能被解散的。

根据宪法，在国民议会大选后60天之内，在国王的通知下，国民议会就应召开第一次大会。正式开会前，需要对议员的资格进行审核，随后举行议长、副议长和各工作委员会成员的选举，必须获得三分之二多数的选票，才能担任这些职务。会议的议程安排通常在开会前两天用书面形式送到各位议员手中。会议由国民议会议长主持，如果议长因故不能参会，则由副议长代为主持，如果议长、副议长都缺席的话，国民议会可以选择一个临时的议长来主持会议。

开会期间，议员发言之前要征得议长的同意，国民议会的秘书处会对要求发言的议员进行登记，以决定他们的发言顺序。议员的发言有时间的限制，一次发言最长不能超过20分钟，发言的内容要集中到所讨论的问题上，如果发言偏题了，议长应予以及时提醒，让发言回到主题上来。开会过程中允许进行辩论，但要求辩论双方交替发言，且有时间限制，若主持会议的议长认为延长时间能对辩论有利的话，他可以给辩论双方增加10分钟的时间，但是，就同一议题只能增加3个10分钟。这里所谈到的时间限制都是针对议员而言的，如果是受到议员的质询进行答辩的王国政府官员，其发言就不受时间限制。

国民议会在审批国家预算、国家计划、国家借贷资金议案、国家金融合同，制定、修改和废除法律时，可以采取举手表决、公开投票和秘密投票3种方式进行表决，1993年的宪法只要求简单多数就能通过议案，但1999年修改后的宪法要求必须以绝对多数才能通过，如果是弹劾政府官员、或是对王国政府进行不信任投票，就要求必须有国民议会全体议员中的三分之二多数通过。

三 参议院

（一）参议院的产生及职责

根据1993年9月24日通过的柬埔寨王国宪法第90条之规定，国民议会是唯一拥有立法权的机构，这种权力不能转让给任何个人和组织。

1998 年 7 月柬埔寨第二次全国大选后，人民党、奉辛比克党、桑兰西党都不具备单独组阁的条件，三大政党就如何分配权力、如何组织内阁等问题产生了激烈冲突，由此引发了严重的经济、社会危机。在西哈努克国王的斡旋下，三党领导人于 1998 年 9 月 22 日参加了由西哈努克主持的“高棉人高峰会议”，就新一届国民议会的召开达成了部分协议，但是在国民议会议长的人选以及新一届政府人员构成等方面存在较大的分歧，直到这年的 11 月 13 日，在洪森与拉那烈谈判时，西哈努克国王提出，柬埔寨的国民议会应按照民主国家的议会模式，在国民议会之外新设立参议院，由人民党主席谢辛担任参议院议长，洪森任王国政府首相，而拉那烈出任国民议会议长，这样才解决了大选之后持续了近 4 个月的政治危机。

根据西哈努克国王的提议，人民党和奉辛比克党成立了专门委员会，负责处理修改宪法等问题。1999 年 3 月 4 日国民议会通过了宪法修正案，根据宪法修正案的规定，正式设立参议院。第一届参议院由 61 人组成，1999 年 3 月 25 日举行了参议院第一次会议宣告其成立。2006 年 1 月 22 日，第二届参议院成立。

柬埔寨宪法第 99、113 条规定，参议院的职责是审议国民议会通过的即将付诸实施的宪法和法律，并有权提出意见。国民议会提交参议院审议的已经国民议会初读通过的法律草案、提议或其他重要事务，参议院必须在 1 个月之内反馈意见，做出评价，在紧急状态下，这个反馈意见的周期应减少至 5 天。如果在上述期限内，参议院赞成该法律草案，或者没有做出评价，那么，该法律就应颁布实施。如果参议院提出修改意见，那么，国民议会应对该法律草案进行第二次讨论，在第二次讨论该草案时应举行公开投票以绝对多数赞成票才能通过。宪法第 112 条还规定，参议院应负责在国民议会与王国政府之间的协调。此外，在国王因故不能视事时，由参议院议长任代理国家元首。

（二）参议院的构成

柬埔寨王国宪法第 99 条第 2 款规定，参议院的议员人数不能超过国民议会议员总数的一半，1998 年第二届国民议会有议员 122 人，因此，参议院议员只有61人。2003年第三届国民议会有议员123人，参议院仍然保持61人。在61名参议员中，有2名由国王直接任命，其余的按照比例分配，由在国民议会拥有议席的政党选派，其中人民党参议员31名，奉辛比克党参议员21名，桑兰西党参议员7名。第二届参议院也是由61名议员组成，其中包括9名女议员。人民党议员45名，奉党议员1名，桑兰西党参议员2名。第一届参议院任期5年，从第二届开始，参议院任期为6年。参议院由1名议长、2名副议长和若干专门委员会成员组成。迄今为止，第一、二届参议院议长均一直是人民党主席谢辛。第一副议长均为西索瓦·芝万·莫尼拉王子，第二副议长均是涅本蔡，他们两人都来自奉辛比克党。参议院下设9个工作委员会，其名称与国民议会下属工作委员会相同。

参议院闭会期间，由参议院常务委员会主持日常工作。常务委员会共12人，由1名议长、2名副议长和9个专门委员会主席组成。议长是常务委员会主席，2名副议长担任常务委员会副主席，9名工作委员会主席是常务委员会委员。参议院议长由国王任命。参议院可以根据实际需要建立必要的委员会。参议院的组织机构及其功能作用应由参议院的内部规则予以明确，而这些内部规则要得到全体参议员中三分之二多数的同意。

（三）参议院议员

柬埔寨宪法第99条规定，年满40岁的公民，不论性别都有权参加参议员竞选。国王可以直接任命两名议员（也可以连续任命），国民议会可以选举推荐两名参议员，其余参议员席位由选举产生，可以连选连任。柬埔寨正准备出台专门的参议员选举法，对选举的组织机构和操作程序做出相应的规定。如果参议员在任期届满前6个月去世、辞职或失去议员资格，必须依据参议院内部条例和选举法的有关条款进行补选。在战争期间或是其他特殊情况下，参议员的选举无法正常进行，那么，根据国王的建议，经参议院三分之二参议员的同意，可以允许参议员任期延长一次，时间为一年。

参议员享受津贴待遇，依法享有豁免权。宪法第104条规定，参议员不受指控、逮捕、拘留、监禁。如果要指控、逮捕、拘留、监禁参议员，必须征得参议院的同意；在参议院闭会期间，须征得参议院常务委员会的同意。如果参议员犯下严重罪行，有关部门应及时向参议院或者参议院常务委员会呈送报告，请求裁决。参议院常务委员会的裁决必须提交下次参议院会议讨论，经参议院议员的三分之二多数通过才能予以确认。在上述情况下，经全体参议员的四分之三多数同意后，应暂缓对该参议员进行拘留和起诉。参议员不能在其他法定机构中兼职，承担公共事务。参议员就职前必须宣誓。

（四）参议院的运作

参议院的运作方式主要是召开会议。根据宪法第106、107条的规定，在参议院成立后60天之内，在国王的通知下，参议院就应召开第一次大会。正式开会前，需要对参议员的资格进行审核，随后举行议长、副议长和各工作委员会成员的选举，必须获得三分之二多数的选票，才能担任这些职务。参议院每年应召开两次大会，每次大会至少持续3个月。如果国王、首相或至少三分之一的参议员提议，参议院常务委员会可以召集特别大会。

参议院的会议通常在首都金边的参议院会议大厅举行，出席会议的议员必须达到总人数的十分之七才是合法有效的，会议通常采取公开方式举行。如果议长、至少十分之一的议员、国王或首相提出要求，可以举行秘密会议。议长主持会议，如果议长因故不能参会，则由副议长代为主持。参议院在进行表决时，通过议案所需的赞成票数量与国民议会通过议案的相同。

2012年1月29日，柬埔寨举行第三届参议院选举，只有人民党和桑兰西党参选。国会议员及全国各乡、区委员会成员逾1.1万人参加投票。选举结果显示，人民党获得8880票，占77.81%，桑兰西党获得2503票，占21.93%。该届参议院由61名议员组成，57名通过选举产生，2名由国王任命，其余2名由国会推选。在57个选举议席中，执政的柬埔寨人民党获得46席，反对党桑兰西党获得11席。人民党主席谢辛、桑兰西党代主席贡光继续当选新一届参议员。

第五节 政府

一 柬埔寨王国政府的组成和职权

柬埔寨国民议会于1994年7月19日通过了《柬埔寨王国政府内阁组织和运作法》，该法共有5章35条，分别对王国政府的职权和组成，内阁和总理职权，王国政府成员的职权做出了明确的规定。

柬埔寨王国政府是最高行政机构，其任务是根据宪法制定的基本原则，保证执行法律，实施国家政策，领导全国的行政工作。王国政府领导军队、警察、其他武装力量和行政机构。根据国民议会通过的各项政策和国家计划，组织全面工作，王国政府就全面政策和政府本身的运作活动对国会负责。

王国政府由首相、副首相、资深部长、部长、国务秘书组成。柬埔寨是君主立宪制国家，国王要根据国民议会议长的推荐、得到两位副议长的同意，从国民议会大选获胜的政党中任命一位杰出议员负责组织内阁。根据1993年宪法第138条的规定，国王有权委任第一首相和第二首相，而两位首相的权力和优先权相等，在联合决定的原则上领导王国政府。政府各部门，有的直接受首相领导，有的受部长和国务秘书的领导，有的归国务秘书直接领导。

首相必须是国民议会议员。王国政府其他成员可以由国民议会议员担任，也可以由不是国民议会议员的人士担任，但必须是在国民议会中有代表的政党成员。所有王国政府成员，需要国民议会举行信任投票，通过后由国王下发委任命令。

首相是王国政府首脑，领导内阁工作，指导王国政府各个领域里的活动。首相带领全体王国政府成员，就全面政策和王国政府的活动对国会负责。王国政府成员对首相和国会负责。首相每周应召开一次内阁全体会议或工作会议，开会的时间和议题应提前告诉国王，内阁全体会议的记录应呈送国王。首相也可以委托一位副首相主持内阁全体会议。首相主要负责与商业、经济合作、文化、科学、技术和国防有关的工作。此外，首相可任命某王国政府成员召集、主持部际会议，但是该部际会议没有权力以王国政府名义作出决定。内阁通过的法令、内阁决议和重要通知和协议，必须由首相签署方能产生效力。王国政府所有有效力的文件，必须登载在国务册上。首相有权向国民议会常委会提出开国民议会大会的要求，可以向国民议会提出法律草案以及提出委任、更换和停止王国政府成员职务的要求。像柬埔寨国家银行行长、副行长，王国政府顾问和首相顾问这样的高级官员，需经国民议会讨论通过后，首相向国王禀奏，国王任命。

副首相在首相的授权下，协助首相工作，但比其他王国政府成员有优先权。如果没有得到首相的同意，副首相是不能独自决定王国政府重大问题的。由联合大臣领导和管理的部门，两位大臣的权力相等，必须在联合决定的原则下领导和管理。

二　柬埔寨王国政府的特点

纵观 1993 年以来的五届柬埔寨王国政府，其组成和运作体现了以下几个特点：

（一）前三届新政府的诞生都经历一个艰难的过程

自 1993 年以来的前 3 届政府，在每次大选之后都陷入政治僵局，不能顺利组阁，不同程度地引发政治、经济和社会危机，都经历了争权夺利、讨价还价、多方斡旋、艰苦谈判、达成妥协的过程。这主要是由于柬埔寨正处于国家政治、经济体制的重大转型时期，由过去人民党一党领导下的社会主义国家，转变成君主立宪、民主多党、市场经济的国家，在推动这个国家转型的过程中，必然要付出比较大的代价。新政府的诞生虽然困难，但最后时刻各派政治力量总能达成妥协，说明各派政治力量都能接受 1993 年宪法规定的治理国家的理念，以国家、民族的前途及人民的和平与安宁为重，在宪法和法律的框架内展开合法斗争。但这种情况在 2008 年第四次全国大选后出现了变化，人民党在大选中获得了超过单独组阁所需要的三分之二多数议席，在大选之后不久就组建了新政府。

（二）第四、五届政府一党独大的局面依然显著

前三次国民议会大选，没有一个政党取得单独组阁所需要的三分之二多数议席，因此，必须采取多党联合执政的方式产生内阁，三届政府都是由第一大政党和第二大政党联合组阁。1993 年大选后，第一大党奉辛比克党与第二大党人民党联合组阁，由奉辛比克党主席拉那烈出任第一首相，人民党副主席洪森任第二首相。1998 年大选后，人民党成为第一大党，洪森出任政府首相，第二大党奉辛比克党主席拉那烈担任国民议会议长，桑兰西党成为国民议会内的反对党。2003 年大选后，人民党的实力进一步增强，对第二大党的优势更加明显，这促使奉辛比克党与桑兰西党结盟，目的是向人民党抬高组阁的要价，共同抗衡人民党，最后，人民党还是选择与奉辛比克党合作，共同组阁，洪森仍出任首相，拉那烈继续担任国民议会议长，两党联合执政的基本模式还可能延续一段时间。2008 年第四次大选后，人民党获得了国会 123 个议席中的 90 个，使新一届政府呈现出人民党一党独大的局面。2013 年第五次大选，虽然由桑兰西领导的反对党全国救国党赢得了 55 个议席，人民党在国会中的议席从 90 席，减少到了现在 68 席，丢掉了 22 席，但人民党依然超过国会全部 123 个议席的半数，赢得了本次大选。

（三）内阁的组成上有自己的特色

前三届内阁由联合执政的两大政党成员组成，内阁成员名额按照双方的实力对比进行分配，但在一些重要的部门位置上，设立联合大臣，这是柬埔寨内阁不同于一般国家的特色。第一届王国政府设置了两个首相，在国防、内战与公安部、首相办公厅、国务部均设 2～3 位联合大臣。第二届王国政府只设一位首相，但在国务部、国防部、内政部实行联合大臣制。第三届王国政府在权力分配上，人民党与奉辛比克党按 6∶4 比例进行分配，在内政部、国防部仍保留联合大臣制。由此可见，王国政府内实施联合大臣的部门正逐渐减少，因为根据《柬埔寨王国政府内阁组织和运作法》的规定，联合大臣拥有相等的权力，要在联合决定的原则下领导和管理各自负责的部门，掣肘的因素很多，会影响到政府的行政效率。第四届王国政府在权力分配上，完全体现出了人民党的优势，反对党的国会议员只在国会的少数专门委员会中担任一般委员，所有委员会的主席和副主席都是人民党议员。国会主席、副主席，参议院主席、副主席，政府首相和各部部长也都由人民党出任。第五次大选结束，人民党获得组阁权，洪森连任首相。但救国党以选举严重违规为由拒绝承认大选结果，并指称新一届国会为“一党议会”，不具备合法性，要求成立独立调查委员会展开调查。尽管国会主席韩桑林呼吁救国党议员参加国会，并表示人民党随时准备同救国党进行政治协商，并已为他们留下一个国会副主席和四个委员会主席的职位。但救国党的当选议员抵制新一届国会，绝不参加国会的会议。由于柬埔寨反对党救国党抵制国会，致使国会大部分职务由执政党人民党议员担任。

（四）现代君主立宪体制基本确立，王室参政受到限制

建立没有王室参政的现代君主立宪制度是人民党的追求。1993 年的宪法明确了“国王治理国家但不执政”的原则，1999 年的宪法修正案进一步限制了王室的作用，宪法成了人民党与王室斗争的有力武器。西哈努克重新登上王位后，想在柬埔寨政治生活中扮演重要角色。确实，每当新政府组阁遇到重大问题时，西哈努克国王都会发挥自己独特的作用，多次在各党派之间进行协调。但是在 2003 年大选后的组阁危机中，西哈努克国王的影响力明显不如从前，洪森在组阁问题上撇开西哈努克单独与奉辛比克党磋商，使国民议会通过“一揽子选举”的宪法增补条款，为新一届政府成立铺平了道路。2004 年 10 月新国王诺罗敦·西哈莫尼登基，君主立宪制得以延续。柬埔寨政治发展过程中还需要发挥国王和王室的作用，只是这种作用和影响的发挥要根据现实政治斗争的需要来决定。

（五）三权分立的框架基本建立，行政权的主导地位明显

王国政府是由国民议会中第一、二大党联合组成，在国民议会中稳居绝对多数，政府能够得到国民议会的信任，政府制定的施政纲领在国民议会中能比较顺利通过，国民议会对政府的制约作用有限。虽然每次新政府在组阁问题上会遇到困难，但都能够通过国王斡旋和党派之间的谈判得以解决，不必提交宪法委员会进行裁决。

三 柬埔寨王国政府机构

自1993年首次全国大选至今，柬埔寨已经进行了4次大选，产生了4届王国政府，每届政府都根据当时的实际来设立机构。新一届政府上台后，会对原有的机构做适当调整，因此，4届王国政府内部的机构设置都不尽相同，说明柬埔寨王国政府的运作还处于不断探索和完善之中。

柬埔寨第一届王国政府成立于1993年7月1日，内阁由35人组成，共设立29个部门，它们是：国防、内战与公安部，办公厅，国务部，外交部，经济和财政部，矿产与工业部，能源部，邮电部，高等教育和技术部，旅游部，农业部，卫生部，宗教部，公共工程部，新闻部，商业和贸易部，司法部，运输部，劳工和社会行动部，环境部，教育部，计划部，文化和美术部，公职部，乡村发展部，妇女、青年和体育部，政府与国民议会关系部，退伍军人事务部，国家银行。第一首相诺罗敦·拉那烈，第二首相洪森，设两位副首相，由翁潘、吉春担任。国防、内战与公安部、办公厅均设两位联合大臣，其中，拉那烈和洪森共同兼任国防、内战与公安部大臣；国务部有三位联合大臣。

第二届政府成立于1998年11月30日，共有82名内阁成员，设立25个部和2个国务秘书处，包括：内阁办公厅、农业部、商业部、文化部、国防部、教育部、环境保护部、财政和经济部、外交部、卫生部、工业部、新闻部、内政部、司法部、计划部、旅游部、邮电部、宗教部、农村发展部、社会福利与劳工部、国土规划部、水资源与气象部、妇女与退伍军人部、公共工程与运输部、议会联络与监察部、公共事务国务秘书处、民航国务秘书处以及柬埔寨发展理事会。洪森任王国政府首相，萨肯任副首相，国务部、国防部、内政部仍保留联合大臣制。

第三届王国政府成立于2004年7月16日，共设立31个部门，包括：政府办公厅，农业、林业和渔业部，商业部，文化艺术部，财政和经济部，教育、青年与体育部，环境部，国防部，外交与国际合作部，卫生部，司法部，工业、能源与矿业部，信息部，内政部，计划部，旅游部，邮电部，劳工与职业培训部，土地管理、城市规划与建设部，公共工程与运输部，国会事务部，宗教与祭礼部，农村发展部，水资源与气象部，妇女事务部，社会事务、退伍军人与青年改造部，公共事务国务秘书、民航国务秘书，以及金边市政府、全国信息通信技术发展局、柬埔寨王国常驻联合国代表团。人民党副主席洪森连任首相，7 个副首相职位人民党有 4 个，国防、内政、财政、外交、商业、司法、新闻等 15 个部委的大臣由人民党人士担任，而旅游、卫生、文化等 10 个部委则由奉辛比克党人士出任。

第四届政府成立于 2008 年 9 月 24 日，新政府保持了第三届政府时期的部门建制。由于救国党的抵制，第五届政府在组阁初期困难重重，但部门建制与前一届政府相比没有太大的变化。

第六节　政党制度

一　柬埔寨王国政党制度的演变

柬埔寨王国实行民主多党制，公民有组织政党的权利，公民通过组织政党参加全国大选来参与国家政治活动，其政党制度经历了从多党制到一党制再到多党制的发展历程，从一个侧面反映了柬埔寨现代化进程中的艰难与曲折。

柬埔寨独立前，已经开始了多党制的实践，1947 年的王国宪法规定柬埔寨实行君主立宪、三权分立，并于 1947 年、1951 年举行了两次国民议会选举。1953 年柬埔寨独立后，仍沿用原宪法，实行多党民主，通过宪法修正案实现了柬埔寨各阶层妇女参加选举、担任公职的权利，除了国民议会和王国议会之外，新增设了省级议会，并于 1955 年、1958 年、1962 年举行了 3 次国民议会选举，西哈努克领导的人民社会同盟都赢得了大选的胜利。1953 ~ 1970 年这段时期，柬埔寨的多党民主政治发展还算顺利，形成了人民社会同盟一党独大的格局。

高棉共和国时期取消了君主立宪制，实行总统共和制，其实质是军人专政，共和国议会只是摆设，人民社会同盟也被禁止活动。民主柬埔寨时期，实行人民代表大会制，柬埔寨共产党（红色高棉）为唯一的执政党。柬埔寨人民共和国时期，在金边政府管辖范围内由人民革命党一党领导，三大抵抗力量则以武装斗争与越南军队和金边政府军相抗衡。

1993 年柬埔寨第一次全国民主选举是柬政党政治发展的重要转折点。1993 年 5 月的全国大选，是柬埔寨各派政治力量的一次较量，共有 20 个政党参加选举，461.8 万名登记选民有 89% 参加了投票，大选后成立的制宪议会于这年 9 月 24 日通过了柬埔寨王国宪法，重新确立了君主立宪、三权分立、多党民主制的政治体制，为柬埔寨多党民主政治的实践提供了法律依据。柬埔寨在此后 10 多年和平与民主的进程中，多党民主政治也得到进一步的发展。

1997 年是柬埔寨政党政治发展史上重要的一年，这年柬埔寨国家选举委员会成立，这是一个坚持独立、中立立场的组织，是柬埔寨选举工作的最高权力机构。其职责是主持柬埔寨的国民议会和地方选举，制订选举计划，筹备和组织选举。该委员会由 1 名主席、1 名副主席和 9 名成员组成。主席、副主席和委员均由内阁提名、国民议会投票通过、由国王任命。该委员会成立后，在柬埔寨多党民主政治发展中发挥了很好的作用。

1997 年 10 月 28 日，柬埔寨国民议会通过了《政党法》，该法共有 11 章 45 条，其宗旨是为政府（具体事务由内务部承担）管理政党的成立、登记、活动提供规则，该法对政党的成立、党员的权利义务、政党组织机构、政党登记、经费来源、财务审计、政党的联合及合并等事宜做了详细的规定，这对柬埔寨政党政治的规范与发展具有重要的作用。该法规定，80 名年满 18 岁且拥有柬埔寨常住户籍的柬埔寨公民有权成立政党，但要办理政党注册手续并得到公认，则至少要有 4000 名党员。由于此法是在 1998 年全国大选之前颁布的，柬埔寨的政党数量因此大增，报名参加 1998 年国民议会大选的政党有 50 多个，经资格审查获准参选的政党有 39 个，大大超过了 1993 年大选时参选政党的数量，登记选民的投票率达到 90% 以上。选举结果，人民党以 64 席成为国民议会第一大党，奉辛比克党以 43 席位居第二大党，桑兰西党获得 15 席，成为国民议会唯一的反对党。

2003 年 7 月 27 日，有 23 个政党参加了柬埔寨第三次全国大选，630 万名登记选民中有 80% 参加投票，美、日等国派出了观察员，对大选的全过程进行监督。国际社会普遍认为这次大选较为真实地反映了柬埔寨人民的意愿，是自由、公正、真实、合法的选举。人民党由于在民族和解、国家稳定、经济发展、消除贫困、提高人民生活水平、积极拓展对外友好空间等方面取得突出成绩，民意支持率不断上升，在这次大选中赢得了 73 席，进一步巩固了国民议会第一大党的地位；奉辛比克党获得 26 个席位，虽然勉强保住了第二大党的地位，但得票率比起前两次大选有明显下降；而桑兰西党获得 24 席，直逼第二大党的位置。

2008 年 7 月 27 日，有 11 个政党参加了柬埔寨第四次全国大选，参加选举的政党数是 1993 年以来最少的一届。从选举结果来看，人民党赢得了国会 123 个议席中的 90 个，比第三届大选的 73 席猛增 17 席；反对党桑兰西党获 26 席，取代奉辛比克党成为柬埔寨的第二大党。而奉辛比克党经过几次的分裂，影响力已经大不如前，在第四届全国大选中只获得 2 席。从奉辛比克党分裂出去的拉那烈政党也只获得 2 席，而 2007 年 1 月才成立的、首次参加大选的人权党则获得 3 席。从目前的政党格局来看，柬埔寨已经呈现出人民党一党独大的局面。

2013 年 7 月 28 日，柬埔寨举行了第五次全国大选。作为柬埔寨首次独立举办的全国性投票选举的第五次全国大选，外界期待甚高。有评价称，“2013 年大选将是柬埔寨人民在内战结束后真正自主作出的一次重要抉择，也是检验柬埔寨大选制度是否公正、平等、健全并具有透明度的试金石。”该次大选全国 7 个省市有 8 个政党参选，14 个省市有 7 个政党参选，另外 3 个省市有 6 个政党参选。从过去 20 年五届选举的历史数据来看：此次选民登记人数比上届多了约 150 万人；而投票数少了约 100 万人，投票率只有 53%，成为历史最低。从选举结果来看，人民党一党独大的局面开始受到挑战。

经过 10 多年多党民主政治的磨炼，柬埔寨各派政治力量经过分化组合，其政党政治逐渐成形，君主立宪、三权分立、多党民主的理念日益深入人心，政党之间的竞争与合作都在理性和法律的框架内进行。在整个国家的权力结构中，政党的地位和作用明显上升，柬埔寨现行的宪政体制和选举制度也为政党政治的发展提供了广阔的舞台。

二 柬埔寨王国政党制度的特点

（一）人民党一党主导

人民党自 1982 年执政以来，一直是柬埔寨非常重要的政治力量，尽管在 1993 年的首次大选中，人民党位列第二大党，人民党副主席洪森只得出任第二首相，但是人民党能够接受自由、民主、多党制的理念，及时调整对策，始终把占柬埔寨人口 80% 以上的农民作为自己的基本力量，并为捍卫大多数民众的利益而奋斗，因此，在 1998 年的大选中赢得了第一大党的位置。洪森出任首相后，致力于巩固民族和解的成果，集中精力发展经济，行政、军队、司法和财政四大改革初见成效，对外关系不断拓展，国际环境得到进一步改善，人民生活有所改善，不仅赢得了国民的信任，也广泛赢得国际社会政治、外交、经济等全方位支持，因此，在 2003 年的大选中获胜就在情理之中，在柬埔寨政坛上牢牢地占据了主导地位。人民党的优势地位体现在两个方面，一是新政府的组成中人民党势力进一步扩大，优势愈加显著。二是在国民议会中人民党居于主导地位，占据了国民议会 123 个议席中的 73 席，控制了国民议会 9 个工作委员会中的 5 个。从人民党内部来看，洪森的地位变得更加牢固；从人民党与“民主联盟”的实力对比上，洪森的优势相当明显，执政地位牢固。在 2008 年第四届全国大选中，人民党取得了压倒性胜利并单独组阁，使柬埔寨呈现出一党独大的局面。但在 2013 年的第五届全国大选中，人民党只获得全部席位 123 席中的 68 席，一党独大的局面受到挑战。

（二）党派繁多，但是有影响力的很少

柬埔寨人口不多，经济基础薄弱，人均国民收入不足 1000 美元（2012），国民教育水平低，还有 30.1%（2007）的居民生活在贫困线以下，但政党数量不少，前三次参加大选的政党数目分别为 20 个、39 个、23 个。第四届大选参加选举的政党数量锐减到 11 个，深刻反映了柬埔寨各政党力量和各政党之间关系的变化。从前三次大选来看，真正有影响的

政党只有人民党、奉辛比克党、桑兰西党。第五届全国大选之后，人民党在柬埔寨国家政治中一党独大的局面面临挑战。2012 年 8 月 20 日，桑兰西党与人权党合并的救国党（Cambodia National Rescue Party，CNRP）成为柬埔寨第二大党，政党整合趋势明显。

三 柬埔寨王国主要政党

（一）柬埔寨人民党

其前身为柬埔寨人民革命党。1982 年 6 月 16 日宣布其成立日期为 1951 年 6 月 28 日。1991 年 10 月 17 ~ 18 日柬埔寨人民革命党召开特别代表大会，会上韩桑林宣布柬埔寨放弃社会主义，实行多党制和保障所有公民人权、自由民主的制度，并将柬埔寨人民革命党改名为柬埔寨人民党。该党是柬埔寨国民议会第一大党，2003 年大选人民党获 73 个国会议席，2008 年大选人民党赢得 123 个议席中的 90 个。2013 年的第五次全国大选中，人民党虽然只获得全部席位 123 席中的 68 席，但依然是国会的第一大党，洪森续任首相。现任党主席谢辛，副主席洪森，名誉主席韩桑林（Heng Samrin）。现有党员 400 万人。

该党的纲领是随时站在人民一边，为人民的崇高利益服务，按照独立、和平、自由、民主、中立和社会进步的原则建设国家。该党的愿望和理想是：集中各种爱国、爱好民主的力量，共同完成独立、和平、民族和解和国家重建的事业。在国内政策方面，该党主张对内维护政局稳定，致力于经济发展和脱贫，建立民主法治国家。对外奉行独立、和平、中立和不结盟政策，支持建立国际政治经济新秩序，主张加强南南合作、缩小贫富差距及加强区域合作，维护地区和平与繁荣。重视同周边邻国的友好合作以及与中、日、法等大国发展友好关系，积极改善同美及西方的关系，以争取政治支持和经济援助。

（二）奉辛比克党

奉辛比克党是“争取柬埔寨独立、中立、和平与合作民族团结党”的简称，成立于 1992 年 2 月，拉那烈亲王任该党主席。原名为“争取柬埔寨独立、中立、和平与合作民族团结阵线”；1981 年 3 月 26 日由西哈努克亲王在平壤创建并任主席。阵线武装力量为独立柬埔寨民族军，后改称西哈努克民族军，诺罗敦·拉那烈王子任总司令兼参谋长。1989 年 8 月，西哈努克亲王辞去该阵线主席职务，莫尼克公主和涅·刁龙任联合主席。1992 年 2 月阵线改为政党，拉那烈王子任党主席，涅·刁龙为名誉主席。该党信奉西哈努克主义，拥戴西哈努克国王，对内主张政治民主化、经济私有化，对外奉行独立、和平、中立与不结盟，与一切友好政党建立和发展友好合作关系。2001 年 3 月，奉党举行建党 20 周年纪念大会暨第 8 次党代会，重申维护君主立宪制、坚持与人民党合作、积极参与国家政治社会文化建设等主张。

该党在 1993 年的大选中获得 58 个议席，成为国会第一大党，党主席拉那烈出任政府第一首相。在 1998 年的大选中，该党获得 43 个国会议席和 21 个参议院议席，退居第二大党。在 2002 年初举行的地方选举中，该党仅获 10 个乡（区）长职位。在 2003 年的大选中，该党获得 26 个国会议席，仍居第二大党地位。2006 年后，该党经历了数次分裂，影响力已经大大降低。在 2008 年 7 月 27 日的大选中，只获得 2 个国会议席，第二大党的位置被桑兰西党取代。在 2013 年 7 月 28 日的大选中，奉辛比克党丧失了全部的席位，其未来发展定位值得关注。

（三）桑兰西党

原名高棉民族党，创建于 1995 年 11 月 9 日，1998 年 3 月 10 日更名为桑兰西党。党主席桑兰西，原为奉辛比克党骨干。党的领导机构有全国代表大会、全国委员会、指导委员会和指导委员会常务局。该党推崇西方自由、民主，主张捍卫国家主权、领土完整、收回割让给邻国的土地，解决非法移民问题，铲除贪污、腐败，发展自由经济，提高人民生活水平。该党在柬知识分子、工人和学生中有较大影响。2001 年 2 月，该党召开全国代表大会，提出了消除贫穷、打击贪污、消除暴力的口号。该党原主张共和，反对君主立宪制，但近年来立场有所变化。该党在 1998 年大选中获得 15 个国会议席和 7 个参议院议席，为柬第三大党，但该党作为反对党未参加政府。在 2002 年初举行的地方选举中，该党获得 13 个乡（区）长职位。2003 年大选，该党赢得了国民议会 24 个议席，并且再次成为国民议会中唯一的反对党。该党现有中央常委 11 人，中央委员 100 人。在 2008 年大选中，桑兰西党一跃成为柬埔寨第二大党，获得国民议会 26 个席位，成为柬埔寨最大的反对党。但是，桑党也面临着“高干纷纷跳槽”的危机。2012 年，桑兰西党与人权党合并，组建救国党。在 2013 年柬埔寨第五届国会选举中获得 55 席，人民党获得 68 席，出现两党力量相近的政坛新格局。

第七节　司法制度

柬埔寨王国实行立法、行政、司法三权分立的治理模式。宪法修正案第 128 条明确规定，司法机构是一个独立行使权力的机构，其宗旨是维护社会公正和秩序，保护公民的权利与自由。

一　最高司法委员会

最高司法委员会（The Supreme Council of the Magistracy）是依据宪法和相关法律组建的、直接对国王负责的一个咨询机构。该委员会由国王主持，由国王、最高法院院长、总检察长、上诉法院院长和检察长、金边法院院长和检察长以及两位法官 9 人组成。

最高司法委员会的主要职责是监督、检查各级法院的法官、检察官及其他司法人员的工作，同时拥有遴选、任免法官的建议权，以确保法律的公正、权威和独立。

柬埔寨王国宪法规定，国王是司法机构独立行使权力的保证人，国王主要通过最高司法委员会来协助其行使职权。因此，国王有权指定他的代表担任最高司法委员会的主席。

柬埔寨王国法院由初级法院、上诉法院和最高法院 3 级组成。宪法规定各级法院行使审判权时，不受任何立法和行政机构的干涉，只有检察院有权对法院的审判活动是否符合法律进行监督。除了检察院对法院的监督之外，最高司法委员会对法官的监督也很重要，尽管法官的职务是不能被解除的，但最高司法委员会却有权对那些不能正确履行职责的法官做出处分决定，对那些严重违法的司法人员，最高司法委员会可以做出罢免的决定。

最高司法委员会在审理法官和其他司法人员的案件时，特别是要准备做出处分决定时，通常要在最高法院院长和总检察长的主持下进行。

国王在准备任免法官、检察官时，通常要考虑最高司法委员会成员的意见；最高司法委员会的建议，会影响国王对法官和检察官的任免。

二 宪法委员会

为了保障宪法和法律的贯彻实施，柬埔寨成立了专门的宪法委员会（The Constitutional Council），该委员会由 9 人组成，任期 9 年。9 位成员分别由国王任命 3 名，国会选举 3 名，最高司法委员会选举 3 名。其成员每 3 年改选 1/3。宪法委员会成员必须从具有高等法律、高等行政、高等经济学位，且富有实践经验的杰出人士中遴选，宪法委员会成员不得担任以下职务：内阁成员、国民议会议员、政党主席或副主席、工会主席或副主席以及司法委员会成员。宪法委员会主席从委员会成员中选举产生，委员会主席有仲裁权。宪法委员会的组成和职责，由宪法委员会的内部条例作出规定。

宪法委员会的职能是对已经国民议会批准的宪法和法律的实施情况进行监督，对有关法律、法规问题做出司法解释。此外，宪法委员会有权对选举中出现的问题进行审查并做出裁决。国王、首相、国民议会议长或 1/10 以上议员在批准和宣布实施某项法令法规前，需经宪法委员会审议。国民议会内部条例和组织法在公布实施前，应交宪法委员会审议。宪法委员会应在 30 天内就有关条例是否符合宪法做出裁决。

某一法规公布实施后，国王、首相、国民议会议长、1/10 以上议员或司法机构有权要求宪法委员会重新审核该法规与宪法是否一致。公民有权通过国民议会议员或议长对不符合宪法的法规提出修改建议。宪法委员会认为不符合宪法精神的法律、法规不得公布和实施。修改宪法的提议，需经国王和宪法委员会磋商后做出决定。宪法委员会对法律法规是否违宪拥有最终审定权。

第四章

经　济

第一节　概述

柬埔寨从1953年11月正式独立至今，经济建设虽然取得了一定的成就，但始终没有摆脱贫穷和落后的总体状况，目前仍是典型的落后农业国，经济发展水平位于世界上不发达国家的行列，是世界上比较贫穷的国家之一。近年来，柬埔寨的经济发展虽然有了一定的成效，但总体状况仍然不容乐观。据柬埔寨经济部和财政部统计，柬埔寨2012年的GDP为140.38亿美元，经济增幅7.3%。柬埔寨政府发布的预测报告称，2013年柬埔寨的经济将增长7.6%，GDP将达到151.9亿美元。

柬埔寨经济脱胎于殖民地经济和封建经济。独立后，柬埔寨经济先后经历了西哈努克时期（1953～1970年）的自力更生、平稳发展阶段，朗诺政权时期（1970～1975年）以经济停滞、靠美国援助为特点的战争经济时期，红色高棉（民主柬埔寨）时期（1975～1979年）的闭关锁国、经济倒退阶段，以及随后战乱时期（1979～1992年）的经济割据及金边政权领导下的初步恢复阶段。

柬埔寨经济体制先后经历了“混合型”—“计划型”—“市场型”的模式转变。自1953年独立后到1970年3月16年间，柬埔寨实行的是“混合型市场经济”。独立伊始的柬埔寨一穷二白、百业凋敝，王国政府的首要经济任务就是建立起一个独立、比较完备的宏观调控体系。为此，柬埔寨制定以下经济措施：建立财政金融体制，发行货币（瑞尔，英文为 Riel)；成立柬埔寨计划委员会，负责制定经济政策和发展计划，并监督各部门经济工作；制定并执行了两个经济发展计划（1956~1957 年的两年经济发展计划、1960~1964 年的第一个五年计划）；保护和发展民族工业，有限制地利用外资；兴修基础设施，大力发展农业。

1970 年朗诺－施里玛达集团在美国支持下发动政变，推翻西哈努克政府，建立起所谓的“高棉共和国”。随后不久，美国将越南战争的战火烧到了柬埔寨的国土之内，在这种情况下，柬埔寨经济陷入了“战争经济”状态，国内经济形势每况愈下，靠美援艰难支撑，刚起步的柬埔寨经济受到沉重打击。

1975 年 4 月红色高棉执政后，柬埔寨的市场经济体制被改为计划经济体制，政府制定了详细、全面的经济发展计划，强化合作制，取消货币和商品交易，实行配给制，并采取了一些极端措施，提出了许多不切实际的计划和指标。红色高棉统治时期，柬埔寨经济下滑到几乎崩溃的边缘，其中私营经济（包括华人经济）受到了毁灭性的打击。

1979 年 1 月，在越南军队的支持下，以柬埔寨人民党为核心的“柬埔寨人民共和国”（金边政权）成立，柬埔寨的经济体制沿袭了计划经济体制的模式，但也对经济政策进行了重大调整，努力实现经济建设从无序到有序的转变。主要措施包括：取消农业集体化组织，恢复集市贸易，发行货币，允许私营企业和中小工业企业从事经济活动。1986 年起实施第一个社会经济复兴和发展五年计划，进一步放宽经济政策，正式承认国营经济、集体经济和家庭经济作为主要经济成分的合法性。1989 年后，金边政权颁布实施《柬埔寨外商外资法》，积极引进外资，同时积极争取外援，恢复和发展旅游业。金边政权取得了一定的经济成效，使得原先几乎已经崩溃的柬埔寨经济得到一定程度的恢复和发展，但仍然比不上 20 世纪 60 年代末。以稻谷和橡胶产量为例，1969 年生产稻谷 301.6 万吨，1979 年为 53.7 万吨，到 1985 年也只恢复到 168 万吨；1970 年以前年产橡胶 5 万多吨，而到 1985 年只有 1.776 万吨。

1993 年 5 月大选后，柬埔寨经济进入了新的发展时期。人民党和奉辛比克党联合政府开始将经济建设作为工作重点，采取了以下主要措施：

第一，实行自由市场经济，推行经济私有化和贸易自由化，以市场经济代替计划经济并明确规定在宪法里。1993 年 9 月柬埔寨王国宪法正式生效，宪法第 5 章第 56 条明确规定：柬埔寨王国实行市场经济体制。虽然由于种种原因，柬埔寨的自由市场经济进展缓慢，但以宪法形式对经济体制加以规定，制定和颁布相关经济法律法规，为未来柬埔寨经济发展提供了必要的基础。

柬埔寨的“自由市场经济”的基本特征是：农村土地全部分给农民；企业部分实行私有化，国家不控制工业企业；国家除了不出卖土地所有权之外，任何行业和领域都允许外国投资；外汇兑换自由，资金国际流动自由。

私有化是 1993 年后柬埔寨经济工作的一项重要内容，1995 年柬埔寨国会正式通过《私有化条例》，进一步加强私有化进程。私有化最早从农业和商业领域开始，并已取得较大的成效，目前私有化工作已经扩展到工业和对外贸易等领域。

私有化的进程丰富了柬埔寨的经济所有制形式，目前，国营经济、私营经济、家庭和个体经济以及集体经济是柬埔寨的四大所有制形式。总的来看，国营经济和集体经济的比重正在下降，私营经济的比重正在上升。

第二，制定国家发展计划，整顿国家经济秩序，完善经济管理机构。西哈努克国王根据柬埔寨实际情况，提出了以改善人民生活水平为中心的经济建设方针。王国政府在此思想指导下，制定了年度发展计划，主要内容包括大力发展农业，争取彻底解决农民的吃饭问题，加强基础设施建设，发展教育、电力事业。此外，政府还重视对经济管理部门的构建，在中央设立 11 个直接与经济事务有关的部，这些部在全国各省乃至各县有派出机构，负责全国的经济管理和监督。这些部门包括：农林渔业部，商务部，财政和经济部，工业、能源和矿业部，计划部，邮政和电信部，公共工程与运输部，农村发展部，旅游部，城市规划与建筑部，以及水资源与气象部。

第三，实施全方位对外开放战略，吸引外资，争取外援。继《外商法》于 1989 年颁布后，柬埔寨于 1994 年 8 月颁布了新的《柬埔寨王国投资法》，以优惠措施积极吸引外资。虽然政局还不稳定，但这个时期柬埔寨吸引的外商投资呈现出明显的增长趋势。截至1996年协议投资总额达到60亿美元。此外，王国政府还沿用争取外援的一贯做法，利用和平道路和重建柬埔寨为旗号，积极从相关国家和国际组织那里争取援助，先后从国际援柬会议、联合国开发计划署、亚洲开发银行等机构获得数十亿美元的援助，为百业待兴的柬埔寨经济注入了重要的活力。

第四，加强经济立法，健全相关经济法律法规。除上述的《柬埔寨王国投资法》外，新政府还先后制定了一系列的经济法律：《柬埔寨商业制造措施和商业名册法》《私有化条例》（1995年）、《外汇法》（1996年）、《柬埔寨王国公司法》（1997年）、《柬埔寨王国劳工法》（1997年）以及《柬埔寨王国税法》（1997年）等。近年来柬埔寨政府为配合加入世界贸易组织的申请，也按照国际惯例陆续制定了一些相应的法律法规。2002年柬埔寨国会通过了知识产权法、商业标签法与保护发明权法等法规，新的《柬埔寨王国外商投资法》草案也于同年4月获得通过。

1998年11月第二届联合政府成立后，柬政府认为，柬埔寨不能满足于按部就班地寻求发展，应借鉴周边国家的发展经验，在探索、创新和实践中使社会生产力得到高速发展。为此，柬埔寨政府制定了一系列的经济发展战略，把发展经济、消除贫困作为首要任务和工作重点，把农业、基础设施建设及人才培训作为优先发展目标。对外积极参与地区经济一体化进程，加入东盟，密切与周边国家的经济合作。对内裁减军队编制、精简行政机构、完善司法条例、健全行政和财政管理制度、建立税收监督体制等。在农村地区，政府实行对外开放，引进外资，发展农村水利、交通、电力和通信等基础设施，鼓励银行向贫穷落后和边远地区发放贷款，引导农民科学种田，加强森林和其他资源的管理，鼓励农民发展橡胶种植，把非法出售和占用的土地收回再分给农民耕种，给予农民税收优惠等措施。

柬埔寨从1994年11月开始申请加入世贸组织（WTO），但一直未能成功。2000年11月，柬埔寨向WTO秘书处提交了外贸体制备忘录。2001年后，由于世贸组织把吸收弱小发展中国家为成员作为该组织的重点工作，柬埔寨获得了新的机会。2001年5月，以商业大臣占蒲拉西为首席谈判代表的柬谈判代表团开始进行与有关 WTO 成员的谈判。此外，从 2002 年起，欧盟表示要大力支持柬加入世贸组织，并宣布要通过欧盟的影响力来加速柬加入世贸组织的进程。从 2002 年 2 月起，柬埔寨已有 17 项法律和经济草案提供世贸组织成员参考，2003 年上半年完成最后报告。2003 年 6 月，柬埔寨商业部长占比塞在日内瓦与欧盟就双方市场问题举行会谈，双方就降低农产品与非农产品税率问题达成了协议。剩下的最主要的障碍在于以美国为首的一些西方国家要求柬埔寨通过知识产权法以及建立一个具有专业化法官、专门解决商贸纠纷的仲裁法庭。6 月 26 日，柬入世工作组在日内瓦举行的第 4 次会议上拟定了柬加入世贸组织报告草案，该草案于 7 月 21 ~ 22 日在日内瓦举行的柬入世工作组第 5 次会议上获得通过。2003 年 9 月 11 日，在墨西哥召开的世界贸易组织第 5 次部长级会议上，柬埔寨和尼泊尔一道被批准为世贸组织正式成员。这是 WTO 成立 8 年来首次接受两个最不发达国家（LDC）作为自己的成员。加入世界贸易组织将给柬埔寨经济发展提供新的机会和挑战。

2003 年 7 月，首相洪森在一次公开讲话中提出了柬埔寨农业的十年发展战略规划。洪森表示，柬农业具有很大的发展潜力，除了稻谷种植和养殖业外，橡胶、棕榈油、棉花、烟草、甘薯等种植都还未得到应有的重视和发展。

十年长期发展战略规划的主要内容是：①加强和扩大农村基础设施和水利工程建设；②向农村提供优惠贷款；③加强对农业生产技术的研究和优选良种，以提高产量和推动农业现代化；④使用和引进先进的农业生产机械设备；⑤重视发展农产品加工业，由于缺乏资金，农民被迫将未加工的农产品以低价出售给邻国，政府要加大对加工业的投资，以提高农产品加工质量，增强市场竞争力；⑥为农民寻找农产品销售市场，除了稻谷生产外，还要大力发展水果、家禽饲养和渔业，扩大农业生产领域，增加就业机会，政府必须按市场经济规律来发展农业，重视和鼓励私人在农业领域的投资及推动农民家庭经济的发展；⑦加强土地管理，确定土地使用权，鼓励农民在自己的土地上投资；⑧继续推行渔业改革，对渔区进行重新规划并加强管理，使该资源能为贫民服务；⑨政府继续阻止非法的林木经营行为，加强监督和执法力度，保证国家的长久利益；⑩继续推动“一村一产品”的实施，加强各地的特色产品生产，学习先进的生产技术，培养农业技术方面的技能。

2004年7月第三届联合政府成立，该届政府就柬国家发展提出了继第二届政府的“三角战略”发展为“四角战略”，并就政治、经济、文化教育、医疗卫生和公共事务等制定了73项政治纲领。在洪森首相的领导下，柬社会政治稳定，政府的各项改革举措稳步推进，外交事务积极活跃，经济取得战后重建历史增长最快时期，国家呈现和平稳定、经济快速发展的良好形势。2004~2007年系柬战后恢复重建经济增长最快的时期，在本届政府期间内，柬宏观经济取得了较快的发展，GDP年均增长11.4%左右，通货膨胀指数控制在6%以下，国家财政收入年均增长10%以上，外汇储备增至20亿美元，可供3个月的进口需求，货币兑换基本稳定在4000瑞尔兑换1美元，2004~2007年间柬币值仅贬值0.5%。基础设施建设成效显著，种植业、成衣业、建筑业和旅游业均有较快发展，减贫目标提前实现。2007年人均收入为594美元，年均增长14.1%。公共和私人投资约占当年GDP的22%。

2005年底，柬政府推出了第三个国家发展战略五年规划，制定了2006~2010年柬国家社会经济发展的目标和优先战略。该规划涵盖了14个方面，提出减少贫困人口、提高工农业产值以及人均收入、大力发展教育、改善医疗卫生条件等方面的发展目标。

2008年9月，以人民党为主导的柬第四届国会和政府正式成立。洪森连任新一届政府首相。在未来5年中，新政府将继续推行上届政府的国家发展“四角战略”。洪森首相表示，新政府将不辜负人民的期望，将积极采取措施，加大维护社会公平和反腐的力度，推动国家各领域改革，完善法制，努力实现“发展、就业、公正、效率”的四角战略目标。新一届政府提出对未来经济优先发展的10大领域，即农业、水利、交通基础设施、电力、人才培养、工业及工业品出口加工、旅游业、石油天然气及矿产开采、通信信息业和贸易。

2008 年上半年的高油价及下半年的全球金融危机，对柬宏观经济增长造成严重冲击。在前三年连续增长 10% 以上后，2008 年 GDP 的增长开始大幅回落至 7%。为应对金融危机带来的负面影响，柬政府为保证政治稳定、社会安宁和经济可持续发展，采取了一系列措施保持货币稳定，动用政府财政补贴控制 2008 年上半年的油价上涨，使通货膨胀率逐步回落。

在国际金融危机的影响下，2009 年柬埔寨的经济受到了巨大的冲击。根据最终柬埔寨官方公布的数字显示，2009 年的柬埔寨的经济增长比例仅为 0.1%。全年政府批准的外国直接投资项目大幅减少，仅有 100 个，投资总额为 58.5 亿元，比上年减少 46.2%，这主要是源于建筑业的明显下滑。另外，由于国外订单不足，全国出口总额较上一年下降了 15%。为了应对金融危机带来的影响，柬埔寨政府一方面呼吁有关国际机构和国外政府为其提供资金援助，另一方面也积极采取应对措施，于 2009 年 2 月 5 日在首都金边召开“第三届柬埔寨经济论坛”。在论坛上，首相洪森在介绍了第四届王国政府推行的“四角战略”方针和应对金融危机的一系列措施。

在宏观经济方面，继续执行谨慎灵活的政策以抑制通货膨胀和确保金融稳定，下调商业银行存款保证金率，以适应通货膨胀率下降和经济发展的需求；取消对房地产项目贷款不超过 15% 的规定；增加预算赤字占 GDP 的比例至 3.2%，加大对交通、水利建设的投入，增加农业产出、减少制造业成本，努力增加收入，严格审核预算等；

在农业方面，重点关注大米的流通环节，简化大米进出口手续，增强管理机制同时起草对农业投资优惠的法律条款，加大对农业领域的支持。在成衣行业方面，政府不仅减少税收，简化法律程序，还成立职业技术培训奖学金基金会，培训失业工人；

在旅游方面，健全旅游法律环境，稳定社会秩序，多元化旅游市场，促进旅游业发展。

2010 年 7 月 7 日柬埔寨政府公布了《2009 ~ 2013 年国家发展战略计划（修正案）》，旨在推动各领域发展，实现新千年发展目标。尽管柬埔寨政府采取了各种措施积极应对，但金融危机对柬埔寨的影响并没有完全消散。2010 年，外国资金的注入量大幅下滑。然而，柬埔寨通过自身努力，进出口和旅游业取得了令人惊喜的成果，一方面全年贸易总额达 83 亿美元，同比增长 26.7%；另一方面旅游业为国家创汇 17.5 亿美元，这一年柬埔寨共接待外国游客 250 万人次。根据柬埔寨国家银行的统计，柬埔寨 2010 年经济增长率为 6%，通胀率为 3.1%。与前些年的增长率相比，5% 的增长率不算太高，但这预示着柬埔寨已经开始逐渐走出金融危机的阴影。

经过一年的不懈努力，2011 年柬埔寨的经济恢复平稳。为振兴经济，柬埔寨政府推行了一系列的政策，并积极扩大外贸市场、增强外贸活力以实现跨越式发展。全年进出口总额高达 114.78 美元，较 2010 年增长了 38%。建筑业、旅游业、服装出口等产业都保持较好的增长，尽管农业受洪灾影响，但产量依然有增无减。2011 年 7 月 11 日，柬埔寨证券交易所正式宣布成立。柬埔寨证券市场的成立，无疑将推动柬埔寨经济更快的发展。

2012 年，柬埔寨政局稳定，宏观经济运行良好，经济保持较高的增长，全年经济增长率为 7.3%，国内生产总值总量约为 140.38 亿美元，人均 GDP 约为 940 美元。柬埔寨货币汇率趋于稳定，全年通胀 3%，同比下降 1.9%。这一年，以旅游业为主的服务业有大幅度增长，2012 年共接待国内外游客 350 万人次，同比增长 25%。与此同时，金融业、电信、保险业、证券业等现代化服务业开始勃兴。2012 年，柬埔寨致力于加强法制建设，深入推行政府公共行政改革、公共财政改革，实行税收改革，制定相关的惠民利民政策改善民生，减免农民赋税，继续完善社会保障制度。

2013 年，柬埔寨政局稳定，经济将继续保持稳定持续的增长。政府将继续贯彻优先发展农业、基础设施、私营经济和人力资源的四角经济战略以及以“出口、投资和消费”三驾马车并行拉动经济增长。柬埔寨政府发布的预测报告称，2013 年柬埔寨的经济将增长 7.6%，GDP 将达到 151.9 亿美元。

虽然近年来柬埔寨经济一直保持较高的增长速度，但是柬埔寨经济建设仍然面临着两大问题：

第一，柬埔寨国内安全欠佳，社会矛盾重重以及政府调控宏观经济的手段不足都影响着柬埔寨经济的发展。

第二，柬埔寨经济固有问题继续制约经济快速发展，且其经济具有高度的外向性特征，意味着其抗风险能力差。经济基础薄弱，基础设施差，技术落后，资金、人才匮乏。这几乎是任何一个发展中国家在进行经济建设时必然面临的艰难挑战，对于柬埔寨来说尤为如此。

柬埔寨的一个特殊问题是，30 年战乱除了给柬埔寨留下满目疮痍外，还留下了数以百万计的地雷（还有报道称超过千万颗地雷）。据日本一家民间机构实地考察统计指出，近 30 年来柬埔寨被地雷炸伤的约有 6 万人，占总人口的 0.6% 左右，每天都有人触雷受伤或死亡，其中大多数是平民和儿童。这些地雷近年来在联合国相关机构的排雷援助下已经排除了很多，但至今在柬埔寨全国范围内仍大量存在，对柬埔寨发展经济和开展旅游都构成了巨大的障碍。

第二节 农牧业

一 概况

农业是柬埔寨的第一大支柱产业，是整个国民经济的基础，农业的发展关乎整个国家的经济建设、社会安定。经过长期的战乱和政局动荡之后，柬埔寨的农业开始走上发展之路。国家和政府对柬埔寨农业发展给予了高度的重视，大力加强农业基础设施的建设，把农业作为国家战略发展规划的重点。在政府的高度重视下，近年来柬埔寨农业在 GDP 中所占份额逐年增加，农产品产量持续增加，其中大米产量不仅能自给自足还有大量盈余可供出口。除了种植业，畜牧业、林业、渔业在政府的有力监督和大力支持下也得到了极大的发展，对推动国家经济建设起到了积极的作用。

柬埔寨人口的平均拥有农业用地分布极不平衡，全国85%的人生活在农村，而农村人口主要集中在全国30%的土地上，且可耕种土地只占全国土地的25%，这些可耕种的土地仅有670万公顷。根据世界银行世界发展指标数据显示，自2004～2011年，柬埔寨人口增长了149万人，而耕地面积仅增加了30万公顷。柬埔寨60%的稻田仍以传统方式耕种，尽管近年来耕种技术有所发展，但每公顷的谷物收成只有3.17吨，比越南和老挝的4～5吨低得多。根据柬埔寨财经部的数字，现在柬埔寨每年新增可耕种土地面积为3万公顷，但由于旱季时缺乏灌溉系统，使得许多农产品不能进行二季播种。据世界银行2006～2011年世界发展报告统计，柬埔寨的人均可耕地面积仅为0.28公顷。

柬埔寨土地资源存在3个主要问题。

一是土地资源的占有不平衡。1989年柬埔寨国会颁布法令，规定每户家庭可以拥有5公顷土地用以耕作，但实际上由于土地被占用以及实际情况限制等多方面原因，土地的占有很不平衡。人口高密度地区所分得土地总量不如西北部人口稀少地区，如戈公省约有50%的人口没有土地，以从事渔业、边境贸易和伐木业等为生。

二是土地兼并问题。过去20年来的变化显示，土地逐渐在向某些人口集中，同时另一些人口不得不出卖自己的土地。人口增长和土地供应机制贫乏，加剧了这一趋势。虽然没有具体的数字显示土地集中程度，但从国家统计局的统计还是可以看出，在拥有土地最多的人口中，其中20%～30%的人，占有全国近70%的土地，在贫困的人口中，40%的人口只占有全国土地的10%。

三是农村土地纠纷多。据估计，柬埔寨迄今只有约10%的农民获得了土地所有权证，而且大部分是临时性质。拥有土地的农民经常是在没有土地证的土地上进行耕作，这使得土地纠纷极易发生，同时也降低了农民对土地进行长期投资的意愿，因为他们的使用期限是不稳定的。兼并主要是由部分政府官员及富商所为，而其他占用农业土地的现象也屡见不鲜，使得多年来柬埔寨土地资源日益减少的趋势难以扭转。土地兼并及流失的问题未能解决，严重制约着柬埔寨农业的发展。近年来，柬埔寨政府已经就这个问题采取了一些措施，制定了关于土地清册委员会的组织和功能的法令、建立土地登记系统的法令，以及通过国际金融机构资助向农民进行土地登记等。

通过不断的努力，柬埔寨的农业在近年来得到了一定的发展。2010～2012年，柬埔寨部分农产品的产量如下：2010年柬稻谷种植面积276.3万公顷，完成计划的104.9%。稻谷产量799万吨，产值占GDP的11.5%。其他农作物产值占GDP的7%，畜禽养殖占4.6%，渔业占7.6%，林业占2.8%。除满足国内需求外，全年盈余稻谷380万吨，折合大米约240万吨。天然橡胶种植面积达17万公顷，产量约4.6万吨；2011年，柬全国水稻种植面积321.9万公顷，完成计划的107.2%。由于8月中旬开始的洪水灾害对农业造成的巨大影响，稻谷实际收成面积为290.3万公顷，稻谷产量841.7万吨，同比增长5.3%，除满足国内粮食需求和收割过程中损失外，剩余402.9万吨，折合大米约247.9万吨，同比分别增长6%和3.3%。天然橡胶种植面积18.1万公顷，产量约4.9万吨，同比增长均为6.5%；2012年全年全国水稻种植面积297.1万公顷，同比增加20.4万公顷。稻谷产量931万吨，同比增长6%，每公顷产量3.13吨（亩产约208.7公斤）。除满足国内需求外，剩余475万吨稻谷，可加工成约300万吨大米供出口。波罗勉、茶胶、马德望、磅湛和磅通省为柬五大产粮省份，稻谷产量分别为119万、115万、87万、82万和68万吨，共471万吨，占全国稻谷产量的50.5%。天然橡胶种植面积28万公顷，产量为6.45万吨，同比分别增长31%和26%。渔业产量66.2万吨，同比增长13%。

21世纪以来，柬埔寨的农业发展迅猛。农业在GDP中所占比重始终保持在30%左右。如表4-1所示，2007年以来，农业一直稳定增长，在GDP中所占比例逐年提高，柬埔寨的经济稳定和高速发展在很大程度上是得益于农业的发展。

柬埔寨农业发展面临的最主要的问题是：

（1）农业基础设施落后。由于农业基础设施落后，农民难以摆脱“靠天吃饭”的窘况。一旦遇到干旱或洪灾等自然灾害就会造成粮食减产

表 4-1 柬埔寨农业在 GDP 中所占比例及农业增长率（2007~2011 年）

单位：%

年　份	2007	2008	2009	2010	2011
在 GDP 中的比例	26.7	26.8	28.0	29.0	29.0
年增长率	5.1	5.7	5.4	4.5	3.3

资料来源：经济学家组织；国际货币基金组织；柬埔寨商业部、农业部、林业部和渔业部；柬埔寨经济研究所。

或绝收的状况。这种窘况是历史和现实所决定的，在短期内难以改变，因此柬埔寨的农业短期内还是难以有很大的突破。2011 年 9 月和 10 月柬埔寨遭受了 2000 年以来最严重的洪灾。据政府统计，洪灾对农业生产造成了巨大的损失，40 万公顷农田被毁，包括灌溉系统在内的很多农业基础设施也遭到了损毁。

（2）资金匮乏、技术落后，短期内难以解决。柬埔寨是一个贫困的欠发达国家，这样的国情致使国家对农业生产的资金投入不够，农民没有足够的资金用于购买良种和肥料以及对农业生产工具进行及时的维护和更新。由于缺乏资金和国家科研落后，柬埔寨的农业生产技术也不能都得到相应的提高，因此，农产品的质量与产量得不到大幅的提高。目前柬政府正采取积极争取外商投资及私有化等措施来尽量弥补。

（3）土地法不健全，土地问题日渐突出。柬埔寨土地法不健全以及政府对土地的管理和调控能力较差导致土地资源占有不平衡，土地纠纷频繁，土地兼并与流失问题严重。柬埔寨新政府实行土地私有化以来，柬埔寨权贵占地、军队圈地现象十分严重，无地农民变得越来越多，社会矛盾因此日趋尖锐。洪森首相曾指出，如不采取有效措施，土地矛盾有可能演变为“农民革命”。

二　农业基础条件

（一）自然条件

柬埔寨三面环山，东南开口，中央是平原，东南亚最大的内陆湖泊——洞里萨湖像明珠一般镶嵌在中央平原上，湄公河如玉带似的穿越东部、南部多个省份。从自然条件来说，柬埔寨具有发展农业的优越地理条件，湖泊河流众多，水源充足，气候湿暖，土地肥沃，适合大多数农作物的生长，特别是为稻谷种植提供了得天独厚的条件，使得柬埔寨成为世界上重要的稻谷产地之一。

从农业经济区域的角度可以把柬埔寨全国划分为4个农业区：一是以洞里萨河与湄公河汇合处为核心的中部平原地区，主要包括干丹、茶胶和磅士卑三省，主产稻谷和农畜产品。二是包括磅湛、波萝勉、柴桢等省在内的东南部柬越边界地区，主产稻谷和玉米。三是包括马德望、暹粒、菩萨、磅清扬等省在内的西部地区，这一地区位于洞里萨湖滨地区，是稻谷的另一主产地。四是以磅湛省为中心的北部及东部地区，这里是柬埔寨著名的红壤区，是橡胶的主产地。

（二）农业政策

农业从来都是柬埔寨国民经济的命脉，历届政府对于农业工作都很重视。虽然柬埔寨有着发展农业的优越条件，但由于历史的原因，农业工作的成效不大。1993年柬埔寨新政府成立后，西哈努克国王从柬埔寨的实际情况出发，提出柬埔寨首先需要解决的问题就是广大农民的吃饭问题，争取用5~6年时间改变农村贫穷落后的面貌。在这种思想的指导下，新政府将恢复和发展农业生产作为经济建设工作重点。之后成立的历届新政府，虽然经济政策各有差异，但在重视和发展农业生产上还是比较一致的，都分别提出了一系列促进农业生产的措施。主要内容包括：

1. 推行经济自由化政策，改变农村所有制结构

取消农业集体合作组织，将所有耕地分给农民耕种，率先在农村实施开展私有化工作，同时提高农产品的官方收购价格。这些措施提高了农民的生产积极性，全国的耕地面积和农业产量得到了较大程度的增加和提高。

2. 建立和健全农村、农业工作组织机构，加强管理和指导

对农业部进行重点调整和充实，下设16个局，包括农艺、畜牧兽医、水利与水文气象、渔业、农村经济、计划与组织、财政与管理、国际合作、运输与材料等局以及国立农学院的农业科学研究所。新成立农村发展

部，主要负责农村的经济、社会、环境、卫生和医疗保健等工作。

3. 加强农业基础设施建设

虽然柬埔寨有着良好的自然条件，但由于雨量分布的地域、季节不均，水利设施落后及年久失修，洪涝和干旱时有发生，成为柬埔寨农业发展的最大障碍。柬埔寨的灌溉系统从13世纪后几乎没有进行修缮，直到20世纪30年代才开始兴建了一些灌溉系统，一直沿用至今。为改变长期以来农业“靠天吃饭”的状况，柬埔寨政府制定了包括增加基础设施建设投入、积极寻求国际援助改善水利设施和加强灾害事故处理等措施。鉴于柬埔寨农业基础的薄弱及投入的不足，改善农业基础设施将是柬埔寨政府一项任重道远的工作。2000年柬埔寨还发生了70年不遇的特大水灾，21个省市受淹，大量公共设施遭到严重破坏，100多万公顷农作物被淹，365人死于水灾，造成经济损失1亿多美元。

4. 开展发展经济作物种植、科学种田、发展畜牧养殖等工作

1996～2000年第一个五年计划期间，柬埔寨的农业平均增长率达到8%，稻谷产量从1998年的350万吨增加到2000年的404万吨，基本解决了粮食自给问题，这是柬埔寨农业发展的一大成绩。

2001年3月，柬埔寨政府提出了第二个五年计划（2001～2005年）的农业发展计划，明确提出要达到每年出口大米50万～60万吨的目标。为此，政府制定了一些具体措施。其中主要包括：继续贯彻执行农业水利政策，确保农民耕地安全，制止用暴力侵占农业土地，鼓励私人发展和投资农业，鼓励和吸引外国投资者投资农业和养殖业，严格自然资源的开发管理，加快橡胶园私有化步伐，严格森林管理，严禁非法捕捞，加强司法和行政监督及奖惩制度等。

2005年底，柬政府制定的第三个五年计划（2006～2010年）中，提出了农业发展目标：2010年农业耕种面积为350万公顷，每公顷产量2.4吨，渔业总产量为45万吨，森林覆盖率达60%。

5. 发放小额农业贷款

柬政府将农民摆脱贫困问题继续作为工作重点，实施农村低息贷款计划。2000年，柬埔寨农村发展银行公布了执行小额贷款的实施办法。根

据柬埔寨媒体报道，柬埔寨农村发展银行把贷款分配给小额贷款机构、专业银行和非政府组织等，由它们向申请贷款者直接发放贷款。这种贷款分资本、行政开支和其他风险3种类别，贷款利率各有差别。柬埔寨农村发展银行的规定是，美元贷款的年利率为11%～12%，资本贷款年利率为6%～7%，这个利率是柬埔寨政府和亚洲开发银行认可的普通资本资源利率。行政开支和其他风险的年利率为2%，是根据柬埔寨政府和亚洲开发银行的有关协议所规定的。这次发放的贷款总额为22.06万美元和41.66亿瑞尔，据统计，柬埔寨全国有9万多个家庭可获得贷款。2000年亚洲开发银行向柬埔寨提供了2000万美元的农业贷款，全部投向农村。2001年第一季度，政府发放了低息贷款500万美元。各商业和专业银行也积极配合政府实施微型贷款服务政策（服务农村地区小型贷款），截至2008年12月，已发放贷款11090亿瑞尔（折合2.7亿美元），受惠客户79.8万个（2007年为6950亿瑞尔、客户67.6万个）。

6. 十年发展战略规划农业发展

2003年9月11日，柬埔寨加入世贸组织，面对这一新的机遇和挑战，柬埔寨政府提出了多项发展战略。其中就包括柬埔寨农业的十年发展战略规划，这一规划旨在促进柬埔寨农业的大力发展，除了继续保持稻谷种植和养殖业在农业发展中的优势地位之外，还要大力发展棉花、橡胶、烟草、棕榈油等经济作物的种植。十年长期发展战略规划的主要内容是：加强和扩大农村基础设施和水利工程建设；像农村提供优惠贷款；加强对农业技术的研究和优选良种，以提高产量和推动农业现代化；使用和引进先进的农业生产机械设备；重视发展农产品加工业，由于缺乏资金，农民被迫将未加工的农产品以低价出售给邻国，政府要加大对加工业的投资，以提高农产品加工质量，增强市场竞争力；为农民寻找农产品销售市场，除了稻谷生产之外，还要大力发展水果、家禽饲养和渔业，扩大农业生产领域，增加就业机会，政府必须按市场经济规律来发展农业，重视和鼓励私人在农业领域的投资及推动农民家庭经济的发展；加强土地管理，确定土地使用权，鼓励农民在自己的土地上投资；继续推行渔业改革，对渔区进行重新规划并加强管理，使该资源能为贫民服务；政府继续阻止非法的林木经营行为，加强监督和执法力度，保证国家的长久利益；继续推动“一村一产品”的实施，加强各地的特色产品生产，学习先进的生产技术，培养农业技术方面的技能。

7. 资金、政策等多方面力量支撑农业发展

2004年柬埔寨新一届政府成立之后，提出了推动国家发展的“四角战略”。农业作为“四角”中最重要的一角，其宗旨就是提高农业生产和促进产业多样化，努力使农业成为经济增长和脱贫的主要动力，具体体现在以下几个方面：一是提高生产力和农业多样化；二是渔业及水产业改革；三是土地改革及扫盲工作；四是林业改革。第二个角也与农业发展密切相关，其主要内容是继续修建和改善交通、水利、电力等基础设施，服务于农业发展。第三个角是吸引外来投资，该政策主要用于吸引大量的外国投资者来柬埔寨投资种植和开发农业项目。

在第三个国家战略发展（2006～2010）计划中，政府提出到2010年大米产量要达到550万吨，产量增加到每公顷2.4吨，可灌溉农田增加到总占地面积的25%。同时，政府还制订了农业和水资源发展战略（2006～2010），旨在提高农业生产力和农业多样性，改善水资源的发展和管理。自2008年以来，柬埔寨政府一直把大力发展农业作为国家发展战略计划的重要组成部分，把大米出口作为重点发展项目。2010年政府颁布了《促进稻谷生产和大米出口政策》，旨在将柬埔寨打造成国际市场上主要大米出口国。

此外，政府要求工矿能源部属下的柬埔寨标准局同农林渔业部和商业部合作，共同制定了大米分级和标准，成立了一站式大米出口服务中心；由商业部和农林渔业部成立“大米市场信息中心”，提供国际大米市场的研究和资讯报告、由商业部和外交部制定海外市场开拓计划，通过双边关系敲开潜在大米进口国的大门。

三　种植业

（一）粮食作物

柬埔寨的粮食作物具有明显的热带气候特征和稻作文化特征。其粮食

作物分主粮和杂粮两种。主粮主要是稻谷，其中又可分为水稻、旱稻和漂稻（又称浮稻）等。杂粮主要有玉米、豆类、木薯和甘薯等。

稻谷是柬埔寨最主要的粮食作物，其产值一般占全国农业产值的80%以上。全国耕地面积中大约有80%用于种植稻谷，主要分布在排灌条件较好的平原地区。在20世纪60年代，柬埔寨曾经是亚洲的一个主要大米生产和出口国。1988年全国稻谷的种植面积为180万公顷，产量达到自给。进入90年代后，稻谷种植面积和产量都得到了提高。1996年全国稻谷种植面积达到280万公顷，大米总产量突破400万吨。

2000年7月，柬埔寨遭受70年来最严重的水灾。到9月，全国23个省份中已经有17个成为泽国，洪水还一度威胁到金边的安全。这场一直持续到10月初的洪灾，使柬埔寨受灾人数达到400万人以上，有365人丧生，总的经济损失大约为1.56亿美元，仅稻谷的损失就达到5800万美元。2001年柬埔寨的稻谷产量为402.6万吨，2002年为409.9万吨。据专家测算，从理论上来说柬埔寨的稻谷产量可以达到800万吨，甚至1000万吨。

2002年柬埔寨再一次遭受严重的旱涝灾害，8个省的约200万人不同程度受灾，4万多公顷水稻被淹，22万公顷农作物因干旱颗粒无收，估计经济损失超过3300万美元。

根据联合国粮食计划署2002年11月26日发表的一项声明，柬埔寨2002年年底前需要6500吨粮食援助，否则将有67万人粮食短缺。粮食计划署宣布将在柬埔寨实施“工作换食品”计划，即为修建水库、蓄水池和防洪堤等减灾项目提供1700多吨食品的援助，而不是向灾区灾民直接分发救灾食品。这一计划将使8省116个村的5.6万人直接受益。2003年柬埔寨没有发生全国性自然灾害，稻谷产量获得丰收，达到471.14万吨，实现余粮68.67万吨。

2006年，水稻种植总面积为254万公顷，比2005年增加10万公顷。其中，雨季种植面积为221万公顷，比过去10年平均面积多3万公顷。收获总面积为252万公顷，比上年增加10万公顷，其中，雨季收获219万公顷，比上年增加9.5万公顷。稻谷总产量为626万吨，比上年增加

28 万吨。其中，雨季产量为 497 万吨，比上年增加 24 万吨；旱季产量为 129 万吨。稻谷平均单产为每公顷 2.5 吨。其中，雨季为 2.27 吨/公顷；旱季为 3.93 吨/公顷。

近年来，柬埔寨政府加大农业投入，粮食年年丰收。2008 年柬种植稻谷面积为 260 万公顷，稻谷总产量 680 万吨，平均每公顷产量为 2.614 吨，扣除国内需求的 197 万吨大米外，预计可出口大米 200 万吨。由于政府重视农业投入，稻谷产量逐年增加，种植面积年均扩大约 1 万公顷。2011～2012 年，柬埔寨粮食产量增长更为迅猛。据柬埔寨农业部的数据显示，2011 年全国稻谷种植面积达 296 万公顷，比 2010 年增加 6%，其中可收成面积为 276 万公顷，平均产量 3.17 吨/公顷，稻谷总产量为 877 吨，除了满足国内需求外，约有 434 万吨稻谷可加工成大米供出口。2012 年，柬埔寨全国水稻种植面积 297.1 万公顷，同比增加 20.4 万公顷。稻谷总产量为 931 万吨，同比增长 6%，其中水稻产量 717.6 万吨，旱季稻 213.4 万吨，扣除国内消费外，稻谷剩余 475 万吨，相当于 304 万吨大米可供出口。前五大稻谷产区为波萝勉省 118 万吨，茶胶省 114 万吨，马德望省 86 万吨，磅湛省 81 万吨和磅同省 68 万吨，共 467 万吨，占全国稻谷产量的 50.5%。

在柬埔寨，水稻可以一年两熟甚至三熟，按季节可分为雨季稻和干季稻两种，雨季稻占全国水稻种植面积的 85% 左右，而干季稻只占 15% 左右。通常雨季稻的单产量要低于干季稻，但由于后者需要的排灌条件更高，难以扩大。柬埔寨农业部借鉴韩国、日本等国的成功经验，与联合国粮农组织合作推广水稻良种和先进生产技术，并取得了很好的效果，目前稻谷产量已提高到每公顷约 3.17 吨。

湄公河流域和洞里萨湖沿岸为著名产稻区，包括波罗勉、马德望、茶胶、磅湛、暹粒、干丹、菩萨和柴桢等省，而前 4 个省份是最主要的水稻产地，其种植面积占全国水稻种植总面积的 60%，上述 7 省的稻谷产量约占全国产量的 70%。

除水稻外，柬埔寨的稻谷还包括漂稻（浮稻）和旱稻。漂稻主要种植在洞里萨湖和湄公河沿岸的泛滥区或季节性水淹地区，漂稻随水位升高而长高，稻穗生长于水面上。这种漂稻生长期长，品质优良，但产量较低。旱稻属于山地作物，主要分布在东北部和北部山区省份，广种薄收，产量有限。

柬埔寨的杂粮作物主要包括玉米、豆类、木薯和甘薯等。柬埔寨地理气候条件优越，非常适合木薯的生长。随着国家市场对木薯淀粉需求的大幅增加，越来越多的柬埔寨农民种植木薯，如今，木薯已经成为柬埔寨第二大农作物。柬埔寨栽培的木薯主要是两个传统的品种，即甜种和苦种。柬埔寨木薯的种植在10年内增长了近20倍，到2011年柬埔寨木薯种植已经达到397000公顷，主要分布在马德望省、磅湛、班迭棉吉、拜林等地。截至2011年底，柬埔寨的木薯产量达800万吨，平均产量为2.17吨/公顷。玉米也是重要的杂粮作物之一，可分为红玉米和白玉米两种，种植面积和产量都居各杂粮作物之首，主要分布在干丹和磅湛两省，也是柬埔寨出口的主要粮食品种。马德望省的玉米年产量占全国的70%左右。目前柬埔寨玉米种植面积为18.5万公顷，产量在78万吨左右，主要出口到泰国和越南。豆类主要是大豆、绿豆和干豆。

近年来，柬埔寨政府大力推动农业种植的多样性，再加之柬埔寨的气候条件和土壤类型非常适合种植蔬菜，农民也喜欢栽种各种各样的蔬菜来作为食品，到2011年，柬埔寨蔬菜的种植面积达到了52706公顷，总产量达37万吨。

（二）经济作物

柬埔寨主要的经济作物有三类：工业原料类经济作物，油料和香料类经济作物（胡椒、咖啡、花生、芝麻和豆蔻等）以及水果类经济作物（椰子、香蕉、柑橘和芒果等）。

工业原料类作物主要包括橡胶、棉花、烟草、黄麻和甘蔗等。橡胶是柬埔寨最重要的经济作物，长期以来都是柬埔寨最重要的出口商品之一。橡胶主要分布在东部、东北部的广大红壤地区以及后来试种成功的西北部省份马德望。磅同、磅湛、桔井、腊塔纳基里和马德望是最大的橡胶产区，其产量约占全国的90%。1996年橡胶的种植面积为6.1万公顷，产量达到3.6万吨。1999年柬埔寨的橡胶种植面积为5.5万公顷，产量为4

万吨，橡胶业从业人员为1.7万人。2000年产量超过5万吨，但由于国际橡胶市场价格的下降，丰收并未带来出口收入的明显增加。2001年1~4季度柬埔寨橡胶出口量分别为：0.80万吨、0.45万吨、1万吨、1.25万吨，全年3.5万吨。2002年前两个季度的数值分别为0.9万吨和0.55万吨。

2002年，随着国际市场橡胶价格上涨，柬国内的橡胶价格也不断上涨，柬边境地区大量出口特别是走私出口未经加工橡胶，导致柬国内所需原胶减少，同时造成柬政府大量应得税收流失。为充实柬国内原胶的需求，控制国内橡胶价格，柬埔寨政府于2002年8月26日颁布禁令，自即日起，无论是否有许可证，未经加工的橡胶一律不允许通过边境出口。禁令还同时要求各边境省政府有关部门和驻军共同配合，采取切实有效措施，防止未经加工的橡胶出口。

据柬埔寨农林渔业部统计，2006年割胶面积为2.1万公顷，原胶产量为2.1万吨，同比增长4.47%。干胶出口达2.07万吨，平均售价为每吨1872美元，价格同比增长35%。柬有7家国有橡胶园和1家橡胶研究院以及其他私有橡胶园。目前政府计划逐步将国有橡胶园进行私有化改制，目前，3家国有橡胶园已开始对外招标以实施私有化工作。2008年柬埔寨每吨橡胶售价3310美元，高于2007年2800美元的平均价格。由于过去5年中扩大种植的橡胶园即将陆续进入割胶期，2009年柬埔寨将出口干橡胶5万吨，比上年的3万吨显著增加。

为了促进柬埔寨经济的发展，柬埔寨政府采取各种相关措施来加强对天然橡胶业的保护和支持。首先，政府大力发展以家庭为单位的橡胶种植来扩大种植面积和提高产量；其次，柬埔寨积极争取外国资本对柬埔寨橡胶业的投资，到2012年，由14家越南公司组成的联盟将在柬埔寨完成6亿美元的橡胶种植投资；最后，柬埔寨还积极制定各种规章制度为天然橡胶业的发展创造出良好的环境。2011年橡胶种植面积已达20万公顷，2012年，柬埔寨天然橡胶种植面积为28万公顷，产量为6.45万吨，同比分别增长31%和26%。预计2020年橡胶种植面积将达30万公顷，割胶面积23.5万公顷，橡胶产量达到29万吨。

柬埔寨曾是有名的胡椒出口国，胡椒目前也是其重要的出口产品之一。柬埔寨的胡椒主要出口到法国、英国、瑞士等国家。国外胡椒市场的需求很多，但是柬埔寨目前的胡椒产量远远不能满足出口的需求。《柬埔寨日报》报道说，柬埔寨贡布省出产的胡椒很有希望成为首个获得地理标志的柬埔寨产品。获得地理标志有利于促进贡布胡椒产业的发展，并有可能促使其价格升高40%。目前，在柬埔寨市场上，1公斤胡椒的售价约为10~12美元。随着胡椒价格的不断上涨，农民们纷纷扩大了胡椒种植面积，2011年上半年，柬埔寨胡椒出口约18吨，2012年，胡椒产量达22吨，同比上升22%，预计2013年胡椒产量将达到25吨。

四　畜牧业

畜牧业在柬埔寨农业中占据一定的地位。柬埔寨地处热带，土质肥沃，雨量充沛，阳光充足，水草丰盛，发展畜牧业条件优越。但由于长期只是作为农民的一种副业存在，还没有走向规模化、产业化。主要的家畜种类有黄牛、水牛、猪和马，黄牛和水牛主要用于农耕、运输，也供食用和产奶。家禽主要有鸡和鸭，供食用、产蛋和出口。2007~2011年柬埔寨畜牧业产值详见表4-2。

表4-2　2007~2011年柬埔寨畜牧业统计数据

年　份	家畜(头)	水牛(头)	猪(头)	家禽(只)
2007	3368499	772780	2389389	15825314
2008	3457787	746207	2215641	16928075
2009	3579882	739646	2126304	28486237
2010	3484601	702074	2057431	20677397
2011	3406972	689829	2099332	21619148

资料来源：柬埔寨动物生产与卫生部。

五　渔业

柬埔寨是世界著名的鱼米之乡，渔业资源十分丰富，既有暹罗湾

（泰国湾）的海洋渔业资源，也有洞里萨湖和湄公河等江河湖泊的淡水渔业资源。渔业是柬埔寨农业中仅次于粮食、木材和橡胶的第四大部门。柬埔寨渔业在 20 世纪 60 年代曾一度繁荣，70 年代后随着局势的动荡渔业生产也受到冲击，到 1988 年后得到逐步恢复。由于一方面柬埔寨拥有丰富的资源，另一方面与东南亚其他国家在渔业生产水平上有巨大差距，柬埔寨渔业有着巨大的发展潜力。

柬埔寨是世界上淡水渔业资源最丰富的地区之一。淡水捕捞的主要渔区是洞里萨湖、湄公河和洞里萨河，其中洞里萨湖是东南亚最大的淡水湖泊，素有“鱼湖”之称，是世界上第四大内陆渔场，有数万渔民，每年的渔业产量约 6 万吨。淡水养殖有池塘养殖、网箱养殖和稻田养殖等。淡水渔业的产量从 1995 年的 7.25 万吨增至 2001 年的 36 万吨，2007 年达到 40 万吨，2011 年 45 万吨，在世界各国中排名第四位，仅次于中国、印度和孟加拉国。柬埔寨国民 75% 的蛋白质来源由淡水鱼提供，鱼产品是柬埔寨国民日常生活的重要食物。

海洋捕捞局限于近海捕捞，没有远洋捕捞的能力。西南沿海也是重要渔场，多产沙丁鱼、金枪鱼、巴士鱼。由于渔船吨位小，技术装备落后，没有形成规模，捕捞能力远低于东南亚其他海洋国家，目前的海洋捕捞产量只有 9 万吨左右。海水养殖也主要局限于少量品种的海鱼和贝壳类产品，水平落后，生产能力低下。

柬埔寨还有少量的水产品加工企业，主要生产干鱼、鱼露等，技术落后，生产规模很小。近年来有外资企业开始涉足柬埔寨水产品加工行业。

柬埔寨出口的水产品主要包括淡水鱼、海鱼、虾和螃蟹等。2001 年前，柬埔寨水产局把水产品的出口特权承包给某些出口商，这影响了水产品的产量和出口量，导致水产品出口价格的混乱。2001 年，柬埔寨农业部水产局宣布，柬埔寨将开始对水产品出口进行改革，开放全部水产品的出口，以提高水产品的出口竞争力和增加水产品的出口量。为促进柬水产业发展，柬政府正在亚洲开发银行（ADB）的资助下，与世界渔业机构（WORLD FISH）合作实施柬淡水研究和发展项目，还与东南亚水产发展中心（SEAFDEC）合作，帮助柬培训农村水产养殖人员。柬埔寨大约有100万人专门以捕鱼为生，从渔业的生产到加工、到销售，渔业为柬埔寨近600万人创造了就业机会。渔业产值占农业生产总产值的1/4，渔业的生产、加工及贸易占GDP的8%~12%。2007~2011年柬埔寨渔业产值详见表4-3。2012年柬埔寨的渔业产量达到66.2万吨，同比增长13%。

表4-3 2007~2011年柬埔寨渔业生产统计数据

单位：吨

年 份	淡水渔业	海洋渔业	水产养殖	总量
2007	395000	63500	35260	493760
2008	365000	66000	39100	470100
2009	390000	75000	50080	515080
2010	405000	85000	60000	550000
2011	445000	91000	72000	608000

资料来源：柬埔寨渔业管理处、渔业部。

六 林业

柬埔寨的木材种类多达200余种，盛产贵重的柚木、铁力木、紫檀、黑檀、白卯等热带林木，并有多种竹类。重要的经济林木和林产品主要包括龙脑香科、柚木、红树林、藤条和各种野生药用植物资源（如豆蔻、胖大海、马钱子、沉香、藤黄、桂皮和檀香等）。柬埔寨的森林资源十分丰富，林业生产潜力很大。1970年以前，柬埔寨的森林面积约占全国土地面积的73%。由于乱砍滥伐，过度采伐以及森林再植的严重不足，导致森林资源遭受了严重破坏。其中最重要的两个原因，一是战乱割据时期各个控制区为经济利益大肆砍伐森林，而几乎没有任何种植；二是长期以来柬埔寨将木材当作最主要的薪柴，持续、大量地砍伐林木。据国际合众社公布的消息，从1970年开始的战争时期到1997年期间，柬埔寨森林面积的72%已被破坏。1993年，柬埔寨的森林覆盖率已经下降到49%，森林面积大约只有890万公顷，原始森林仅存400万公顷。但目前林业依然是柬埔寨重要的经济部门，在2000年的主要出口商品中，木材（包括原木和锯材）出口占3.5%（约4424万美元），是继成衣之后最重要的出口物资，排在占2.1%的橡胶出口之前。1997年后，柬埔寨政府颁布了禁止非法采伐木材的禁令，但实际上走私木材的现象依然屡见不鲜，大量走私的木材源源不断地流向泰国和越南。

联合国粮农组织发表的《全球森林资源2005年评估报告》指出，如果包括改良的森林和种植园，柬埔寨的森林面积为1044万公顷，森林总蓄积量约为9.98亿立方米，国土森林覆盖率59.2%，在亚太地区乃至世界范围内仍然属于高森林覆盖率国家。柬埔寨的森林资源主要分布状况如下：热带雨林，主要分布在南部的豆蔻山山脉和象山山脉。热带季雨林，广泛分布在东北部、北部和西北部地区，最著名的品种就是柚木。山地雨林和山地季雨林，在全国大部分地区都有分布。此外还包括石楠林、沼泽林和竹林。根据1970年以前的《林业杂志》的统计，柬埔寨全国的竹林面积共计38万公顷，其中大部分位于菩萨省和班迭棉吉省。近年来，竹林已经成为柬埔寨人大量砍伐的对象，人们担心竹林也将面临同森林一样被严重破坏的下场。

红树林主要分布在泰国湾海岸的狭长地带，有数十个品种。红树林优美奇特的自然生态，是游客观光旅游的好去处。1985年到20世纪90年代初期，柬埔寨的红树林遭到人为的破坏。红树林一度是柬埔寨人民的最主要薪柴来源之一，也有很多当地居民砍伐红树烧制木炭，卖给泰国和新加坡，还有些人砍伐红树开发稻田，近年来破坏红树林的行为引起柬埔寨当局的关注。1994年，有关省市建立了环保局，采取措施严厉制止无政府砍伐红树的行为，取得了积极的效果。与此同时，戈公省当局还与两家非政府组织及环境专家一起，在被破坏的地区种植红树，以恢复红树林的生态环境。在五六年的时间里，已经种植红树50多公顷，2002年又种植了30多公顷红树苗，并对当地居民进行保护红树林的宣传教育。现在，前些年种植的红树正在茁壮成长，已有大约60%与天然红树林融为一体。

1993 年以前，柬埔寨的森林资源开发基本处于无序状态。1993 年联合政府成立后，柬埔寨制定了一系列的林业政策，主要包括两大方面：

第一，发布原木出口禁令。从 1993 年 1 月 1 日开始正式禁止原木出口。1994 年 12 月新政府又公布了《柬埔寨王国政府关于禁止从柬埔寨王国输出条木和木板的公告》。此后，政府又于 1995 年 5 月、1996 年 10 月等多次重申了类似的禁令，内阁也批准了《森林法草案》。实际上柬埔寨关于原木出口的禁令从来就没有做到令行禁止，原木依然大量出口，三令五申却形同虚设。这也是相关国际组织和环境保护组织对柬埔寨政府不满的一个重要原因。1997 年 3 月，国际货币基金组织宣布，只有在柬埔寨政府作出关于木材采伐和其他林业改革措施之后，该组织才能向柬埔寨提供进一步的贷款。1997 年 4 月，柬政府两首相联合签署《柬埔寨木材出口决议书》，对木材出口作了详细的规定。原木、锯板、木炭等产品禁止出口，包括家具及配件等 14 项产品可以出口。

第二，制定了关于林业采伐、木材加工运输、出口税收等方面的法律条文。这些法律条文强调的是采伐和税收，对于森林防火、植树造林等方面的法律到目前为止还没有制定。由于缺乏有效的监督体系，许多这方面的规章条例都流于形式。

2002 年柬埔寨颁布了《森林法》，并请法国专业公司对柬埔寨林业进行战略管理。1999 ~ 2003 年，柬埔寨政府取消了 3571 家公司的采伐合同，查处非法采伐案件 3364 起。目前已决定把 21 世纪确定为环保世纪，着重解决森林面积大量减少和生态环境破坏问题，并在 5 个省建立了 11 个育苗基地，大力种植树木。经过努力，柬埔寨的森林覆盖率从 1997 年的 58.6% 提高到了 2005 年的 59.2%。据资料显示，柬埔寨有可能在 2015 年之前实现 60% 的森林覆盖率。目前柬埔寨的植树面积正在稳步增加，仅去年就增加了一万公顷。目前，柬埔寨大部分森林已经被划归为森林公园和自然保护区，这些森林受到国际社会及环保组织的严密监视，禁止一切采伐。

第三节　工业

一　概况

柬埔寨工业基础十分薄弱，是东南亚国家中工业最为落后的国家。作为农业国的柬埔寨，工业在国民经济中的地位次于农业、服务业，虽然近年柬经济保持双位数增长，但柬工业结构未发生实质性改变，工业仍严重依赖于纺织和制衣业。新政府成立后，政府通过施行国有企业改制，重视发展国内工业，加快工业化建设等一系列措施，近十年来柬埔寨工业发展已呈现明显的绩效。成衣业与建筑业已成为柬埔寨工业的两驾马车，拉动着柬埔寨的工业经济。2001～2011 年柬埔寨 GDP 和工业总产值详见表4－4。

表4－4　2001～2011年柬埔寨GDP和工业总产值统计数据

年份	GDP(亿美元)	GDP增长率(%)	工业总产值(亿美元)	工业总产值增长率(%)	工业总产值占GDP比重(%)
2001	39.8	8.0	8.9	11.2	23.5
2002	42.8	6.7	10.4	17.1	25.6
2003	46.6	8.5	11.6	12.0	26.3
2004	53.4	10.3	13.7	16.6	27.2
2005	62.9	13.3	15.7	12.7	26.4
2006	72.7	10.8	19.0	18.3	27.6
2007	86.4	10.2	21.5	8.4	26.8
2008	103.5	6.7	23.2	4.0	23.8
2009	104.0	0.1	22.5	－9.5	23.1
2010	112.4	6.0	24.6	13.6	23.2
2011	128.3	7.1	28.4	14.5	23.5

资料来源：世界银行：《世界发展指标》。http://data.worldbank.org.cn/country/cambodia（以现价美元计算）。

柬埔寨工业的总体特点是基础薄弱，规模小，技术落后，没有形成比较完整的工业体系。这是由历史和现实的原因造成的，由于长达近百年的殖民统治和独立后长期的战争和政局动荡，柬埔寨的工业始终没能获得真正的重视和发展。1953 年独立前夕，柬埔寨全国只有 335 个工厂，除电力、酿酒和制冰等少数略具规模的工厂外，其他都是手工作坊或修理行。目前柬埔寨的主要工业部门以轻工业为主，重工业只有少量的水泥生产企业。

独立后到 1993 年大选期间，柬埔寨工业在少数行业获得了一些发展，但程度不大，工业的薄弱和落后状况没有得到改善。金边政权统治期间的 20 世纪 80 年代，柬埔寨工业获得了较高速度的增长，1980～1985 年间，工业增长率达到 15%，1986～1991 年间，工业增长率也达到了 10%。当时在政府工业部登记注册的 6 个主要行业是电力、机械、纺织、化工、食品加工和轻工业，共雇用工人 1.4 万人。但从另一个角度看，20 多年的战乱也使柬埔寨本来就基础薄弱的工业受到了严重摧残。

1992 年纺织业的产值为 170 万美元，其中国有企业的比重仅占 13.7%，私营及手工业占 86.3%。日用消费品工业 1992 年的产值为 105 万美元，主要包括纸张、塑料用品、皮革、肥皂、玻璃制品和日用金属制品。化学工业 1992 年的产值为 110 万美元，其中国有 39.2%，私营及手工业占 60.8%。1993 年金边有 4 家发电厂，发电量为 1.83 亿千瓦时。每天供电几小时，全国大部分农村没有通电。1994 年美国一家公司曾在金边投资 1.5 亿美元建设一座 10 万千瓦时的发电厂。

1993 年大选前夕，柬埔寨的大型国有企业包括：金边第二纺织厂，有工人 746 名，纺机 326 台；解放卷烟厂，有职工 436 人；达克茂解放轮胎厂，有工人 340 人。

1993 年联合政府执政后，柬埔寨采取了一系列的工业政策：

（1）将工业推向自由市场经济领域，对中小工业企业实施私有化，对大型企业引进外资入股。

（2）颁布新的外资法，吸引外资参与工业项目的改造和新建。

（3）重点扶持能源、建材、纺织、成衣、食品加工及化工等行业。为日后成衣行业的迅速发展奠定基础。

随着政局的稳定和经济恢复性发展的加快，为了加快国民经济的恢复和发展，柬埔寨政府近年来在宏观领域通过优先发展工业、制定优惠政策、吸引外资等手段积极促进工业发展，在微观领域则根据本国实际情况对其工业结构进行调整并确定了优先发展项目，取得了一些可喜的成绩。

第一，为扩大就业和提高人民生活水平，政府积极鼓励和扶持劳动力密集型工业的发展。2001 年柬政府在全国各地新建工厂 28 家，其中大部分是吸纳劳动力较多的成衣厂。2001 年，柬埔寨成衣出口总值达 10 亿多美元，占全国产品出口总值的 90%，是全世界 49 个最贫穷国家中唯一一个年成衣出口达 10 亿美元的国家。2005 年，该行业企业数量发展为 374 家，其中制衣厂 345 家，成衣制造行业就业劳动力达 31.5 万人。2006 年，纺织、成衣制造、针织、制鞋和箱包类企业发展到 457 家，而制衣厂已达 414 家，就业劳动力为 30.8 万人。

第二，积极促进中小企业和手工业的发展。近年来，随着国家恢复和重建的需要，柬政府参与修复和兴建了一批水泥、地板砖、钢材、木材等建筑材料加工厂，并利用国际援助在各地修建了农业器械制造和维修厂。政府还特别鼓励利用当地资源发展农产品加工业和手工业，如修建纺织、黄麻编织、甘蔗和糖棕加工、棕榈油加工、铜木雕刻等工厂、作坊和就业中心。柬小型手工业企业在柬社会经济生活中发挥着重要作用，这些手工作坊均系小本经营，基本是以家庭式为单位的生产方式，大多商家设备简陋，生产工艺落后，环保条件差，一般只有几个雇工。2006 年柬全国共拥有小手工业作坊 30535 家，比 2005 年增长 4.23%；从业人员为 88040 人，比 2005 年增长 2.35%；产值为 25355 亿瑞尔（折合 6.25 亿美元），比 2005 年增长 2.02%，占当年 GDP 的 10% 左右。

第三，加强矿产的开发和利用。柬埔寨蕴藏着丰富的矿产资源，据有关资料显示，柬埔寨已得到开采的矿藏有：宝石、金矿、银矿、锡矿、磷肥等。柬埔寨政府于 2001 年 4 月通过了《矿产法》，加强了矿产的开发和管理。随着新法规的实施，2001 年柬埔寨的矿产收入达到了 11.63 万美元，比上一年增加了 94%。此外，柬埔寨与泰国 2002 年 6 月达成联合开发两国在暹罗湾重叠海域的石油和天然气的协议。

第四，推行发展电力战略计划。为尽快建立全国供电网，柬埔寨积极寻求国际合作与援助，与中国以“建设—经营—转让”（BOT）方式进行的基里隆一级水电站修复工程已于2002年7月竣工投产。该项目由中国电力技术进出口公司投资，总金额为2000万美元，总装机容量为12兆瓦，建成后将由该公司负责运营30年后移交柬政府。此外，柬埔寨电力公司已经实施利用日本政府的无偿援助建设金边周围的二期供电工程，并与越南和泰国电力公司达成协议，通过买电改善边界城镇的供电状况。上述举措不仅可以大大缓解电力短缺的压力，而且可以大幅度降低电价，减轻消费者的负担。2004年柬自行生产销售电力为58901万千瓦时，其中金边市为50616万千瓦时，暹粒市为2840万千瓦时，西哈努克市为1980万千瓦时，其他各省市为3465千瓦时。从国外购电5710万千瓦时，其中从越南购电4388万千瓦时，从泰国购电1322万千瓦时。据报道，越南电力集团（EVN）2009年6月底与柬埔寨电力公司（EDC）签订了电力买卖合同。据此，越南电力集团将通过湄公河三角洲地区安江省朱笃市至柬埔寨南部茶胶省之间220千伏的供电线路，每年向柬埔寨供电9亿～14亿千瓦时（最大输出功率为220兆瓦）。截至2011年底，全国共有296个公司获颁电力服务营业执照，在指定区域内经营电力服务。2011年，柬全国人均/年使用电量为55千瓦时，17%的住户有电可用。目前，柬全国电力需求年增速约为12%，国内发电能力约579兆瓦，已装备422千伏电网和总长45万千米的输电线路。

第五，经济特区的建设规划。2005年，柬埔寨政府发布147号和148号补充法令，决定在柬埔寨发展理事会下成立经济特区局。柬埔寨的经济特区分为两类：一类是普通的经济特区，另一类是出口加工区。柬埔寨经济特区发展迅速，2010年底政府批准的经济特区数量达21个，2011年柬埔寨正式批准14个经济特区，该年柬埔寨各类经济特区共吸引外资项目39个，吸引投资7.15亿美元。这些经济特区主要分布在西哈努克市、戈公省、柴桢省、班迭棉吉省、茶胶省、干拉省、贡布省、磅湛省和金边市。到2012年底，西哈努克港经济特区建设完成投资1.3亿美元，协议入区企业23家，实际完成投资4610万美元，带动当地就业6022人。

二 主要工业部门

目前柬埔寨工业企业中发展较好、有一定基础的行业主要包括成衣制造、建材、橡胶和木材加工等。

(一) 成衣制造业

成衣制造是柬埔寨近年发展起来的新兴行业，在柬埔寨经济中占有重要地位。从 1992 年开始，马来西亚商人就开始在柬埔寨投资设厂，进行服装加工，目标瞄准出口市场。1993 年开始柬埔寨政府采取措施大力发展成衣制造业，吸引了来自中国、法国、美国等国的外商投资，成为吸引外资最为集中的一个行业。经过几年的发展，成衣制造业在柬埔寨所有行业中一枝独秀，成为出口创汇大户。

1993 年柬埔寨只有 10 家纺织服装厂，到 1998 年 6 月，注册的成衣厂已经达到 149 家，提供了 6.5 万个工作岗位，产品出口到世界 30 多个国家和地区。美国、英国和德国是柬埔寨最大的服装出口市场，仅 1998 年 9 月，出口美国的服装价值达到 2370 万美元。

1999 年，柬埔寨贸易部长宣布，自 1997 年以来，韩国、中国香港、中国台湾、马来西亚、新加坡等在柬埔寨投资的成衣加工工厂达到 270 家，为当地人提供了 10 万个就业机会。1996 年柬埔寨的成衣出口值为 7900 万美元，1997 年为 2.27 亿美元，1998 年为 3.78 亿美元，而 1999 年上半年则比 1998 年同期增长 96%，达到 2.76 亿美元（1998 年同期为 1.41 亿美元）。其中，柬埔寨成衣约 70% 出口到美国市场，但从 1999 年开始美国开始对柬埔寨的 12 种成衣出口实行配额管制，柬埔寨的成衣出口遇到前所未有的挑战。

在 2000 年柬埔寨主要出口商品中，服装出口创汇达到 9.14 亿美元，占出口总额的 72.3%。2003 年柬埔寨新增制衣厂 14 家，全国制衣厂总数达到了 197 家，纺织品出口增加到 15.7 亿美元。这一方面说明了成衣制造在柬埔寨工业中的显赫地位，另一方面也说明了柬埔寨工业的某种畸形。

柬埔寨成衣制造业刚发展起来的时候，行业所存在的主要问题是工人技术不熟练及原料进口不畅等。现在所面临的主要问题是服装出口所遇到的配额问题，这将直接决定着柬埔寨成衣制造业的未来。此外，国际劳工组织及人权组织关于柬埔寨使用童工问题的调查，也对该行业产生重要影响。

从 1999 年开始，柬埔寨成衣出口到美国市场接受配额管制，美国审批配额的一个参考指标是劳工标准。此后，劳工问题一直是影响柬埔寨成衣出口美国市场的最重要因素之一。柬埔寨与国际劳工组织也签署了关于保护劳工权益的协议。由于多种原因，柬埔寨的劳工权益状况难以完全达到国际劳工组织的要求。2000 年，美国曾一度以柬埔寨的成衣厂未能完全符合国际劳工法准则为由，决定仅向柬埔寨的成衣产品提供 5% 的份额。根据上述协议，如果柬埔寨在协议规定的 3 年期限内所有的成衣厂都能遵守国际劳工法则，美国将再向柬埔寨提供 14% 的出口配额。

2003 年 5 月，在柬埔寨访问的美国国际劳工事务官员表示，从 2005 年 1 月 1 日起，美国与柬埔寨的纺织品协议将到期，届时，世贸组织成员将自由进入美国和其他主要消费国市场。柬将不再享受服装输往美国的特别优惠，必须与纺织品大国（如中国）进行平等竞争。

该官员称，2005 年后的自由竞争将使世界服装制造国从目前的 50 个降到 10 个。制衣业是柬的支柱产业，柬政府必须尽一切努力确保柬进入这 10 国之内。但在劳动力成本和专业技术等方面，柬与中国等国相比则处于劣势。按 1999 年美、柬两国服装协议，美给予柬较宽松的配额，且每年根据柬劳动条件的改善，相应给予额外的鼓励配额（年度增加额最高可达上年度配额的 18%），使得柬向美出口成衣从 3.5 亿美元增长到 2002 年的 13.3 亿美元（美按 CIF 价统计）。加上欧盟对柬纺织服装产品的优惠，使得柬制衣业成为其最大的工业部门，占国民生产总值的 36%，解决了约 22.4 万人就业。

2008 年的金融危机对柬埔寨成衣出口构成了冲击。柬商业部最新数据显示，柬埔寨 2009 年第一季度成衣出口额剧降，同比降幅高达 35%。尽管柬成衣出口整体大幅下跌，但柬政府开拓新市场也取得了一些成果。

数据显示，柬首季对日出口成衣同比增长 14%，对中东、俄罗斯等地区出口额更同比大幅上升 61%。

2010 年，柬纺织和制衣业占全年 GDP 的 8.7%。由于欧美市场需求增加，柬制衣业已走出最困难时期。2010 年新开业 91 家，截至 2010 年柬埔寨已经拥有 470 家制衣和制鞋企业，为柬创造了 30 多万个就业机会。2011 年，柬埔寨政府批准 92 个制衣厂项目，总投资额 4.5 亿美元。近几年来，柬埔寨良好的经济表现和发展潜力引起国际投资界关注，外国投资的增加促进了柬埔寨出口加工产业的快速发展，其中制衣业的发展尤为明显。2012 年柬埔寨制衣业和建筑业持续增长，全年出口服装 46 亿元，同比增长 8%，占当年出口比重的 83.7%。目前，全国共有 630 多家制衣厂，较去年增加 150 家，同比增长 31.2%，雇佣工人 35 万人。

（二）建材与建筑

柬埔寨的建材工业产品主要局限于水泥、砖瓦和平板玻璃，产量不高，而钢材等产品完全靠进口或援助。恢复重建为柬埔寨建材工业提供了良好的市场，但国内的生产能力不能满足需求。目前已经有包括韩国、中国在内的外商前来投资生产，主要集中在水泥及砖瓦生产上。

建筑行业在柬埔寨也具有很好的发展潜力。建筑企业规模小、技术落后，这使得柬埔寨许多基础设施的建设都由国外公司来承担，鉴于柬埔寨建筑业具有良好的发展潜力，中国、韩国等国开始纷纷赴柬埔寨投资建筑业。建筑业目前是柬埔寨经济的第四大支柱，2004 年，柬埔寨建筑业出现蓬勃发展的势头，房地产消费市场不断升温，市内大街小巷均可看见新建或在建的建筑工程。在房地产迅猛发展的同时，建筑材料供不应求，价格大幅上涨，而柬埔寨的钢材完全依赖进口，房屋销售价格也因此上涨。2008 年受国际金融危机的冲击，柬埔寨建筑业受到很大影响，建筑业投资急剧下滑，柬埔寨政府为促进房地产业的发展，出台相关政策。2009 年上半年，建筑业有所恢复，柬埔寨共审批建筑项目 1142 个，协议投资额为 11.4 亿美元。到 2011 年，柬埔寨建筑业继续稳步恢复，政府批准建筑项目 2129 个，投资总额高达 17 亿美元。

（三）电力

湄公河委员会曾对柬埔寨境内的湄公河水系进行了长期勘察和研究，先后提出了一系列极富远见的水资源开发利用规划，拟于1971～2000年期间在柬埔寨实施15项水电综合开发项目。一旦这些项目全部完成，柬埔寨的总有效库容将达136亿立方米，总装机容量可达92万千瓦，年发电量约为45亿千瓦时，总灌溉面积为58万公顷。项目的建设经费高达8.5亿美元。由于柬埔寨长期陷于战乱，上述规划项目绝大多数并未上马。

柬埔寨实现国家和平后，国民经济稳步发展，因而对电力的需求也不断增长。战争期间很多地区的发电和输变电设施遭受破坏及年久失修而无法使用，柬埔寨的电力供应因此而十分短缺。目前，柬埔寨东部地区主要是从越南进口输电，西部主要是从泰国进口输电。柬埔寨国内计划修建13个火力发电站主要供往暹粒、菩萨、贡布及西哈努克港等地区，且95%以上是柴油发电。为解决电力紧张的问题和满足不断上升的用电需求，柬埔寨计划加快能源建设，保证能源供给，为工业稳定发展提供良好的外部环境。

近年来，柬埔寨电力供应有所改善，但电价普遍很高。电力行业是柬埔寨经济优先发展领域，得到了柬埔寨政府的高度重视。柬政府相继出台了一系列相关政策，制定农村电力发展规划，加强服务质量，逐渐改善电力工业落后局面。2003年底，柬埔寨全国供电能力为64.3兆瓦，2007年增至116.3兆瓦，2009年柬埔寨电力装机能力为909.7兆瓦，全国用电家庭数达到20多万户，年人均用电量为54千瓦时。截至2011年底，全柬在建、拟建各种类型电力项目共22个。其中，太阳能电站2个，火电厂项目2个，水电站6个。规划建设项目共12个，均为水电站项目。2011年，全国电力供应约27.88亿千瓦时，同比增长12%。其中，国内发电10.23亿千瓦时，同比增长15%；进口17.65亿千瓦时，同比增长14%。电价连续两年基本持平，但仍处于偏高状态。92.74%的电力平均价格为1000瑞尔，约合1.57元人民币，5.87%的电力价格介于1050～1700瑞尔（1.65～2.68元人民币）之间，1.39%的电力价格为1700瑞尔，约合2.68元人民币以上。

在电力能源合作方面，柬埔寨政府根据柬埔寨、老挝、泰国、越南四方合作精神，实施多变电力能源合作，与上述三国共同建设连接四国的跨境电力能源电网及水电站。此外，柬埔寨也在科技转移、技术服务和人力资源建设等方面积极与其他国家展开双边合作。目前，柬埔寨与东盟能源合作中，已和东盟签订了《东盟工业合作试验协议》《东盟科技基金协议》《东盟天然气管道项目谅解备忘录》及《东盟工业工具、电力、自动化统一标准协议》等一系列文件。由于目前电力短缺问题已成为制约柬工农业发展的主要因素，柬政府急需大力发展电力资源，未来将不断加大水电和火电资源的开发力度。柬埔寨政府正在努力争取人力、技术和资金等各方资源的支持，积极发展电力，通过发展电力，达到减贫，为市场提供充足、价格合理的电力能源。预计在2020年基本实现全国农村电力化，2030年实现全国至少70%家庭有电可用。

（四）矿产资源

柬埔寨一直被认为是个贫油国，勘探和开采技术都十分落后，在海上石油开采方面尤为突出，再加之缺乏相关技术人员和先进设备，这使得柬埔寨的石油几乎全部依靠进口。随着工业的逐渐发展，柬埔寨政府已经认识到能源矿产对经济发展的重要性，近年来，柬埔寨政府已经开始吸引外资和技术开采本国石油和天然气。

20世纪七八十年代，苏联、法国和日本等国家的地质专家对柬埔寨的石油资源做过进一步的调查，油气储备状况也开始日趋明朗。新政府成立之后，政府重新启动了石油勘探计划，拿出6个海洋石油区块和9个陆地石油区块进行世界范围的公开招标，一时形成了对柬埔寨石油的勘探热。2004年12月22日，柬埔寨官方证实，通过勘探在西哈努克市以南140多海里的西南海域发现3处油井，蕴藏有丰富的石油和天然气资源，石油蕴藏量约4亿桶。柬埔寨国民议会议长诺罗敦·拉那烈认为，这是柬埔寨首次发现具有开采价值的石油资源，是国家的宝贵财富。柬埔寨首相洪森表示，希望利用本国的石油和天然气加快国家的发展步伐，欢迎外国公司参与开发。但是，国际货币基金组织提醒说，柬埔寨政府在正式开采海底石油之前应该做好包括有关法律在内的准备工作，而不要操之过急。

2002 年，美国雪佛龙公司率先拿下了柬埔寨最具油气潜力的海上 A 区块，经过打井勘探，宣布该片区的石油储量为 5 亿桶。随后，来自新加坡、印尼和中国香港的公司也取得了其他片区的勘探权。2007 年，柬埔寨成为了世界瞩目的油气资源国家，柬埔寨政府也在这一年开始投入开采石油和天然气。据世行预测，柬埔寨政府现已认定的国内 6 个海上石油区块（分别是 A、B、C、D、E、F 区块）的石油储量约为 20 亿桶，可为柬埔寨带来 20 亿美元的年收入。目前，柬埔寨国内石油开采的各项计划已经逐渐提上日程，2006 年由中国内地和中国香港、新加坡等地的股东合资成立的瑞德能源公司获得柬埔寨海上 D 区块油田 7 年勘探权和 30 年开采权，2010 年该公司已经开始施工，计划争取早日在柬埔寨开采出石油。2007 年中国海洋石油公司获得柬埔寨海上石油 F 区块 7000 平方公里油气钻探权，2011 年底海洋石油公司开始再次钻探石油和天然气，预计耗资 2000 万美元。

柬埔寨人民很早就开始开采本国的矿藏。据我国《梁书》记载，柬埔寨“出金、银、铜、锡”。在殖民统治时期，柬埔寨全部矿产资源情况的资料被法国夺走。独立后，柬埔寨政府曾于 1958 ~ 1960 年邀请中国专家前往该国帮助进行资源勘探，在中国专家帮助下，先后在磅同省、柏威夏省、上丁省等地发现了多处柬埔寨经济建设急需的且有较大商业开发价值的铁矿、锰矿、煤矿、金矿资源。后来由于陷入长期战乱，柬埔寨未能对其矿产资源进行全面勘察。

从目前已掌握的资料看，柬埔寨已探明储量的矿藏有 20 余种，主要的金属矿产有铁、金、银、钨、铜、锌、锡、锰、铅等，非金属矿藏有磷酸盐、石灰石、大理石、白云石、石英砂、黏土、煤、宝石和石油。铁矿主要分布在磅同省、柏威夏省、上丁省等地，在磅同省还找到了有较高经济价值的锰矿。金矿主要分布在马德望省、上丁省和磅同省。磅士卑省、桔井省、上丁省等地还发现了铅锌矿。煤矿主要分布在磅同省、桔井省、上丁省。磷矿分布在马德望省和贡布省。

柬埔寨的宝石世界闻名，尤以红宝石、蓝宝石最为名贵，主要产于马德望省的拜林地区、磅同省和腊塔纳基里省的博胶地区。“拜林”在柬埔寨语中意为“宝石”，早在1875年就因盛产红宝石、蓝宝石而驰名世界。此外，柬埔寨还有锆石、玛瑙、黑玉等宝石资源。

21世纪初，柬埔寨政府逐渐意识到矿业是一个非常重要的行业，在国家经济发展过程中，矿产资源为工业发展提供可靠的原材料。柬埔寨政府因此制订了一些优惠政策和管理规定来吸引投资。柬埔寨政府于2001年颁布出台《矿产资源管理法》，依据该法律，工矿能源部先后制定出《柬埔寨矿业投资须知》《勘察进场备忘》《矿产勘探协议》等实施细则和法规性文件。柬埔寨已开采的矿藏有：宝石、金、银、锡、磷肥、石灰岩和花岗岩等，还有部分重金属及煤炭等矿藏未得到探明和开采。2005年，中国在柬埔寨投资矿产开发项目2个，协议投资额为1.55亿美元。

2006年底，柬埔寨已发现铁矿资源点30多个，估计储藏量约700万吨。柬埔寨工业部共签发了36份国内外商家勘察开发相关矿产资源许可证，并批准了7家公司开采宝石矿。为满足社会经济和建筑业发展，柬埔寨工业部还批准国内外企业开办了176个建材沙石料场。到2011年柬埔寨引进的国外和本国矿业投资公司据统计已经超过50家，拥有矿权的超过300个。截至2011年底，大约有77家涉外矿业公司在柬埔寨投资矿业。

第四节　商业与旅游业

一　概况

柬埔寨商业和其他部门经济一样，在独立后到1970年以前获得一定的发展，此后进入了战乱时期，商业大受打击，一片萧条。朗诺政权时期，柬埔寨实行战时经济管理，正常商业活动陷于停顿。在随后红色高棉统治时期，当局不顾柬埔寨的实际情况，一味推行极端“左”倾路线，鼓吹“超阶段发展”和短期内建成社会主义甚至“共产主义”，强行推广合作化，取消货币和集市，废除商品贸易，实行配给制，城市工商业者的一切生产资料权收归国有。红色高棉政府还采取武力手段将大城市的人口强行赶到乡下，以“消除资产阶级赖以生存的基础”。金边首当其冲，在发布遣散令3天后，200万人的金边成了“居民不足三万、只有一家商店”、“没有小汽车，人人都靠步行”的空城，至少有两三万人死于疏散途中。这场运动导致金边等多个城市人去楼空，工商业经济全部瘫痪。包括许多华人资本在内的多年商业积累在短时间内付诸东流，许多人变得一无所有。这个时期，柬埔寨的商业受到了几乎是毁灭性的打击。

韩桑林金边政权上台后对柬埔寨商业进行了调整，集市贸易和城市生活开始恢复，发行了货币，允许和鼓励私人经营商业和中小企业，全国商业开始慢慢恢复了一些生气。到20世纪90年代初，柬埔寨经济政策进一步放宽，商业开始逐步活跃起来。

1993年联合政府上台后，柬埔寨推行以市场经济为核心的经济自由化政策，商业面临着发展的大好时机。十多年来，商业取得了较大的发展，呈现出局部的、前所未有的商业繁荣。商业和服务业在国民经济中的地位也开始慢慢提升。

但由于总体经济发展水平低下，人民消费水平不足，目前柬埔寨商业还存在着以下几个主要问题：

（1）人民消费水平不足，市场总体需求水平低下，消费能力有限。具有消费能力的需求是商业繁荣的前提，但由于柬埔寨国情的限制，短期内难以解决。

（2）规模小、网络不健全。除少数企业外，绝大多数的商业机构规模都很小，没有形成规模效应和联营网络，很多都是单店独铺，营业额及员工总数都小。

（3）近年来柬埔寨商业市场上的商品品种还算齐全，但主要还是日常生活用品，商品技术含量不高，价格相对低廉。大部分商品是舶来品，其中以泰国、越南、中国货最多。这种状况既反映了柬埔寨商业市场发展的一面，也反映了柬埔寨经济总体落后的一面。

柬埔寨除商业外的服务业存在着这样的特点：行业和部门不齐全，以传统服务业为主，总体发展水平偏低，旅游业是其中的一大行业（详见本章后文）。2001～2006 年服务业增长了 1 倍多，2008 年柬服务业产值为 40.68 亿美元，约占 GDP 的 40%，远高于柬工业产值，其中交通运输占 GDP 的 5.6%，零售和批发占 8.9%，酒店餐饮业占 5.6%，住宅投资占 5.3%，医疗和教育占 1.7%，金融保险及不动产占 1.5%，其他服务业占 11.4%。由于柬实行开放的自由市场经济政策，交通运输、商业零售和批发及酒店餐饮业系服务业的核心，投资获利快，柬私人投资除房地产外主要集中在该领域，这也是柬服务业一直保持较快发展的原因。

二　华商简况

20 世纪 70 年代初（西哈努克亲王执政末期），柬埔寨人口约 700 万，其中 10% 左右是华人华侨。进出口贸易表面上是由国营公司经管，但实际上全靠华商代为间接处理，绝大部分工厂也都是由柬籍华人创办。1975 年 4 月，红色高棉执政后，广大华商经营的工商企业或关门倒闭或收归国有，华商被迫四散逃亡，其中少部分华商移居国外，而大多数不幸者则家破人亡，他们所经营的工商企业更是几乎化为乌有。

20 世纪 80 年代后，柬埔寨对华人工商企业的管制有所放松，华人工商企业开始复苏，进入 90 年代后更是有如雨后春笋，呈现出良好的发展势头。目前，在柬埔寨流传着这样一句话，“掐华人的脖子，柬埔寨人伸舌头”，形象地说明了华人工商企业在柬埔寨举足轻重的地位。比如国家增加了商业税收，表面看是“掐”了华商的脖子，但这些税款一计入成本，就提高了商品的零售价格，结果还是作为消费者的柬埔寨人伸出了舌头。连一些柬埔寨国会议员也公开承认，华商在柬埔寨经济生活中扮演着“非常重要”的角色，因为柬国家税收的很大部分来自华商的公司、工厂和银行。从柬华理事总会提供的资料看，柬埔寨目前约有 70 万名华人，约占总人口的 5%。其中的 80% 从商，大部分为商贸和制造业，也有做小生意的，他们控制了相当比例的柬埔寨经济（有报道称这个比例高达 70%）。正如新加坡《联合早报》所言，华商已经在很大程度上，起到了“经营”柬埔寨的作用。

三 旅游业

柬埔寨是一个旅游资源丰富的国家，主要的旅游资源有三方面：

一是风景优美的自然环境。柬埔寨地处中南半岛，属热带亚热带气候。既有高山的雄壮，也有海滩的妩媚；既有雨林的神秘，也有平原的开朗；既有江河的纵横，也有湖泊的明静。每年 11 月到次年 2 月是柬埔寨的凉季，平均气温 25℃，绿树成荫，鲜花盛开，是旅游的旺季。

二是古老独特的历史文化遗产和景点。柬埔寨是一个具有悠久历史的文明古国，有着丰富的历史和文化遗产。其中吴哥古迹堪称世界著名的旅游景点，金边的古建筑群也很出名。洞里萨湖是东南亚最大的淡水湖泊，旱季最低水位仅 1～3 米，雨季则深达 10～14 米，水面面积扩大为旱季的 4 倍，波澜壮阔，盛产黑鲤鱼和黑斑鱼，是旅游的好去处。

三是神秘丰富的民族风情。柬埔寨有着 20 多个民族，风情独特，民风淳朴，寺塔众多，多种宗教信仰在这里汇聚和碰撞。

柬埔寨的旅游业起步于独立后，但多年的动乱使得旅游业几乎不复存在。20 世纪 80 年代末 90 年代初柬埔寨旅游业开始复苏，特别是在柬埔寨和平进程开始后，旅游业获得了发展的春天。柬埔寨政府采取了积极措施来发展旅游业。一是建立相关管理及服务机构，成立国家旅游总局，下设金边、暹粒和磅湛旅游局等组织，加强旅游管理和指导。二是在已有基础上，积极开辟新旅游线路和景点，加强旅游相关基础设施的建设。三是积极引进外商投资旅游相关行业部门，大搞交通、宾馆等旅游配套设施的建设。

进入 20 世纪 90 年代后，柬埔寨的旅游设施建设速度较快。1989 年柬埔寨每周只有一个国际航班，从金边飞到越南的胡志明市。到 1993 年年初，柬埔寨已经有 10 多条国际航线，平均每月大约有 8000 名外国游客入境。

总的来说，柬埔寨的旅游业在东南亚国家中起步较晚，但发展却很迅速。2000 年初，柬政府大力推行“开放天空”政策，支持、鼓励外国航空公司直飞吴哥游览区，迄今除柬航外，曼谷航空公司和越航也开始飞吴哥。柬政府还采取简化入境手续，提供办理落地签证的服务等措施。10

月，柬与泰国、老挝、缅甸签署《旅游合作实施计划》，进一步加强旅游文化交流与合作。1999 年柬埔寨吸引的外国游客达到 36.77 万人，是 1998 年的 140%。2000 年，赴柬游客大幅增长，达 45 万多人次，创汇达 2 亿美元，占 GDP 的 6%。2001 年上半年，来柬外国游客达到 29.76 万人次，比 2000 年同期增长 33.32%。

自开通了暹粒到越南、泰国和新加坡的直达国际航线后，从暹粒入境来游览吴哥古迹的外国游客大量增加，客源主要来自美国、中国、法国、日本等国家和地区。柬埔寨旅游大臣翁塞雷武在 2003 年 1 月 9 日新闻发布会上宣布，据初步统计，2002 年，柬埔寨共接待外国游客 80 万人次，比 2001 年增加 25%，全年旅游收入达 3.55 亿美元，约占国内生产总值的 15%，各项指标均创下历史最高纪录。原来预计 2003 年来柬的外国游客将增至 100 万人次，但由于“非典”的暴发以及伊拉克战争的影响，全年来柬的国外游客只有 70 万人次。2004 年来柬的国际游客首次突破 100 万人次，达到 103 万人次，比 2003 年增长了 47%。2007 年入境外国游客达到 200 多万人次。2008 年柬埔寨共接待外国游客 215 万人次，旅游收入 15.95 亿美元。

近年来，柬埔寨政府在大力挖掘吴哥窟等原有旅游资源的同时，也积极拓展新的旅游景点。

其中，沿海地区逐步成为继吴哥景区之后又一重要的旅游目的地，在柬旅游业发展中扮演重要角色。2012 年，沿海地区接待外国游客 27.8 万人次，同比增长 44.1%，尤其是西哈努克省共接待外国游客 21.3 万人次，同比增长 38.3%；接待国内游客 65.8 万人次，同比增长 17.8%。自 2011 年 7 月柬沿海四省被纳入世界最美海滩俱乐部以来，柬政府高度重视沿海各省旅游业的发展，努力推动国内旅游链条延伸，开展了“清洁、绿色”为主题的清洁旅游城市竞赛和“一名游客一棵树”等活动，制订了 2015 年实现“无废弃塑料袋海滩”的目标，积极宣传推介旅游项目，加强沿海区域管理法等相关法律法规的执行力度，禁止污染项目进入，改善旅游设施，成立旅游监督队伍，提高旅游质量。

2011 年，全柬共有酒店约 610 家，客房约 29000 间；客栈 1193 家，客房 17624 间。其中，首都金边有酒店 208 家，客栈 261 家；暹粒有酒店 188 家，客栈 205 家；西哈努克省有酒店 57 家，客栈 107 家。各种酒店的收费从每晚 20 美元到 200 美元不等，游客可以根据财力做选择。近年来，柬埔寨已经确定将金边、暹粒和戈公等地作为新的三大旅游区进行建设。计划在戈公省建立一个自然海洋公园，开辟多条国际航线和修扩建国内多条旅游线路。

2002 年 11 月，金边市成功举办了东盟领导人会议和 2003 年旅游论坛会议。2003 年 1 月和 2 月，暹粒省的游客比上年同期增长了 40%。2003 年 5 月，柬埔寨旅游部国务秘书在接受媒体采访时表示，柬埔寨政府在 6 项优先发展工作中，将旅游业列为首位。为了促进旅游业蓬勃发展，政府已开始执行交通全面开放政策，特别是开放了通往 3 个邻国的陆路交通线。此外，为了吸引更多中国游客，柬政府已向中国政府提出要求在中国多开设几个领事馆，以方便中国人办理来柬签证。2008 年柬埔寨旅游业的增长率降至 7% ~8%，外国游客人次仅为 215 万。为了应对 2008 年金融危机，减少其对柬旅游业的冲击，柬政府采取了推动生态旅游项目、扩大机场建设、促进各地酒店升级换代等措施。2008 年到柬游客中，中国游客达到 12.3 万人次，居第 5 位。

为了争取更多的中国游客到柬埔寨旅游，2010 年 2 月柬埔寨旅游大臣童昆表示柬埔寨将采取各种措施吸引更多的中国游客。同时，柬埔寨加强了在世界知名旅游刊物上对吴哥的宣传，获得“文化王国”的美称。柏威夏古寺已成为继吴哥窟之后的又一个旅游胜地。2011 年，柬埔寨共接待外国游客 288 万人次，同比增长 15.2%，其中中国游客 24.7 万人次。旅游业收入达 18 亿美元，同比增长 5.9%，占 GDP 的 12%。

2012 年 1 月，洪森主持召开内阁会议，讨论并通过了《柬埔寨海滩地区开发和管理委员会王令》和《柬埔寨王国海滩地区开发规划》等议案。这些议案都将推动柬埔寨旅游事业的蓬勃发展。2012 年全年柬埔寨共接待外国游客 358.43 万人次，同比增长 24.4%。前五大外国游客来源国分别为：越南（76.3 万人次）、韩国（41.1 万人次）、中国（33.4 万人次）、老挝（25.4 万人次）和泰国（20.1 万人次），占外国游客比例分别为 21.3%、11.5%、9.3%、7.1% 和 5.6%，同比分别增长 24.3%、20%、35.1%、97.6% 和 72.5%。旅游收入达 22.1 亿美元，同比增长 11.1%，约占 GDP 的 14.2%，直接或间接创造了约 35 万个就业岗位。预计，2013 年全柬将接待外国游客 400 万人次。

第五节　交通与通信

柬埔寨交通网络具有一个明显的特点：交通网络集中在中部地区，基本上都是东南至西北走向，东南连接柬越边境，西北连接柬泰边境，其中又以金边为最重要的公路、铁路和内河运输枢纽。由于经济、人口及地形的影响，柬埔寨的东部、东北部及西南部的交通网络相对较少。

近现代柬埔寨交通网络的构建始于 20 世纪的 20 年代，殖民统治时期就已经形成了金边、马德望和柬泰边境等地的公路和铁路交通网络。柬埔寨独立后，西哈努克政府对交通事业高度重视，投资建设或修建了西哈努克港（磅逊港）、金边—磅逊铁路以及一些机场建设等重大设施。到 60 年代末期，包括海、陆、空在内的交通网络已经初步形成。

20 世纪 70 ~ 80 年代初期的动乱年代，柬埔寨交通建设几乎完全停滞，铁路停开，公路失修，港口淤塞，机场关闭，整个交通体系处于瘫痪状态。80 年代中期，韩桑林金边政权开始对交通基础设施进行小修小补，试图逐步重建交通网络，但成效不大。交通问题成为 90 年代以后柬埔寨重建的一个突出问题，也是国际社会对柬援助的重点领域之一。

1993 年，柬埔寨联合政府制定了以修复已损坏的骨干公路网络和农村道路建设为重点的交通基础设施政策，并成立了专门负责交通建设和管理的相关部门（如公共事务和运输部、农村发展部、邮政和电信部等），同时积极争取和配合国际援助机构开展相关工作。目前，柬埔寨已经形成了以公路和内河运输为主的交通网络。主要交通线集中在中部平原地区以及洞里萨湖流域。北部和南部山区交通闭塞。

目前，柬埔寨的交通运输和通信状况取得了较大的发展，为国家经济发展和民生的改善提供了一定保障。

一　公路

公路运输是柬埔寨最重要的交通方式，据2004年统计数据，柬埔寨的公路总里程为38257公里，除了国道，还有一些省道。最主要的公路有4条：1号公路从金边通往越南胡志明市，全长363公里；4号公路从金边通往西哈努克港，全长230公里；5号公路从金边经马德望通向柬泰边境，全长291公里；6号公路从金边经磅同、暹粒通向吴哥古迹，全长162公里。1998年柬埔寨的公路货物周转量为1200百万吨公里。

在柬埔寨，公路承担了全国客运能力的65%和货运能力的70%。在柬埔寨，只有20%的公路和高速公路为沥青铺设的路面；大约有50%的公路为砂石路面，或者是碎石路或者土路；剩下的30%的公路为自然状态的泥土路。与周边国家相比，柬埔寨的公路网的发展是较为落后的。

全国最大的铁桥师恩大桥2002年12月2日启用，铁桥宽4.2米，长约204米，采用英国桥梁钢，共有5个用钢材支撑的路墩，中间为钢筋混凝土大桥墩，两边桥头浇上混凝土，负荷力为40吨，使用寿命为60~80年。师恩桥是贯通4号至5号公路之间的51号公路上的铁桥。大桥启用后可把乌廊、安昔符、森隆东、干拉斯登、贡比塞、波塞、德兰格、当东促县、忠基里的公路网连为一体。

由于资金技术方面的严重不足，柬埔寨政府积极寻求外国支援（无偿援助或低息贷款）来发展公路建设。

2004年10月，由中国援建、上海建工集团承建的柬埔寨7号公路桔井至上丁修复项目开始施工，于2008年完工。2007年3月15日，由中国进出口银行提供优惠买方信贷的柬埔寨8号公路项目开工，8号公路全长109公里，从干丹省途经波萝勉省至柬越边境的安隆芝雷，该项目由中国上海建工集团承建。2008年10月5日，由中国援建的68号公路重建项目开工，按照施工计划，这条公路从柬埔寨与泰国接壤的柏威夏省延伸至与老挝接壤的上丁省，全长约150公里。为重建这条公路，中国向柬埔寨提供了5000多万美元贷款，并由中国上海建工集团承建。2008年3月26日，由中国援助的57号公路开工，57号公路是柬埔寨5号公路的次干线，也是拜林市连接马德望省、通向首都金边的唯一一条公路。该路全长103公里，道路标准宽度11米，合同金额4188万美元，工期40个月，由中国交通集团负责设计施工。

2003年7月，泰国政府同意为柬埔寨48号公路铺设柏油工程提供1400万美元贷款。该项工程原先就曾获得泰国政府提供的270万美元的无偿援款，加上柬政府拨出的500万美元经费，由泰国皇家军工程兵修复该公路，并铺上红砂石。48号公路东起4号公路，西至戈公省省会戈公市的柬泰边境，全长约152公里，全程有4座大桥。该公路于2008年4月落成，是连接柬埔寨沿海三个省市，即戈公省、西哈努克市、贡布省的一条重要战略通道，也是柬埔寨与泰国之间的一条重要的经贸通道。2006年底，67号公路修复项目开工，该路段的工期为2年，耗资3250万美元，由泰国提供贷款援助。67号公路竣工后，将有助于扩大柬埔寨北部与西北部地区的交通网络，并为民众的货品交流以及吸引由泰国到柬埔寨暹粒观光的旅客提供便利。同时，泰国为了方便旅客往来，还决定在戈公省建设4座横跨4条河流的大桥，除此之外，政府还在全国各个地区的农村，修筑了总长达10万公里的农村小通道，以方便农村居民的交通运输。越南政府已决定为柬埔寨援建一条由腊塔纳基里省直通越南边境地区长约70公里的公路。2003年6月，石油输出国组织决定贷款1000万美元帮助柬埔寨改造暹粒至波贝的公路。

日本也是对柬埔寨公路援建较多的国家，累计提供了2.42亿美元。2003年6月，柬东北部的6A与7号公路路段建成通车。该工程为日本援建项目，其中横跨湄公河两岸的地里木大桥竣工通车后使得柬东北部与金边连为一个直通的交通网。地里木大桥的通车，不但使柬的基础设施重建有了巨大进展，还把东西两方的交通运输线路连为一体。该公路不但是一条主要的运输公路，还是一条有助防洪、排灌，促进农业发展的水利设施与防洪堤，以及与越南、泰国、老挝陆路交通连接一体的区域性交通要道。该路竣工将促进柬埔寨东北部边远地区的经济教育与卫生事业的发展，有力地推动磅湛地区与全国的经济发展，促使柬埔寨融入本区域与亚洲地区的经济体系。出席竣工典礼的洪森说，7号公路修复后，该公路将成为从老挝万象，通过上丁、桔井，直达金边与西哈努克港的一条主要的国际交通运输线。由地里木地区通往克诺达登地区的7号公路路段全长12公里，共有两座大桥，该路段每年雨季都被洪水冲坏，为了使这条公路在旱、雨两季都能通车，日本政府拨出无偿援款以修复该路段。此外，日本政府还计划帮助柬修复由河良通往金边的1号公路路段，并在河良地区修建一座横跨湄公河的河良大桥。

2008年，亚洲开发银行向柬埔寨提供8270万美元的援助，其中1480万美元用于33号公路修复项目，1080万美元用于道路设施管理计划。2011年6月，柬埔寨农村发展部宣布启动修建505千米乡村柏油道路计划。该计划工期为2011～2016年间的五年，计划总投资为6865万美元，覆盖洞里萨湖周边的磅湛、磅清扬、滂同、马德望等七个省份的农村地区。政府为该计划投入725万美元，此外还获得其他国家和机构的贷款6000万美元。

二 铁路

柬埔寨铁路建设起步早、发展慢、运力低。全国有两条铁路：金边—波贝，全长385公里，可通曼谷；金边—西哈努克市，全长270公里，是交通运输的大动脉。铁路年久失修，运输能力很低。1998年柬埔寨的铁路货物周转量为78146百万吨/公里。

近年来筹划的“泛亚铁路”计划涉及柬埔寨。泛亚铁路全长5500公里，起点在新加坡，途经马来西亚、泰国、柬埔寨和越南，终点在中国云南省的昆明。2003年1月，马来西亚建议首先在柬埔寨建造一条48公里的铁路，并由马来西亚财团负责建造。

据报道，柬埔寨将开通金边到越南平富省录宁（Loc Ninh）铁路，总长275公里，耗资5.5亿美元。目前，越南铁路局也正在筹建开通西贡到录宁的铁路，接通越南至柬埔寨的铁路。西贡—录宁铁路长130公里，由越南铁路局、中国机器设备进出口公司（CMC）、中国铁路建设总公司（SRCC）联合兴建。该铁路宽度为1米，途中设有12个停靠站，预计总投资金额达4.38亿美元。2009年，柬埔寨停止了铁路客运，而货运列车时速仅为15千米。2010年3月，亚洲开发银行与澳大利亚政府决定向柬埔寨提供4200万美元的优惠贷款和2150万美元无偿援助，供其修复其现有铁路，并新建诗梳风至波贝48千米铁路，计划于2013年完工。

三　水运

柬埔寨的水运以内河航运为主，海洋运输居次要地位。内河航运以湄公河、洞里萨湖为主，雨季4000吨轮船可沿湄公河上溯至金边，旱季可通航2000吨货轮。湄公河、巴萨克河－洞里萨湖水系有长达2399公里的航线，总航运里程为1800公里。内河航运的主要河港有金边（也是远洋运输港）、磅湛、磅清扬和暹粒港。

西哈努克港（又称磅逊港）是最重要的对外海港，此外还有云壤港和戈公港。西哈努克港位于柬埔寨首都金边西南约230公里的西哈努克市，由法国人建于1960年，是柬埔寨唯一的深水海港，柬埔寨重要的海洋出口和对外贸易通道，全国进出口物资70%要经过这里。该港原本港阔水深，由于疏于整治，航道淤塞，导致港口未能充分发挥作用。目前该港和金边港的修缮和扩充是柬埔寨的重点建设项目，也是寻求外援和外资的重点项目。经过几年的修缮扩建，西哈努克港的承载能力有所提高。柬埔寨公共工程和运输部公布的统计报告表明，1999年西哈努克港货物吞吐量达114万吨，比1998年增加29%，创历史最高纪录。1999年的进港货轮从1998年的650艘增加到2003年的726艘，增加11.7%。2010年有约1104艘船舶停靠该港，有约43万吨的货物从这里运出。

金边港临湄公河，只有1个泊位，雨季水深5.2米，旱季水深4.2米，最多可停泊5000吨位的船舶。2002年8月，金边港开辟其第一条国际集装箱航线（往西南经湄公河通往越南胡志明市），到2002年底共处理进出口集装箱约571TEU，不具备激光检查集装箱系统。另从该港往北经湄公河可达老挝；往西北经洞里萨河到暹粒。2010年总共有约1186艘船舶停靠该港，这一数字还在不断增加。金边港船只用于国际运输的数量占了总数的77.4%，用于国内运输的船只占了22.6%。柬埔寨约有74万吨的货物运输是通过金边港来承担的。

1999年柬埔寨和日本达成协议，日本向柬埔寨提供41.42亿日元的贷款（当时日元与美元的汇率为1美元兑104日元），用于西哈努克港的改造项目。这笔贷款的年息为1%，偿还期为30年。按照计划，西哈努克港的码头将从原来的350米加长到590米，集装箱货场从3万平方米增加到6万平方米，港口水深将从8米加深到9米，可同时停泊4艘万吨级货轮。

由于柬埔寨码头管理、船只注册及海事协调方面能力不足，柬埔寨的海洋航运总体状况十分糟糕，但另一方面由于柬埔寨对于船只注册的管理宽松以及费用低廉，使得柬埔寨成为全球商用船只注册增加最快的国家之一。2002年国际海事组织对柬埔寨的全球航运记录进行严格评估，发现它的航运情况很糟，并建议说不应让它所注册的商船进行贸易。该组织的一位高级官员认为许多非法贸易源自磅逊港，并称柬埔寨自1994年设立船只注册处以来，并没有履行基本的国际海事安全公约。国际运输工人联合会和国际海运协会都把柬埔寨列为安全标准最差的国家。它的船队是世界上最陈旧的，平均船龄为25年。负责搜集海运记录的《航道资讯》说，1995~1999年之间，有24艘柬注册的船沉没或被困。此外还发生41起船只相撞事件、9起船只火患和45起船只被扣押的事件。

柬埔寨境内湄公河流域的航运开发是“澜沧江—湄公河次区域国际合作”的重要内容之一。2003年1月，湄公河委员会在金边举行研讨会，讨论制定包括促进和确保湄公河航运自由在内的河流运输新战略。柬埔寨公共工程和运输大臣戚登林在会上呼吁湄公河流域6国制定一项明确的、完整的和可操作的湄公河航运计划。戚登林还指出，柬埔寨对湄公河运输资源的利用率仅为16%。因此，制定一个结构和管理良好的河流运输体系不仅有利于柬埔寨，而且也有利于所有湄公河流域国家的旅游业、贸易和医疗、教育等方面的发展。湄公河委员会建议流域内国家重视内陆水上运输，加强现有公路、铁路和水上运输网的建设和改善柬埔寨与越南之间的河运与海运联系。柬埔寨政府计划于2010年在湄公河岸边新建一座耗资2500万美元的码头，以缓解现有码头的繁重负担。新建的码头可接纳装载集装箱的货轮，其具体位置尚未确定，初步选在金边市以南的区域。

新建码头的面积将比现有码头大6倍，建成后有望带动当地经贸发展，为投资者带来商机。2009年，金边码头的容量约为5万个集装箱，新码头计划可以存放30万个集装箱。

四　航空

柬埔寨的航空事业在东南亚是最落后的国家之一，其现状是：机场小，飞机少，运力低下。

大型机场有金边的波成东国际机场和暹粒机场。柬埔寨政府与法国、马来西亚合作，开始进行扩建工程。从1998年起，柬政府利用亚洲开发银行的美元贷款，开始对暹粒国际机场进行改造和扩建。并以BOT方式将暹粒机场提升为国际机场。该项工程于2002年12月竣工，扩建后的暹粒机场航班接待能力和安全性得到很大提高，飞机可24小时起降，为柬埔寨实施“开放天空”计划和发展旅游业提供了基础。2003年，耗资3200万美元的波成东国际机场新建候机楼竣工并投入使用，该机场的年接待能力提高到200万人次。西哈努克市的康腾机场的改扩建工程也于同年完工，可以起降波音737客机。

柬埔寨现有4家航空公司，分别是柬埔寨总统航空公司、金边皇家航空公司、暹粒航空公司和湄江航空公司。总统航空公司是柬埔寨最大的航空公司，成立于1998年，目前有（租赁）4架飞机。该公司原先只经营国内航线。2002年8月，该公司开通了金边至香港、台北以及曼谷的航线，采用能搭乘168名乘客的波音737～800型飞机。金边至台北每周3班，金边至香港每周4班，金边至曼谷每周7班。皇家航空公司目前总计已开通7条国际航线：金边—曼谷、金边—香港、金边—新加坡、金边—胡志明市、金边—吉隆坡、金边—广州、金边—万象。

2003年3月7日，湄江航空公司首航班机飞离金边前往香港，这标志着该公司已正式开通金边至香港航线。该公司使用的是波音737～500型飞机，每周一、三、五飞3个航班。此前一个月，该公司开通了金边至吉隆坡和金边至新加坡的两条国际航线，2003年底又开通了金边至广州、曼谷和胡志明市的航线。开通香港至金边航线的还有中国香港的港龙航空公司。目前，国内北京、上海、广州、昆明、南宁、重庆和成都等地有直飞金边或暹粒的航班。

五 通信

柬埔寨有着比较完整的邮政系统，已形成全国邮件收发网络。相比之下，以固定电话、移动电话及网络为内容的电信业就要落后得多。据国际电信联盟（ITU）的统计，1998 年柬埔寨每千人的拥有量分别为：电话主线 2 条，移动电话 6 部，个人电脑 0.9 台。2000 年 1 月柬埔寨互联网主机的每万人拥有量为 0.13 台。1999 年底，柬埔寨的电话数量从 1993 年的 6000 余部增加到将近 12 万部，其中移动电话 1 万多部。近年来发展电信事业成为柬埔寨政府的一项重点工作。据柬埔寨邮电部统计，截至 2012 年底，柬埔寨全国在用移动电话达 1910 万部，远超全国总人口数，相当于每 100 人使用移动电话 129.6 部。

2000 年，柬埔寨成立了以洪森为主席的国家信息技术发展委员会。2001 年是柬电信业发展较快的一年。4 月，洪森与韩国总统金大中签署协议，韩国将向柬埔寨提供 2000 万美元的贷款以帮助柬埔寨启动信息产业发展计划。根据这个计划，柬埔寨将给政府各部门安装或升级电脑和提高互联网的服务水平，对汽车、土地和居民的管理实行电脑化。

柬埔寨固定电话的发展始终落后于移动电话。柬埔寨政府早在 1992 年就将其移动电信业务对私人资本完全开放，使移动电话在柬埔寨这个最不发达国家得以迅速发展。尤其是近两年，移动电话用户增长速度很快。据柬邮电部统计，截止到 2002 年底，柬埔寨拥有固定电话用户 4 万，移动电话用户 43 万，移动电话用户的数量已超过固定电话用户数近 10 倍，固定电话和移动电话的普及率分别为 0.34%、3.3%。目前，柬埔寨固定电话和移动电话用户主要分布在首都金边（占 85%）和各省会城市，广大的农村尚无电话。截至 2010 年底，全国固定电话用户 36 万，移动电话用户 1054 万，是世界第一个移动电话用户远超过固网用户的国家。柬埔寨共有 2 条国际电话端口，国际电话服务费用占邮电通信部收入的 85% 左右，是政府主要收入来源之一。

互联网业务近几年刚在柬埔寨有所发展，经加拿大国际发展研究中心协助，互联网服务于1997年引入，由邮电通信部下设的CamNet公司负责提供互联网接入服务。现有20家互联网服务提供商，2010年互联网用户19.4万人，仅占全国人口的1.38%。

柬埔寨电信集团（Royal Group）是柬埔寨最大的电信公司，而柬埔寨移动通信公司（CamGSM）则是柬埔寨最大的移动通信公司。电信集团公司已经于2000年3月签署了总值达6400万美元的合同，以扩大其移动电话网络。电信集团与卢森堡Millicom International Cellular公司及柬埔寨邮电部同为柬埔寨移动通信公司的投资伙伴。电信集团希望通过为期3年的该项工程来扩大多点交换网并具有更大的容量和覆盖率。此外该公司也计划扩大柬埔寨的互联网接驳服务。在柬埔寨经营移动通信业务的公司还包括来自瑞典的Mobitel移动通信公司和来自泰国的Samart公司。

2000年3月1日，柬埔寨开始大幅下调国际长途电话资费，为改善投资环境创造条件。根据柬埔寨邮电部的公告，这次电话资费下调幅度达到30%，打往泰国、越南和老挝3个邻国的电话费由原来的每分钟2.4美元下降到1.68美元；打往其他亚洲国家的电话费从每分钟2.6美元下调到1.82美元；打往世界其他国家和地区的电话费从每分钟2.9美元下调到2.03美元。星期六和星期天则在此基础上再优惠20%。目前，韩国的通信公司SK电信、LG电子和东亚Elecom合作建立的SLD Telecom，已经获得了柬埔寨政府发放的CDMA移动电话经营许可。今后，SLD Telecom将在柬政府允许的双向宽带网上，向柬埔寨全境提供为期35年的CDMA移动电话服务。

2000年11月24日，柬埔寨首相洪森与其他东盟国家首脑一起签署了“电子东盟”（e. ASEAN）框架协定。在“电子东盟”框架协定下，东盟各国将多管齐下，带领东盟朝电子领域发展。主要内容包括：

——召开由私人企业界牵头的东盟互联网服务商论坛（ASEAN Internet Service Providers Forum），探讨促进互联网上信息交流的方法；

——设立完善、有利的法律和规章制度，以吸引买者和卖者在网上交易；

——促进东盟区域的信息科技产品与服务的流动，以及这方面的投资；

——成员国之间将分三阶段废除对资讯科技产品实施的税务和非关税壁垒；

——通过培训与交流，提升人民掌握信息科技的技能；

——信息科技较发达的成员国将通过分享培训资源，协助信息科技较落后的成员国；

——应用信息科技提供更多政府服务；

——实行试验计划，证实信息科技的好处。

根据这项协定，柬埔寨将可以通过加强与东盟国家的信息技术方面的合作，获得东盟国家中技术相对先进的国家的支持，逐步缩小与这些国家之间的“数字鸿沟”。柬埔寨经济部长詹巴西在协定签署仪式后举行的记者会上说，柬埔寨将鼓励私人企业界进行投资，提供较便宜的互联网服务，鼓励学生上网，以及降低信息科技产品的关税，使人民能够普遍使用电脑。

近年来，随着大量外资和技术不断涌入，信息产业开始不断增长，数据通信业务和无线网络在柬埔寨的发展方兴未艾。截至 2010 年底，柬埔寨共有网络服务供应商家 20 家，用户 19.39 万人。2010 年柬埔寨电讯业收入 3000 万美元，其中网络服务超过 126 万美元。2010 年 7 月，由中国政府提供优惠贷款的大湄公河信息高速公路项目柬埔寨至老挝段正式联通，该项目投资总额达 1.35 亿美元。

柬埔寨对电讯产业实行开放政策，允许国外及民营资本进入。截至 2010 年，该国移动通讯公司已经激增至九家，激烈的竞争导致通讯资费迅速下降，手机国际长途话费由原先的每分钟 2 美元降至目前的每分钟 20 美分。

第六节 财政与金融

独立后的柬埔寨历届政府的财政状况都很糟糕，从 20 世纪 70 年代初开始，柬埔寨超过一半的财政来源于外国援助，最初主要来自美国。从 70 年代末开始，苏联、东欧的援助占了很大比例。随着苏联解体、东欧剧变后援助的终止，政府财政状况迅速恶化，赤字超过了40%。政府采取了加印钞票的措施，导致了货币贬值、物价飞涨。

1993年联合政府产生后，柬埔寨的财政收支方面有所好转，一是随着经济的恢复和发展，政府的税收收入有所增加；二是来自国际社会的财政援助有所恢复和增加。

联合政府也积极地采取了一些措施改善财政状况。一是加强财政税收方面的立法。1993年12月柬埔寨国会正式批准生效《预算法》，将国家预算纳入法制化轨道。1997年制定《财政法》草案，重点加强税收征管。二是积极争取外国援助。三是减少用于行政管理和安全方面的费用支出。

在金融方面，1955年元旦柬埔寨国家银行的成立标志着柬埔寨的金融体系正式形成。1993年后，联合政府也制定了一些金融政策和采取了一些措施，一是加强法律法规的制定，1996年公布实施了《中央银行法》，加强货币发行及金融监管等工作。二是积极发展多种形式的专业银行，健全金融体系。三是发行国库券，筹建股票市场。

近几年来，柬埔寨的财政与金融状况有了一定改善。

2000年3月，柬埔寨政府批准2000年国家财政预算，其预算总额比1999年大幅增加了57%，达到6.2亿美元。其中用于农村发展、环保、教育和卫生等方面的拨款都有大幅增加，教育和医疗卫生方面的投入分别增加47%和51%，而国防开支则有明显下降。

2002年12月，柬埔寨国会通过了2003年度的国家财政预算案。根据这一预算，2003年柬埔寨财政收支总额为28300亿瑞尔（约合7.2亿美元），其中预算收入的30%左右来自外国援助。国民经济增长率预计为6%，工、农业将分别增长7%和3.5%。通货膨胀率将控制在4%以内。

2003年，柬埔寨在教育方面的投入将达8100万美元，卫生方面的支出为5100万美元，分别比2003年增加13%和19%。国防支出为6700万美元，增加5%。柬埔寨财政大臣吉春表示，预算将保证2003年大选的顺利举行，并为继续深化政府的各项改革和实施第二个经济社会发展五年计划提供保证。

2004年柬财政收入为22200亿瑞尔（折合5.46亿美元），2005年为

27190 亿瑞尔（折合 6.68 亿美元），2006 年为 33940 亿瑞尔（折合 8.34 亿美元），2007 年为 42280 亿瑞尔（折合 10.39 亿美元）。随着柬财政收入的增加，为改善社会硬件设施，政府逐年加大公共投资，2004 年公共投资为 2.45 亿美元，2005 年为 2.70 亿美元，2006 年为 3.65 亿美元，2007 年为 4.15 亿美元，2008 年将增加至 5.26 亿美元。

2008 年，柬埔寨外汇储备为 22 亿美元（2007 年为 17.66 亿美元），争取到国际援助 5.82 亿美元，外债 26.94 亿美元，柬币汇率基本稳定在 4100 瑞尔左右兑换 1 美元，仅增长 1.7% 左右。2008 年柬商业专业银行总资产 42 亿美元，银行放贷金额为 24 亿美元（比 2007 年增长了 80%），货币运行形势较好，2008 年货币投放比 2007 年增加 8.8%，市场净流通货币比去年同期增长 8.3%。

随着柬埔寨经济的不断增长，柬埔寨的财政收入也逐年增长，2009 年财政收入为 5120.7 十亿瑞尔，财政支出为 8827.6 十亿瑞尔。自 2010 年以来，柬埔寨经济发展平稳，财政收入逐年增加，货币运行良好。政府也增加了社会保障福利的支出，截至 2012 年社会保障和福利的支出达到了 343.5 十亿瑞尔，可见政府对社会福利的重视（见表 4-5，表 4-6）。

表 4-5 2008~2012 年柬埔寨财政收支情况

单位：十亿瑞尔

年 份	2008	2009	2010	2011	2012
财政收入	5567	5120.7	6220.9	6849.7	8196.3
税收收入	4688.7	4340.1	5022	5689.8	6812.8
财政支出	6680.8	8827.6	10020.1	10769.3	11138.8
政府支出	4435.7	4752.4	5052.5	5375.4	5931.3
一般公共服务支出	1338.7	1413.2	1596.8	1824.6	1952
国防支出	813.8	1427.4	1218.6	1221.3	1349
教育支出	606.5	708.2	732	738.3	821.3
健康支出	426.8	524.5	614.9	654	755.3
社会保障和福利支出	159	195.9	237.7	278.4	343.5

资料来源：亚洲开发银行数据统计。

表 4－6　2008～2012 年柬埔寨财政金融数据

年　份	2008	2009	2010	2011	2012
M1（十亿瑞尔，期末）	2399.6	3120.2	3220.9	3956.2	4054.7
流通中的货币（十亿瑞尔，期末）	2294.8	3001.6	3.98.6	3771.7	3755.6
活期存款（十亿瑞尔，期末）	104.8	118.6	122.3	184.6	290.1
准货币（十亿瑞尔，期末）	9459.3	13108.1	16255.9	19698.5	24546.2
M2（十亿瑞尔，期末）	11858.9	16228.8	19476.8	23654.7	28591.9
汇率（期末，瑞尔：美元）	4077	4165	4051	4039	3995
汇率（平均，瑞尔：美元）	4054.2	4139.3	4184.9	4058	4033

注：M1 是指流通于银行体系外的现钞加上商业银行活期存款，M2 是 M1 加上准货币。
资料来源：亚洲开发银行数据统计。

第七节　对外经济关系

柬埔寨的对外经济关系的基本方针政策可以归纳为：以发展市场经济为基础，积极参与地区和国际经济合作，发展对外贸易，争取国际援助，吸引外国投资。

总体来看，柬埔寨对外经济关系有着两大特点：

一是对外经济关系在国民经济中占据十分重要的地位，但这种地位却是不健康的。

1998～2002 年，柬埔寨的进出口总额占 GDP 的比例在 65%～91% 之间，2003 年则更高。从中可以看出柬埔寨经济的对外贸易依存度很高。如果再考虑外资及外援，柬埔寨经济的对外依存性更高。这说明对外经济关系在柬埔寨经济中所占的地位举足轻重，甚至可以说是至关重要。但是，这种情况并不能说明柬埔寨的对外开放就是健康的，而是由于柬埔寨特殊情况（国内经济的弱小、对外依赖程度的过高）造成的。

二是开展对外经济关系的能力严重不足，只能参与有限的地区和国际经济合作。由于自身经济能力所限，柬埔寨对外经济关系的主要内容是传统商品的进出口贸易、争取外援及引进外商投资等方面，而在地区、国际经济技术合作方面能做的工作很少。近年来随着柬埔寨加入东盟及申请加入世界贸易组织工作的开展，柬埔寨已经与许多国家或地区经济合作组织建立起了日益密切的经济关系。

近年来，柬埔寨政府为吸引国外投资创造很多条件。

第一，柬政府为外国投资者创造和平、安宁、稳定的政治环境和社会环境。2002 年 3 月，柬政府还修改了投资法，使其更具透明性，这项法案特别强调在为外国投资商办理产品进出口手续方面要简化程序，为投资者提供方便，以增强他们在柬的投资信心。

第二，柬埔寨政府特别重申要鼓励外资在高科技产业、农业、电力、加工业、电信、教育、旅游、基础设施、环境保护等方面加大投资，并对投资项目给予全部或部分免征关税优惠待遇，以及在投资前 8 年内免征盈利税。柬政府为投资农业和工业的外商提供经济实惠的土地，允许其土地租用期从 70 年延长到 90 年。在 2003 年召开的国内外和亚太地区两次大型投资论坛会上，柬政府再次重申了这一政策。此外，柬政府也欢迎外商以 BOT 方式进行投资。柬政府特别欢迎外商投资那些生产出口产品和代替进口产品的工业，表示如果他们生产的 80% 的产品用于出口，那么柬政府将给予其 100% 的免税优惠。柬政府在鼓励外商投资的同时，也通过提高征收进口税等措施来保护本国的中小企业。

第三，柬埔寨政府加大对修复和兴建基础设施方面的投资，特别是加大建设机场、港口、码头、公路、桥梁等方面的投资。这些基础设施完善后可使投资商大幅度降低成本。例如，西哈努克港港口设施实现国际标准化后，就可以大大降低外商在运输、装卸、储存等方面的费用。为了使投资商降低能源成本，柬政府除了投资建设电力供给设施外，还有计划地逐步降低电价。为此，柬埔寨电力公司在发展本国电力资源的同时，将从邻国买电，或与邻国电力并网，使每千瓦时的电费从 0.22 美元降低到 0.07 美元。

第四，柬埔寨政府还通过建立经济开发区、工业开发区、工业园、“工业走廊”等方式为外商创造投资环境和商机。2002 年 6 月以来，在柬泰、柬越、柬老边境设立了面积占全国总面积 1/3 的经济开发区。柬政府还计划把从金边到西哈努克港的124公里长的4号公路两旁地区开辟为“工业走廊”，欢迎外国公司在开发区进行各种投资和商业活动。

第五，简化投资审批手续，提高政府部门办事效率，惩治官员的贪污腐败。2000年柬埔寨首相洪森在政府发展政策与战略会议上，要求主管外来投资的国家发展委员会切实改变工作作风，制止外来投资的不断下滑势头。洪森还对政府部门官员的贪污腐败和工作效率低下的行为提出了批评，明确提出政府决定从即日起尽量简化投资审批手续，将各部门的投资审批机构全部集中到国家发展委员会大楼内办公。今后投资者来柬办理投资手续时在一个地方就可以办完全部手续，审批期限也从原来的45天缩短到28天。

第六，根据投资者的需要和有关方面的倡议，柬埔寨政府在工业、农业和农产品加工、旅游、基础设施和电力、法律和税务、银行和金融、进出口7个领域成立了7个政府与私人投资者的对话委员会，解决政府与投资者之间的矛盾和政策纷争。洪森首相规定，他将每6个月亲自主持一次大型对话会议，与投资者对话，听取他们的意见和建议，以便改进政府工作，更有效地吸引外资。

现阶段，阻碍柬埔寨外商投资发展的因素除了复杂多变的政治局势、短期内不会改变的经济环境等宏观因素外，一个突出的问题就是官员的贪污现象，使得投资者失去信心。柬埔寨官员的贪污泛滥造成国内外商家投资超出预算，成本提高，进而对柬的投资前景失去信心。据柬埔寨针对金边市和另外4个省份共1068个民众、329家私人企业和671名公务员的调查统计表明，柬埔寨的官员行政运作效率低是因为公务员对工作欠缺认知感，这使得国家税收因此减少。调查结果显示，公众在每年的社会服务额外开销中，以缴付给法庭、海关、税务和各项许可证审批部门的费用占多数。针对私人企业的调查显示，它们的额外开销多数花费在海关、商业批文和地方警察的交际费用上。

一 对外贸易

1993年后柬埔寨的对外贸易有所发展。1994年的外贸总额超过10亿美元，到1995年外贸更是获得了一倍的增长率，突破20亿美元。1996年增长势头出现逆转，为17.69亿美元。1998年恢复到20亿美元左右的水平，此后几年至今保持着良好的增长势头。

制衣业是柬埔寨出口支柱产业，2007年柬服装出口总值达到29亿美元，主要销往美欧国家。但受2008年金融危机影响，柬埔寨服装出口大幅下降，2009年第一季度对美国的服装出口额为2.79亿美元，同比下降47%；对欧盟出口额为1.24亿美元，降幅达22%；对加拿大出口额为3900万美元，降幅为21%。2010年，制衣业恢复增长，柬埔寨纺织和制衣业占全年GDP的8.7%，由于欧美市场的需求，柬的制衣业已走出最困难时期。2011年，制衣业强势增长，欧盟市场订单特别是制鞋订单大幅增加，制衣制鞋产品出口达42.4亿美元。

总的来看，柬埔寨的对外贸易有以下几个特点。

（1）进出口额连年增长，2012年达到136.3亿美元。

（2）每年均处于逆差地位，逆差额高达26.5亿美元。

（3）进出口商品以传统商品为主。出口商品主要是服装、木材、橡胶及渔产品等技术含量低、原材料或简单加工产品，附加值不高。进口商品主要是成衣原辅料、燃油、食品、化工、建材、汽车等，多数进口商品的技术含量也不高。在政府的积极推动下，柬埔寨大米的出口量增长较快，2012年，全年柬埔寨大米出口20.57万吨。

（4）主要的贸易伙伴相对比较固定，出口国家主要是美国、德国、英国、加拿大、越南、中国（含香港）和日本，出口到欧美国家的产品主要是来料加工的成衣、原料初级产品等。进口伙伴主要是泰国、中国（含香港）、新加坡、韩国和日本等周边或东亚、东南亚国家和地区。在柬泰、柬越边境地区有边境贸易，主要交易日用品、建材和车辆配件等。

（5）为了符合世界贸易组织的有关规定，柬埔寨加大了推行外贸自由化政策的力度。2003年2月，柬政府决定对水产品进出口公司、农业进出口公司以及柬埔寨橡胶业发展公司（该公司拥有7个国营橡胶园、4.5万公顷橡胶树，年产干胶4.5万吨）等三大国有进出口公司进行私有化和半私有化改造。

柬埔寨进出口关税较低，在7%～35%之间，所得税5年后交9%，亏损企业可延至第8年。柬埔寨流通美元，外币自由兑换、携带不受限制。银行资金结算有保障，从柬埔寨汇款到中国48个小时到账，可开立信用证。美元银行存款利率为8%。

根据柬签署的东盟自由贸易区协议，柬从2000年开始降低部分商品的关税，东盟成员国要求柬在2015年以前把从东盟国家进口货物关税降到零。据柬埔寨财经部东盟事务局称，大约有3000多种货物立即降低关税（包括机械、农产品和一些贸易量小的商品，其中日用品、肉类、衣物和珠宝等500种商品将在第一年内从30%～50%下降到20%～25%；材料和机械如铜、电器等则从15%降至12%），另有2000多种商品关税暂不下降。

2003年5月，印尼财政部发表一项声明称，为了推动印尼同东盟其他国家间的经济合作，印尼已降低来自柬埔寨、缅甸和越南的商品的进口关税，关税税率至少下降2.5个百分点，25种柬埔寨商品、222种缅甸商品和50种越南商品在减税之列。减税政策从2003年5月29日开始生效，有效期一年。在减税后，关税税率总体在2.5%～5%，基本达到了未来建立自由贸易区的要求。

6个老的东盟成员国从1993年开始降低关税，平均税率为12.8%。另外4个新的东盟成员国承诺最迟在2010年之前，把税率降低到5%以下。随着成员国逐年落实东盟自由贸易区的削减关税计划，截至2003年7月，东盟原来的6个成员国（新加坡、马来西亚、泰国、印尼、文莱和菲律宾）的关税税率平均已降至2.4%，但各国之间仍有许多非关税贸易壁垒有待消除。此外，还有部分与其他国家签署的双边《贸易协定》和《投资协定》，以及加入东盟签订的相关贸易协定，如《东盟货物贸易协议》《中国－东盟全面经济合作框架协议》等。

2008年，柬埔寨贸易额达77.78亿美元，其中食品类8847万美元，饮料类2733万美元，化工类2667万美元，燃油类8.27亿美元，药品8657万美元，化妆品2023万美元，汽车车辆3.52亿美元，制衣原辅料15.43亿美元，建材2.38亿美元。柬工业出口产品结构基本以制衣业、针织和制鞋业为主，近三年来外贸出口结构单一无大变化。

2009 年，受国际金融危机的影响，柬埔寨进出口严重受挫，赤字扩大。2010 年，进出口均呈恢复性增长，进出口总额为 104.72 亿美元。成衣出口依然是柬埔寨出口的支柱产品，成衣出口 29.7 亿美元，同比增长 24.3%。2011 年，柬埔寨外贸总额达 114.7 亿美元，服装和农产品是柬出口的主要动力，分别占出口总额的 87.1% 和 6.1%。

2012 年，柬埔寨对外贸易强劲增长，贸易总额达 136.3 亿美元，同比增长 19%。其中，出口 54.9 亿美元，同比增长 12.7%，主要商品是服装、橡胶、大米和木薯等，服装和鞋类出口占出口总额的 90%；进口 81.4 亿美元，同比增长 23%，主要商品是成衣原辅料、燃油、食品、化工、建材、汽车等。贸易赤字 26.5 亿美元，同比增长 53.2%。2008 ~ 2012 年柬埔寨贸易情况详见表 4 – 7。主要贸易伙伴是美国、欧盟、中国、泰国、越南、日本和加拿大（见表 4 – 8）。

表 4 – 7 2008 ~ 2012 年柬埔寨贸易情况

单位：亿美元

年 份	2008	2009（上半年）	2010	2011	2012
贸易额	77.78	29.85	104.72	114.7	136.3
进口额	44.22	20.58	61.09	66	81.4
出口额	33.56	9.57	43.63	48.7	54.9
贸易差额	10.66	11.01	17.46	17.3	26.5

资料来源：中华人民共和国驻柬埔寨王国大使馆经济商务参赞处数据统计。

表 4 – 8 2008 ~ 2012 年柬埔寨与主要贸易国的贸易额

单位：百万美元

年 份	2008	2009	2010	2011	2012
美 国	1970.9	1552.8	1903.4	2551.9	2545.2
中国香港	839.9	1646.3	1383.7	38.5	61.2
加 拿 大	292	195.8	274.2	527.9	599.2
新 加 坡	113.3	482.3	429.2	172.7	517.6
英 国	155.7	179.7	235.2	486.1	651

续表

年　份	2008	2009	2010	2011	2012
德　　国	138.1	108.8	112.3	503.7	601.7
越　　南	169.3	115.5	96.3	390.5	449.1
日　　本	32.1	79.9	89.5	280.4	367.7
荷　　兰	151.5	144.9	235.5	69.3	85.4
西 班 牙	123.7	105.5	101.2	161.6	185.4

资料来源：亚洲开发银行数据统计。

二　外国援助

外国援助一直是柬埔寨国民经济的重要支柱，在对外经济关系中占有重要地位。20 世纪 90 年代后柬埔寨的外援发生了重要变化，欧美国家和国际组织的援助取代了原来的苏联东欧集团，成为柬埔寨外援的主要来源。1992 年 6 月，33 个国家和 12 个国际组织在日本东京召开了柬埔寨重建部长级国际会议，与会各方同意提供一项 8.8 亿美元的长期援柬计划，并成立了柬埔寨重建国际委员会。近年来，法国、德国、美国、日本、中国等国成为柬埔寨的主要援助国（提供双边援助），世界银行、国际货币基金组织、亚洲开发银行、国际开发协会、东盟、联合国开发计划署以及国际劳工组织等国际组织成为主要的援助机构（提供多边援助）。其中，国际援柬会议所提供的援助占了相当大的比例。

从 1993 年柬埔寨第一届联合政府成立开始，国际社会对柬埔寨的经济重建工作给予了极大的关注和支持。1993 年 9 月 8 ~ 10 日，第一届援柬复兴部长级国际会议在巴黎召开，有 31 个捐款国重申，它们将致力于深受战争破坏的柬埔寨重建工作，对柬埔寨的支持额达到 10 亿美元。1994 年 3 月 10 ~ 11 日，第二届援柬复兴部长级国际会议在东京召开，有 32 个国家和 12 个国际机构出席了会议，与会各方决定向柬埔寨提供总额为 7.73 亿美元的经济援助（包括以前没有支付的款项）。1995 年 3 月 14 ~ 15 日，第三届援柬复兴部长级国际会议在巴黎举行，参加会议的40个捐款国和国际组织决定向柬埔寨提供9.18亿美元的援助。

从1993年10月起，国际货币基金组织取消了对柬埔寨的贷款限制。1994年5月6日，该组织批准了一项向柬埔寨提供3年期总额为1.2亿美元的贷款，以帮助柬埔寨政府实施1994~1996年的经济调整和改革计划。1994年3月，欧盟宣布向柬埔寨提供100万欧洲货币单位（约合110万美元）的人道主义援助，用于柬埔寨境内的扫雷工作。1999年2月25~26日，第三次国际援柬咨询团会议在东京举行，与会的18个国家和10个国际组织以及柬埔寨首相洪森出席了此次会议，与会各方同意向柬埔寨提供总额达4.7亿美元的援助。

近几年来，外援一直在柬埔寨的财政收入中占较大比重，约占预算支出的45%。截至1999年，国际社会对柬援助达54亿美元，贷款8亿美元。到1999年底已兑现了31.35亿美元。自1992~2000年，欧盟向柬提供援助达2.5亿欧元，亚洲开发银行向柬提供了4.1亿美元贷款和5300万美元的无偿援助。2000年援柬咨询团会议承诺援柬5.5亿美元，另外还通过非政府组织提供5500万美元的援助。国际货币基金组织2001年恢复提供对柬援助8160万美元。

2002年6月21日，第六次援助国咨询会议在金边闭幕，22个援柬国家及7个国际组织承诺向柬提供6.35亿美元援助，比2001年的东京会议多出了8000多万美元。国际援助者赞扬王国政府在经济和政策改革方面的进展，同时强调了采取进一步消除贫困和改善执政具体行动的重要性。咨询团对2001年东京会议上所概括的10个行动项目的进展进行了审查，对柬埔寨以下几个方面取得的成功表示赞扬：总审计师已经指定，国家审计局开始运作；土地法已经实行；投资法已经送交国会等待通过；全面的裁军已经实行。会议认为，柬埔寨在另外四个方面（森林保护、行政事务、政府采办、社会部分的预算分配方面）也取得了一些正面的进展，但仍存在明显的不足。在反腐败法、采取实际行动进行法律及司法改革上，援助者对其缓慢的改革步伐表示关注。援助者欢迎最近成立的法律与司法改革理事会，但强烈要求更多的成功进展。

原计划在2003年底召开的第七次国际援柬会议由于柬埔寨新政府迟迟不能成立而延期到2004年12月6～7日在金边举行。在这次为期两天的会议上，欧盟、世界银行、亚洲开发银行以及日本、美国等援助方与柬埔寨政府方面代表就柬改革进程以及援款利用等问题进行了讨论，援助方肯定了过去几年柬埔寨在参与地区和国际事务、实施各项改革、防治艾滋病等领域所取得的成就和进展，并承诺在2005年向柬埔寨提供5.04亿美元的援助。据会议公布的资料，承诺提供援助最多的是欧盟和日本，分别为1.7亿美元和1.23亿美元。但援助国强烈要求柬政府立即加大各方面改革的力度，承诺的援助是否兑现取决于柬改革的成效；如果改革没有明显进展，援助将继续减少。柬财政大臣吉春代表柬政府向援助方承诺，将加大行政、司法等领域的改革力度，制定相关法律，打击腐败行为，更加有效地利用这些援款，加快国家经济和社会发展步伐。

在2008年“柬埔寨经济发展论坛”上，柬募集到5.82亿美元的援助，其中联合国机构提供5971万美元，国际金融组织1.437亿美元，欧盟1.742亿美元，其他发展合作伙伴2.049亿美元。由于经济和社会发展相对落后，柬埔寨依然是一个“援助依赖”型国家，1992～2010年间，柬埔寨获得的各种经济援助，包括官方的和非官方的总额达108.73亿美元。2010年，柬埔寨获得的援助高达10.85亿美元，覆盖了柬埔寨大部分领域，如各级政府的管理和运行、农业发展、环境保护、教育发展、医疗事业完善（应对HIV、禽流感、疟疾）、能源开发和交通运输等基础设施建设等。援助使柬埔寨国内财政收入占GDP比重从2000年的10.1%提高到2010年的12.6%，到2015年将可能达15.2%。

近年来，中国政府向柬提供了多方面援助。2007年，中国政府向柬提供了4.35亿美元的优惠贷款，中国各有关部门先后向柬埔寨捐赠30辆消防车、104辆警用摩托车、50辆电动观光车，还向柬埔寨海上警卫部队捐赠9艘巡逻艇。在人力资源方面，2004～2011年，中国向柬埔寨提供了238份奖学金，同时还为666人提供了短期培训班，中国还帮助柬埔寨培训了大批经济建设急需的各类人才。2011年2月，由中国政府提供优惠贷款援助的59号公路修筑工程动工。在柬埔寨遭遇特大洪水侵袭时，中国第一时间向柬埔寨政府提供了价值5000万元人民币（约800万美元）的救灾物资和150万美元现汇。2011年10月，中国总理温家宝在南宁会见柬埔寨首相洪森时，同意对柬埔寨再提供5亿美元的无偿援助，主要用于柬埔寨未来4年的灾后重建。同年11月，中国提供总值4946万元人民币的援助帮助柬埔寨参议院建设三栋办公大楼。

三　外国资本

1993年后，柬埔寨实行自由经济政策，所有行业都对外开放（包括银行），政府积极采取措施吸引外商投资。1994年8月5日柬国会通过《投资法》草案，实施十分优惠的措施来吸引外资。该法被称为当时“亚洲最优惠的投资法”，以至于后来柬埔寨国内都有不少人认为过于优惠而要求修改。1993年柬埔寨联合政府成立带来的政局稳定使其国外投资迅速增加，而4年后柬发生的军事事件以及亚洲金融危机的爆发则使其吸引国外投资从1995年的25亿美元骤降到1998年的2.14亿美元。柬埔寨的外国投资高峰出现在2008年，当年柬埔寨吸引了大量的投资项目。1994～2009年4月，柬埔寨获得的外国投资额大约为252亿美元，1447个项目，具体情况见表4－9。

表4－9　1994～2009年4月在柬埔寨的外国投资的情况

单位：美元

年份	投资项目	投资额	年份	投资项目	投资额
1994	86	505698494	2003	41	224739116
1995	125	2243450373	2004	52	210440247
1996	184	763062160	2005	91	962378619
1997	205	744510560	2006	86	3467851383
1998	144	853924698	2007	90	1925728571
1999	91	447921269	2008	121	11363211932
2000	61	218037881	2009	N/A	928000000
2001	39	204683613	总计	1447	25298191538
2002	31	234552572			

资料来源：柬埔寨发展理事会，CDC database。http//：www.cambodiainvestment.gov.kh。

目前，柬埔寨政府对外商投资的几项优惠规定包括以下几点：①在柬埔寨开办企业，免征原料和机械设备进口税；②投资柬埔寨政府鼓励的出口加工业、旅游业和劳动密集型产业，出口份额在80%以上的，从开始赢利的第一年起免税至少1年，最长可达8年，产品出口免征100%的出口税；③对外资企业所生产的产品仅征收9%的所得税，但森林、石油、金矿和煤炭等有另外的专门规定；④土地租用手续简便，租期长达70年，到期还可办理续租；⑤政府不实行影响到投资者财产安全的国有化政策；⑥政府不对投资者的产品价格和服务价格加以干预和管制；⑦柬全国在使用本国货币瑞尔的同时允许美元流通，投资赚取的利润汇往国外不征税；⑧允许外资拥有100%的股权。

据柬埔寨政府2007年公布的未来投资规划，柬埔寨重点投资领域涉及交通基础设施建设、医疗卫生、教育、旅游广告宣传、艺术、文化发展、农村、经济管理、环境监测、农产品加工和促进贸易等。

2001年上半年，柬埔寨国内外投资大幅减少。2000年获得柬埔寨发展委员会批准的投资项目有66个，投资总额达2.69亿美元，比1999年增加40%。2001年上半年获得批准的投资项目只有27个，投资总额仅为5610万美元，比上一年同期减少了36%。但投资者增加了原有项目的投资，特别是在机场、旅店建设方面扩大了投资，这对促进国民经济发展十分重要。为此王国政府制定了许多吸引投资的优惠政策，并成立了7个专门小组，以便随时与广大投资者商讨解决相关问题。

2002年3月29日，柬埔寨王国政府召开全体会议，一致通过了《投资法》草案。会议发表的新闻公报说，《投资法》草案就投资者申请投资的法律程序作了详细说明。《投资法》草案规定，柬埔寨发展委员会是柬埔寨发展和投资的唯一合法资格机构，也是王国政府的参谋机构，它可以决定发展和投资的合法资格。

《投资法》明确规定，发展委员会在收到投资者的投资申请后3天内，必须对投资者的投资条件合格与否作出决定。发展委员会在投资者获得合法资格后的28天内，必须对投资者登记在册，并发给投资者所有相关投资合格的文件。没有正当理由而对投资者的申请造成延误者，将负法律责任。

《投资法》草案明文规定，王国政府绝不会对投资者的财产实行国有化。政府将对法律规定的某些产品全部或部分免税。此项法律草案将取代1994年通过的《投资法》草案。2004年1月柬埔寨政府放宽对外国投资限制的政策，2004年8月4日对《组建柬埔寨发展理事会之职责与运作法令》做了修改。这些法令进一步健全了投资组织机构及其职能，完善了投资的程序，加快了办理投资手续的速度。

柬埔寨的外商投资方式有独资、合资、合作和租赁4种。生产性企业可由外商独资，贸易性企业不允许外商独资。2000年柬埔寨总共批准97个投资项目，协议投资总额为2.7亿美元，同比减少43%，实际投资1.03亿美元。主要投资国：马来西亚、新加坡、中国（包括香港、台湾）。投资领域主要包括：旅游业、交通通信、建材、成衣制造、日用消费品加工业等。在所有引进外资的行业中，成衣制造业是取得最大成功的行业，已经成为柬埔寨出口创汇的第一大行业。

柬埔寨投资具有以下几个特点：资金来源主要局限于东南亚、东亚各国和地区；资金到位率低，有报道称柬埔寨的实际资金到位率不足10%，是东南亚最低的国家；投资的行业及地区分布不均；投资以中小项目居多。除总体经济基础的宏观环境外，柬埔寨吸引外资所面临的主要问题包括：交通通信条件差，电力供应困难，劳动力素质较差，技术人员匮乏等。

2005年，柬埔寨全年共批准私人投资项目104个，比上年增加49个项目，增幅达89%；批准固定资产投资总额为10.48亿美元，比上年的2.17亿美元增长383%。其中，批准外商投资6.82亿美元，比上年增长384%，批准国内私人投资计3.66亿美元，同比上升382%。在外商投资中，中国大陆为当年柬埔寨第一大外资来源地。2005年，中国大陆在柬埔寨投资项目41个，协议投资额达4.52亿美元，占柬埔寨批准固定资产投资总额的43.12%，同期相比增幅高达462%。泰国以8129万美元居第二位，占总额的7.76%；韩国5597万美元居第三位，占总额的5.34%；随后为马来西亚、新加坡、中国台湾等。据最新统计，截至2007年3月，柬埔寨吸引的国外直接投资总计已经超过 20 亿美元，吸引私人投资金额 2 亿美元，接受国际发展援助款项 10 亿美元。

2008 年，是柬埔寨投资增长最快的一年，投资额约占 GDP 的 22.8%，公共投资额达 7.13 亿美元，私人投资 19.02 亿美元。2009 年受金融危机的影响，投资额有所下滑，公共投资额近 6.18 亿美元，私人投资额 16.63 亿美元。2010 年，固定资产投资额 27.57 亿美元，占 GDP 的 24.1%。其中公共投资额 8.02 亿美元，私人投资额 19.55 亿美元。

四 中国与柬埔寨经贸往来

（一）贸易往来

1979 年以前，中柬贸易额最高年份（1978）为 5244 万美元。1991 年 10 月关于政治解决柬问题的《巴黎协定》签订以后，中柬两国经贸合作关系得到迅速恢复和发展。自 1992 年以来，双边贸易额持续高速增长，增幅大大高于我国对外贸易的增长速度，每年都创历史最高纪录。1996 年 7 月，中柬两国政府签署了《中柬贸易协定》和《中柬关于促进和保护投资协定》。1997 年，中柬双边贸易额达 1.2 亿美元，比上年增长 71.8%。1998 年达 1.62 亿美元，比上年增长 35%。1999 年为 1.6 亿美元，比上年下降 1.2%。其中中国出口 1.04 亿美元，比上年下降 8.2%，进口 5579 万美元，比上年增长 15.8%。

2000 年中柬贸易额为 2.24 亿美元，比上年增长了 39.6%，其中中国出口额 1.64 亿美元，进口额 6000 万美元。2001 年 1～7 月与 2000 年同期相比，中柬贸易额增长了 10.1%。中国对柬出口的主要商品有：机电产品、纺织品、钢材、服装及电路保护装置、家用陶瓷器皿、医药品、钢坯及粗锻件、鞋类等；中国从柬进口的主要商品有：天然橡胶、原木、锯材、胶合板等。

2002 年中柬贸易额为 2.76 亿美元，比上年增长了 14.84%，其中中国出口额 2.52 亿美元，进口额 2455 万美元，中国是柬埔寨第四大贸易伙伴。2002 年 11 月 4 日，中国与柬埔寨、老挝和缅甸在金边签署了中国政府向柬埔寨、老挝和缅甸三国政府提供特别优惠关税待遇的换文。根据该换文的规定，自2004年1月1日起，柬埔寨、老挝和缅甸三国向中国出口的部分产品将享受零关税待遇。

2007年，柬埔寨进出口贸易总额达80多亿美元，其中出口30多亿美元，进口40多亿美元。由于历史原因，前些年柬埔寨市场主要商品来自新加坡、泰国和越南，中国对柬出口仅占其进口总额的5%左右。加之早几年中国进入柬市场的商品多以“质低价廉”商品为主，真正能代表中国产品和技术质量的名牌商品和高科技产品进入柬埔寨市场的还不多，柬市场和民众对中国商品还有一个重新认识的过程。随着柬经济的发展和两国经贸交往的增加，中国商品在柬市场知名度不断扩大。近年来，中国商品的质量、性能和价格优势已逐步开始被柬民众所了解和接受，为中柬贸易走上新台阶打开了局面。

2010年2月4日，柬埔寨首相洪森在商业部新办公大楼落成典礼上要求商业部着力扩大出口，缩小贸易逆差。具体提出五点建议：一是加强出口能力，切实利用中国政府提供的418种产品零关税待遇；二是开拓农产品出口市场，发展农副产品加工业；三是加强《知识产权法》执法力度，打击假冒伪劣产品；四是改善贸易环境，简化通关手续；五是加快融入区域经济一体化进程，严格执行东盟内部及与中、日、韩等国签署的自贸协议。

近年来，中柬贸易增长速度很快。2007年，中国成为柬埔寨第二大进口国，仅次于泰国，从中国的进口占柬埔寨进口总量的16.6%。2008年中柬两国的贸易额达11.33亿美元，柬埔寨出口中国商品仅为0.39亿美元，而进口商品额为10.94亿美元，贸易逆差巨大。2011年，中柬贸易总额达24.98亿美元，其中柬埔寨自中国进口23.14亿美元，对华出口1.84亿美元，贸易逆差达到历史最高值。据中国海关统计，2012年，中柬双边贸易额为29.23亿美元，同比增长17%。其中，中国对柬出口27.08亿美元，同比增长17%；自柬进口2.15亿美元，同比增长16.8%。

（二）中国在柬埔寨的投资

中柬两国有着久远的友好交往史。1993年后，柬埔寨政府实施了经济自由化战略和对外开放政策，柬埔寨经济迎来了新的发展时期。1996

年7月，柬埔寨首相洪森访华期间，中柬两国签订了《投资保护协定》。近年来，在柬政府给予外国投资者土地租赁、设厂、贸易、税收等方面一系列优惠政策的鼓励下，柬埔寨已成为各国商人关注的一片新的投资热土。其中中国内地成为柬埔寨外资来源最重要的国家之一。

1. 投资概况

自2000年以来，每个月都有数个来自中国的投资考察团抵达柬埔寨进行商务考察。现在，春兰集团、中国电力技术进出口公司、中国农垦（集团）总公司等一些大企业在柬有投资项目。善于走四方的浙江人在柬则更为活跃。绍兴光大国际贸易有限公司在柬埔寨投资3000万美元创办了光大制衣厂，产销两旺。国内有不少下岗工人也前往柬埔寨开创新的事业。

据中国外经贸部业务统计，截至1999年底，中国政府共批准在柬投资43个项目，总投资额9069万美元，其中中方投资6777万美元。投资主要领域有：森林开采、木材加工、建材及其生产、玻璃制品、矿山开采、农产品及食品加工、服装鞋帽厂、酒店、商场、工程承包、医疗诊所等。

从2000年柬埔寨政府公布的官方数字看，马来西亚是投资柬埔寨最多的国家，达2亿多美元。但是，一些经济界人士却认为中国才是柬埔寨的第一大投资者。特别是亚洲金融危机后，马来西亚、新加坡、韩国、中国香港对柬埔寨的投资骤然刹车；而中国大陆经济却在这期间始终保持着高速发展态势，大批的中国人和中国企业受到国家政策的鼓舞而纷纷走出国门，寻求更广阔的市场空间，给柬埔寨带了不少投资。

根据2003年7月柬埔寨发展理事会（CDC）公布的数字，2003年1~6月柬埔寨吸收外商投资4300万美元，其中，来自中国大陆的投资2734万美元，占同期柬利用外资的64%。

据柬埔寨发展理事会的统计，2004年柬全年批准外商投资1.41亿美元，中国内地为柬的第一大外资来源地，投资额达8040万美元，比上年增长144%，占柬当年引进外资总额的57%，占柬全年批准固定资产投资总额的37.06%。2007年底，中方在柬投资额存量已超过1.68亿美元。截至2009年底，中国对柬协议投资累计70.25亿美元。据中国商务部统计，2010年，中国企业对柬非金融类直接投资金额为3.95亿美元，同比增长 83%。截至 2010 年底，中国企业对柬非金融类直接投资累计 10.28 亿美元。

2012 年 6 月 13 日上午，在中共中央政治局常委、中央纪委书记贺国强访柬期间，中柬双边经贸合作文件签字仪式在金边和平大厦举行。贺国强同志和柬埔寨首相洪森共同见证了《6 号公路二期扩建优买贷款协议》、《马德望多功能水坝优买贷款协议》等 7 项双边经贸合作协议，共同出席了新舟 60 飞机交接仪式和西哈努克港经济特区揭牌仪式。据中国商务部统计，2012 年，中国企业对柬非金融类直接投资金额为 7.2 亿美元，同比增长 131%。截至 2012 年底，中国企业对柬非金融类直接投资累计 23.93 亿美元。

2. 投资领域

中国人在柬埔寨的投资涉猎领域广泛，柬埔寨是一个百废待兴的国家，对中国人来说，这里遍布商机。在首都金边随处可见中国人经营的商铺、中国餐馆。中国公司在柬的投资项目数目达到数百家，主要以酒店、餐馆、诊所、旅馆、卡拉 OK 厅为主。2004 年中国企业在柬投资 19 个项目，其中服装纺织项目 15 个，投资金额 3510 万美元；旅游开发项目 1 个，金额 3920 万美元；烟厂 1 个，金额 440 万美元；制鞋厂 1 个，金额 100 万美元；海产品加工项目 1 个，金额 70 万美元。此外，中国资本还大量涉足柬埔寨的诸多行业，包括房地产、电力、农业、养殖、贸易、印刷、塑料、净化水、制药、木材加工等行业都有中国资本的频频介入，是柬埔寨经济生活中不可替代的力量。虽然在柬埔寨淘金不容易，但柬埔寨还是有一大批成功的中国人。在柬埔寨，最大的钢材销售商、最大的墙地砖销售商、最大的成套电器销售商都是中国人，中国人还在这里建起了最大的市场。而包括中国海运集团在内的一批国有投资企业也取得了很好的业绩。

除了正常的来柬消费和投资外，还有一部分中国资本流失在柬埔寨的赌场里。柬埔寨的赌博业在一定范围内是合法的，很多中国人来到这里便进赌场小试身手，结果让赌场名正言顺地赚走了不少钱。

3. 中国在柬埔寨投资面临的主要问题

第一，柬埔寨投资市场不完善。

由于受宏观政治经济环境的限制，柬埔寨的投资环境还很不完善。几年来，虽然柬埔寨的政治局势有所稳定，但时有发生的政治冲突使得投资者望而却步或举棋不定。

1997 年 7 月，洪森上台后，尽管政权日益稳固，但是各派政治力量的明争暗斗从未停止过，尤其是一些受西方国家支持的反对党、在野党的势力介入工会、人权等非政府组织和民间组织，使外国投资商在劳工管理方面受到严格监督，稍有不慎便会引发罢工和骚乱，令投资者苦不堪言。柬埔寨的支柱产业制衣业目前处于正常生产状态的约有 200 家，中资企业至少占 1/5，这些企业无一例外地曾多次受到由政党所操纵的罢工的冲击。有些中资制衣厂就因为难以应对由劳工问题引发的违约、成本攀升等情况而倒闭。另外，政治斗争动辄演变成暴力冲突，甚至武装冲突，使得柬埔寨政局充满变数。2000 年 11 月 24 日柬埔寨发生反政府武装暴乱。2003 年 1 月 29 日发生了焚烧泰国驻柬大使馆事件。显然，这些政治事件对于柬埔寨投资市场发展的影响是巨大的，毕竟对于投资者来说，最怕的就是不安定。

此外，由于历史文化、市场运作模式的差异，以及对柬埔寨国情、市场行情了解得不充分，也容易导致投资失败。当然，从另一方面说，投资环境不完善的市场，对于敢于冒一定风险的投资者来说也许同样有着很大的机会。大部分中国投资商到柬埔寨都会寻找一个熟悉当地市场的合作伙伴，代理当地的业务。但由于处理不好合作关系，很多公司落了个人财两空的下场。另外，柬埔寨个别官员的贪污腐化加上奸商与不良中介的兴风作浪，形成了一道道暗流，令投资者叫苦不迭。

第二，盲目投资致使投资失败。

土地开发是一个使中国投资商遭遇重创的领域。

柬埔寨国土面积 18 万多平方公里，其中可耕地面积 670 万公顷，实际耕种面积却不到 1/3。这让有着强烈的寸土寸金意识的中国人，来到柬埔寨后看到满目荒凉的土地无不深感惋惜。很多中国投资人就是看中柬埔寨土地所蕴藏的商机而来的，但却没有料到这是个陷阱。

有报道称，中国人与中资企业在柬埔寨至少买断了 5 万公顷土地，拥有 10～99 年不等的使用权。但这些土地到 2006 年为止实际开发的面积不到 5%，中国海外经济合作总公司所购买的上万公顷土地就寸土未用。据估算，在柬埔寨把 1 公顷长满杂草的土地整治到满足种植林木作物的水平至少需要投入 750 美元，还不包括道路、供水、供电的费用，这个投入是土地价值的数十倍。另外，柬埔寨的土地投资审批环节数不胜数，还会产生许多额外费用，所有这些都给土地投资商带来了沉重的包袱而不是预期的利润。

需要指出的是，在柬埔寨搞土地开发并非不具前景，相反，柬埔寨丰富的土地资源注定了这个国家要把土地的有效开发利用作为发展国民经济的支柱产业。问题也许在于时日未到。

4. 投资建议

目前，进军柬埔寨投资领域的国内企业主要是以中小企业为主。与国有大型企业相比，中小企业在投资机制和决策的灵活性方面具有一定的优势，加上中小企业投资资金少，企业转产容易、进退方便，这更能适应柬埔寨市场变化快，政策还不够稳定的特点。

现阶段中国内地投资柬埔寨的主要领域可以考虑：工厂设备、食糖、渔业捕捞技术和设备、渔业加工技术、建材产品、民用电器商品和食盐加工等领域的进口或生产；以食品加工为主的农业资源开发；以中小型发电为主的能源开发；承包工程项目等。

根据中国－东盟商务理事会提供的一份分析报告指出，中小企业对柬埔寨的糖业、渔业、建材、盐业、电器业、食品业、服务业的投资都有较大的预期回报。

（1）柬埔寨每年的用糖量很大，但是本国不能生产食糖。因此在柬埔寨建立小型糖厂会有较大的经济效益。

（2）柬埔寨的渔业资源很丰富，但是捕捞技术、设备和渔业加工技术、设备都很落后。可以利用中国的渔业捕捞技术和设备、渔业加工技术和设备，与柬方进行合作。

（3）柬埔寨的自来水管、下水管、电线护套管等都要依靠进口，而 PVC 管材的生产工艺却简单易行，投资不高，回报率可观。

（4）柬埔寨的民用电器商品都是依靠进口，包括电线、电器开关等各类中小型家用电器的配件。这些恰好是我国中小企业的强项，设备技术问题也比较好解决。柬电子市场是在起点低、要求高的情况下诞生的。随着柬埔寨和平进程的不断推进，联合国、东盟、欧盟等的机构、企业相继进入。这些机构和企业习惯于使用计算机等一些电子产品，在他们的使用带动和影响下，柬埔寨的一些政府机关、职能部门也开始使用计算机等电子器具。另外，科技含量比较高的各类产品如各类电子防盗系统、电子鉴别系统等在柬埔寨也很受欢迎，而且市场潜力很大。

（5）柬埔寨的原盐产量、品位，在东南亚地区有一定影响，但在盐业加工方面却是一个空白。

（6）柬埔寨的食品工业很不发达，可是消费量却在不断增长，连简单的方便面、饼干、各种糖果基本都要靠进口。

（7）电力匮乏、电费昂贵是柬埔寨的大问题，开发适合柬埔寨国情的太阳能发电、风力发电等适合于农村简便的发电设备很有前景；也可以利用柴油发电机组发电然后向小区、工业区等进行区域性售电。

（8）近年来，柬埔寨服务业发展迅速，但商业零售业多为摊贩式的小规模、小批量经营。中国企业可在金边建“中国商品交易中心”或比较大型的商场。

随着中柬关系的顺利发展，中柬之间的经贸关系日益密切。2000 年 11 月，中国国家主席江泽民对柬埔寨进行国事访问，明确提出中国将把加强经贸合作放在更加突出的位置，中柬双方签订了《中柬关于双边合作框架的联合声明》，以及中柬关于成立经济贸易合作委员会协定、中柬经济技术合作协定和中柬农业合作谅解备忘录等文件。《联合声明》的第四至第八点明确了两国关于加强双边经贸合作的原则及具体领域，双方同意适时建立两国经贸联合工作委员会，旨在促进和保护投资，鼓励在农业、工业以及旅游业等领域开展多种形式的合作，增强在文化、教育、卫生、体育等领域的交流与合作，并加强在联合国教科文组织及其他相关国际和地区组织中的协调与配合。《联合声明》的签署为 21 世纪中柬经贸关系的健康发展奠定了基础。

2002 年 11 月，中国国务院总理朱镕基访问柬埔寨期间，中国与柬埔寨、老挝和缅甸签署了有关中国政府向柬埔寨政府、老挝政府和缅甸政府提供特别优惠关税待遇的换文。该换文规定，自 2004 年 1 月 1 日起，柬埔寨、老挝和缅甸向中国出口的部分产品将享受零关税待遇。

2006 年在温家宝总理对柬埔寨进行国事访问期间，中柬双方签订了 11 项新协议，领域涉及卫生、电信、打击跨国犯罪以及对吴哥窟的修缮等。吴哥窟现已成为中国游客境外旅游的主要旅游地点之一。投资旅游业、饮食、酒店等服务业也是中国在柬埔寨的一个投资亮点。

（三）承包工程

近十多年来，随着柬政局的逐步稳定和柬正式加入东盟，亚洲开发银行、世界银行等国际金融机构对柬提供了部分贷款，帮助柬恢复和重建基础设施。1992～2001 年，亚行、世行共向柬提供贷款 5.25 亿美元（实际投入），主要用于公路网修复、机场改建、供水、供电等基础设施及医疗卫生、农村发展和文化教育等领域。柬政府每年也有近亿美元投入到公共项目的建设中，这成为各国对承包工程竞争的一块蛋糕。

中国的承包公司自 1997 年前后开始涉足柬承包工程市场。近年来，承包工程业务成为中国企业在柬开展经贸合作较为有效的领域。截至 2002 年 6 月，中国在柬埔寨通过竞标共获得亚行和世行贷款项目 10 个（已完工 3 个），合同总金额约 6500 万美元。带动了国内部分机电产品、成套设备、原材料和劳务等的出口。中资公司在柬承包工程市场已站稳了脚跟，发展势头良好。

据中国商务部统计，2010 年，中国企业在柬新签承包工程合同 73 个，同比增长 102.8%；合同总额 13.43 亿美元，增长 1.5%；营业额 6.48 亿美元，增长 62.9%；外派人数 3691 人，增长 291%。2011 年，中国企业在柬新签承包工程合同 81 个，同比增长 11%；合同总额 5.04 亿美元，下降 62.4%；营业额 8.25 亿美元，增长 27.3%；外派人数 3433 人，下降 7%。2012 年，中国企业在柬新签承包工程合同总额 29.55 亿美元，增长 485.7%；营业额 11.71 亿美元，增长 41.9%；外派人数 4272 人，增长 24.4%。

但柬埔寨工程市场环境较差、法律环境并不理想，各种不良中介活动频繁，国内有关企业应注意防范。

（四）劳务合作

在劳务承包合同方面，2006 年中国企业在柬承包工程合同额为 2.9 亿美元，营业额达 9800 万美元。2006 年 2 月正式签署合作协议甘寨水电站 BOT 项目，合同金额 2.8 亿美元，是迄今最大的中柬合作项目。

近年来，除在柬投资和承包工程带出劳工外，随着柬埔寨制衣业的发展，中国向柬埔寨输出了大量服装加工人员等技术劳工。据中国驻柬埔寨经济商务参赞处 2003 年的统计，当时中国在柬劳务人员约 7000 人，大多数为服装技工和熟练操作工，分布在中资、港资和台资等数十家制衣厂工作。据统计，2005 年中国与柬埔寨签署对外劳务合作合同额 1433 万美元，营业额 1082 万美元。

据中国商务部统计，2010 年，中国企业在柬新签劳务合作合同 7 个，同比下降 88.9%；合同总额 83 万美元，下降 40.7%；营业额 512 万美元，下降 57.4%；外派人数 498 人，增长 31.4%。2011 年，中国企业派出赴柬劳务合作人数 40 人，下降 92%。截至 2011 年底，中国企业在柬承包工程累计合同额和营业额分别是 52.13 亿美元和 28.81 亿美元。2012 年，中国企业派出赴柬劳务合作人数 1400 人，增长 3400%。截至 2012 年底，中国企业在柬承包工程累计合同额和营业额分别是 81.69 亿美元和 40.53 亿美元。

但近年来，中柬劳务合作秩序混乱，一些不法商人利用不正当手段骗取劳工去柬的现象时有发生，致使在柬非法务工的问题较为严重，各类劳务纠纷频繁发生。中国有关部门多次采取措施加强管理和在媒体上公开发表通告，要求有关企业和劳务人员通过正当、合法途径办理去柬务工手续，但目前此问题仍较为严重。

柬最主要的吸收劳动力的行业是制衣业和轻工业，但其制衣行业现已饱和，且有向国外转移的趋势。此外，柬埔寨的《劳工法》是完全参照西方发达国家劳动标准制定的，要求较为严格，现实执行中更强调的是保护劳工的权益。柬埔寨有多个工会组织，其活动充分受到法律的保护和有关国际非政府组织的大力支持，活动较为活跃，经常组织大规模罢工、游行和示威活动。总之，中国人赴柬埔寨进行劳务合作需要谨慎处理。

五 柬埔寨与其他国家和地区的经贸关系

（一）与美国的经贸关系

美国和柬埔寨于1996年10月4日签订贸易协定（重点是关于知识产权保护方面的内容）后，柬埔寨获得美国的最惠国待遇（MFN）。1997年5月30日克林顿政府指定柬埔寨为享有美国普遍化优惠关税（GSP）的不发达国家。但在此后两年多的时间里一直都没有与柬开展任何关于贸易或投资方面的磋商。

美柬贸易协定签署后，柬埔寨成衣工业的外国投资大幅增加，成衣工厂增加4倍以上，由1996年的25家猛增到130多家，成衣出口美国的金额由1996年的240万美元增加到1998年的3.8亿美元，约占柬埔寨成衣出口总额的3/4。

1999年1月21日，为应对柬埔寨对美国纺织品的迅速增长趋势，美柬双方签订了为期3年的纺织品双边协定，针对12种纺织品类别设定配额。该协定包含有劳工标准工作时间及最低薪金方面的规定，每年12月1日由美国政府审定柬埔寨是否符合有关标准，从而给予配额数量方面的奖惩。

协定签署后，美国随即对柬埔寨纺织及成衣工厂进行评估。1999年3月15日到26日，美国派出2人工作小组对金边地区的57家纺织厂和成衣工厂进行突击检查，据报道说发现了“伪造通关文件”以及“假冒原产地证明”等现象。

自柬埔寨2004年加入世贸组织后，两国之间的贸易额一直稳定增长。2005年，美国对柬埔寨出口7000万美元，增长18%。美国出口柬埔寨的商品以汽车、机械、纺织品、肉类产品和石油为主。2005年，美国从柬埔寨进口17亿美元，主要是针织服装、肉制品和鱼类。

2006年，美国与柬埔寨签署了《贸易与投资框架协议》，该协议将促进两国间的贸易和投资，为解决双边贸易问题提供一个平台。2007年7月，美国通用电气（GE）公司在柬埔寨王国设立分公司。

据美国商务部统计，2012年柬埔寨和美国的双边贸易额达到29.2亿美元，比上年增长0.7%，其中柬埔寨出口26.9亿美元，进口2.26亿美元。美国是柬埔寨最大的出口市场，柬埔寨出口美国的主要产品包括服装和鞋子，而柬埔寨从美国进口的产品主要为机动车、机械和医疗设备等。

近几年来，美柬经贸关系主要受以下因素制约：第一，知识产权保护方面。美柬虽然签订了关于保护知识产权方面的协定，但美国一直指责柬埔寨方面所做的工作远远不够。第二，关于人权、劳工方面的争端。第三，关于审判前红色高棉领导人的问题以及柬埔寨民主化方面的争端。

（二）与泰国的经贸关系

泰国是柬埔寨重要的周边国家之一，两国一直保持着密切的经贸关系。2003年1月，少数柬埔寨人捣毁金边的泰国大使馆和泰资工商机构，导致泰柬两国关系陷入危机，后经柬泰双方共同努力消除了误会，双边关系回到了正常轨道。2003年5月，泰国首相他信宣布，泰国、柬埔寨、老挝和缅甸计划成立一个经济成长四角区。他信说，泰国可通过联合柬、老、缅三国向世界供应农产品来促进区域经济的发展，并通过扩大就业机会来协助解决诸如非法劳工等其他问题。泰、柬、老、缅四国外长于2003年7月在泰北清迈举行会议，讨论建立经济成长四角区的问题，并决定另择日期在缅甸举行四国首脑会议。泰国驻柬埔寨使馆公布数据显示，2013年上半年，柬泰双边贸易总额达23.13亿美元，与去年同期的20.82亿美元相比增长11%。其中，柬埔寨出口1.6172亿美元，同比增长21%；进口21.52亿美元，同比增长10%。柬埔寨是泰国第8大贸易伙伴，主要向泰国出口大米、玉米、木薯、鱼类、豆类等，主要自泰国进口食品、饮料、建材、水果、蔬菜、化妆品等。

许多泰国投资者前往柬埔寨投资，如曼谷连锁医院（KH）、象牌啤酒生产商泰国酿酒公司（Thai Beverage）、卜蜂集团（CP）、协成昌公司（SPC）等。在1994~2007年间，泰国企业在柬埔寨投资总额约100多亿铢。之前由于泰国与柬埔寨边境古庙纷争，至少有10家泰国企业暂缓柬埔寨投资，等待两国纠纷问题明朗，但从长远看，应该不会阻碍投资，柬埔寨政府一直欢迎泰国投资者。

2013年5月11日，第一届柬泰越贸易投资展在柬埔寨国公省开幕，柬埔寨国务兼商业部长占蒲拉西出席仪式。此次活动为期 3 天，共设 126 个展位，有 86 家公司参展。占蒲拉西表示，该活动将有效促进柬泰越三国的贸易往来，推动三国之间政治、经济、社会和文化交流，巩固三国人民的友谊，同时为商人提供商业交流机会。

（三）与菲律宾的经贸关系

根据 2002 年 1 月柬埔寨与菲律宾政府达成的合作协议，两国建立了柬埔寨—菲律宾商业委员会。菲计划在柬建立一所电脑学校，帮助柬培训电脑技术人才，并与有关部门联合开发柬埔寨石油。菲律宾还计划在柬设立碾米厂和大米储存仓库，同时将开辟面积达 1 万公顷的水稻种植基地，生产专供菲律宾的大米。该协议还包括两国讨论菲律宾首都马尼拉至柬埔寨旅游区暹粒市通航的问题。

（四）与欧盟的经贸关系

进入 21 世纪后，欧盟市场向柬埔寨开放，柬每年对欧盟的出口增加 60%。自 2001 年以来，所有向欧盟出口的柬埔寨产品都享受免税和免配额待遇。现在，柬向欧盟出口的产品 97% 是成衣，因此柬必须使出口产品多样化，充分利用欧盟提供的优惠条件进入欧盟市场。

2003 年 7 月，欧盟委员会一位发言人表示，欧盟希望同东盟就建立自由贸易区问题进行谈判。如果欧盟 - 东盟自由贸易区得以建立，欧盟与柬埔寨经贸合作将得到进一步加强。

从 2009 年 9 月 1 日起，柬埔寨大米获准免税进入欧盟市场，使柬埔寨农民不必再将稻谷廉价出售给泰国和越南粮商，可以直接出口到欧盟市场，获取更大收益。年内，柬埔寨与欧盟签署 6000 吨大米销售合同。

2010 年 8 月，欧盟驻柬代表宣布欧盟将为柬埔寨的胡椒种植提供资金和技术援助，并将对柬埔寨胡椒提供免税进口的优惠政策。据统计，2011 年，欧盟依然是柬埔寨的第二大出口市场，柬埔寨对欧盟的出口额达到 6.6 亿美元，占柬埔寨全年出口额的 25.85%。

第五章

军　　事

第一节　概述

一　军事简史

1863 年柬埔寨沦为法国的保护国，进入了灾难深重的法国殖民统治时期，同时也开始了漫长的争取民族独立的斗争。二战期间，日本军队曾占领这块法国殖民地。日本投降后，法国侵略者卷土重来。在这个过程中，印度支那地区掀起了激烈的反殖民运动，反殖民武装力量陆续组建并不断发展、壮大。在柬埔寨，当时活跃着两支抗法抵抗力量，其中柬埔寨伊沙拉克控制着柬埔寨西北地区，越盟活跃在柬埔寨的南部地区。两支武装抵抗力量通过武装斗争的方式争取推翻法国的殖民统治，谋求柬埔寨和印度支那地区的独立。在抗击共同的敌人法国殖民者的斗争中，柬埔寨的抗法武装力量与印度支那地区其他抗法武装力量逐步走到一起。1951 年 3 月 11 日，越南联越阵线、高棉伊沙拉克、寮国伊沙拉成立越 - 柬 - 寮人民联盟，建立三国联盟委员会，制定抗击法国殖民者的共同行动纲领。为了瓦解法军的“纳瓦尔计划”，促成奠边府战略决战，三国抗法武装力量于 1953 年在印度支那战场上陆续发动一系列战略进攻。其中，1953 年 12 月，三国武装力量通过下寮战役解放了老挝下寮和柬埔寨的西北地区。1954 年 7 月，在奠边府大败法军，迫使法国签订放弃对印支的殖民统治和撤军的《日内瓦协议》。

在国内外武装力量掀起轰轰烈烈的反法武装斗争的同时，柬埔寨王室则通过外交斗争积极争取国家独立和建设本国武装力量。1946 年 1 月 7 日，柬埔寨与法国签署《法柬军事协定》。根据该协定，法国仍然控制柬埔寨的财政、军事、内政、外交等领域；但是，柬埔寨成为法兰西联邦内的自治国，并获许建立自治军，即“柬埔寨皇家部队”。

在殖民地日益高涨的军事和外交斗争的压力下，法国政局出现了有利于殖民地独立的趋势。1948 年，法国议会中社会党和共产党的议员占据多数席位。在他们的努力下，法国国会以 76 比 72 多数票通过允许柬埔寨独立的法规。1949 年柬埔寨获得了独立国的地位，开始建立柬埔寨皇家自治陆军。这支军队由国王兼任最高统帅，下设最高国防委员会和总参谋部。创立初期，柬埔寨皇家军队实力很弱，装备落后，是一支地方性武装部队。1952 年，这支军队才达到 6 个陆军营，兵力 1.35 万人。1953 年扩至 8 个营，达 1.62 万人，同时开始在金边开设军官学校。但是，这期间柬埔寨还不是真正的独立国家，其军队战时仍由法国控制，并为法军提供军事基地。

从 1951 ~ 1953 年的夏天，法军在印度支那北部地区连遭败绩。为了扭转战局，法国决心在印度支那北部发动对越南的战略决战，于是，不得不对柬埔寨妥协，以解除后顾之忧。1953 年 10 月 17 日，法国和柬埔寨再次签订军事协定，法国将军队指挥权移交给柬埔寨王国政府，柬埔寨皇家军队逐步脱离法国的直接控制。1953 年 11 月 9 日，柬埔寨宣布独立，柬埔寨军队从此走上了独立发展的道路。

虽然柬埔寨摆脱了法国的殖民统治，却又先后陷入外部大国的干预和与邻国的冲突之中。国内各种武装力量此涨彼消、分分合合，国家政权不断更迭，政局动荡不安，先后经历了西哈努克时期、朗诺政权时期、民主柬埔寨时期、金边政权时期和柬埔寨王国时期。在这样的背景下，柬埔寨一次又一次地陷入了极为复杂的军事冲突之中，柬埔寨的军队建设也随之走上了一条曲折的发展道路。

（一）西哈努克时期（1953 ~ 1970 年）

独立后，柬埔寨王国虽然直接掌握军队，但是法国在柬埔寨军队中仍有较大的影响。法国除提供军事援助外还向柬埔寨派驻300名军事顾问，负责训练柬军。由于1954年5月7日法军在奠边府全军覆没，7月21日，除了美国和南越政权以外的日内瓦会议与会国签署了关于在越南、老挝和柬埔寨停战的《日内瓦会议最后宣言》。在军事方面，该宣言规定，“禁止外国军队和军事人员进入印度支那国家”“禁止外国在印度支那建立基地和印度支那国家参加外国军事同盟”“法国军队从印度支那国家撤军”等。此外，越南民主共和国与柬埔寨还签署了《关于在柬埔寨停止敌对行动的协定》。后来，这两项协议在柬埔寨得到了部分实施：越盟把其武装力量撤往北越地区；柬埔寨高棉抗战人员或就地复员，或随越盟北撤，或组建高棉人民革命党转向公开活动。

然而，自日内瓦会议以后，美国加紧对印度支那地区的渗透，企图取代法国在该地区的影响。1954年8月8日，在美国总统艾森豪威尔的主持下，美国国会正式决定取代法国进而侵略印度支那。9月6日至8日，美国纠集英、法、澳、新、菲、泰和巴基斯坦等国签订《东南亚集体防务条约》和《太平洋宪章》，建立东南亚条约组织，把柬埔寨等印支国家划入该组织的“保护范围”，竭力介入印度支那事务，极力发起新的殖民主义战争，试图遏制共产主义。在柬埔寨，美国极力破坏柬埔寨的和平中立政策，肆意干涉柬埔寨内政。在这种形势下，西哈努克一度考虑采取亲西方的中立政策，以寻求美国对柬埔寨和平、中立、领土和主权完整的支持。这样，1955年5月19日柬埔寨与美国签订了军事协定。根据该协议，美向柬派遣一个100人的军事顾问团负责训练柬埔寨军队，并给予柬军事援助。据统计，到1963年柬埔寨拒绝美国援助为止，柬埔寨皇家武装力量在8年里共获得美国约8370万美元的援助。

1963年11月20日柬埔寨拒绝美国援助，美国军事顾问团撤离柬埔寨。面对美国越来越肆无忌惮的干涉和越南战争的升级，西哈努克更加同情越南人民的抗美救国战争，并开始实行“左”倾的和平中立政策。在拒绝美援之后，柬埔寨接受了社会主义国家的军事援助。1963年8月开始接受苏联的军事援助。1965年6月23日，柬埔寨与中国签订议定书，由中国援助柬埔寨建设小型兵器修理厂和培训技术人员。此外，柬埔寨还接受捷克斯洛伐克、南斯拉夫等国的军事援助。

独立后，柬埔寨军队的建设逐步走上正轨。在法规建设上，1959 年 11 月，国会通过兵役法案，开始实行征兵制。在规模建设上，柬埔寨军队经历了多次整编和扩充。独立以后的第二年，柬埔寨皇家军队总兵力达到 4 万人。其后，柬埔寨军队又连续 3 次裁减：1955 年、1956 年、1961 年分别裁减到 3.7 万、3.5 万和 3.1 万人；此外，1956 年还解散了 2.1 万名保安团队员。1962 年柬埔寨又扩军至 4.5 万人；到 1970 年朗诺集团政变前，柬军达到 4.62 万人，编有 70 个营。在军兵种建设上，柬埔寨军队建有陆、海、空三军。其中，陆军占总兵力的 90%，约为 4.4 万人，包括步兵、炮兵、装甲兵、伞兵和防空兵等军兵种；海军约 1200 人，编成 3 个巡逻艇队和 1 个海军直属连；空军约 1000 人，编成 3 个运输大队、1 个歼击机和巡逻机大队。此外，为了储备兵员，还组织民兵，并对社会主义青年团进行军事训练，以在必要时配合正规军作战。柬埔寨王国政府还制定了一项动员全民参加国防工作的计划。该计划要求，凡是年龄 18～30 岁的壮丁都应参加民兵组织，学生也要接受军事训练。但因种种原因该计划未能完全付诸实施。

（二）朗诺政权时期（1970～1975 年）

1969 年尼克松入主白宫，他通过“尼克松主义”提出“现实威胁”的军事战略，具体运用到印度支那战争中就是促使战争“越南化”“老挝化”“高棉化”。在柬埔寨，为了推行战争“高棉化”，1970 年 3 月 18 日，美国在西哈努克出访期间策划了朗诺－施里玛达军事政变，推翻柬埔寨和平中立的政府，成立所谓“救亡政府”。同年 10 月 9 日，朗诺政权宣布成立“高棉共和国”。朗诺上台后，集国家政治、经济、军事大权于一身，兼任高棉共和国军队总司令和总参谋长。为了镇压人民的反抗和配合美国的战争“高棉化”的双重需要，朗诺在美国的扶持下大肆扩军：1970 年、1971 年、1973 年、1974 年迅速将军队由原来的 4.6 万人扩大到 14 万人、17.9 万人、20 万人、25 万人。以 1973 年为例，金边政权的陆军达到 19.15 万人，共编成 71 个旅，503 个营；海军为 4000 人，装备作战舰只 16 艘，编成 4 个舰艇编队、8 个陆战营；空军由 1000 人发展到

4500人，装备飞机约100架，其中作战飞机50架。

美国扶持朗诺傀儡政权就是为了实施其战争“印度支那化”战略，从而使得柬埔寨反抗美帝国主义武装干涉的斗争转化为反抗外国入侵和国内不同政治力量之间的斗争。就在1970年4月30日，美国出动10万大军（美军和南越军各占一半）大举侵占柬埔寨，旨在保护朗诺政权，破坏建立在柬埔寨境内的越共基地。

在这种形势下，柬埔寨各种武装力量迅速掀起反抗朗诺政权和抗击美国侵略的斗争。柬埔寨共产党游击队就是其中的一支。这支力量组建于1968年，到朗诺发动“3·18”政变时，已发展为一支拥有4000人的基干队伍和约5万人的游击队。当年5月5日，西哈努克在北京成立柬埔寨王国团结政府，该政府与柬共等抵抗力量联合组成统一战线，组建柬埔寨民族解放人民武装力量。这支武装力量在北越军队的配合下立即投入抗击美军和朗诺伪军的斗争中，打败了美军和南越伪军发动的军事行动。在美军和南越伪军遭到失败后，尼克松于同年6月30日宣布撤军，停止侵略柬埔寨的军事行动。但是，美军为了实施其战争“高棉化”战略，把部分南越伪军留在柬埔寨，以此作为朗诺伪军的靠山和实施战争“高棉化”的主力部队。1970年，越、柬、老三国联合抗美统一战线形成，柬共武装力量承认越南人民军可使用柬埔寨的领土，从而柬埔寨民族解放人民武装力量与北越军队并肩作战，抗击美伪集团的军队。

在抗击美国和南越军队的侵略和推翻朗诺政权的武装斗争中，柬埔寨民族解放人民武装力量迅速地成长起来。在“3·18”政变前，这支武装力量只有排连级部队，到1970年上半年，已经普遍建立营编制。1971年底拥有团编制。1972年底到1973年初，建立师建制部队并拥有正规部队、地方部队和游击队3种武装力量。1974年底3种武装力量总兵力达到20多万，其中正规军在10万以上。1975年元旦，柬埔寨民族解放人民武装力量发起对金边的战略决战，经过数月奋战，于4月17日攻克金边，推翻亲美的朗诺政府，建立新的人民政权。经过5年的浴血奋战，柬埔寨民族解放人民武装力量先后打败了10多万美国侵略军和南越伪军的疯狂入侵。

（三）民主柬埔寨时期（1975～1978年）

在民主柬埔寨政府时期，柬埔寨军队称为“民柬国民军”，前身是1968年1月17日柬共创建的游击队和后来在抗美战争中组建的柬埔寨民族解放人民武装力量。1975年4月全国解放后改称为革命军，后又改称为民柬国民军，保留了6.8万人的兵力，由柬共总书记波尔布特兼任总司令，宋成任国防部长。民柬国民军是一支由农民武装发展起来的军队，虽然士兵的文化、军事素质较低，没有经过正规训练，但纪律较严明，政治素质较高，且经过长期战争环境的磨炼，具有较强的战斗力。在推翻朗诺政府后，民主柬埔寨军队进行整编。整编后的民主柬埔寨武装力量由正规军、地方军和游击队组成，同时还建有海军、空军、炮兵和通信兵等部队。全国分为4个军区，每个军区统辖数个旅，各军区的行动相对独立，但部队经常调动，由国防部统一部署。后来，民柬政府军发展到正规军8万多人，编有20个师，总兵力发展到20万人。

在取得抗美战争和内战的胜利后，民柬军队尽管有了一定的发展，但是民柬的政治运动很快就打乱了军队的建设。民柬军队对忠于西哈努克的“自由高棉”以及朗诺政权的部队残余分子进行大批屠杀。不仅如此，由于以波尔布特为首的红色高棉屡屡发动政治运动，实行极“左”政策，如“清理阶级队伍”和肃反运动的大拘捕、大屠杀等，导致社会矛盾尖锐和民柬军队的分化。1978年3月23日，湄公河以东地区发生兵变。随后，波尔布特集团在全国范围内进行残酷的“肃反”大屠杀。这场运动导致柬共中央副书记、东北军区司令索平“自杀”。其后，民柬大批高级军官逃往越南，如金边政权主要领导人韩桑林、谢辛、洪森都是在此期间与红色高棉决裂投靠越南的。民柬军队的内部分裂成为日后民柬迅速垮台的重要原因之一。

与此同时，柬埔寨和越南这两个曾经在战火中患难与共的邻国，在各自取得政权后并没有能够友好相处，更不能理性地处理两国间存在的宗教、民族和领土问题，反而因这些问题导致了频繁的军事冲突和战争。1977年底，边界战争进一步升级。越南试图扩大对鹦鹉嘴地区的控制，增兵5.8万人，企图一举消灭柬在东部边界的有生力量，同时准备摧毁柬东部的政权机构，代之以越南支持的地方政权。12 月 3 日，越南网罗了叛离民柬的柬埔寨分子，拼凑了“柬埔寨救国民族团结阵线”，充当越南在柬埔寨的傀儡组织。12 月 25 日，民柬军队宣布对越南的全面战争。12 月 31 日，乔森潘宣布中止柬越两国外交关系，要求越军无条件地全部撤军。

经过一年的边界战争，两国关系更为恶化，都试图要推翻对方政府。1978 年夏天，越共四中全会决定把“迅速夺取西南边界政治上和军事上的胜利”作为“贯彻始终的重要任务”，同时把柬埔寨确定为越南的“直接敌人”。越南又发动了一次大规模的军事入侵。到 8 月底，越军占领了柬埔寨磅湛省和桔井省的狭长边界地带。9 月 30 日，西哈努克动员全民抗越。1978 年 12 月 25 日，越南当局在苏联的支持下，出动 15 个步兵师、200 架飞机、580 辆坦克，共 18 万大军，兵分八路，从柬埔寨的北部、东部和南部大举入侵柬埔寨。

在越军的强大攻势下，民柬国民军节节败退，不得不退入西北部山区，建立根据地，开展游击战。1979 年 1 月 7 日，民柬中央机构撤离首都金边。在这场战争中，民柬国民军 20 个师损失 10 多个，8 万正规部队只剩下 1 万多人，并且四处分散，失去联络。

（四）金边政权时期（1979～1991 年）

1979 年 1 月 7 日，金边被越军攻陷，韩桑林等民柬分裂派人士在越军扶植下建立金边政权，并组建高棉人民革命武装力量，即金边政府军。最初，金边政府军总兵力只有 2 万～3 万人，宾索万任国防部长兼武装部队总司令。1981 年后，韩桑林兼任武装部队总司令和国防委员会主席。在苏联和越南的帮助下，金边政府军逐步发展壮大。到 20 世纪 80 年代末，总兵力达到 6 万人，编成 6 个步兵师，组成炮兵、装甲兵、通信兵、防空兵等军兵种。还组建了地方部队，在各省、市、县设立军事指挥部，每省编有地方部队 2～3 个营，每县编有 1～2 个连。各村编有民兵自卫队，基本形成了主力部队、地方部队和民兵三位一体的武装力量体制。此外，金边政府还组建了 10 万地方武装警察。90 年代初，金边政权又组建了海军和空军。截止到 1993 年 5 月 3 日大选前夕，柬埔寨人民革命军陆海空三军总兵力约13.5万人，其中陆军正规军8万人，空军1000人，海军4000人，民兵约为22万人。

虽然在苏联和越南的扶持下，金边政权不断加强其武装力量，但是，这支武装力量难以对抗柬埔寨的各种抵抗力量。在这样的形势下，越南军队一直驻守在柬埔寨各地。越南的入侵同时也激发了柬埔寨国内抗越力量的发展和壮大。在这些抵抗力量中，民柬国民军是主要力量。此后，西哈努克亲王和前首相宋双也相继建立起各自的武装力量。他们联合民柬国民军，共同开展抗越斗争。

1979年惨败之后，民柬领导人开始深刻反思。柬共宣布，“执行爱国民主民族团结阵线政治纲领”；波尔布特辞去柬共中央书记和政府总理职务，成立以乔森潘为总理的新政府；并团结西哈努克等各派力量，共同打击侵略者。1979年12月红色高棉改组军队，改称民柬国民军，确立了“以游击战为主的人民战争”的军事方针。为此，成立国家军队最高委员会，由波尔布特任主席兼司令，切春任副主席兼总参谋长，宋成任秘书长。经过重新集结和整编，1982年又发展至4.5万人。在长达10多年的抗越斗争中，民柬力量不断发展壮大，1987年达到6万余人，最大编制为师，乡村还有民兵组织，后备支援部队约有2万人。波尔布特宣布“退休”后，宋成担任民柬力量总司令。1992年联合国维和部队进驻柬埔寨后，民柬力量受到极大限制。但红色高棉仍是一支有较强战斗力的部队。

西哈努克国民军是1981年6月组建的一支由聚集在柬泰边境地区难民营中的西哈努克支持者组成的武装力量。其领导机构是西哈努克领导的柬埔寨独立、中立、和平与合作民族统一阵线。组建初期，英丹任总司令，班迪任参谋长，总部设在达敦。1987年7月24日，改称西哈努克国民军，诺罗敦·拉那烈任总司令兼参谋长，副总参谋长为诺罗敦·夏卡朋，但不久后他就辞职加入人民革命党。西哈努克国民军约有2万兵力，编成4个旅、2个独立团和5个突击队，主要在马德望、暹粒、奥多棉吉、磅同等西北地区活动，与另外两派抵抗力量配合作战，打击侵柬越军和金边伪军。1989年发展到5个旅，10~12个团和5个突击大队。1991

年6月16日，作为柬埔寨全国最高委员会主席的西哈努克宣布，“他不再属于任何政党或政治派别”。这样，拉那烈成为民族统一阵线和西哈努克国民军的最高领导。

高棉人民民族解放军也是柬埔寨3支重要抵抗力量之一。它成立于1980年，由前总理宋双创建的右翼组织“高棉人民民族解放阵线”领导，沙索沙康任总司令。1987年，这支军队的总兵力发展到2万多人，按旅、团、营、连的建制组织，主要在马德望、暹粒、奥多棉吉和菩萨4省活动。1990年5月20日，沙索沙康等人与宋双决裂，组建高棉自由民主党。由于领导人发生变动，这支力量也受到很大削弱。1992年底，这支部队的总兵力约1万人。

在东盟国家的推动和柬埔寨抵抗力量三方的努力下，1982年6月22日，西哈努克、乔森潘、宋双等抗越三方爱国抵抗力量联合成立了民主柬埔寨联合政府，取代民主柬埔寨。民主柬埔寨联合政府的成立，增强了柬埔寨的抵抗力量，从此柬埔寨抗越斗争进入了一个新的阶段。三方武装力量配合作战，共同抗击越南侵略者和金边亲越政权。西哈努克为政府首脑，宋双为总理，乔森潘则负责军事。有关各方团结协作、统一指挥、共同抗击越南，抵抗力量发展得更快。

在战争开始阶段，越南企图速战速决、全面出击，而民柬部队则依靠西南地区的梅莱山根据地和内地的一些游击区，主动出击敌人，扭转了被动挨打的局面。游击队的战略方针是避免同敌人优势兵力发生正面冲突，发挥自己擅长的游击战术，开展长期战争，在斗争中求生存、求壮大。到1984年，柬埔寨三方武装超过8万人。

随着苏联全球战略的收缩，越南从柬埔寨全面撤军也势在必行。但是，内战的苦果仍在吞噬着柬埔寨。抵抗力量三方及越南扶植的金边政府对国家的前途方面的政治分歧过大，尤其是金边政府拒不与其他三方谈判。洪森称，政府军有能力在一两年之内消灭反对派。于是，内战在越军还没撤完时就已经开始。但是，洪森低估了抵抗力量。政府军的大规模进攻和“围剿”收效甚微，抵抗力量不但未被“剿灭”反而不断壮大。在1989~1990年的攻势中，游击队取得了主动。1989年9月，游击队包围了边境城镇波贝。30 日，宋双派和西哈努克派协力攻占特莫博城。次日，又攻下离泰国边界 40 公里的县城普农斯农。同年底，民柬力量还攻占了具有战略意义的红宝石和蓝宝石产地山城拜林。1992 年联柬机构进驻柬埔寨之后，柬四方经过多次协商，要求各派解除武装。在联合国驻柬埔寨维和部队的监督下，西哈努克民族主义军和宋双高棉民族解放人民军交出部分武器，编入柬埔寨皇家政府军序列。但是，民柬同金边政权的军事冲突始终不断，并引发了柬埔寨新一轮内战。

金边政权和民柬之间的大规模战事引起了国际社会和有关各方的担忧和关注。联柬机构主席明石康于 1993 年 2 月 2 日会见洪森。2 月 6 日，西哈努克亲王发表告柬埔寨人民书，呼吁各派军队停止违反停火协议的军事行动。高棉人民民族解放阵线领导人宋双呼吁，柬各派应请西哈努克亲王出面调停金边政权与民柬之间的冲突。经联柬机构和有关各方积极努力，到 2 月 9 日，金边军队同民柬军队的大规模战斗才逐渐减弱。但是，双方的战事仍呈继续发展之势。

（五）柬埔寨王国时期（1993 年至今）

1. 第一届联合政府时期

1993 年 5 月，红色高棉不参与柬埔寨大选，退出柬埔寨的和平进程。1993 年 6 月中旬，由参加大选的拉那烈派、金边政权派和宋双派协议决定，从 6 月 23 日起至 9 月底，将拉那烈领导的西哈努克国民军、金边政权的人民革命军和宋双领导的高棉人民民族解放军组建成一支统一的国家军队，称为“柬埔寨武装力量”，或“柬埔寨国民军”，西哈努克亲王为最高司令。它由陆军、海军和空军组成，总兵力约 13 万人。1993 年 9 月 24 日改名为高棉皇家军。全国划为 5 个军区和 1 个特别军区，12 个主力步兵师。柬埔寨武装力量成立后，根据美国、法国和澳大利亚的建议，柬埔寨王国政府又制定了为期 4 年的建军计划，试图在美、法、澳等国军事专家帮助下建立一支“纪律严明、训练有素、高效的现代化军队”。

王国军队组建后，柬埔寨军队开始第一次大规模的精简调整。这次精简调整一方面是因为军费不足难以维持 13 万军队的正常运转；另一方面是为了促进军队机构的合理化。当时，王国军队是由三派军队组成的，编制不统一，军官人数占总兵力的70%。为此，柬埔寨王国国防部1994年8月中旬召开会议，研究决定在1997年底前，将总兵力减至7.53万人，把将级军官从1909人减至91人，校级军官由3700人减至300人，把武装力量改编成6个步兵师和1个特种旅，并在1995年4月组建4个反游击营。该计划在1994年9月至1995年4月期间实施。柬埔寨政府主要采取了以下措施：一是把五星上将谢辛、韩桑林、涅·刁龙、拉那烈和洪森的军衔各降一级，并淘汰那些由于行贿和党派关系被冠以将军军衔的不合格将军。二是把校、尉官的军衔先降一级，然后进行裁减；清理那些通过非法手段获得军衔的军官，将其转业或安排到研究机构就业。三是裁减部队，在1995年4月底前裁减约4万人。此外，柬埔寨军队还根据军队发展的需要组建了专门负责打击犯罪活动的特种部队。

在军队编制精简调整的同时，皇家政府军还面临着更大的内外部矛盾。1993年柬埔寨大选后成立新政府。新政府虽然把国内主要的武装力量纳入政府军，并进行精简调整，但是未进行整编，各派武装力量仍然保持着相当的独立性，政府军内部为各自利益明争暗斗，特别是政府军中忠于洪森的人民党军队和忠于拉那烈的奉辛比克党军队之间矛盾重重。同时，政府军不断发动清剿红色高棉的军事行动。

从1994年以后联合政府军对红色高棉采取了软硬兼施的策略。在政治上，1994年7月柬埔寨国民议会取消民柬的合法地位，把它定性为非法组织，关闭政治谈判的大门。同时，发动强大的政治瓦解攻势，宣布宽大处理投诚的红色高棉官兵，即政府保证投诚官兵保留原来番号，留守原地；着皇家军队的制服；享有和政府军官兵同等的待遇。在军事上，政府军加强对红色高棉控制区的进攻。

在国际舆论的强大压力下以及柬埔寨政府的政治瓦解与军事打击下，红色高棉游击队虽然在1994年3月曾一度夺回安隆汶和拜林两个基地，并扩大了战区，但是红色高棉军队开始节节败退，逐步走向四分五裂。一是不断丢失军事基地。1996年，政府军夺走了红色高棉85%的控制区。1997年红色高棉残部退守柬北部山区。二是在军事上节节败退的形势下红色高棉内部不断出现内讧。1996 年 8 月，英萨利脱离红色高棉后，红色高棉实力受到严重削弱。1998 年柬埔寨联合政府奉辛比克党和人民党握手言好，红色高棉残余武装力量因处境艰难再次发生重大内讧。当年 3 月，红色高棉多支部队联合起来反对波尔布特和切春，宣布向联合政府投诚。4 月波尔布特去世后，忠于军事将领达莫的武装与忠于政治首领乔森潘的武装之间再次发生分裂。三是在军事上节节败退和内部分裂的形势下红色高棉内部厌战和悲观失望情绪日增，投诚逃亡事件不断发生。到 1996 年年底，由于柬埔寨西部和西南部红色高棉部队与波尔布特决裂，民柬已经失去主要力量和主要地盘，政府已经在班迪棉吉、马德望、菩萨和磅清扬等 4 省收编了投诚红色高棉部队 7000 多人，红色高棉丧失了 80% 的控制区，军队只剩下 20% 左右。1998 年 3 月反对波尔布特和切春的红色高棉部队宣布向政府军投诚。1999 年 1 月底，最后一批红色高棉武装力量约 2600 人向柬政府投诚，至此，红色高棉武装力量投诚人数达 9600 人。

在围剿、进攻红色高棉的同时，政府军内部忠于人民党的政府军与忠于奉辛比克党的政府军之间矛盾日趋白热化。特别是随着 1998 年大选的临近，两党之间和政府军内部两派之间的斗争日趋公开化。两派为争取或消灭红色高棉力量展开了激烈的斗争。1997 年 6 月红色高棉高层的严重内讧成为柬埔寨政府军内部两派公开火拼的导火索。在红色高棉的这次内讧中，试图投诚人民党的民柬总司令宋成被害，残余的民柬强硬派公开声称将与奉辛比克党结盟对付人民党。这样，1997 年 7 月 4 日，人民党通过政府军总参谋长和警察总监的名义，以奉辛比克勾结红色高棉为由进攻忠于奉辛比克党的政府军和残余的红色高棉武装力量。

柬埔寨政府军内部两派之间的武装冲突从 1997 年 7 月一直延续到次年 2 月底，长达 8 个月。1997 年 7 月 5 日，忠于人民党的政府军攻克了位于金边以西 20 多公里的忠于奉辛比克党政府军的军营。随后，两派政府军在柬西北地区展开激烈的战斗。8 月 25 日，奉党系政府军的最后据点奥斯马被攻克。接着，两派的战场转移到柬泰边境地区。9 月，人民党系政府军的后援被切断。最后几个月，两派政府军在柬北部和西部的较量陷入僵局。由于大选临近以及国内外的压力，两派政府军于1998年2月28日不得不达成停战协议，握手言和，把更大的精力投入到大选中去。

2. 第二届柬埔寨联合政府时期

在柬埔寨第二次大选后，洪森领导的人民党领先，但未能达到单独组阁的多数票要求。在西哈努克国王的调解下，1998年11月，人民党与奉党达成联合组阁协议，两党武装力量重新合并为统一的政府军。新政府成立后，迪班（人民党）和西索瓦·西里拉亲王（奉党）出任联合国防大臣。12月5日，红色高棉最后一批武装力量向政府投诚，25日乔森潘、农谢回归社会，红色高棉作为一支政治、军事力量宣告终结。1999年1月，洪森首相辞去柬武装力量总司令的职务，由原皇家军总参谋长盖金扬四星上将接替，波尔沙伦为副总司令兼总参谋长，密索皮为副总司令兼陆军司令，坎沙文和肯索潘为副总司令，翁桑坎为海军司令，森桑南为空军司令。

在新一届联合政府成立之初，由于红色高棉力量自行瓦解，新组建的政府军首先面临的是收编红色高棉部队、推动政府军非党化和整编精简军队三大任务。

1999年，政府军完成了对红色高棉武装的收编工作。共收编了5000多名红色高棉官兵，授予6名原红色高棉高级将领少将军衔，并安排大约4000名红色高棉官兵复员。

在军队非党化方面，早在政府军两派武装对抗和第一首相拉那烈出走他国期间，为了解决军队内部的派系冲突问题，时任外交大臣的奉辛比克党领导人翁霍出任第一首相，启动了军队的非党化工作。1997年9月15日，柬埔寨通过一项法案，明确规定武装部队必须保持中立，必须避免与政治发生联系。1998年柬埔寨的宪法规定，参加选举的候选人不得拥有自己的军队。1998年11月新一届联合政府成立以后，军队的非党化又朝前迈出一大步。1999年1月25日，洪森辞去军队总司令职务，将权力移交给现任武装部队总司令盖金扬，以推动军队的非党化。同年4月，洪森在柬埔寨高级将领和地区司令会议上进一步强调，军队是国家的军队，不允许任何政党操纵军队。

1998年11月30日，柬埔寨人民党和奉辛比克党相互妥协组建新一届联合政府。联合政府的成功组建成为柬埔寨军队改革的前提。1998 年 12 月底，柬联合政府制定 1999～2003 年的五年裁军计划。在 1999 年 1 月 18 日柬埔寨国防部公布的五年裁军计划中，计划从 2000 年 5 月开始对军队进行整编和改革，裁减 24% 的兵力约 5 万人，兵力将保持在 10 万人左右，预计耗资 1.54 亿美元。为了配合裁军的需要，皇家政府军设立了裁军执行委员会、军衔委员会、清点兵员委员会等机构，负责统计人员编制、武器装备等军事实力。在进行裁军之前，政府军在 1999 年通过核查共清除了 15500 多名有名无实的"幽灵"军人。然后，柬埔寨军队启动了裁军计划。

2000 年 5 月至 7 月为裁军试行阶段，计划裁员 1500 人。2000 年 4 月，西哈努克国王颁布谕令，规定 1953 年 11 月 9 日即国家宣布独立日为柬皇家军建军日。5 月，柬政府在贡布市裁军中心举行历史上首次裁军仪式。首批 128 名军人复员标志着柬皇家政府军裁军计划的正式实施。在这次裁军中，计划每名退役军人可拿到 1200 美元的补助金，而实际上仅拿到 500 美元。7 月 11 日，首相洪森宣布因资金问题而无力支付被裁军人员的费用暂停裁军。9 月 1 日，世界银行决定向柬埔寨提供 1500 万美元裁军经费，中国和泰国也向柬埔寨提供了裁军经费。于是柬埔寨 11 月又恢复裁军。与裁军计划相配套，柬埔寨还在 2000 年对部队编制体系和指挥机构进行调整。调整后的情况是：最高司令部下辖陆海空三军和 4 个直属师，陆军编为 8 个主力师和 6 个军区，军区下辖省军区和军分区。柬泰边境守军直接归属陆军司令部指挥。9 月，为了加强陆地边境安全，柬埔寨从全国各地警察中选拔人员，组建了隶属于内政部的营建制的警察部队，分别驻守在柬泰、柬老和柬越边境各口岸和进出通道。目前该部队已经被编成 28 个营。每营编为 5 个排和 3 个科，约 315 人。

第一阶段裁军从 2001 年 5 月开始到 12 月 26 日。10 月 15 日，皇家政府军开始实施第一阶段裁军方案，到 11 月下旬，柬埔寨已裁减了 1 万名军人，完成了年度计划的 2/3。截至 2001 年底，柬埔寨皇家政府军拥有总兵力 11.5 万人，其中将军 200 人，校官 2868 人。将军中有 3 名四星上将，他们分别是国防部长班迪、武装部队总司令盖金扬、警察总监霍龙迪。柬埔寨首相洪森表示，如果政府能向私有银行贷款，军队裁减计划将会重新启动。柬埔寨裁军面临的最大问题是缺少资金。

第二阶段从2002年3月到12月。在2002年第二轮裁军后，各旅在编人员保持在1000人左右。但是由于世界银行停止对柬埔寨裁军计划提供资金援助，柬埔寨于2002年9月一度暂停军人的复员和转业工作，但第二轮裁军计划最终于2003年初完成裁军1.5万人。在第二届王国政府执政期间，计划裁军5.5万人，实际裁员4万人。经过整编后，除个别师外，柬军将师缩编为旅，每旅满编员额为980～1200人左右；取消所有团的建制，将团缩编为营，每营编制为360～370人。

经过几年的精简和整编，柬埔寨政府军的建设逐步走上了正常的轨道。2001年2月柬埔寨国防部正式发表了《2000年柬埔寨国防白皮书》，对柬军的地位、作用、今后的任务和建军路线做出了总体设计。

在柬军的地位和作用方面，白皮书认为，柬军在结束旷日持久的国内武装冲突、实现民族团结、维护国家政治稳定、捍卫国家独立、参与国家恢复和重建等方面作出了重大贡献。在今后的任务方面，白皮书要求柬军将来更加积极参与国家建设，认真进行军队改革，提高军队素质，维护来之不易的大好政治局面，发展与邻国和本地区国家军队的良好合作关系。在建军路线上，白皮书提出要把柬军建设为一支绝对忠于祖国，遵守宪法，具备捍卫国家独立、主权和领土完整能力，能够维护和平、稳定和社会安全的军队。白皮书把“确保国家安全、促进国家发展”作为柬埔寨国防政策的基石，并为此主张化解与其他国家的矛盾，保持与传统盟国的关系，发挥东盟作用，建立周边安全，争取大国的支持和援助。白皮书还认为一个温和、中立的柬埔寨对东南亚乃至全世界都是一个福音。

2002年，柬埔寨发布了国防战略回顾报告，报告认为自从柬埔寨2000年国防白皮书发表以来，白皮书确立的一些原则正在实施，如军事改革。但是，为了更好地实现柬埔寨政府的国防目标，有必要加强认识柬埔寨武装力量的角色和作用。

2006年8月14日，柬埔寨发布了《2006年柬埔寨国防白皮书》，白皮书重申了柬军的地位、作用。值得注意的是，除了《2000年国防白皮书》规定的任务外，柬军在今后要通过参与国际社会的维和和人道主义行动来提高柬埔寨的国际地位。

二　国防体制

在西哈努克时期，柬埔寨的国防体制是以西哈努克亲王为柬埔寨皇家军队的最高统帅，下设国防部和总参谋部。国防部机关下设行政办公室、军事办公室、通信局、测绘局、军械局、油料局、军法局、社会文化局、新闻宣传局、军医局、兽医局等。总参谋部负责柬埔寨皇家军队的指挥作战（见图5－1），下设陆海空三军司令部，通信兵司令部、宪兵司令部、工兵司令部、作战部、财务部、后勤部，以及第一局（干部）、第二局

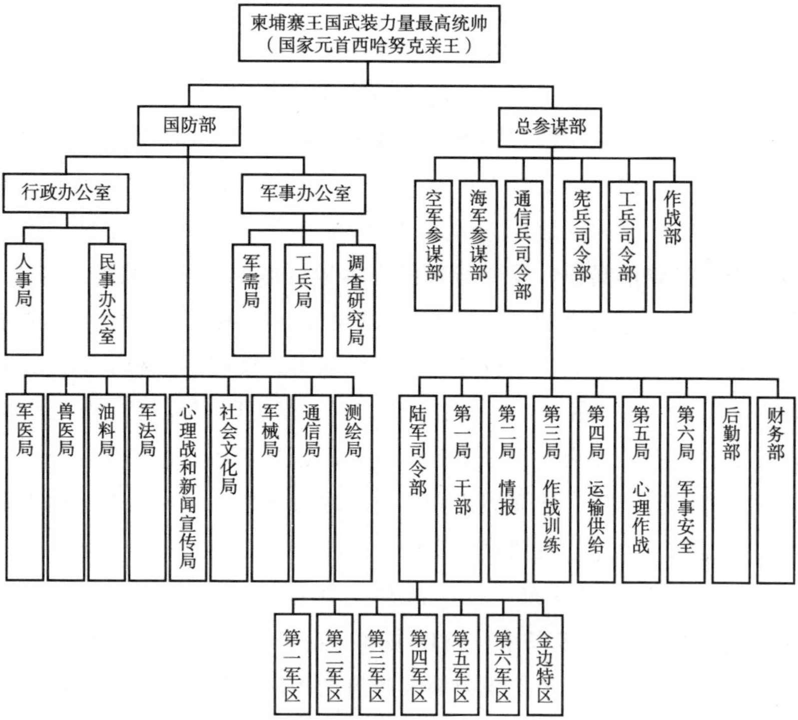

图5－1　柬埔寨国防组织系列图

资料来源：许肇琳、张天枢：《柬埔寨》，广西人民出版社，1995，第212页。

(情报)、第三局(作战)、第四局(运输)、第五局(心理作战)、第六局(军事安全)。总参谋部设有总参谋长1人,副总参谋长1人,组织训练部总监1人,总参谋长助理4人,分别负责作战、财务、情报、后勤、军事安全和心理战等部门。

柬埔寨皇家陆军划分为6大军区和金边特区。其中,第一军区司令部设在磅湛,第二军区司令部设在磅士卑,第三军区司令部设在马德望,第四军区司令部设在暹粒,第五军区司令部设在上丁,第六军区司令部设在桔井,金边特区司令部设在金边。此外,还有宪兵部队、野战炮营、高射炮营、装甲兵营、伞兵营。陆军以营为基本战术单位。

柬埔寨的海军和空军的规模都比较小。海军编为3个巡逻艇编队和1个海军连。空军编为1个歼击机和巡逻机大队和3个运输大队。

1970年3月18日,朗诺-施里玛达集团发动军事政变。同年10月宣布成立"高棉共和国"。朗诺政权的军队体制有了新的变化。首先,朗诺把国家政治、经济、军事大权集于一身,兼任高棉共和国军队总司令和总参谋长。第二,朗诺政权军队的编制急剧扩大,增加了许多师、团、营编制。

1975年4月,柬埔寨民族解放人民武装力量推翻朗诺政权,建立民主柬埔寨。民主柬埔寨的军队称为民柬国民军。其前身是柬共创立的游击队和在抗美救国战争中组建的柬埔寨民族解放人民武装力量。全国解放后,民柬国民军保留了6.8万人的兵力,由柬共总书记波尔布特兼任总司令,宋成任国防部长。这支部队经过整编后,由正规军、地方部队和游击队组成,同时还建立了海军、空军,以及炮兵、通信兵等。总兵力发展到20万人。全国共划分为4个军区,每个军区统帅若干个师、旅(见图5-2)。军区的指挥结构为政治委员和军事委员组成的三人委员会。其中,政治委员的权力高于其他两名军事委员。

1978年12月25日,越南军队入侵柬埔寨。1979年1月7日越军攻陷金边,推翻以波尔布特为首的民主柬埔寨政府,在金边建立起以韩桑林为首的亲越傀儡政权,即"柬埔寨人民共和国"。金边政权组建了柬埔寨人民革命军,并重新建立新的国防体制(见图5-3)。

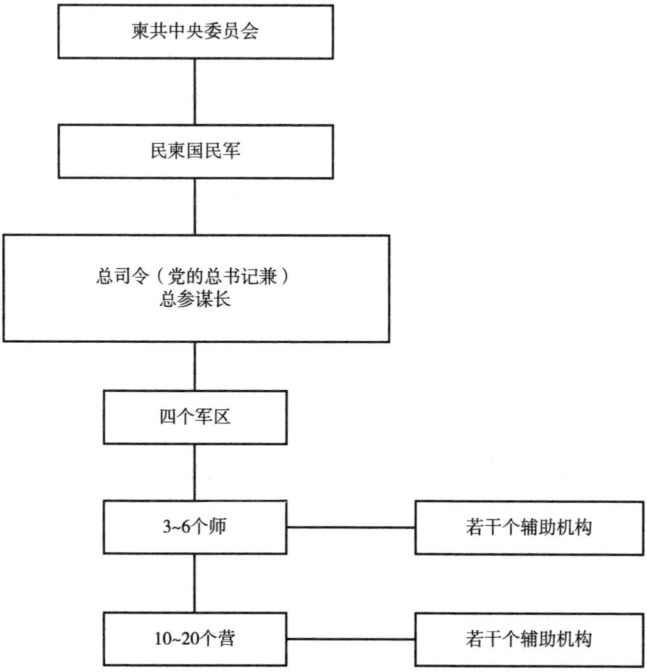

图 5－2　民柬国防军的国防体制

资料来源：Russell R. Ross, Cambodia: A Country Study, The US Government Published Press, Third Edition, 1990, p. 270。

金边政权的宪法规定，最高决策机构为中央军事委员会，柬埔寨人民党总书记兼任中央军委书记。国防部是军委的办事机构，又是军队的最高行政机关，下辖总参谋部、总政治部、总后勤部和总技术局。四总部（局）分别负责作战指挥、政治教育、后勤供应和技术保障。武装力量由正规军、地方部队和准军事部队组成。正规军又分陆军、海军和防空空军3个军种。人民党总书记兼任国务委员会主席为武装部队总司令和国防委员会主席，通过国防部和总参谋部直接指挥所有武装力量，对国务委员会负责。1987年增设4名国防部副部长协助国防部长工作。总参谋部是国防部之下专门负责指挥柬埔寨人民革命军执行作战任务的重要机构，有1名总参谋长和4名副总参谋长负责。总参谋长直接对国防部长负责。各战

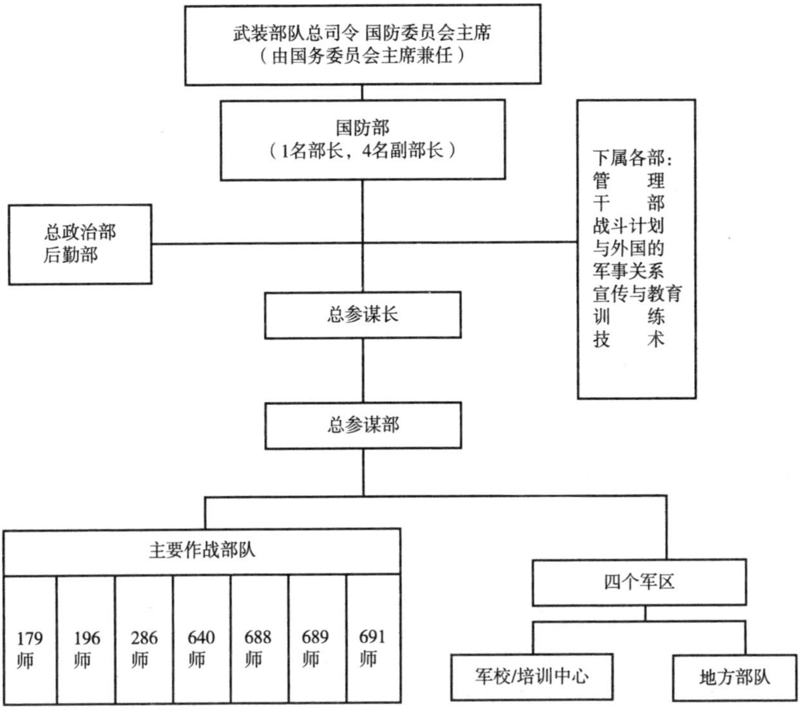

图 5-3　柬埔寨人民革命军组织结构表

资料来源：Russell R. Ross, Cambodia: A Country Study, The US Government Published Press, Third Edition, 1990, p. 282。

斗部队均由总参谋长指挥。柬埔寨人民革命军服从于柬埔寨人民革命党的领导。1984 年底，人民党开始在部队团以上单位建立党委，在营和连建立党支部。国防部和总参谋部的军官必须服从中央委员会的领导。军队中级以上军官必须是人民党党员。下级军官也必须是人民党的外围组织柬埔寨人民革命青年团员。

在正规军中，到 20 世纪 80 年代末，金边政府军逐步发展壮大，总兵力达到 6 万人，编成 6 个步兵师，组成炮兵、装甲兵、通信兵、防空兵等军兵种。到 1993 年 5 月 23 日大选前夕，柬埔寨人民革命军陆、海、空三军总兵力约 13.5 万人，其中陆军正规军 8 万人，编有

179 师、196 师、286 师、640 师、688 师、689 师、691 师。80 年代末，金边政权又组建了海军和空军。空军 800 人，海军 4000 人。此外，还组建了地方部队。地方部队分成 4 个军区，各省又设有一个军事指挥部，指挥 2～3 个营的地方部队。每个县有 1～2 个连。各村拥有民兵自卫队，基本形成了主力部队、地方部队和民兵三位一体的武装力量体制。

1993 年 5 月 23 日，柬埔寨在联合国的监督下举行大选，成立了柬埔寨王国政府，取代了“柬埔寨人民共和国”。6 月 23 日由参加选举的奉辛比克党、人民党和佛教自由民主党三党武装力量联合组建柬埔寨武装部队，又称柬埔寨国民军。其中人民军占 90%。西哈努克亲王为最高司令，但不指挥军队。由于国民军以原人民军为主体，因而也基本上沿用了人民军的体制。根据 1993 年 9 月 21 日柬埔寨王国制宪会议通过的柬埔寨王国第一部宪法，“国王是国家军队的最高司令，但不指挥军队”。1993 年 9 月 24 日改名为柬埔寨皇家政府军。最高军事决策机构为柬埔寨王国武装部队总司令部。总司令通过国防部对武装力量实施领导和指挥。国防部既是司令部的办事机构，又是军队的最高行政机关，下辖总参谋部负责全军的作战指挥、后勤供应、技术保障等各项战备任务。柬埔寨皇家政府军由正规军、地方部队和准军事力量组成。正规军分为陆军、海军和空军 3 个军种。指挥机构依次设有总司令部、国防部和总参谋部。总司令部是军队的统帅机关，设有最高司令 1 名，联合总司令 2 名。国防部设联合大臣 2 名、副大臣数名。总参谋部设联合总参谋长 2 名、副总参谋长数名，下设作战局、后勤局、技术局等 15 个机关，主管全军的作战训练、后勤供应和技术保障等工作。另设陆海空司令部，边防司令部和 9 个兵种指挥部。

1993 年 7 月，西哈努克国王任命拉那烈和洪森为柬埔寨武装部队联合总司令。1997 年柬埔寨国会通过一项法案，明确规定武装部队必须保持中立，必须避免与政治发生联系。1998 年，人民党与奉党武装力量统一合并为政府军。1999 年 1 月 25 日，洪森辞去军队总司令的职务。目前，柬埔寨现任武装部队总司令由盖金扬上将（1999 年 1 月 25 日上任）

接任，国防联合大臣为班迪上将和西索瓦·施里武（1998年7月上任），总参谋长为桑里上将，陆军司令为米索皮上将（1999年1月25日上任）、海军司令为翁桑坎上将（1999年1月25日上任），空军司令为森桑南上将（1999年1月25日上）。

1998年第二届柬埔寨联合政府成立。1998年新政府制定了军队改革计划。在这个过程中，联合政府首相洪森于2000年4月19日再次正式签署了改革柬埔寨军队国防体制编制的命令。根据该命令，柬埔寨军队的国防体制将模仿泰国军队的国防体制，取消原正、副参谋长之职，调整后的最高军职设置为武装部队总司令、副总司令、总参谋长和陆、海、空三军司令，原各省驻军归属各大军区，而各大军区归属陆军司令部指挥，各野战师则统归总司令部直接调动指挥。与此同时，柬埔寨军队的编制调整还采取了以下措施：一是将师、旅编制单位进行合并或缩编为旅建制部队；二是在各军区建立特勤部队，以应付突发事件；三是柬埔寨国防部将3.2万多名民兵武装力量移交给内政部管辖。这样，2000年，皇家政府军把全国划分为6个大军区，下辖24个分军区、19个师、9个旅、14个团、57个边防营。当年8月，第二届联合政府进行了第二次国防体制调整。在这次调整中，柬埔寨皇家政府军撤销、合并部分作战旅，优化作战部队结构，合编后各旅降为团编制。

经过整编后，柬埔寨军队的国防体制调整为：国防部、总司令部、各军种司令部、军区、部队。全国划分为5个军区和1个特别军区，原有部队合并缩编为2个军、1个师、15个旅，以及42个营的建制。

2001年，与裁军计划相配套，柬还对部队编制体系和指挥机构进行整编。调整后的情况是：最高司令部下辖陆海空三军和4个直属师，陆军编为12个主力师和6个军区，军区下辖省军区和军分区。柬泰边境守军直接归属陆军司令部指挥。同年9月，为了加强陆地边境安全，柬从全国各地警察中选拔人员，组建了隶属于内政部的营建制的警察部队。目前该部已经被编成28个营，每营编为5个排和3个科，约315人。

2004年，第三届柬埔寨王国政府成立，柬埔寨继续对国防体制进行了调整。调整后，在柬埔寨国防体制中，军队的最高领导权隶属首相，国防部服从首相的命令。国防部下设最高司令部和顾问团。最高司令部下辖陆海空三军和一个宪兵队。陆军司令部下设五大军区、一个特种部队和一个自治步兵旅。

2006 年 10 月 25 日，柬埔寨国会通过《兵役法》草案，规定 18 ~ 30 岁柬籍男性公民均有义务服兵役。2008 年 9 月 24 日，新一届王国政府成立后，新政府保持了第三届王国政府的国防体制。但是于 2009 年 1 月对国防体制内的人事做出了变动。2013 年 10 月，第五届王国政府成立。根据宪法，柬埔寨王家武装部队由陆军、海军、空军和特种部队组成，其三军统帅为柬埔寨国王诺罗敦·西哈莫尼。目前柬埔寨国防部长是迪班（Tea Banh）将军。

三　国防预算

在西哈努克时期，国防开支主要来源于各种税收和外援。这期间，柬埔寨的国防开支远远大于其国家的财政开支，并呈上升趋势。例如，1969 年西哈努克政府的总收入为 707 亿瑞尔，而军费开支就达 80.91 亿瑞尔。当年柬埔寨的财政赤字达 75.89 亿瑞尔。偌大的赤字主要靠向国内外借款以及外国的专项援助来弥补。在 1955 ~ 1963 年期间，柬埔寨主要依靠美国的军事援助。这期间，柬埔寨共获得美国大约价值 8370 万美元的物资装备。由于不堪美国强加的各种附加条件，柬埔寨于 1963 年拒绝了美国的一切援助。此后，苏联、中国和捷克斯洛伐克向柬埔寨伸出了援助之手。

朗诺政权时期，当局扩军备战，军费激增，而财政收入锐减，因此财政赤字更加严重。1970 年，财政收入仅为 48.11 亿瑞尔，而军费开支高达 118.56 亿瑞尔，超过财政收入 70.45 亿瑞尔。1971 年，财政收入为 46.57 亿瑞尔，而军费开支高达 172.82 亿瑞尔，超过财政收入 126.25 亿瑞尔。1973 年，财政收入为 79.5 亿瑞尔，而军费开支高达 164.86 亿瑞尔，超过财政收入 85.36 亿瑞尔。朗诺政权获得了美国 11.8 亿美元的军事援助。

1975 年柬埔寨共产党夺得政权，并建立起民主柬埔寨政府以后，其国防开支情况无资料说明。

1979 年以后，韩桑林政权的军费开支与其财政收入相比更是不成比例，主要靠苏联和越南的援助来维持。据斯德哥尔摩国际和平研究所的统计资料显示，1991 年和 1992 年金边政权的军费分别是 355 亿瑞尔、900 亿瑞尔，按照 1998 年美元与柬埔寨货币瑞尔的比价计算，分别相当于 4870 万美元、7060 万美元；分别占 GDP 的 2.7% 和 3.6% 。

在首届联合政府执政期间，柬埔寨的国防预算、国防开支不断攀升。1993 年柬埔寨的国防开支为 0.64 亿美元，占国内生产总值的 2.67% ；1994 年军费预算为 0.63 亿美元，实际开支 1.31 亿美元，占国内生产总值的 5.04% ；1995 年国防预算为 0.835 亿美元，在整个政府预算中所占比例最大，约占国家预算的 21% ，军费实际开支为 1.26 亿美元，占国内生产总值的 4.67% ；1996 年达到 1.16 亿美元；1997 年，由于柬埔寨发生政治危机和王国军队内部冲突给国家财力带来了巨大的消耗，军费开支失去控制，高达 3 亿美元。1998 年第二届联合政府组建后，柬埔寨政府为发展经济，不可能抽出大批资金用于军队改革，特别是 1998 年受东南亚金融危机的影响。2000 年 9 月湄公河又暴发特大洪水，更使柬埔寨经济雪上加霜。柬埔寨政府从 1999 年开始连年削减国防预算，1999 年柬埔寨国防预算为 1.35 亿美元，2000 年降为 1.25 亿美元，2001 年再次减为 1.14 亿美元。2001 年军费下降的原因之一是将民兵划归内政部管辖。2005 年，柬埔寨的军费开支达 1.05 亿美元，2008 年军费开支为 1.08 亿美元。2008 年以来随着柬泰围绕柏威夏古寺附近领土问题的纠纷逐渐升级，柬埔寨的国防预算近年来逐年上升，2009 年其预算陡增至 2.08 亿美元。2012 年其国防预算占 GDP 的 2.4% ，其占比在全球排名第 59 位（见表 5 - 1）。

表 5 - 1　1993 ~ 2011 年柬埔寨军费开支及占 GDP 比重情况表

单位：百万美元，%

年份	1993	1995	2000	2005	2006	2007	2008	2009	2010	2011
军费开支	64	126	125	105	109	115	108	208	175	177
占 GDP 比重	2.67	4.67	2.2	1.1	1.1	1.1	1	1.9	1.6	—

资料来源：斯德哥尔摩国际和平研究所（SIPRI）军事支出的数据。

第二节　军种与兵种

自独立以来，柬埔寨政权频繁更迭，内战和内部冲突不断，使得柬埔寨的军队建设也时断时续。尽管各军兵种在一个政权时期有一定的发展，但是，这些发展最后几乎都毁于频繁的内战之中。

一　陆军

自独立以来，陆军一直是柬埔寨各个政权时期最强大和最重要的武装力量。

西哈努克时期，柬埔寨皇家陆军处于初创时期。在军兵种建设上，柬埔寨皇家陆军设有步兵、炮兵、装甲兵、伞兵和防空兵等军兵种。在军事部署和编制上，皇家陆军划分为6大军区和金边特别军区，以营为基本战术单位。在兵力部署上，以柬泰边境和柬越边境为重点，于是，马德望驻军11个营，上丁驻军12个营，两地驻军占除首都兵力外的51个营的2/5强。首都金边是防御重点，设有重兵，它们是金边特别军区的部队、总预备队的3个轻步兵营、半个伞兵旅、第一通信兵营、第一运输兵营和第一炮兵营。各军区、特区的具体情况见表5-2。此外，还有宪兵部队（每个军分区均有宪兵大队编制）、3个野战炮营、3个高射炮营、1个装甲兵营、3个伞兵营。全部陆军兵力约为4.4万人，约占皇家军队总兵力的90%。

表5-2　柬埔寨皇家陆军各军区的编制表

军区	司令部驻地	所辖军分区	编制(营)	军额(人)
第一军区	磅　湛	磅湛、菠罗勉、柴桢、干丹	7	2800
第二军区	磅士卑	磅士卑、茶胶、贡布、磅清扬、戈公	10	4000
第三军区	马德望	马德望军分区、菩萨军分区	11	4400
第四军区	暹　粒	暹粒、磅同、柏威夏、奥多棉吉	8	3200
第五军区	上　丁	上丁、腊塔那基里	12	4800
第六军区	桔　井	桔井、蒙多基里	3	1200
金边特区	金　边	金边	6	—

资料来源：Russell R. Ross, Cambodia: A Country Study, The US Government Published Press, Third Edition, 1990, p. 280。

朗诺政变上台后，他将柬埔寨皇家军队整编为“高棉共和国”军队，并在美国的扶持下大肆扩充陆军。朗诺政权的军队在政变上台时为4.6万人，半年后猛增到14万人；1971年底达到17.9万人；1973年达到20万人；1974年仅正规军就增至25万人。这其中，除9500人的海、空军外全部是陆军。还有14万人的民兵队伍。尽管朗诺政权的军队规模庞大，但是，由于其政策不得人心，充当美国推行越南战争的傀儡，在短短的5年内，就在以西哈努克为首的柬埔寨民族解放人民武装力量的打击下土崩瓦解。

在1975年4月打败朗诺政权军队后，柬埔寨民族解放人民武装力量已经发展为一支拥有20万兵力，由正规军、地方部队和游击队组成的武装力量，但它是一支农民武装力量。民主柬埔寨成立后，民主柬埔寨政府把这支武装力量改编为“民柬国民军”，经整编后仅保留了约6.8万人。由宋成长期担任司令和国防部长。在短短的3年半执政期间，民柬陆军建立了炮兵和通信兵。但是，它还来不及进行全面建设就不得不全力投身于与越南的边界战争及随后抗击越南侵略的战斗中。1978年底，在越军的强大攻势下，民柬国民军的陆军全军瓦解。

1979年1月7日金边被越军攻陷后，苏联和越南扶持了亲越的金边政权。金边政权的陆军规模非常有限。组建之初，只有2万~3万人；80年代末达6万人；90年代初达8万人。在兵种建设上，经过多年的发展，它编有步兵、炮兵、装甲兵、通信兵、防空兵等兵种。其中，80年代末，金边政权军队的陆军划分为4个军区，编有7个步兵师、1个骑兵团、4个坦克营、约60个独立分队（包括侦察、炮兵、防空兵），装备有各型坦克70辆、各型装甲输送车150辆、火炮350门以及反坦克炮、高射炮和地空导弹若干。90年代初，金边政权的陆军又划分为5个军区，编有6个步兵师、3个独立团、1个骑兵团、4个坦克营和若干侦察营、炮兵营和防空营。与此同时，在反抗金边政权和越南侵略的武装力量中，80年代末，民柬国民军又发展到4万人左右，后备支援部队约2万人；90年代初达到7万人，编有24个师。高棉人民民族解放军约有1.5万人，划分为7个军区，估计有30个旅、7个突击大队。西哈努克的国民军约有1.2万人，编有7个旅、6个团和5个突击大队。

1989 年，在国际舆论的压力下，越南军队撤出柬埔寨。1993 年 5 月，在联柬机构的帮助下，柬埔寨举行大选，成立了新一届王国政府，并于 6 月 23 日由参选的奉辛比克党、人民党和佛教自由民主党三派的武装力量组建柬埔寨皇家政府军。政府军的陆军划分为 6 个军区，编有 12 个步兵师、3 个独立旅、1 个警戒旅（辖 4 个营）、9 个独立步兵团、3 个装甲团、1 个特种作战团、4 个工程兵团（其中 3 个野战工程兵团和 1 个建筑工程兵团）、若干个独立侦察营、炮兵营和防空营。陆军分为正规军、地方军和准军事部队。主力部队由步兵、炮兵、装甲兵、通信兵和工程兵等兵种组成，其中步兵编成军区、师、团、营、连、排、班。

柬埔寨陆军军区设有司令 1 名，副司令数名，下辖 1～4 个步兵师、3～5 个战区和 3～7 个省军事指挥部。步兵师编制 5000 人，一般只有 3000 人。设师长 1 名、副师长若干名，下辖 3～4 个步兵团。步兵团编制 1200 人。通信兵和工程兵均编成团。

2012 年，柬埔寨皇家政府军陆军的装备主要有：AK 冲锋枪、CKC 半自动步枪、M－16 自动步枪、37 毫米高射炮、B－40 火箭筒、60 毫米迫击炮、82 毫米无后坐力炮、坦克 100 辆（其中 T－59 型主战坦克 50 辆、T－64 型坦克 20 辆、T－62 型坦克若干）、装甲输送车 160 辆（为前苏联制 BTR－60、BTR－152 型）。M－113 型装甲运兵车若干。OT－64 型装甲车 30 辆、火炮 530 门以上（其中有 122 毫米榴弹炮 400 门，130 毫米加农炮若干，多管火箭炮若干）。

二　海军

2012 年，柬埔寨皇家海军兵力有 5000 人，下辖内河巡逻队、沿海防御部队、海军陆战队和海军基地。其中，陆战队 1500 人，编成 7 个步兵团、1 个炮兵团；舰艇部队编有内河巡逻队、沿海防御部队，下辖 1 个海军基地（西哈努克港）；其装备主要为 6 艘前苏联制巡逻艇，即“斯坚卡”级近海巡逻艇 2 艘、近岸巡逻艇 2 艘和快速巡逻艇 2 艘，艇上配有 20 毫米或 75 毫米机关炮，另外还有“图利亚”级水翼艇和登陆艇，共计 20 艘。

海军主要港口有金边、西哈努克港和云壤港（Saom）。云壤港是一个天然良港，港口南面的海域有鲁塞岛、达盖岛和斯拉莫岛等岛屿构成的天然屏障。西哈努克港是1957年在法国援助下开辟出来的军商两用港，水深10米，可同时容纳4~5艘万吨级船只停靠，并与东南20公里的云壤港互为犄角，相互呼应。

柬埔寨为了大大增加国家的沿海和海洋保护能力，开始收购一些小型巡逻艇和海事雷达。海军拥有十五艘巡逻艇和两个具有"快速攻击"的巡逻艇以及约有170艘自动和手动划艇。据柬埔寨报道，2007年增设了其海军力量，水手从1000人增加至3000人。

三　空军

柬埔寨空军几乎经历了与其海军相似的发展历程，即起步于柬埔寨王国时期，发展于朗诺政权时期，先后在民柬政权时期、金边政权时期一度中断发展，当前再次步入恢复与发展之中。在西哈努克时期，柬埔寨皇家空军规模较小，约有兵力1000人，编有战斗机、运输机等各型飞机114架，编为1个歼击机和巡逻机大队、3个运输大队。

在朗诺政权时期，在美国的扶持下，朗诺政权的空军有所发展。空军兵力增至4500人，装备约100架飞机，其中作战飞机50架。

金边政权的空军是20世纪80年代末组建的。90年代初，兵力约有800人，飞行员80人。编有1个飞行团、1个防空团（见表5-3）。大批柬埔寨飞行员和技术人员在苏联受训，战斗机也由苏联提供。

表5-3　1987~1992年柬埔寨金边政权空军的人员和装备情况

单位：架

年份	人员（人）	飞行员（人）	米格21	米-8 米-17	安-2	安-24	米-24	图-134
1987	—	—	作战飞机17架、直升机6架					
1988	—	—	作战飞机12架、直升机6架					
1989	约800	约80	12	8	不详	不详	不详	不详
1991	约800	约80	17	6	不详	3	3	不详
1992	约800	约80	17	11	2	3	3	不详

资料来源：分别参照军事科学院《世界军事年鉴》编辑部的1987、1988、1989、1991、1992年的《世界军事年鉴》的第26页、第78页、第17页、第81页、第90页。

柬埔寨皇家政府军空军是在金边政权空军的基础上发展起来的。它编有1500人，其中飞行员80人，编成1个飞行团、1个防空团、1个运输机团、1个直升机团和2个防空团，下辖5个空军基地（波成东、暹粒、磅清扬、马德望、云壤），装备各型飞机50架。其中，作战飞机：米格－21战斗机19架；直升机：米－8和米－17型运输直升机14架、米－26直升机2架；运输机：安－26型机1架、运－12型机2架、BN－2型机1架、安－24型机2架、其他飞机5架，共11架；教练机：L－39型教练机5架、P－92型教练机5架、米格型机若干架。防空团装备有SA－7型地空导弹和37、57毫米高炮若干。金边附近的波成东国际机场（Pochentong International Airport）是柬埔寨最大的机场，同时还肩负着担任复兴柬埔寨空军的主要基地的作用。与此同时，柬埔寨在1983年底还在西哈努克市（Sihanoukville 又称 Kampong Saom）附近的云壤开放了一个新的苏联援建的机场。在1985年柬埔寨只有几架Mi－8/24直升机，1990年开始购买大量的运输机。据报道，1995年1月，以色列飞机工业公司（Israel Aircraft Industries）与柬埔寨签署协议帮助柬埔寨空军升级15架米高扬MiG－21s（Mikoyan MiG－21s）。

四　地方部队

在金边政权时期，20世纪80年代中期有地方部队约2万人，80年代末达到2.5万人，编有省司令部、营、连。1992年为2.25万人，每省设有数个独立团或独立营，每县设有数个独立营或独立连。1993年，柬埔寨三派力量组建联合政府后，柬埔寨的地方部队有了进一步的发展。目前，发展到4.5万人，编制类似金边政权的地方部队，每省设有数个独立团或独立营，每县设有数个独立营或独立连。

五　准军事部队

自独立以来，准军事部队一直是柬埔寨各个时期的重要力量。在柬埔寨王国成立后，准军事部队为民兵游击队，约有10万人，以连为单位编成，每村10～20人。朗诺政权时期，在美国的援助下，曾组建了14万人的民兵队。80年代，金边政权在其控制区各村都设有“管区部队”和民兵自卫队。80年代后期，编有民兵、地方武装部队和人民警察部队等，编成连建制，约10万人。90年代初发展到30万人。与此同时，民柬国民军在其控制区也建立县、乡、村三级游击队的准军事部队，每县400人，编成1个营或2个连；每乡40人，编成1个排；每村5人，编成1个班。当前，柬埔寨王国的准军事部队的情况不详，应大体类似于前金边政权的准军事部队的编制。2002年，时任国防部联合大臣的西索瓦·西里拉亲王（Prince Sisowath Sirirath）声称柬埔寨总军队力量约为12万人。红色高棉被击败并最终投降后，柬埔寨军队也发生了实质性的变化，由战时军队演变为平时军队。

自1999年以来，柬埔寨政府在世界银行的支持下开始大幅度裁减军队数量。2000年2月开始军队复员工作安排，该年约有1万名士兵被安排复员。2001年又有约2万名士兵在全国各地的大型庆典活动中恢复平民生活。2003年约有3万军人离开军营被政府安置。然而，军队复员工作由于国内腐败和违规行为受到指控而被迫中断、停滞。尽管如此，柬埔寨仍拥有数量不菲的国防力量，据美国中央情报局的数据显示，2010年柬埔寨约有12.5万人的准军事力量，其中陆军约7.5万人，海军5千人，空军5千人，特种部队5千人，皇家军队1万人，预备役人员约2万人。

第三节 军事训练和兵役制度

一 军事训练

柬埔寨独立之初，根据法柬协定，柬埔寨军队的训练工作由法国负责。法国向柬埔寨派出了一个300人的军事顾问团，负责训练柬埔寨军队。1955年5月19日，美国为了扩大其在印度支那地区的影响，与柬埔寨签署了美柬军事援助协定，向柬埔寨派遣100人的军事顾问团，负责指导、训练柬埔寨军队。但是，由于美国借此频繁干预柬埔寨内政，柬埔寨于1963年11月20日拒绝了美国援助。在美国对柬埔寨提供军事援助期间，由于美军的训练体系与柬埔寨原殖民宗主国法国的军事训练体系不衔接，法国继续向柬埔寨指导军事训练，直到1971年朗诺政权时期。朗诺上台后，美国为了推动越南战争在柬埔寨的“高棉化”，终止了法军对柬埔寨军队的训练，由美军和南越军队指导朗诺军队的训练。

到金边政权时期，在越南和苏联的军事援助下，金边政权经过多年的努力逐步建立了军事人员的培训中心和军事院校，形成了一个军事训练体系。20世纪80年代，金边政权已建立了13所军事培训机构，其中以金边的工程学院和技术学院两所院校较为有名。两所学院各招收300名学员，课程设置时间为一年。工程学院所在地为前柬埔寨军事学院，开设有无线电、电信学、地形学、机械学、民用与军事工程学等专业。从该校毕业后方具备进入技术学院学习的资格。技术学院开设比工程学院高一级的军事科学的学科，如武器学和战术学等。这两所学院还开设有越南语和俄语课程。此外，在金边还设有步兵学校、政治学校、军医学校和后勤学校各一所。在金边政权军事教育体制下，有发展前景的学员还有机会到国外接受进一步的军事教育。在80年代中期，金边政权的武装力量向越南的军事院校和培训中心输送了1000多名军官学员，向苏联的军事院校和培训中心输送了500多名军官学员。同时，金边政权还在各军区设有各自的训练学校。入伍的军人要在这些机构接受初级的军事训练。据称，这些机构开设有政治、军事、战术等学科。

1993年柬埔寨联合政府成立后，柬埔寨军队一方面开始自己完善其本国的军事训练体制，另一方面依托东盟国家和西方国家的技术、资金和装备加强本国军队的训练。目前，柬军已经设立了自己的科研和培训体系。在科研方面，有军事科学院；在军事培训方面，有综合军官学校、综合技术学校、综合士兵学校、破译培训学校和士兵训练学校。柬埔寨军队与美军开展军事合作，按照美国《国际军事训练大纲》的要求进行训练。1995年以来，柬埔寨皇家武装力量还接受了澳大利亚、法国、印度尼西亚、马来西亚、朝鲜等国的训练和其他军事援助。

2013年4月，柬埔寨在内战结束后十多年间首次举行公开的军事演习，演习地点位于磅士卑省，演习中测试了多管火箭发射器 BM－21 等重武器。

二 兵役制度

自独立以来，柬埔寨的兵役制度也经历了数次变化。独立之初，柬埔寨实行募兵制。1959 年 11 月，柬埔寨王国国会通过兵役法草案后，开始实行征兵制。同时，为储备兵员，柬埔寨政府通过一项计划，动员全民参加保卫国家的事业。该计划规定，乡村中凡是年龄在 18～30 岁的人，都应该在农村参加民兵训练，在校青年学生也要接受军事训练。此外，“皇家社会主义青年团”也要接受军事训练，准备在必要时配合正规军作战。

在金边政权时期，军事服役是义务性的。年龄在 18～35 岁之间的柬埔寨男性公民有义务在武装部队服役 5 年。1985 年，由于国家人力匮乏，服役年限增加 3 年。根据金边政权的有关规定，妇女也服兵役。她们参加民兵组织，参与泰柬边境的防御工事的建设。民兵与正规军一起服役 3～6 个月。据有关资料，1988 年，金边共招募了 2.8 万名女兵到军事后勤单位服役，其中 1200 人被分配到柬埔寨与泰国交界的地区参加边防建设工作。90 年代在地方部队和正规军中服役的妇女已大大减少。与此同时，抗越民柬三方联合政府各派的军队均实行义务兵役制。

1993 年，柬埔寨皇家政府军建立以后，实行义务兵役制，规定 18～35 岁的健康男子必须服役 18 个月，其中陆军服役年限为 5 年。民兵每年与正规军一起服役 3～6 个月。2010 年适合服役年龄（16～49 岁）的男性有 3883724 人，女性有 4003585 人。

三 军衔

除了民柬国民军不实行军衔制外，柬埔寨其他各政权、各派别的军队均实行将、校、尉官三级军衔制。

第四节　对外军事关系

在西哈努克时期，柬埔寨的对外军事关系先后经历了3个阶段。第一阶段从独立到1954年日内瓦会议结束。在这个阶段，柬埔寨军队主要发展了与前殖民宗主国法国之间的军事关系。1949年11月18日，法柬两国签订军事协议。根据该协议，柬埔寨独立后，在和平时期，柬要为法军提供军事基地，战时柬由法军控制。1953～1955年期间，柬军主要由法国军事顾问指导训练。第二阶段是1955～1963年，美国取代法国成为柬埔寨军事的主要援助国。这期间，柬埔寨在继续与法国军队开展合作的同时主要发展了与美国的军事关系。在这8年期间，美军不仅向柬埔寨派遣了军事顾问负责训练柬军，而且还向柬提供了8370万美元的军事援助。由于西哈努克坚持实施和平中立的外交政策，拒绝加入东南亚条约组织，美国没有进一步加大对柬埔寨的军援，而是寻求推翻西哈努克政权。1963年柬埔寨拒绝美国军援，断绝与美国的外交关系。第三阶段为1963年后，柬埔寨开始发展与社会主义阵营国家的军事关系，得到了中、苏、越、捷、南斯拉夫等国的军事援助。

1970年，在美国的策划下，朗诺政变成功，朗诺政权主要发展了与美国的军事关系。在朗诺政权期间，柬埔寨得到美国军事援助118亿美元。民主柬埔寨时期，民主柬埔寨在对外军事关系上主要发展与社会主义国家的关系。

在金边政权时期，金边政权的对外军事关系主要是发展与苏联和越南的军事关系。同一时期，柬埔寨人民民族解放阵线得到中国、东盟国家和西方国家的支援。特别是，自1985年以后，美国改变了自越南战争之后对重新介入印度支那问题的看法，开始响应1985年2月东盟外长会议提出的向宋双派和西哈努克派提供军事援助的呼吁，于是，当年向这两派提供了500万美元的军事援助。1986年又批准了价值800万美元的非杀伤性武器装备的计划。在1989年越南撤军后，许多国家出于各种考虑，不断加强对柬埔寨抵抗力量各方的支持。抵抗力量在1989年得到了大量的军援。由于高棉人民民族解放军的领导人大多是朗诺时期由美国培训的军官，美国每年向该派和西哈努克派提供350万美元的援助，当年又额外追加500万美元。大批美制坦克、大炮、弹药通过泰国运进柬埔寨，甚至包括许多电台、药品、军装等也被送到游击队员的手中。

1993年柬埔寨王国第一届联合政府成立后，三派武装力量组成了柬埔寨政府军，但是这支政府军仍然处于彼此对抗、冲突的状况之下，因而未能有效地发展与外军的关系。

在军事训练方面，柬埔寨主要依托于美国和东盟国家。1993年柬埔寨联合政府成立后，柬军与美军开展军事合作，按照美国《国际军事训练大纲》的要求进行训练。但是，在1997年柬埔寨政府军内部发生武装冲突后，美国中止了大部分军事训练计划。同时，东盟为了加强其组织的基础，扩大它在国际上的影响力，正积极吸收东南亚其他国家入盟，因此，东盟国家主动帮助柬埔寨。1999年泰国和菲律宾等东盟国家分别与柬签署了协议，免费为柬培训军事学员。

在武器装备方面，柬埔寨王国军队组建后武器装备落后，弹药严重不足，因而柬埔寨军队迫切需要更新和补充武器装备，改进技术。柬埔寨军队在发展对外军事关系的过程中不仅希望能够向各国购买到必需的武器装备，而且更希望能够得到各国大量的军事援助。为此，柬埔寨国防部、总参谋部等军方领导人不断组团出访俄罗斯、美国、法国、澳大利亚、印度尼西亚、新加坡、马来西亚等国，寻求军事援助。特别是，1994年5月柬埔寨王国政府公开要求外国提供战斗机、直升机、坦克、救护车等武器装备，以“加强武装力量，提高军队素质，使其足以捍卫国家的独立和主权”。这个时期，在西方国家中，美国对柬埔寨的军事援助最大。1995年，美向柬提供了约5000万美元的军援；1996年，又提供大约1100万美元的人道主义军事援助。此外，美还向柬提供后勤补给方面的支援和“杀伤性武器”。澳大利亚不仅为柬埔寨提供武器，而且还为柬空军战斗机维修提供技术援助，以及帮助柬埔寨军队清除地雷、改善部队通信设施、保养海军舰船。以色列帮助柬埔寨维修米格－21型战斗机，并拟向柬出售 L－39ZA 型飞机。塞舌尔向柬埔寨出售了 200 吨军火。法国也多次派军事代表团赴柬埔寨考察向柬埔寨提供军事援助的可能性。在苏联时期的东欧国家中，1994 年，柬埔寨获得了捷克提供的 40 辆 T－55 型坦克和波兰提供的 50 辆 T－55 型和 T－76 型坦克。1995 年 1 月，俄罗斯第一副总参谋长古尔边克访柬时签署的备忘录规定，俄将向柬出售价值 3000 万美元的火炮、装甲运输车和防空系统等。此外，柬还希望从俄购买 T－55 型坦克。乌克兰向柬提供了大批炮弹和火箭筒。1995 年 2 月，波兰和捷克向柬埔寨出售了 90 辆 T－54 型坦克、20 辆装甲车、2 架装备火箭的直升机和大批弹药。1997 年初，捷克向柬埔寨提供了 6 架捷克训练机。在东盟国家中，新加坡拟向柬出售 50 辆装甲车；印度尼西亚向柬出售 300 万发 5.5 毫米子弹。1997 年柬埔寨政府得到了中国、美国和捷克共和国的武器以及几个国家的军事援助和军事训练。1997 年 12 月，中国向柬埔寨提供了 116 辆卡车和 70 辆交通工具。

在 1998 年第二届柬埔寨政府成立以来，新一届联合政府获得了国际社会的承认。柬埔寨军队清除了红色高棉军队，推动了政府军的非政党化进程，开始了大规模裁军，步入了稳步建设的阶段。柬埔寨军队这些良性的发展为推动柬埔寨军队对外关系的发展打下了良好的基础。为了维护柬埔寨的和平与稳定，各国和各国际组织开始重新启动对柬埔寨的军事援助。

1999 年柬埔寨成为东盟成员国，为柬埔寨发展与东盟其他成员国的军事关系提供有利条件。柬埔寨与邻国的关系进入一个新的时期。柬埔寨在其《2000 年国防白皮书》中强调，柬埔寨与泰国、越南和老挝等邻国的关系是柬政府优先关心的问题。随着冷战的结束和越南加入东盟，发展经济已成为越南的首要任务，因而柬越之间不太可能在军事上紧张对峙。目前，柬埔寨和越南、老挝这两个传统盟国的关系很好。柬越之间的军事交流也有所发展。1999 年，越南签订以成本价为柬空军维修飞机的议定书。近年来，柬方还积极协助越南寻找在柬阵亡的越军的遗骸，至今已发现了近万具阵亡越军遗骸。双方同意在国防及军事领域方面，通过人员互访、科技资讯交流、提供培训等，加强合作关系。2002 年 5 月 24 日，柬埔寨副首相兼内政部长沙庆访问越南；8 月 21 日，越南国防部长范文茶率越南国防部代表团出访柬埔寨。由越南国防部部长冯光清上将率领的越南国防部高级军事代表团于 2007 年 3 月 15 ~ 19 日访问柬埔寨，受到谢辛、韩桑林和洪森等的接见，并与柬国防部签署了 2007 年合作议定书。2008 年 3 月 25 日，柬埔寨副首相兼国防大臣迪班访问越南，要求越南向柬军提供帮助，以增强柬军维护安全的水平。2009 年 7 月 22 ~ 25 日，越南边防司令部代表团访柬。代表团在与柬军总司令波尔·沙洛恩的会谈中，双方肯定了两国军队在边境地区的信息交换以及反跨境犯罪方面的合作，强调越南继续为柬军培训士官。2013 年初，柬埔寨国防部和越南国防部在胡志明市举行两国 2013 年合作计划签署仪式，确定开展高级代表团互访、展开两国海军力量联合巡逻等合作内容。在柬与泰的军事关系上，两国加强军事合作。1999 年，泰国国防部出台援助柬埔寨裁军的计划，预算提供贷款 1250 万铢。2001 年 10 月，泰国国防部向泰国政府提出，拟援助柬埔寨陆军 4500 万泰铢。2002 年 2 ~ 3 月泰柬两国边境地区的军队开展合作打击边境地区的刑事犯罪活动。

2012 年 5 月，第六届东盟防长会议在柬埔寨首都金边召开，这次会议以“增强东盟的整合，建设和谐与安全的共同体”为主题，东盟成员国防长就增进区域安全合作、促进东盟政治安全共同体等问题进行了讨论。本届会议主席、柬埔寨国防部长迪班呼吁东盟国家需要加强内外合作，探讨合作机制，推动在 2015 年建成东盟政治与安全共同体。本届会议还将东盟防长扩大会议从每三年召开一次缩短到两年。

在与大国的关系上，柬埔寨的国防白皮书认为，从全球范围看，柬埔寨更关注与那些在亚太地区有重大影响力的大国的关系。在与美国的关系上，柬埔寨认为，发展对美关系在柬埔寨经济发展中占优先地位，但又反对美国干涉柬内政。1993 年柬埔寨联合政府成立后，柬军按照美国《国际军事训练大纲》的要求进行训练，并与美军开展军事合作。柬人民党和奉辛比克党 1997 年发生武装冲突后，美国中止了大部分计划。“白皮书”希望恢复和美国之间的军事合作。自从 2006 以来，两国持续加强军事合作，美国为柬埔寨军官提供培训并定期举行联合军事演习。2012 年 3

月，美国和柬埔寨联合举行“2012 吴哥哨兵”军事演习，旨在提高柬埔寨军队维护和平和人道主义救援的能力。10 月，美国海军与柬埔寨海军举行年度军事演习 CARAT2012，这是例行年度双边演习。11 月，美国防长帕内塔访问柬埔寨，与柬埔寨国防部长迪班举行会晤，双方就深化国防领域的合作、人力资源的培养等问题进行了协商。2013 年 6 月，美国和柬埔寨在波成东空军基地举行“太平洋空运－2013”军事演习，演习内容主要是人道主义救援和模拟空投。在柬埔寨与法国的关系上，柬法两国历史上有着传统关系。2000 年 1 月，柬宪兵总司令绍索卡访法。2002 年 1 月柬埔寨国防白皮书表示，希望得到法国和欧盟更多的援助。近年来，法向柬提供了一批通信器材和后勤物资。在与俄罗斯的关系上，柬迫切希望加强与俄的军事关系。

在 1978 年之后苏联一直是金边政权的主要援助国，至今柬军使用的武器主要来自苏联。1995 年俄和柬签订了军事合作协议，但由于各种原因没有付诸实施。柬埔寨在 2000 年的国防白皮书中表示渴望尽快启动俄柬之间的军事合作协议。目前，柬埔寨与俄罗斯已经草签了以延期付款方式购买俄武器装备的协议。

在与中国的关系上，柬埔寨的国防白皮书把中国看作和自己有悠久关系的国家，并认为现阶段的两国关系是历史上最好的时期，希望加强两国军队之间的合作。1999 年 9 月，柬埔寨皇家武装部队副总司令贡金访华，与张万年副主席和傅全有总长进行了会谈。两国签署了两项总值 270 万美元的军援协议，用于培训柬埔寨官兵。2001 年，我国向柬埔寨提供 1250 万美元用于柬埔寨的裁军。中国国防部长迟浩田于 2001 年 2 月访柬期间，承诺给予柬埔寨 400 万美元的援助，用于整修一个军事中心和一座军队医院。2002 年 1 月柬政府在其国防白皮书中表示，希望加强中柬两国军队间的合作。2003 年 8 月 19 日，中国军事代表团访问柬埔寨，双方签署了中国提供 1250 万元人民币无偿援助为柬培训 16 个专业的 46 名军事学员的协定。此前中国已为柬培训了 182 名各种专业军事人才。同年 12 月中旬，中国同意提供 4000 万元人民币援建柬皇家军总医院，提供 1 亿元人民币援建柬军事学院。2007 年 7 月 20～23 日，中国人民解放军济南军区政委刘冬冬上将率领中国高级军事友好代表团访柬，柬国防大臣迪班、皇家军副总司令贡金分别会见了中国代表团，双方就两军友好合作问题进行了交流。同年 12 月 17 日，总后勤部部长廖锡龙在北京会见了柬埔寨国防部国务秘书蒙索潘上将率领的高级军官见学团一行。2012 年 5 月第六届东盟防长会议期间，中国与柬埔寨签署了一项军事协议，中方将为柬方提供 1.2 亿人民币用于援助皇家军的军事医院和军事培训学校。

第六章

社　会

第一节　社会管理

一　社会阶层

在柬埔寨共产党成立之前，柬埔寨社会阶层呈现出两个极端：一端是精英阶层（或称上层社会），另一端是农民和城镇低技能职工。精英阶层主要由政府高官、军队高层和宗教领袖组成，他们都具有社会威望高、财富多及受教育程度高的特点，其中不乏来自皇室贵族家庭的成员。在1970年国王西哈努克退出政坛之前，精英阶层中名望最高的人大部分是出自他的家族。1970年代早期，共和党政权撤销了皇室贵族的头衔，取而代之的是政府和军队的职位，这个时期进入精英阶层的方式只有靠自身努力取得的成就。虽然在法律上失去了头衔，但是皇室和贵族在公众中还是具有很强的影响力，他们的一些语言用法及行为方式一直影响了整个20世纪70年代，并且在一定程度上影响了80年代。

20世纪70年代，一些高级军官取代了世袭贵族成为当时国家最有影响力的群体，但是想要进入这个群体并获取权力是极其困难的。这在一定程度上让想进入这个群体的中低层精英阶层们感到沮丧，他们大多处于精英阶层中的低端，主要由公务员、专业技术人士、大学生及一些佛教僧侣成员组成。尽管不能进入最高阶层，这个群体还是拥有很大的影响力。

处于社会中间阶层的是规模较小的中产阶级，主要由商人、白领阶层、教师、医生、大部分佛教僧侣、零售商及中低层军官组成。大部分的柬埔寨华人、柬埔寨越南人及一些少数民族都属于中产阶级。柬埔寨大多数人处于社会底层，主要由小农、渔民、工匠、蓝领等组成。高棉人占社会底层的大多数，底层民众与中产阶级及上层社会几乎隔绝。

底层社会内部没有明显的地位高低之分，只有在年龄、性别、道德行为及宗教虔诚等方面的差异。大多数处于底层的柬埔寨民众认为，想要改变现有的社会地位机会渺茫，这可能是受佛教宿命论的影响而愿意安于现状。底层民众主要通过成为僧侣、公务员或者军人等方式提升自身社会地位，但这样的机会很少。

二　社会规范

社会规范是指由人们共同认可及应当遵守的行为标准，打破这些标准往往会受到不成文的惩罚。社会规范可以是明文的规定或者不成文的共识，这些规范主要是为了维持社会秩序。社会规范可以分为四种，分别是风俗习惯、伦理道德、宗教信仰及法律。

风俗习惯是人们在长期的生活经验中自然形成的惯例，是人类最早的社会规范形式，这些行为方式容易随着时代的变迁及与其他文化接触后发生变化。关于柬埔寨具体的风俗习惯可参见本书第一章第四节“民俗与节日”。

宗教信仰可以用超自然的力量来约束信徒的日常行为，从而能够起到稳定社会秩序的作用。自13世纪以来，小乘佛教就一直是柬埔寨占主导地位的宗教，它的信徒占柬埔寨人口的90%以上。小乘佛教不是一种指令性的宗教，它不要求信徒将信仰置于至高无上的地位，但需要为自己的行为负全部责任。佛教里有因果报应的概念，生活的好坏取决于个人是行善还是作恶。这就为人们提供了一种激励，即只要约束自身的行为，做到安于现状、禁欲及行善等就能在当下及来世获得善报。此外，佛教僧侣在传播柬埔寨价值与文化方面作用很大，僧侣通过自身的良好行为影响着其他信徒，这对维持柬埔寨社会的安定具有很大的促进作用。

法律是正式的社会规范，由一系列的规则组成，它影响着整个社会和个人的行为方式，违反这种社会规范形式会受到国家强制力的制裁。目前，柬埔寨现行的法律制度包含了西哈努克掌权的柬埔寨王国时期、金边政权时期和 1993 年成立王国政府以来等三个不同时期的法律法规，基本上建立了以公法、民商法和部门法为主体的法律体系，这些法律深受法国习惯法的影响。但是整个法律体系缺乏系统性，没有明确的法律分工，诸如在贸易和商业领域的法律法规较为欠缺，《土地法》《森林法》《矿产资源管理开发法》和《环境保护法》等仍然不完善，在司法水平和政府信息透明度等方面仍需提高。

柬埔寨在司法实践中缺乏专业的法庭，各种民事、刑事案件都是在同一法庭受理；此外，由于各个时期法律的混乱，使得司法标准不统一。1993 年以来，柬埔寨借鉴西方发达国家的法律体系制定了一些法律法规，它们与之前的法律有很大的区别，但这些法律尚未真正进入司法适用程序，在具体的执法过程中也未得到严格执行。因此，柬埔寨需要继续健全法律法规，组建相应的专业法庭，统一司法标准，推动新制定的法律法规进入司法实践，以发挥正式的社会规范在调节社会和个人行为中的促进作用。

三 社会组织

柬埔寨历史上，以宝塔协会为中心的社会组织占据主导地位，宝塔协会在红色高棉时期之前就已经存在，虽然历经战乱时期的镇压，但仍然存在于柬埔寨的许多农村。宝塔协会现如今很少参与社会的发展项目和政府的行政改革，也与非政府组织（NGO）保持了一定的距离。而其他的民间组织或者社区组织却积极参与各种发展项目。社区组织以地区、特定领域（农业、渔业等）和特定人群（妇女、老人）等形式划分，分布在大多数的柬埔寨农村，它们虽然大多是社区内部形成的组织，但绝大多数需要依赖外部的支持。

（一）非政府组织

柬埔寨的 NGO 十分发达，甚至被人称作“由 NGO 撑起的国家”。柬埔寨的非政府组织数量众多，在倡导人权、提供人道主义援助方面表现尤为活跃。1991 年，柬埔寨成立了第一个 NGO，1992～1993 年之间大量的 NGO 开始建立，它们当时基本上都关注人权和选民教育。之后，很多 NGO 开始解散，剩余的则将关注重点由人权和选民教育转向发展领域。据联合国开发计划署研究显示，柬埔寨本土的 NGO 虽然很活跃，但其社会基础仍然很薄弱。布鲁金斯学会在 2008 年发布的《柬埔寨的援助效果》报告显示，柬埔寨本土的 1500 个 NGO 中只有 45% 处于活跃状态，而 316 家国际 NGO 有 93% 处于活跃状态。

1979 年红色高棉政权倒台后，国际 NGO 不仅在救济及其他人道主义援助方面扮演了重要角色，而且还积极参与柬埔寨的各种宣传活动，因此得到了柬埔寨当局的认可。20 世纪 80 年代和 90 年代初，国际 NGO 在柬埔寨的活动主要集中在服务交付项目上，1993 年随着双边和多边捐助协定的签署，国际 NGO 的工作重心开始向传统的社区发展工作方向转移。90 年代以来，柬埔寨本土 NGO 发展迅速，2000 年之后，本土 NGO 和国际 NGO 都呈现较快增长的趋势（见图 6－1）。

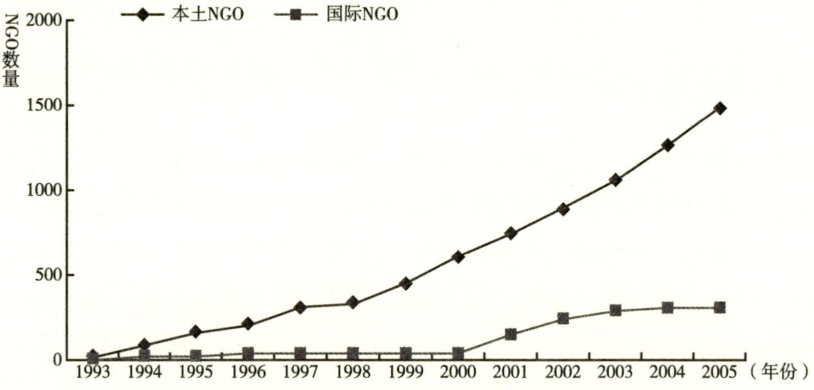

图 6－1　1993～2005 年柬埔寨 NGO 数量增长情况

资料来源：CDC NGO database。

柬埔寨非政府组织论坛[①]（The NGO Forum on Cambodia）将在柬埔寨的非政府组织大致分为准会员非政府组织（Associate Member）、国际非政府组织（International NGOs）、本土非政府组织（Local NGOs）和行业非政府组织（Sectoral NGOs）（详见表6－1）。

表6－1 柬埔寨非政府组织论坛会员一览表

非政府组织类别	非政府组织名称
准会员	美国乐施会(Oxfam America)
国际非政府组织	国际行动救援柬埔寨办公室(Action Aid International – Cambodia)
	残疾和发展行动计划(Action on Disablity and Development)
	美国朋友服务委员会(American Friends Service Committee)
	澳大利亚天主教救济会(Australian Catholic Relief)
	国际关怀组织(Care International)
	天主教救援服务中心(Catholic Relief Services)
	基督教救济和发展延展服务中心(Christian Outreach for Relief and Development)
	基督教改革世界救济委员会(Christian Reformed World Relief Committee)
	教会世界服务中心(Church World Service)
	关注世界(Concern Worldwide)
	丹麦基督教援助组织(DanChurchAid/Christian Aid)
	德国世界饥饿援助组织(Deutsche Welt Hunger Hilfe – German Agro Action)
	儿童发展中心(Enfants et Developpement)
	研究和技术交流小组(Groupe de Recherche et d'Echanges Technologiques)
	无限健康计划(Health Unlimited)
	国际助老会(HelpAge International)
	国际儿童援助组织(International Child Support)
	柬埔寨英特微达基金会(Intervida Cambodia)
	柬埔寨基督教服务中心(Jesuit Service Cambodia)
	日本国际志愿中心(Japan International Volunteer Centre)
	世界路德会联合会(Lutheran World Federation)
	玛利诺柬埔寨传教会(MARYKNOLL – Cambodia)
	门诺派中央委员会(Mennonite Central Committee)

① 柬埔寨非政府组织论坛是一个为在柬埔寨工作的国内外非政府组织服务的会员资格组织。

续表

非政府组织类别	非政府组织名称
国际非政府组织	挪威人民援助机构(Norwegian People's Aid)
	英国乐施会(Oxfam Great Britian)
	柬埔寨 PACT 组织(PACT Cambodia)
	和平与发展(Paz Y Desarrollo)
	柬埔寨国际计划(Plan International Cambodia)
	拯救儿童(挪威)(Save the Children - Norway)
	瑞士教会间援助(Swiss Interchurch Aid)
	野生动物保护联盟(Wildlife Alliance)
	世界展望国际组织(柬埔寨)(World Vision International - Cambodia)
	世界自然基金会(World Wildlife Fund for Nature)
本土非政府组织	柬埔寨环境保护发展协会(Association of Protection Development for Cambodia Environment)
	女王宫(Banteay Srei)
	建立社区声音(Building Community Voice)
	社会进步佛教协会(Buddhism for a Progressive Society)
	柬埔寨社区资助网络(Cambodia Community Finace Network)
	柬埔寨艾滋病教育及护理(Cambodian HIV/AIDS Education and Care)
	柬埔寨妇女文化发展(Cambodia Women Culture Development)
	柬埔寨农民经济发展(Cambodia Farmer Economic Development)
	柬埔寨劳工组织(Cambodian Labour Organisation)
	柬埔寨卫生和回收组织(Cambodian Sanitation and Recycling Organisation)
	柬埔寨人权与发展协会(Cambodian Human Rights and Development Association)
	柬埔寨妇女危机处理中心(Cambodian Women's Crisis Center)
	柬埔寨妇女发展协会(Cambodian Women's Development Association)
	柬埔寨农村经济发展组织(Cambodian Rural Economic Development Organization)
	柬埔寨青年发展(Cambodian Youth Development)
	柬埔寨农业研究与发展中心(Centre d'Etude et de Developpement Agricole Cambodgien)
	柬埔寨基督发展计划(Christ for Development Kampuchea)
	柬埔寨发展合作组织(Cooperation for Development of Cambodia)
	柬埔寨促进和捍卫人权联盟(Cambodian League for the Promotion & Defence of Human Rights)
	文化和环境保护协会(Culture and Environment Preservation Association)

续表

非政府组织类别	非政府组织名称
本土非政府组织	社区法律教育中心(Community Legal Education Center)
	行动中的发展和伙伴关系组织(Development and Partnership in Action)
	农民生计发展组织(Farmer Livelihood Development Organization)
	渔业行动联盟组(Fisheries Action Coalition Team)
	柬埔寨社会性别与发展组织(Gender and Development for Cambodia)
	儿童保健中心(Healthcare Centre for Children)
	柬埔寨人权警惕中心(Human Rights Vigilance of Cambodia)
	人力资源和农村经济发展组织(Human Resource and Rural Economic Development Organization)
	因铎黛薇协会(Indra Devi Association)
	卡玛拉组织(Khemara)
	高棉社区农业发展计划(Khmer Community for Agricultural Development)
	高棉农民协会(Khmer Farmers Association)
	高棉妇女之声中心(Khmer Women's Voice Centre)
	柬埔寨法律援助中心(Legal Aid of Cambodia)
	米达高棉发展组织(MeadaKhmer Development Organisation)
	玛普百通环境组织(Mlup Baitong)
	国家繁荣协会(National Prosperity Association)
	儿童和农村妇女援助组织(Organisation for Assistance of Children and Rural Women)
	柬埔寨发展伙伴关系计划(Partnership for Development in Kampuchea)
	反对家庭暴力项目(Project Against Domestic Violence)
	波隆威夏托尔组织(Prom Vihear Thor Organization)
	柬埔寨社会经济发展组织(Socio - Economic Development Organisation of Cambodia)
	城市贫困妇女发展(Urban Poor Women Development)
	城市部门小组(Urban Sector Group)
	柬埔寨反妇女和儿童暴力组织(Violence Against Women and Children of Cambodia)
	土著社区支援组织(Indigenous Community Support Organization)
	柬埔寨青年理事会(Youth Council of Cambodia)
	高棉国家发展研究所(Khmer Institute for National Development)

续表

非政府组织类别	非政府组织名称
行业非政府组织	关于儿童权利的非政府组织委员会(NGO Committee on the Rights of the Child)
	教育合作非政府组织(NGO Education Partnership)
	武器削减工作组(Working Group on Weapons Reduction)
	柬埔寨之星(Star Kampuchea)
	柬埔寨自由公正选举委员会执行总监(COMFREL)
	残疾行动委员会(Disability Action Council)
	公社议会支持项目(Commune Council Support Project)
	柬埔寨人权行动委员会(The Cambodian Human Rights Action Committee ,CHRAC)

资料来源：http：//www. ngoforum. org. kh/eng/sublistmembership. php。

纵观柬埔寨非政府组织论坛成员中的 NGO，我们发现，柬埔寨目前主要的 NGO 类别还是以宗教机构、人道主义救援和发展机构、慈善机构三大传统类别为主，但这些传统 NGO 类别之间绝不是互相排斥的，而在很多方面长期有着交叠和混合。例如，一些拨款基金会的 NGO 中显见宗教信仰色彩，而几乎所有没有宗教背景的基金会大致都可以说是“人道主义”的。同时，一些宗教机构雇用的专业工作人员并无任何宗教信仰，也有很多宗教信徒在没有任何宗教背景的人道主义机构中工作。值得一提的是，一些专家型、技术型的 NGO（如研究和技术交流小组、因铎黛薇协会、武器削减工作组等）已经发展起来，成为国际 NGO 中的重要组成部分。

过去二十年来，NGO 在柬埔寨恢复、重建和发展工作中发挥了重要的作用，得到了柬埔寨政府及国际捐助机构的充分认可。如今，NGO 继续在柬埔寨各个省，特别是在偏远地区的省份提供基础服务。它们在这方面扮演着重要的角色，不仅帮助了很多穷苦人民，而且还为许多无业者提供了大量就业机会。柬埔寨的 NGO 关注的领域比较广泛，有宗教信仰、人权保障、教育发展、社区发展、农民权益、妇女儿童权益、劳工权益、法律咨询、青年发展、艾滋病预防或职业教育、江河流域综合管理等(见图 6 - 2)。

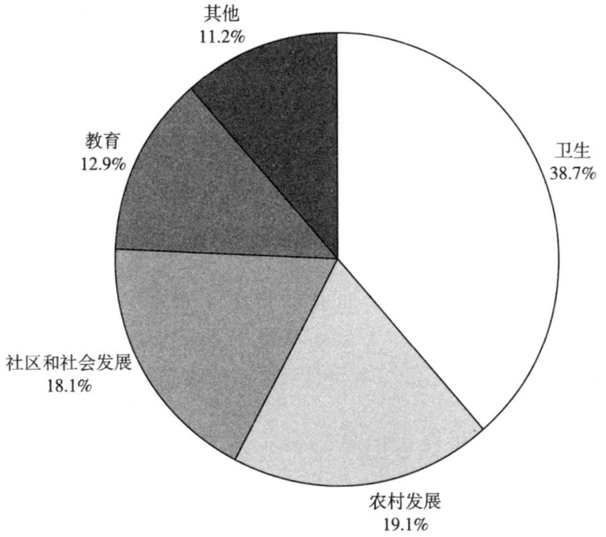

图 6－2 1998～2006 年 NGO 在各个领域的分布情况

资料来源：CDC NGO database。

尽管 NGO 会对政府的一些行为进行批评，但整体而言，NGO 与政府之间保持了紧密的合作关系。在农业、教育和卫生领域，NGO 积极配合政府的政策，并共同实施了一些项目。柬埔寨 NGO 从 1992 年就加入了政府与捐助机构之间的协商小组和发展合作论坛，柬埔寨合作委员会与非政府组织论坛会就 NGO 向发展合作论坛提交的意见建议进行协调。

在对非政府组织的管理上，柬埔寨实施注册制，本土的 NGO 需要在内政部注册，国际 NGO 则需要在柬埔寨外交部注册，然后再到相关的部门签署一些协议。国际 NGO 还需要向柬埔寨发展委员会（CDC）提交季度活动计划和财务报告，CDC 对支持 NGO 项目而进口的一些车辆及设备实行免税政策。NGO 部长理事会顾问担任政府 NGO 事务的首席联络员，与发展委员会共同商讨 NGO 在柬埔寨的运行事宜。柬埔寨发展委员会在国家层面设有对 NGO 活动的协调机制，以合理分配资源，避免重复与浪费。尽管 1993 年柬埔寨宪法承认 NGO 的合法性，但仍有来自民间、政府和捐助方的呼声要求对 NGO 制定更严格的法律，1996 年起草的几个法律草案最终因社会的反对而遭废弃。2008 年柬埔寨首相洪森呼吁起草具有争议的 NGO 相关法律，这将使 2000 多个 NGO 不仅面临繁琐的注册登记程序，同时还需要提交更加严格的财务报告，政府希望以此来改变许多社区由西方 NGO 主导的局面。这样的变化可能会使柬埔寨 NGO 私有化，或许会被政府接管。

（二）民间社会组织

民间社会组织根据不同的类别成立相应的协会，以协调各组织间的活动和提供相关的信息服务。柬埔寨最主要的两个社会组织协会是柬埔寨合作委员会（CCC）和 NGO 论坛。CCC 是致力于柬埔寨社区发展的 NGO 间的会员制协会，它致力于促进信息的交流，为会员组织、政府相关部门及柬埔寨其他社会组织提供广泛的信息服务。CCC 拥有一个收藏了大量文件的资源中心，是柬埔寨少有的面向 NGO、学生、研究人员、政府及大众的文库之一，里面收集了大量的法律法规，拥有每年柬埔寨捐助者会议的全面资料，在 NGO 相关资料收集方面也处于领先地位。1986 年国际社会解除对柬埔寨禁运援助物资，而后 NGO 论坛开始兴起，并于 1994 年在金边设立了办事处。NGO 论坛目前拥有 60 家当地和国际 NGO 成员，这些成员在人道主义援助和社会发展方面拥有丰富的经验。NGO 论坛现在只在柬埔寨国内进行活动，关注的重点也从国际问题转向了国内事务，目前它与澳大利亚、欧洲、北美和日本的 NGO 保持着紧密的联系。NGO 论坛积极促进柬埔寨经济社会平等，提倡民主、人权与非暴力，推动可持续发展和文化的多元化，在柬埔寨经济、社会和政治发展过程中扮演了重要的角色。

NGO 教育合作伙伴（NEP）和柬埔寨医疗基金会（MEDICAM）是专门服务于柬埔寨教育和医疗的社会组织，也是人们最为熟知的。2000 年，NEP 在 NGO 与柬埔寨教育、青年和体育部的一次会议中成立，它致力于就教育问题与政府及社会展开对话，在相关的问题上进行研究和宣传，提高教育类 NGO 的工作效率。柬埔寨医疗基金会由活跃于卫生领域的 NGO 组成，它是一个非盈利、无党派和无宗派组织，充当 NGO 与卫生部等政府部门的中间人角色，致力于卫生领域的信息传播服务，拥有与卫生相关的研究小组和资源中心，目前有成员 100 多家。

柬埔寨合作委员会调查显示，2011 年参与柬埔寨发展项目的各民间组织共有 1130 家，总共获得 6 亿多美元的外部援助，共执行了 4000 多个计划项目，130 万人从中获益。每个组织每年实施三至四个项目，平均获得 57 万美元的援助，其中 72% 的资金用于已执行的项目。民间社会组织实施的项目经常与政府有合作关系，这些组织在一定程度上解决了政府在某些领域功能缺失的问题。从长期来看，各民间组织不仅需要在能力方面加强建设，还需要考虑过度依赖外部援助给自身独立性带来的影响。

第二节 社会保障与福利

一 社会保障制度

柬埔寨建立了较为全面的社会保障制度，在保障人们基本生活和平等发展机会上发挥了重要作用。由于国民生活水平的差异，柬埔寨制定了涵盖不同人群的保障体系。首先，针对社会中的贫困人群和弱势群体，柬埔寨建有社会安全网络，这是一种无须缴费的保障体系，只要符合条件就可以加入。这个社会安全网络通过公共工程项目、现金支付及社会补贴等形式来保障他们的基本生活。公共工程项目通常是为这些贫困和弱势群体在基建领域提供工作机会，以获取食品或收入，而社会补贴则是在医疗、教育、住房等方面对其进行补助。其次，次贫困人群则需要缴纳一定比例的保险金加入社区健康保险。最后，对于公务员及正式部门的员工而言，他们享有包含养老金、医疗保险及失业保障等在内的更全面的保障体系。正式部门员工的社会保障由所在公司负责，员工需要缴纳一定比例的费用，国家社保基金负责所缴纳资金的运作及发放。公务员也需要缴纳一定比例的费用，但其所缴纳的费用存入国家社保基金专为公务员开设的账户，余下部分费用由国家财政补贴（见图 6－3）。

虽然柬埔寨在各个层次都建立了相应的保障制度，但是保障的水平不

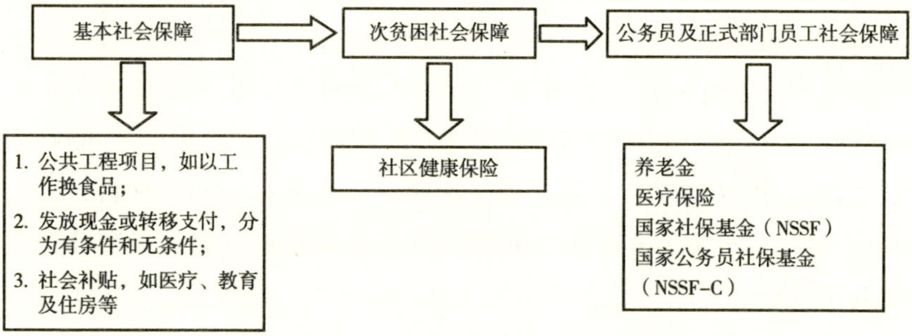

图 6-3　柬埔寨社会保障网络示意图

资料来源：Royal Government of Cambodia, National Social Protection Strategy for the Poor and Vulnerable（2011 - 2015），p. 21，http：//www. social - protection. org/gimi/gess/ShowTheme. do？ tid = 3006。

高，能够真正涵盖的人群也不多，如 2009 年次贫困人群的保障计划只覆盖了大约 12 万人，且各个层次的保障水平相差较大。由于很多柬埔寨人在非正式部门工作，社会保障体系很难将他们纳入保障范围，这是柬埔寨社会保障制度需要进一步完善的地方。柬埔寨政府正为扩大社会保障的覆盖面而不断努力，加大对社会保障领域的支出，2007 年这一支出占 GDP 的比重达到了 3%。

近年来，柬埔寨政府承诺不断扩大社会保障的横向和纵向网络，逐渐实现全面的社会保障战略。对贫困人口的社会保障和对公务员及工人的社会保险体系在近些年得到完善。为全面实现社会保障的目标，柬埔寨政府出台了相关的政策措施以引导这一战略的推进。2004 年，柬埔寨出台了“四角战略”（The Rectangular Strategy），其中就有一项目标是加强社会保障和创造更多更好的就业岗位；2010 年，国家战略发展规划重申了社会保障在减贫中所扮演的重要角色；2011 年，柬埔寨出台首个关于社会保障的国家级发展规划，即“国家贫困及弱势群体社会保障战略（2011 - 2015）”。“国家贫困及弱势群体社会保障战略”（NSPS）致力于将全国贫困及弱势群体纳入社会保障，建设国家综合社会保障网络，支持最贫困的人加快脱贫，防止贫困的恶化，为劳动人口提供职业培训及就业信息等，着力提高人口素质和职业技能。该战略同时注重社会保障中的机制问题，加大对各部门有关社会保障问题的协商力度，成立社会保障协调小组，保证各政策之间不会冲突。柬埔寨首个社会保障战略有明确的实施路线图，具体为：2009～2011年间，经各部门协商初步形成战略；2011～2013年间，完成短期优先行动计划；2013年，中期总结及对执行计划进行调整和更新；2014～2015年，完成更新调整计划的实施；2015年，对战略实施效果进行评估及提出改进意见。

在不断扩大社会保障范围和水平的同时，柬埔寨还将一些保障措施写入法律。《劳动法》是柬埔寨第一部有关社会保障且已生效的法律，它将国际劳工组织关于劳工的一些标准写入了国内的法律，例如每周工作48小时及规定了最低工作年龄。它还规定雇主需为员工提供带薪产假和购买医疗保险。2002年颁布的《社会保障计划法》规定了社会保障的具体权利，这部法只适于正规部门的员工，其中对工伤、退休、伤残、死亡及其他福利作了详细规定。此外，该法还专门为国内私营企业工人和公务员制定了相应的保障计划。国家社会保障基金是实施计划的主要资金来源，它通过由工人缴纳和国家财政补贴的形式筹集资金，目前保障的范围仅限于工伤保险，医疗保险及养老金计划陆续在2013年和2015年纳入。从2008年成立至今，国家社会保障基金覆盖了来自14个省份的70多万名职工。

二 就业保障和工伤保险

虽然柬埔寨逐渐成立由国家营运的就业指导中心或者失业救济中心，但要创造就业还需政府及一些国际机构通过大型公共工程等需要大量劳动力的项目来实现，例如实施“工作换食品”等项目。20世纪90年代以来，国际劳工组织就积极参与到柬埔寨劳动密集型的基础设施建设中来，这些工程主要是修建和维护道路。柬埔寨政府和世界银行共同实施的农村基建项目分布在14个省份，并在2010年增加到23个省份。世界粮食计划署在柬埔寨实施“工作换食品”项目，这个项目专门为贫困地区闲暇时期的农民提供工作机会，工作内容大多是在他们的社区修建、维护道路，2012年大约有10万人从中受益。以上这些项目的实施为柬埔寨促进就业及加快脱贫起到了积极的作用。

国家私营领域的社会保障基金为工人提供工伤及与工作相关疾病的保险，现在参保人数约为70万人，分布在柬埔寨14个省份。早在1998年的《劳动法》就规定工伤保险由雇主负责，员工缴纳月工资的0.8%作为保险金，保险金最低5万瑞尔，最高70万瑞尔。这项保险包括医疗和康复费用，以及对残疾工人及家庭的现金补助。

三　家庭及儿童福利

柬埔寨家庭和儿童福利主要体现在生育津贴和对贫困儿童的捐助基金项目上。生育津贴是由《劳动法》规定并由雇主提供，公务员可以享受带薪产假，可以从财政预算中获得补助。柬埔寨没有专门的生育保险，但法律禁止雇主因生育解雇员工。产假期间，产妇可以获得基本工资和各种补助的一半，带薪产假的时间为90天。政府为国内最贫困地区的100所学校设立了部分奖学金项目，为面临失学的儿童提供资助，世界粮食计划署为贫困学生提供营养餐及实施奖学金项目。2011～2012学年，世界粮食计划署在柬埔寨试点了现金奖学金项目，并不断评估，希望更好地将该计划纳入到柬埔寨的国家社会保障战略之中去。联合国儿童基金会在2012年也支持柬埔寨政府推出“现金支付计划”，以解决儿童和孕妇营养不良的问题。

四　老人、残疾人及遗属的社会保障

2002年的《社会保障法》强制规定养老、病残、遗属及工伤属于社会保障内容，但目前国家社会保障基金无论在公营部门还是在私营部门都只包含了工伤，养老金并不包括在内，而与工伤有关的残疾及遗属的养老金例外。残疾人的补贴有短期补贴和永久性残疾抚恤金之分，2010年得到短期补助的残疾人有2445人，得到永久抚恤金的有22人。

公务员则能享有养老、残疾及遗属津贴，这些资金完全由国家财政支出。养老金采取分散管理的形式，由不同的部门分别管理，但目前正在将养老金进行集中管理。在2010年，有3.1万公务员领取养老金，有大约

5000 人领取残疾津贴，领取的金额约为平均工资的 63%。

2010 年，柬埔寨专门为军队和警察人员、退伍军人及家属成立了国家基金，为他们提供养老、残疾及遗属补助。这个基金是在柬埔寨社会福利、退伍军人和青年改造部下运行的，养老金向至少工作 20 年且在 55 岁之后退休的人员提供，养老金的多少取决于服务年限的长短，一般是其退休时基本工资及补助的 60% ~80%。遗属一般享受现金补助及养老金，用于满足遗孀及未满 16 岁子女的生活需求。

第三节　国民生活

一　就业

柬埔寨是世界上最不发达国家之一，2007 年有 30.1% 的人口生活在国家贫困线以下，扩大就业是该国摆脱贫困的主要途径之一。2012 年柬埔寨全国人口 1474 万，其中劳动人口占总人口的 80%，男性劳动参与率高于女性。农村劳动力占总劳动人口比重超过 80%，其中 60% 的劳动人口依靠农业维持生计。80% 柬埔寨人的就业方式是自我雇佣，只有 20% 能够找到稳定的工作。在柬埔寨，劳动者很难找到稳定的工作，但这种情况正在逐步改变。由柬埔寨国家营运的就业指导中心正努力给失业者提供培训和就业信息，让更多的失业者找到合适且稳定的工作。该中心自 2009 年成立以来，已经有 2000 多名失业者注册，300 多人通过中心找到了工作。现在柬埔寨国家就业局成立了 5 家就业指导中心，为更好地解决就业问题，政府决定将指导中心增至 24 家。

柬埔寨的失业率一直非常低，2004 ~2012 年一直维持在不到 1% 的水平，但是不同年龄段的失业率存在差异，青少年（15 ~19 岁）的失业率高于成年人，例如 2004 年青少年失业率为 1.5%，而成年人失业率只有 0.6%。整体而言，年轻人占总失业人口的大部分，在首都金边这一比例达到 72%。柬埔寨失业率之所以如此低，很重要的原因是绝大多数人在非正式部门工作，统计这部分人的就业情况相对困难。

柬埔寨劳动力结构呈现出年轻化的特点，15~34岁的劳动人口占总劳动人口的比例将近60%。根据柬埔寨法律，15岁以下的人不得进入劳动力市场，需要接受法定的义务教育。但是在一些农村地区使用童工的现象十分普遍，有将近90%的儿童参加劳动。在农业领域使用童工的比例从2004年的81.6%上升至2007年的83.2%，工业领域的这种比例也在上升。这种现象不利于劳动者素质的提高和整个劳动力市场的长远发展。从三大产业吸收就业的情况来看，农业是吸收就业最多的产业，吸纳了60%的就业人口，服务业其次，工业吸收的就业人数最少，仅占就业人口的14%。

近几年来，柬埔寨经济一直保持快速增长，特别是2004~2007年经济保持了年均12.7%的增长率，2012年GDP也达到7.3%的增长，这为社会创造了大量的就业机会。纺织业、旅游业和建筑业是柬埔寨的支柱产业，这些劳动力密集型产业的发展为柬埔寨创造越来越多的就业岗位。此外，外资的逐渐增加进一步刺激了对柬国内劳动力的需求，特别是在制衣等行业，已经出现供不应求的局面。例如，制衣业在2012年增加了150家，为全国35万人提供了就业岗位。尽管如此，制衣业还是出现供不应求的现象。究其原因，一方面是由于新增劳动力受教育程度普遍偏低，不能适应工作岗位的需要。另一方面是由于柬国内较低的工资水平使技术工人转移到他国就业，造成了部分劳动力短缺。因此，大力发展劳动力密集型产业有助于吸纳柬埔寨剩余劳动人口。与此同时，政府还应增加对教育的投入，提高劳动者受教育程度，以更好地适应工作岗位的需求。

柬埔寨经济发展水平低于邻国，如在2011年若按购买力平价计算，柬埔寨GDP约为越南的1/10，约为泰国的1/20。因此，相比较而言，邻国有更多的就业机会和更高的工资收入，这使得许多柬埔寨人加入到邻国的劳动力市场。近年来，柬埔寨向外输出的劳工不断增加，2009年柬向国外合法劳工输出人数为53160人，而到2012年则达到了13万人，翻了两倍多，其中去泰国的超过一半，到马来西亚的约为3万人，到韩国、日本的较少，但增长迅速。据统计，2013年前7个月就有6578人到韩国务工，超过2011年全年派送的4957人，这主要是由于韩国的工作条件好且待遇高，月薪大多在1000～1500美元之间。柬埔寨海外务工人员分为长期工和短期工，长期工主要在建筑、工厂等技术含量较低的部门工作，短期工主要是在边境地区从事季节性农业生产活动。

在泰国，柬埔寨劳工主要在农业、渔业、建筑、家政服务等行业工作，除了家政服务外其他领域基本上是以男性劳工为主（见表6－2）。从表中可以看出，柬埔寨劳工主要从事技术含量低的工作，这些工作具有复杂、脏乱、危险（3D：Difficult，Dirty，Dangerous）等特点。即便如此，柬埔寨国内较少的就业机会及较低的工资使很多人宁愿到泰国工作，特别是泰国将非熟练工人的最低日工资从4.5美元提高到10美元后，增强了其对柬埔寨劳工的吸引力。

海外就业为柬埔寨更多的家庭提供了脱贫和提高生活水平的机会。柬埔寨向外输出劳工对本国的经济社会产生一定的影响，主要体现在劳动供给、生产效率及海外汇款等三方面。对劳动力输出国而言，向外输出劳工可以降低本国失业率、增加外汇储备、获取国外相关技术及减少贫困。2012年柬埔寨来自国外劳工汇款达到2.56亿美元，占到GDP的1.8%，这一比例在东南亚国家中排名第四。为保障海外劳工的利益，柬埔寨在法

表6－2　2008年在泰国工作的柬埔寨劳工职业分布

单位：人数：人，占比：%

领　域	总人数	男性	女性	男性占比	女性占比
渔　业	1581	1279	302	80.90	19.10
渔业相关	995	525	470	52.76	47.24
农　业	2181	1305	876	59.83	40.17
碾米业	34	27	7	79.41	20.59
砖瓦窑	34	15	19	44.12	55.88
冰　厂	122	89	33	72.95	27.05
交　通	44	32	12	72.73	27.27
建　筑	1952	1255	697	64.29	35.71
矿　业	2	1	1	50.00	50.00
家　务	1082	242	840	22.37	77.63
其　他	4067	2313	1754	56.87	43.13
总　计	12094	7083	5011	58.57	41.43

资料来源：泰国劳动部。

律、政策和运行机制等方面加强了对劳工的管理，同时强调国内和国际就业的平衡，在国内培育新的就业增长点，以提供更多的就业岗位。但海外就业不应该成为柬埔寨政府促进经济持续发展和减贫的主要手段，它只应是国家减贫战略规划中的一部分。

为了提高本国人民的就业数量和就业质量，柬埔寨政府联合国际劳工组织（ILO）对柬就业现状进行分析，并提出相关的政策建议。分析认为，在政府层面，柬埔寨面临着五大任务，分别是：提高人民生活水平和社会就业率；促使企业提高生产率；提高国内市场与国际市场的连接；促进劳动力在柬国内及国外的流动；扩大从油气资源中获得的收益。简而言之，政府需要对劳动力提供必要的技能培训，为企业提供支持以提高生产率和增加就业岗位。除了对这些微观的市场主体提供服务之外，政府还应积极创造良好的国内国际环境，使劳动力能够自由流动，以及挖掘国内外具有就业潜力的项目工程。

二 移民

移民是一个非常复杂的社会现象。关于“移民”的概念至今也没有公认为科学系统的理论界定。一般而言，“移民”一词具有两层含义：一是指一种人或人群，二指一种行为或社会现象。前者是指参与上述迁移活动的人或人群，后者是指较大数量的人口从一个地区向另一个地区的迁移，从而定居地发生变化的一种行动或社会现象。因此，国际移民的定义是从时间和空间两个维度来界定。在迁移统计中，一般要求在新居住地居留时间超过一定期限，才能算作移民。国际移民组织（IOM）对“国际移民”制定了专门定义：“国际移民指的是离开本人之祖籍国或此前的常住国，跨越国家边界，以定居为目的永久性地、或在一定时期内生活于另一国家的人群。”

过去二十年来，柬埔寨经历了一个从被迫移民到自愿移民的过程。在红色高棉和后红色高棉时期，由于战争和政局不稳定，大量的柬埔寨难民移到周边国家，同时在1979～1985年之间也有大量的柬埔寨难民逃往美国。随着战乱的结束及经济社会的发展，柬埔寨人向外移民考虑更多的是经济因素。为了寻找更好的工作和获取更高的报酬，很多人迁移到马来西亚、泰国、日本和韩国等国家。2013 年，柬埔寨移民总人数占到全国人口的 0.5%，达 7.6 万人，其中女性移民占移民总数的 46.3%。

随着柬埔寨经济社会的发展，来自国外的投资移民也在稳步增加。近年来，柬埔寨实施了强有力的投资促进政策，来自中国的新移民大大增加。香港大学亚洲研究中心的钱江在世界海外华人研究学会（ISSCO）第五次会议上的参会论文《企业家和劳工：柬埔寨的华人新移民》中指出，在红色高棉政权垮台之后，一度遭受重创甚至是毁灭性打击的华人族群伴随着来自中国大陆的华人新移民数量不断递增而逐渐恢复了生机。目前，柬埔寨各行各业都有他们创办的公司，诸如工厂、银行、医院、的厅、饭店、酒店等。与此同时，大量中国劳工输送到柬埔寨的台资、港资以及中国大陆投资的成衣厂工作。在过去的十年中，已经形成了华人新移民的族群，他们有着自己的商业网络和谋生方式。

三　收入

柬埔寨大部分人从事农业，因此农业收入是柬埔寨人主要的收入来源。收入的多少直接影响生活水平的高低，在低收入地区的人们会向高收入地区转移，以获取更高的收入。尽管在 1996 年和 2004 年工资两次翻番，柬埔寨工人的工资收入相对于其他邻国而言还是处于较低的水平。此外，柬埔寨因性别差异造成的工资差距正在缩小，有工资收入的女性占比从 1996 年的 5% 上升至 2004 年的 17%。2009 年，柬埔寨家庭平均月收入为 182 美元，其中只有 32% 来自工资收入。但是，工资收入占总收入的比重正在逐步增加，特别是农村地区的这一比重正稳步增加，这反映了劳动力不断从农业部门向工业和服务业等领域的转移，同时城市居民工资占总收入的比重也在上升。一般而言，从事稳定工作获得的收入要高于自主经营的收入，柬埔寨首都金边地区的工资要明显高于其他省市。从不同行业的工资水平分布来看，零售业和交通业的工资高于其他行业，交通业在 2006 年的平均收入是 3000 美元，是工资水平较低的纺织业的 3 倍。

性别差异也会引起工资的差距，男性从事的大多数行业的工资普遍要高于女性，但是也有一些行业的工资低于女性。在管理人员和技术人员中男性的工资高于女性，但在零售员和农业熟练人员中，女性的工资是男性的1.25倍。影响工资高低的另一个因素是教育，受教育程度与工资收入成正比的关系。在同一行业，教育水平的高低对收入有很大的影响，例如受过高等教育的管理人员的收入比受低水平教育的要高50%。在柬埔寨，餐馆工作人员每月工资只有50美元，而高素质的工人（如英语熟练的经理）每月收入可高达500美元。

根据柬埔寨发展研究院在2011年的工资调查报告显示，20%的劳动者工资收入不能满足基本需求，陷入贫困的境地；有46%的劳动者收入低于最低工资标准。这些没有工资收入的劳动者大多呈现受教育程度低、从事初等职业等特点，并且年龄大多在20~40岁，参与工会的比例也很低。[①] 柬埔寨虽有最低工资标准，但是这只对正式部门有约束力，而柬埔寨大多数人在非正式部门工作，因此存在大量劳动者收入低于最低工资标准的现象。在服装和制鞋行业，2011年的最低工资标准是每月61美元，到了2012年提高到75美元，加上生活补助5美元，因此这一行业最低月工资为80美元。在不同地区低于最低工资标准的比例不尽相同，柬埔寨磅湛市低于最低工资标准的比例最高，为22.4%；金边市的比例最低，为15.5%；马德望、暹粒、西哈努克都在20%左右。[②] 如果从从事的具体职业来看，初等职业（主要包括农业、建筑业和餐饮业的非熟练工人）低于最低工资标准的人数最多，这些行业的从业者有72%~93%低于最低工资标准（见表6-3）。

柬埔寨收入差距呈扩大趋势，基尼系数从1994年的0.35上升到2004年的0.40，2007年达到了0.44。最富有的20%的人口占据了将近50%的财富，而最贫困的20%的人口只占有6.8%的财富。收入差距的扩大不仅仅体现在城市与农村之间，农村内部之间的收入差距在1994~2007年间

① Cambodia Institute of Development Study（CIDS），Minimum Wage Compliance Report，August 2011.

② 柬埔寨薪酬调查中采取的样本城市为五个，分别是金边、马德望、磅湛、西哈努克和暹粒。

表 6-3 各地区不同行业低于最低工资标准的劳动者比例

单位：%

地区 \ 职业	管理人员	专业技术人员	助理技术员	文秘	零售员	农业熟练人员	工艺行业工人	设备操作员	初等职业者
磅湛	20.00	13.30	17.20	40.00	57.40	70.40	59.10	13.80	90.60
马德望	16.70	6.70	6.90	0.0	63.80	58.60	81.00	44.00	75.80
金边	8.30	12.50	10.50	16.70	34.40	47.80	46.40	36.70	72.20
暹粒	0.0	3.40	5.90	37.50	60.00	60.00	63.90	34.50	93.80
西哈努克	0.0	12.90	3.60	0.0	59.70	59.70	79.40	24.10	72.40

资料来源：Minimum Wage Compliance Report Cambodia, Wage Indicator Foundation。

也拉大了，基尼系数从 0.27 上升至 0.36。2008 年柬埔寨的基尼系数下降到了 0.38，收入差距持续扩大的趋势得到一定控制。

柬埔寨没有统一的工资制定标准，正式部门一般是雇佣双方通过谈判来确定工资，非正式部门则通过内部规则来制定。因此，即使相似的工作岗位工资水平也有很大的差别。但可喜的是，柬埔寨开始设立劳动咨询委员会（LAC），该委员会的主要职能是研究与就业相关的问题，以及指导各地区最低工资的制定。劳动咨询委员会是由政府、工会和雇主组成的三方机构，其中三方代表人数分别为 14 人、7 人、7 人。

四 消费

随着柬埔寨经济社会的逐渐发展，其居民消费支出总额也在不断增加，且增速飞快。消费支出的增加一方面是由人们可支配收入增加引起的，另一方面也有物价上涨的影响。近十年来，柬埔寨家庭消费支出增速都超过 100%，2011 年增速达到 120%，总额达到 110 亿美元。柬埔寨家庭消费对 GDP 的贡献很大，在 2001～2011 年间消费支出占 GDP 的平均比重超过 80%。2011 年，柬埔寨家庭人均消费支出为 769 美元，比上年增加了 125 美元。但与邻国相比，柬埔寨的消费水平处于较低水平。以家庭消费支出总额为例，柬埔寨 2011 年的消费支出相当于越南在 1994 年的支出，越南 2011 年家庭消费支出为 790 亿美元，为柬的 7 倍；泰国 2011 年家庭消费支出为1950亿美元，是柬埔寨的17倍。在人均家庭支出方面，柬埔寨不仅低于泰国和越南，也低于老挝。美元在柬埔寨居民消费中使用很广，金边市民70%都使用美元结算，在柬埔寨居民收入中有27.5%是美元。

消费支出首先要满足居民的基本需求，柬埔寨国家研究所对基本需求的定义为：食品、衣着、住房、医疗、教育及交通等一揽子商品和服务。据柬埔寨发展研究所在2009年的一项调查显示，外出务工人员除了自身消费外，还需要将部分收入用于家庭成员的消费支出。以制衣行业为例，为满足基本的需求，工人每月需要花费57美元，也就是1.84美元/天，这远远低于柬埔寨首都金边地区人均消费3美元的水平。制衣工人每天花费0.97美元用于购买食品，其余的0.87美元用于住房、交通、电力等非食品消费。

食品消费支出占家庭消费支出的比重很高，2004年除了在金边外，其他省市这一比重都超过了50%。2007年，金边食品消费占总消费的比例降到了40%以下，其他城市在50%左右，乡村地区仍然维持在60%。但从发展趋势上来看，这一比重正在缓慢下降。恩格尔系数是食品消费支出与总支出之比，联合国根据恩格尔系数对世界各国的生活水平有一个划分标准，即一个国家的恩格尔系数大于60%为贫穷，50%～60%为温饱，20%～30%为富裕。按此划分，柬埔寨2007年恩格尔系数约为57%，处于温饱状态。

随着柬埔寨经济的发展，家庭消费支出不断增加，但日益扩大的收入差距影响着不同阶层的消费。柬埔寨最贫穷的20%人口的食品消费占到消费支出的70%，有60%的人食品消费占到支出的60%以上，这说明，柬埔寨大多数人还处于贫穷状态，大部分收入用来购买满足基本需求的食品。

五　物价

消费者价格指数（Consumer Price Index，简称CPI）是反映与居民生活有关的产品和服务价格水平变动的宏观经济指标，通常作为观察通货膨胀的重要指标。柬埔寨消费者价格指数编制中搜集了259项商品的价格信息，根据商品对大多数人的重要程度来赋予权重，其中食品所占的权重最大，达到44.78%。换言之，食品价格的波动对整体物价水平有很大的影响。从柬埔寨较高的恩格尔系数来看，大多数居民用于食品的支出占总支出的比重很高，物价的波动对这些人的影响尤为明显。物价的上涨幅度如果高于收入的增长幅度，会使居民的实际消费能力下降，用于购买食品的支出比重会增加，相应的会加剧贫困。柬埔寨近几年的消费者价格指数整体呈现上涨趋势，以2005年的价格为基准（2005年为100），2011年这一指数已经上升到了156，2012年CPI较上年有所下降（见图6－4）。但是截至2013年5月，CPI指数达到151.3，比上月增加了0.7%，物价在2013年又开始缓慢上升。食品价格指数的上升推高了整体的物价水平，2013年5月的食品价格指数为173.8，比上月增加1.1%，同比增长4.1%，幅度高于整体物价的上涨。

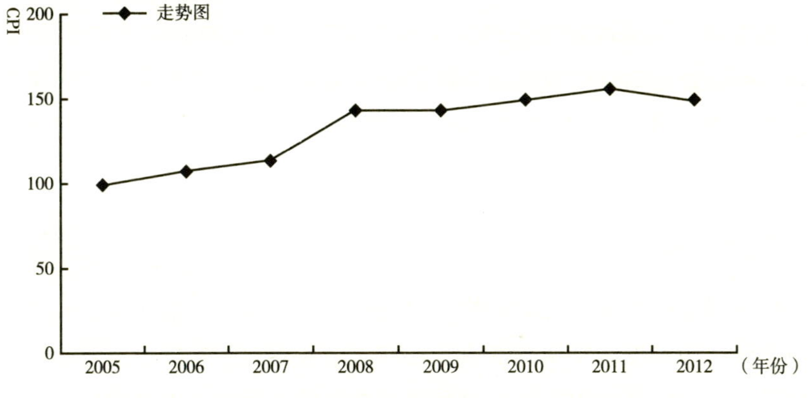

图6－4 2005～2012年柬埔寨消费者价格指数发展趋势

资料来源：柬埔寨国家统计局。

2012年联合国亚太地区经济社会调查显示，柬埔寨面临食品价格上涨的风险，这对弱势群体造成严重影响，不仅会增加饥饿和贫困人群，还会对社会造成严重和持续的影响。防止食品物价上涨的最好方法就是提高农业的生产效率，增加农产品的供给。同时，政府应该加大对农村和农业的投入，在现代科技、化肥、信贷领域给予支持。大米价格的变化直接影响着柬埔寨贫困率的高低，世界银行预测大米价格每上涨10%，贫困率就会上升0.5%。按此推理，在2007年3月～2008年3月间，大米价格翻番，这直接导致柬埔寨贫困率上升5个百分点。为了平抑价格波动，柬埔寨政府不得不采取短期干预措施，暂时禁止大米的出口和对部分大米市场进行价格补贴。

大米是柬埔寨居民食品消费中获取卡路里最多的食物，在其食品支出中占主要部分。大米价格的波动不仅受国内大米的供求状况影响，还受国际大米贸易价格的影响。柬埔寨国内大米价格与国际价格基本保持一致，2000～2004年价格上涨较为缓和，并且在2004年出现少许下降，之后一直大幅上涨，直到2008年价格开始突然下降，但仍然与2007年持平。大米价格的上涨既有利也有弊，对于国家层面而言，如果是大米净出口国，那么价格上涨有利；对于家庭而言，如果是大米净供给者，那么价格上涨有利。柬埔寨盛产的生态大米具有“无公害、无农药、无化肥、无转基因”等特点，与泰国香米齐名，这为柬埔寨大米出口提供了广阔的市场空间。柬埔寨还随时会根据全球性通胀和国内的物价形势来压缩大米出口量，如2008年初，由于全球性通胀抬升以及担心本国粮食供应问题，柬埔寨就出台限制大米出口的政策。

六　住房

柬埔寨地处热带，气候炎热，湿度很大，居民建造的房屋具有避热防潮的功能。即使没有空调或电扇，在柬埔寨人建造的房屋里也能感受到干爽舒适，因为房屋的构造很好地利用了自然风。柬埔寨农村的房屋一般有两层，高度从6米到10米不等。房屋的结构以木质材料为主，竹子也会被用来做墙的材料。屋顶安装在第二层，在一些省份屋顶下面还会留有一定的空间，一般在5～10厘米之间。房屋用柱子支撑，离地面最高的有3米，这样既可以免受洪水的侵袭，又可以将第一层作为饲养牲畜的场所。木质的楼梯被用来连接第一层和第二层，二楼最简单的构造只有一个房间，有的还会建造专门用于储存大米的房间，或者是专门给父母和子女的房间。通常情况下，二楼都会有一间较大的房间用于会客，房间最醒目的地方一般摆有佛像、电视机和台灯。父母的房间一般位于大厅的两边，子女的房间在后面。

柬埔寨人的厨房建在主屋附近，但要比主屋低，通常有两个门，这样方便从一楼二楼上下。也有的厨房是与主屋分开的，但距离很近。白天，居民一般在一楼劳作、吃饭、休息，房屋就犹如一把大伞提供遮阳场所，而只有晚上睡觉才会在二楼。柬埔寨人的这种房屋构造虽然简单，但功能俱全，很好地满足了人们对通风散热的需求。

现代柬埔寨居民的房屋结构发生了一些变化，如支柱已经换成混凝土，不再是以前自制的棕榈树作支柱，但房屋整体建筑材料还是以木头为主。陶土砖或者铁皮屋顶代替了原先的稻草屋顶。人们对安全需求的增加也逐渐改变着房屋的一些构造。之前房屋一楼是供人们劳作休息的开放场所，现如今也砌起了墙，里面也用墙隔成一间间屋子；以前设置用来通风的门窗现在也用玻璃窗和坚固的木门替代。这样的变化固然会使人们感觉更加安全，但却缺失了传统吊脚楼简单实用的特性，通风效果也不如以前。

柬埔寨居民住房差异很大，主要体现在房屋建筑材料和商品房价格方面。以首都金边为例，用混凝土、砖、石头结构为建筑材料的最多，占47.4%，其次是用木材作建筑材料的占39.3%，以竹子和茅草为建筑材料的只有9.7%，这些建筑的质量普遍较低，居民的居住条件有待提高。柬埔寨商品房的价格也呈现出很大的差别。柬埔寨国土规划部2010年对金边市的房屋销售价格调查显示，排屋底层每间售价4.2万~6.5万美元，两层一座的排屋7万~18万美元，半别墅12.8万~20万美元，别墅在22万~60万美元之间，高层公寓每平方米700~1100美元。

柬埔寨住房市场大致经历了四个阶段：一是1979~1991年，这一时期房屋买卖量很小，价格也便宜，买者多为华人。二是1992~1997年，住房市场迅速兴起，大量来柬的维和人员及外来投资刺激了这一市场的兴旺，特别是在1995~1996年，住房市场达到了高潮，房价以年均20%的速度增长。三是在1997~2004年期间，受国内局势和金融危机的影响，国内投资环境恶化，住房市场经历了一次回落和萧条，无论是在金边还是在其他城市，住房市场都进入了萧条阶段。四是2004年至今，住房市场前景被看好，除了在2008年经历了下挫之外，房价整体上呈现出上涨的趋势。特别是在近几年，随着柬埔寨经济的快速发展及外资的涌入，房价上涨的幅度明显增大。2012年5月，金边洞里萨河周围的住房价格为3850美元/平方米，比1月份2000～3500美元/平方米有明显的上涨。2013年一季度，柬埔寨房价增长在10%～20%之间。

柬埔寨住房市场中也存在一些问题，比如住房市场过快发展引起的泡沫、政策法规不健全等问题。此外，房价的过快上涨对城市底层人们的生活造成了很大的压力。许多农村居民来到城市寻找更好的工作机会，但住房（租房）价格的上涨无疑会增加他们的生活成本。因此，对于大多数低收入人群而言，市区及周边的一些廉价的非正规住所是他们仅有的选择。家庭消费中，购买房屋的支出占据了很大比例，如果能够解决城镇居民住房问题，则可以在很大程度上减少贫困。柬埔寨政府将解决住房问题作为脱贫的重要途径，特别是对城市地区低收入者而言，稳定的居住场所能使他们增加收入，更有机会参与到城市建设中来，有的还能以住所为场所来做生意。此外，住房市场不断发展刺激了对土地的需求，柬埔寨政府在征收土地过程中遇到了很多土地纠纷问题，这导致很多居民被迫搬迁，仅在2011年底金边就有4万人被迫搬迁。据统计，2000～2013年，涉及土地纠纷的民众达到70万人，其中金边最为严重，约占土地纠纷总数的10%。

第四节　医疗卫生

一　医疗卫生事业发展概况

在殖民统治时期，柬埔寨的医疗卫生事业极端落后，1937年全国只有168名医助，到1945年只有一人获得了医学学士学位。1953年柬埔寨独立时，全国的医疗状况十分糟糕。当时，许多法国医务人员离开柬埔寨，只留下少数本国医务人员及极其简陋的医疗设施。为了尽快改变这种状况，1953 年柬埔寨王国政府成立了公共卫生部，建立了一所医校、一所护士学校和柬埔寨皇家医学院（1972 年后改为医学、药学和护理科学学院，1980 年复校时改为医学药学院）。这所医学院 1958 年培养出第一批医生，缓解了柬埔寨医生严重缺乏的状况。1962 年这所医学院成为金边大学的一个学院。1967 年增设牙科专业。到 60 年代末期，该学院授课的教师大都是柬埔寨人。到 1971 年，该校的高级教师达到了 33 人。在西哈努克执政期间，柬埔寨的公共卫生经费也逐年增加。到 1967 年，柬埔寨的公共卫生经费从 1955 年的 8555.8 万瑞尔增加到 3.5 亿瑞尔。

1970 年以前，柬埔寨的中级医护人员培养也取得了一定成绩。当时已经建立起一所培养医师和医士的学校。这所学校还培养环境卫生科学方面的专业人员。到 1970 年，全国护士人数比 1955 年增加 5 倍以上，女性护士的数量也迅速增加。1970 年 3 月，全国有药剂师 81 名。

在医院和诊所建设方面，1955～1970 年期间，政府投资建设新的医院，对原有医院进行扩建和改建，医疗基础设施有所改善。1970 年 3 月全国有 29 所医院，病床 6186 张。金边是全国医疗设施和医务人员最多的地区。60 年代末期，金边共有医院 7 家（其中 5 家是教学机构附设的医院），有私人诊所若干，公共门诊 22 家和军队医务室 6 家。金边的皮兰杰梅拉（Prean Ket Mealea）医院是全国规模最大的医院，始建于 1893 年，20 世纪 70 年代拥有 1000 多张病床。1960 年由苏联援建的柬苏友好医院是第二大医院。其他大医院还有法国人开办的卡米特医院及一所华人医院。

在西哈努克为首的王国政府领导下，柬埔寨的卫生防疫工作也取得了巨大进展。到 1958 年，柬埔寨的鼠疫、天花已经绝迹，在西北地区广为流传的热带皮肤病也被治愈，肺痨治疗取得了突破。此外，婴儿死亡率明显降低，城市污水和垃圾处理程度大为提高，公共卫生宣传深入人心，对传统医学的研究和药物资源的挖掘取得了较大成效。

1970 年朗诺政变后，柬埔寨陷入战乱，全国医疗卫生设施受到严重破坏。到 1971 年 9 月，全国只剩下 13 家医院维持开业。普通群众只能以简单、传统的草药治病，西药和医疗器械极度匮乏。

从1975年4月至1979年初，民主柬埔寨政府实行全民公费医疗制度，在各地建立了一批医院、医疗所、制药厂，医护人员主要通过“边学习、边实践”的方式培养。1978年民柬还开办了医科药剂大学，有学生700人。

1979年金边政权成立后，医疗条件略有起色，但同时也形成了西药黑市，少数奸商囤积居奇，普通人难以问津。1983年金边建立3家小型制药厂，西药供应状况有所改善。

从80年代初开始，金边政权采取措施逐步恢复医疗体系。到1988年全国已经建立起乡一级诊所1457个，平均每8000人有一个诊所，每个诊所有2~5名医护人员。这些医护人员通常是初级护士或初级助产士，一般都经过省级卫生学校或培训中心的专业学习和培训。另外有154个县级医疗保健中心，配备1名以上中级专业医校毕业的医士，他们一般需要经过3~4年的专业学习。到1989年年底，柬埔寨全国有医护人员约1万名。在医疗卫生教育方面也取得了较大发展。1980年医学药学院复课后，到80年代末期已经培养出412名医生，34名牙科医生，222名药剂师和812名医士。到1990年，柬埔寨已建立了28所省级医务所和165个县级所。此外，在马德望、上丁、贡布、磅湛和金边等城市还建立了培养中级医护人员的中等专业学校，培养出了大批中初级医护人员。

自柬埔寨王国新政府成立以来，其国内的医疗体系开始逐步恢复，全国医疗卫生保健服务方面有了明显起色。从2003起，柬埔寨政府将提高卫生服务水平纳入其施政纲领，并制定医疗卫生方面的法律法规，致力于提高医疗卫生服务质量；利用更多公共资源和国际援助来加强卫生建设，鼓励私人投资卫生领域；同时陆续在各省、县、乡建立医院和医疗中心。2010年，柬埔寨的男性平均寿命增至60岁，女性增至65岁，较1999年的男性平均寿命46.8岁和女性的49.8岁有了大幅度提高。训练有素的卫生官（医生、内科医生、助产士）的输送能力从2005年的44%提高到2010年的71%。近年来，王国政府拨给卫生部门的资金预算有较大幅度的增加。2001年的卫生预算比1998年增加了三倍多。2005年，医疗卫生领域的开支总额占 GDP 的 6.4%，在东南亚这一比重是最高的。2012 年这一比重有所下降，但也达到 5.4%。2012 年人均医疗健康支出达到 135 美元。2000～2010 年间全国平均每万人拥有医生 2 名、护理和助产人员 8 人。截至 2011 年，柬埔寨全国 24 个省市已有各种等级的医院 90 所，在农村地区也建立起了初级卫生保健服务设施。尽管如此，目前柬埔寨的公共卫生服务仍十分有限，柬埔寨依然需要完善卫生体系，推动全面、优质的卫生健康服务，满足偏远村民的需求。

二 管理体制

历史上，柬埔寨医疗体系因几十年的战乱而受到严重破坏。柬政府于 20 世纪 90 年代开始对医疗体系进行改革，改革的最新成果是通过了“健康战略计划 2008～2015”及“健康资助战略计划 2008～2015”。“健康战略计划”强调了健康在长期减贫及经济社会发展中的重要作用，近几年来卫生指标得到提升，但仍需大量的资金投入。据国际劳工组织估计，柬埔寨 2010 年公共医疗支出约为 2.35 亿美元，占 GDP 的 2.1%，其中政府投入占比 11%。儿童和孕妇的健康位于柬政府优先保障的行列，并且已经取得一些成效。2010 年国家人口卫生调查（NDHS）报告显示，在 2005～2010 年间，婴儿死亡率从 6.6% 下降到 4.5%，儿童死亡率从 8.3% 下降到 5.4%，产妇的死亡率也降至 2.06‰。此外，接受产前保健的产妇比例也不断上升，从 2005 年的 69% 上升至 2010 年的 90%。截至 2013 年，王国政府在各省设立了 25 家婴儿保健中心，在全国 761 个村成立了婴儿保健社区。

柬埔寨医疗费用私人支出的比例很高，据世界卫生组织 2009 年估计，有 78% 的医疗费用由私人支出，其中由病人直接支付的比例高达 93%。2010 年 NDHS 报告显示，柬埔寨每人每次平均医疗花费 30 美元，医疗支出占储蓄的 51% 和工资的 45%，有 20% 的人需要借钱或者变卖财产以支付医疗费用。贫富差距使得人们获取医疗资源的能力相差很大，穷人往往很难获取医疗服务。为此，柬埔寨卫生部决定减免穷人的医疗费用，具体由街道办事处或转诊医院管理实施。只要被认定属于贫困的人都可以减免医疗费用，但是从实施效果上来看，这项计划并没有覆盖大部分贫困人群。为了既能减免贫困者的医疗费用，又不影响医院的正常运行，政府通过成立健康权益基金的方式来补贴公立医院和诊所，补贴范围为医疗费用及医疗时产生的交通食宿费用。这项基金在 2010 年涵盖了 300 万人口，有 68.5 万人获得了相关的补助。对于接近贫困的人而言，他们需要缴纳一定的保险金才能加入社区健康保险计划，因为健康权益基金只针对贫困人群。到 2009 年，这样的计划有 13 个，涵盖了 12.3 万人。在全民医疗保险机制尚未建立之前，健康权益基金是提高贫困人口获取医疗资源的有效途径。

柬埔寨现在有各种各样的医疗保险机制，但是没有一种能够覆盖全体国民。现有法律中关于强制医疗保险的规定只适用于私营部门雇员和公务员，公务员保险计划正在不断完善，私营部门雇员的保险方案也将很快推出。公务员保险计划将包含医疗补助、疾病现金补贴和生育现金补贴等，但家庭成员能否享受这一保险尚未可知。2002 年实施的《社会保障法》对成立私人健康保险有了相关规定，如今在纺织业工人中实施。

三　疾病防治

由于饱受半世纪的战火蹂躏，国内局势长期动荡，以及国内社会经济发展尤其是医疗卫生条件的滞后与不足，一些疾病如艾滋病、禽流感、肺结核、疟疾、登革热等疾病仍严重威胁柬埔寨人的生命。自柬埔寨王国新政府成立以来，在卫生部的领导下，在国际援助的支持下，柬埔寨在各种疾病的防治方面还是取得了可喜成绩。

（一）艾滋病防治

据柬艾滋病防治机构统计，预计 2013 年全国有 7.1347 万人携带艾滋病毒，其中 3.84 万人为女性，6850 人为儿童。他们当中的绝大多数人都得到了药物治疗。目前柬埔寨全国共有 80 多个专门提供艾滋病治疗服务的医疗中心，艾滋病病毒感染者或患者可定期去这些中心领取有关药物。此外，全国还有近 250 个医疗站免费为民众进行艾滋病病毒检测。

柬埔寨政府提出力争在 2015 年使其 15 岁至 49 岁人口的艾滋病病毒

感染比例减少到0.5%，在2025年实现艾滋病“零死亡、零感染、零歧视”的“三零”目标。通过柬埔寨政府和社会各界的努力，王国政府在抗击艾滋病方面取得成效。柬埔寨15岁至49岁人口感染艾滋病病毒的比例已从1998年的2.5%降至2010年的0.8%，2013年的0.7%。孕妇接受艾滋病病毒检测的比例也从2008年的30%上升到2010年底的80%。感染艾滋病病毒的母亲通过怀孕、分娩或哺乳将病毒传给其婴儿的几率已降至约8%，柬埔寨将争取到2020年彻底消除艾滋病病毒母婴传染。

艾滋病不仅夺走人命，还给社会留下了孤儿问题。2005年因艾滋病给社会留下的孤儿数量达到了3.1万人，并在2008年增至3.39万人，但从2009年起逐年下降，至2013年降为2.66万人。王国政府也在增加对艾滋病患者提供药物治疗，以延长他们的生命，让他们能有更长时间照顾子女，避免他们的子女成为孤儿。

艾滋病在柬埔寨肆虐的头号原因是性交易猖獗。2002年6月，柬埔寨妇女和平与发展协会会长朱奔英指出，柬全国目前有数万名妇女从事性交易，其中有20%的人染上艾滋病。这些妇女大多是因贫困被迫从事性交易的，她们主要集中在金边市、西哈努克市、暹粒省、班迭棉吉省和马德望省。更严重的是，这些从事性交易的人中相当比例的人属于未成年人，18岁以下的少女占30%，并且经常遭到警察、妓院老板和嫖客的侵犯。据2002年11月的统计，在柬埔寨境内，卖淫者有8万~10万人。她们大多数是贫穷人家的女子，许多是来自越南乡村的少女。据国际劳工组织的一份报告称，在柬埔寨从事皮肉生意的女性中有15%的人年龄在9~15岁，这些女孩中78%是越南人，其余的是柬埔寨人。

据柬埔寨国家防治艾滋病机构的调查指出，娱乐场所（啤酒厅、卡拉OK）女服务员、男子同性恋和毒品使用者是传染艾滋病的三大危险群体。其中，娱乐场所女服务员中，有15.2%患艾滋病；男子同性恋群体中，8.7%患有艾滋病，另9.7%患有性病；毒品使用者中也有24.4%患有艾滋病。而据柬埔寨国家防治艾滋病、皮肤病与性病中心数据显示，2012年，柬全国娱乐场所工作的女服务员共有3.7万人，她们都是感染艾滋病风险最高的群体。

为此，柬埔寨国家防治艾滋病机构与相关部门紧密合作，正在制定多项防范措施，包括：提倡年轻人使用安全套，保护青少年免受艾滋病、性病的危害，开展防艾知识宣传活动，特别是增强娱乐场所服务员的防艾意识，以达到90%以上的人使用安全套，这样就能有效遏制艾滋病的蔓延。

尽管艾滋病传染率逐年下降，但并不意味着柬埔寨已经结束了抗击艾滋病的努力，艾滋病仍然在威胁人民的健康和生命，离柬埔寨政府最终实现“三零”目标仍然任重道远。为实施2011～2015年防治艾滋病战略计划，柬埔寨需要每年投入约5800万美元，但到目前只筹集了约一半资金。这些资金中的90%以上来自国际组织和捐助国。由于资金不足，只能压缩一些项目和活动，把防控资源集中用于感染风险较高的特定群体。近几年，由于全球经济不景气，一些国际组织和合作伙伴削减或中止了对柬埔寨抗艾的资金援助，一些非政府组织减少了活动甚至被迫关门，这对柬埔寨进一步防控艾滋病将构成挑战。

（二）其他疾病防治

除了艾滋病外，柬埔寨还是肺结核病、禽流感、登革热、疟疾等疾病严重危害的国家，给该国民众身体健康，给个人、家庭和国家带来沉重的负担。

1. 肺结核病防治

肺结核是由结核分枝杆菌引发的肺部感染性疾病。是严重威胁人类健康的疾病。结核分枝杆菌（简称结核菌）的传染源主要是排菌的肺结核患者，通过呼吸道传播。健康人感染结核菌并不一定发病，只有在机体免疫力下降时才发病。有统计显示，一个传染性肺结核病人一年中平均可传染10～15人。

2010年柬埔寨有880万人患上肺结核病，共计150万人死于结核病（包括35万艾滋病毒携带者）。为进一步做好肺结核病防治工作，有效遏制肺结核病的流行，柬埔寨卫生部于1982年设立了“国家防治肺结核项目”，采取措施制止肺结核蔓延的现象发生，努力提高结核病健康教育活动的质量，以提高肺结核病人发现率和治愈率。“国家防治肺结核项目”

在防治肺结核病方面取得了显著的成果，该项目为广大民众免费检查或治疗肺结核，以 DOTS 方式进行肺结核治疗，完全康复率达到85%以上。据柬埔寨国家防治肺结核中心数据显示，2013 年全国肺结核患病率和死亡率逐渐下降，治愈率达89%，检测病例 3.9055 万例，死亡病例从 1999 年的 156 例/10 万人降至 2012 年的 63 例/10 万人，减少 60%。

尽管如此，柬埔寨还无法摆脱全球 22 个肺结核病流行最严重的国家名单，在 2015 年底之前，柬埔寨还会在防治肺结核工作中遇到许多困难。

2. 禽流感防治

禽流感一直是威胁柬埔寨民众健康的可怕疾病，自柬埔寨 2005 年出现首个禽流感病例后，至 2014 年 3 月禽流感病例增至 53 例，病患者多数为 14 岁以下儿童，其中 34 名患者死亡。2014 年前 3 个月，全国共出现 9 个确诊禽流感病例，共造成 4 人死亡。目前在金边市和其他 9 个省份的 31 个地点都出现过禽流感，为此柬埔寨国家救灾委开办专门的培训班，宣传禽流感预防知识，通过媒体传播，让人们了解预防感染禽流感的信息。

3. 登革热的防治

登革热是一种由蚊子传播的急性病毒性传染病，典型症状包括发烧、头痛和关节痛等，儿童患者死亡率较高。柬埔寨的登革热高发期主要在 5 月至 10 月。2012 年柬埔寨有 4.24 万例登革热病例，189 人死于登革热。2013 年，柬埔寨共有 15980 人感染登革热，其中 73 名儿童丧生。登革热发病率和死亡率大幅下降，但是柬埔寨政府依然非常重视登革热的感染。柬埔寨卫生部将为民发放灭孑孓药，加强登革热防治知识的宣传。政府通过学校教师宣传登革热防治知识，希望教师与政府和相关单位密切合作，向学生家长和学生宣传登革热防治知识，以有效降低登革热发病率。

4. 疟疾的防治

据世界卫生组织报告，全球大约 40% 的人口受疟疾威胁，每年有 3.5 亿～5 亿人感染疟疾，110 万人因疟疾死亡。每天有 3000 儿童因患疟疾而失去生命。发病主要集中在经济相对落后、交通不便的边远地区。对柬埔寨而言，疟疾在柬埔寨还没有消除，疟疾迄今仍是公众健康面临的最严重威胁之一。柬埔寨已推行 2011 至 2025 年全国消除疟疾战略。经过近年来积极防治，柬埔寨疟疾疫情显著下降。疟疾死亡人数从 2010 年的 151 人，下降至 2011 年的 93 人，2012 年的 45 人，2013 年的 12 人。要成功实现柬埔寨 2011 至 2025 年消除疟疾的战略目标，还需要柬埔寨全国人民、政府各机构和国际社会等积极参与卫生部消除疟疾行动，更大幅度地减少疟疾发病率和死亡率。

第七章

文　　化

第一节　教育

一　概况

由于长期的法国殖民统治和本国封建专制君主制的统治，柬埔寨的近代教育相当落后。直到1935年柬埔寨才创办了第一所高级中学，1939年才培养出4名高中生。第二次世界大战前，只有1名柬埔寨人在法国获得医学学位。直到第二次世界大战后，河内的印度支那大学才为柬埔寨人提供某种程度的大学教育，招收的柬埔寨学生还不到30人。

1953年独立后，柬埔寨的现代教育开始起步。1953～1969年的西哈努克时期，采取了一系列措施促进柬埔寨教育事业的发展，建立起了比较完整、系统的现代教育体系。1958年，柬埔寨国家教育最高委员会成立，西哈努克亲王亲任委员会主席。同年2月，柬又成立了由全国知名技术专家组成的技术教育最高委员会，为发展全国职业技术教育提供咨询。为了使教育工作符合柬埔寨国情，王国政府还进行了大规模的教育调查工作。王国政府规定小学学制6年；中学学制7年，其中初中4年，高中3年；高等学校学制因为学科不同而不等。规定小学必须用高棉语授课，1967～1968年开始在中学推广高棉语教学。王国政府还加大了对教育的投入，按可比价格计算，1964年的教育经费是1955年的1.73倍。为了扩大教育经费来源，王国政府还接受外国捐赠办学，继续保留寺院学校，允许私人和外侨办学。

经过努力，柬埔寨教育获得了长足的发展。柬埔寨的小学从1954年底的2731所增加到1969年的5857所，在校学生从31.1万人增加到102.5万人；同期，中学（包括私立中学）从12所增加到180所，在校学生从5300人增加到11.7万人；技术学校（包括职业学校）从5所增加到99所，在校学生从334人增加到7400人。初级寺院学校有1450所，在校学生8.1万人。高等教育的发展更显著，大学（学院）从2所增加到48所，在校学生从347人增加到10800人，包括医科、法律、行政、商业、师范和美术等在内的专科学校有335所。1960年创办的高棉皇家大学和1964年成立的技术大学，开创了柬埔寨高等教育的历史。高棉皇家大学就是目前的金边皇家大学的前身，是一所综合性大学，在20世纪60年代包括法律经济学院、医药学院、自然科学技术学院、社会科学学院及国家教育学院5个学院。该校在红色高棉时期停办，1980年重新开办，目前有在校学生2000多人，教师400人，外国留学生近百人。20世纪50～60年代，柬埔寨一些精英分子到法国等欧美国家留学，成为柬埔寨极少数的知识分子。其中的一些人日后在柬埔寨政治、科技事业方面发挥了较大作用，但其中也有相当比例的人才流失。

1970年后，由于柬埔寨陷入长期的内战和动乱，柬埔寨教育事业受到巨大冲击。整个20世纪70年代柬埔寨的教育几乎陷于瘫痪，刚发展起来的教育事业出现了大倒退。1975年4月柬埔寨共产党执政后，主要致力于扫盲和文化普及工作。民柬政府从1977年起实行3年制小学和3年制中等技术学校制度。全国有25所中专，金边有7所大学，但师资、设备和资金匮乏，文盲率高达45.9%。

1979年金边政权成立后，开始重建教育。到1990年，柬埔寨共有小学3445所、中学301所、专科学校25所、大学7所，在校学生分别为1031409人、147559人、12926人和6349人。1992年识字率达到了70%。

1993年柬埔寨联合政府成立后，国内政治局势相对稳定，教育得以迅速恢复，一度停办的大中小学纷纷复课，学校教育开始走上正轨。新的教育体制规定儿童6岁开始上小学，学制5年；中学学制6年，其中初中和高中各3年。

进入21世纪后，柬埔寨基础教育得到了迅速发展。2001年，小学5026所，学生201万人；中学475所，学生30万人。2002年，幼儿园1813所，在园幼儿9.06万人；小学5757所，学生270万人；中学541所，学生46.3万人。2005年，幼儿园2205所，在园幼儿7.22万人；小学6180所，学生270万人；中学698所，学生61万人。在柬埔寨2007年和2008年财政预算案中，政府投资的优先项目的资金中，教育发展处于第一位。但是全国还没能普及基础教育，毕业率很低。初中的入学率低，而且性别差距很大。另据柬埔寨一些新闻出版机构的调查报告，柬埔寨有63%的成年人不识字。这些机构呼吁各方资助教育事业，在各省设立各种刊物的阅读场所及图书馆，推动扫除文盲运动。

要促进农村经济发展，培训相关人才是当务之急。柬教育部为此制订了2001～2005年的农村扫盲计划，在5年内至少要让20万青年人摘掉文盲的帽子。2001年柬埔寨全国共建立扫盲班2600多个，5.9万成年人参加扫盲。柬埔寨200多万文盲大部分在农村，5～21岁的儿童和青年中，文盲约占1/3。根据柬埔寨1998年的统计，全国有2/3的学龄儿童报名上学，但与此同时，弃学儿童的比例也大幅上升。由于家庭经济困难，父母无法继续供子女上学，学生只好弃学打工，过早地挑起生活的重担。20世纪90年代末期，柬埔寨的儿童失学率已经超过50%。1994～2005年的十余年间，入学儿童人数大幅增加，2004～2005学年小学的入学率上升了19%，中学的入学率也在不断上升，大概是25%。在柬埔寨的自身努力和国际社会的帮助下，柬埔寨的基础教育水平不断提高。小学生的入学率（净百分比）保持稳定，2006年为95.4%，2008年为95.9%，2010年为95.9%，2011年提高到98.2%。2006年中学生的入学率（净入学率）为31.5%，2007为35.1%，2008年也提高到了37.6%。成年人（15岁以上人口）的识字率在2008年也达到了77.6%。

在高等教育方面，1995年联合国教科文组织和世界银行联合成立了柬埔寨高等教育专家组，制订了全面改革和发展高等教育的计划。重点在于改革高等教育办学模式，建立多元体系，整顿和提高教学质量。柬埔寨很重视开展与东盟国家的高等教育合作，扩大与东盟各国以及其他亚洲国家的合作，积极争取这些国家的援助来进行建校、师资培训等工作。此外，柬埔寨制定和完善了高等教育的发展体制，确立发展重点，推行开放式办学体系，允许创办私立高校。柬埔寨的高等教育得到了复兴和发展，在校生从1985年的2357人上升到1996年的3465人，2002年上升到3万人。随后，柬埔寨的私立大学得到蓬勃发展，截至2013年，柬埔寨共有包括高等院校和皇家科学院在内的高等教育机构77所，其中32所为公立机构，45所为私立大学。公立院校包括：皇家金边大学、皇家农业大学、医科大学、皇家艺术大学、柬埔寨技术学院等。私立院校包括华盛顿大学、技术与管理学院、柬埔寨国际学院、管理与法律学院、经济与管理学院等。在这些高校中，皇家农业大学为农林渔业部管辖，皇家艺术大学由文化艺术部管理，医科大学归卫生部管理，其余归教育、青年和体育部管理。

皇家金边大学是由原来的教师培训学院和外国语学院于1988年合并而成。当时有11个系，6个社会科学系和5个自然科学系。金边医学院于1979年12月复办，当时注册人数为725人。经济学院创办于1981年9月，当时有计划、金融、外贸、农业经济和工业经济5个系。柬埔寨金边皇家大学是柬埔寨历史最悠久，规模最大的高等学府。该校现有三个校区，设立了科学学院、人文和社会科学学院以及外国语言学院。目前，有许多国际机构和非政府组织与该校各个学院及系部开展了多样的教学交流合作项目。

近年来在外国慈善及教育研究机构的援助下，也成立了一些新的学校。1993年，澳大利亚援助柬埔寨基金同柬埔寨政府发起创办马哈日师维地大学（Maharishi Vedic University）。该大学位于柬埔寨和越南交界处的波萝勉省，是柬埔寨唯一一所专供贫困学生修读的大学，让贫困青年有机会免费接受4年的大专教育。学校设有管理学院和农业学院。学校条件相对简陋，资金、师资缺乏，甚至连课本也严重不足。有些课本都已过时多年。澳大利亚援助柬埔寨基金、新加坡南洋大学等机构曾经多次捐助教材。到2003年该大学的毕业生已经超过600名，2005年时该大学有650

名在校学生。

根据中国与东盟的有关协定，柬埔寨于2002年派出学员到中国学习。来自越南、老挝、缅甸、柬埔寨四国的35名学员在中国广西国际青年交流学院国际青年干部高级研修班经过10个月的学习，于2003年7月毕业。这些学员绝大部分是从事青年工作或政府部门的年轻干部。在中国期间，他们比较系统地学习了中国概况、中国经济和中国青年工作的课程。在学习期间，他们到广西及北京、上海、广州等城市、农村参观考察，耳闻目睹了中国改革开放取得的巨大成就，与中国各界青年广泛交流，结下了深厚的友谊。

2003年6月，洪森在出席柬埔寨学院开幕仪式上就柬埔寨的教育问题发表讲话，指出：（1）政府将通过教育自由化政策，加强与国内外私人业界之间的合作，建立各层次学校，为青年提供多种知识与专业技术。（2）为了有效提高高等教育质量，各高等学院应注重人才培训并以技术、科技与资讯技术的培训工作作为基本科目，使培训出的人才能在市场经济竞争中具有潜力。各高等院校应提倡阅读书籍，努力钻研文化。（3）由于受客观条件的限制，柬埔寨的高等教育水平与教学质量还有限。为此，全国各地的所有高等学院应与教育部密切合作，建立一个评估与监督高等学院教育质量与教育水平的机制，以端正教育目标，提高教学质量，使培训出的人才素质符合国际市场的指标要求。（4）学生在学习专业的同时，也应维护国家与民族的传统文化，弘扬国家与民族的传统文化。洪森表示，“高等院校也应注重道德教育，为国家与社会培养大批具有良好道德，提倡无暴力、和平的人才”。

柬埔寨《2006～2010年国家发展计划》指出：保证青年人都有接受教育的机会，不分社会地位、地域、种族和宗教信仰，要实现小学的入学率为100%，中学入学率为75%；15～24岁的人口识字率为95%。另外王国政府提出的“四角战略”也对大力发展教育事业做出了明确的规定，其内容中涉及国家发展的“第四个战略四角形”就专门针对教育质量的提高进行了明确的阐述，提出了“全民教育”的方针和保障9年制义务教育的目标，并从国家政策的层面大力支持教育发展。2007年10月19

日，柬埔寨国会通过了新的《教育法》草案，根据该法的要求，柬埔寨将成立国家教育委员会，根据国家的政策和社会发展制订本国的教育计划，以实现教育事业的快速发展。

2010年以来，柬埔寨经济发展迅速，政府对教育也越来越重视，教育的财政支出也逐年增长。2010年10月底，柬埔寨《2009~2013年教育政策项目》正式出炉，政府大幅提高了教育拨款预算。截至2011年底柬埔寨共有幼儿园2575所，在园幼儿12.14万人；小学6486所，在校学生214.2万人；中学2449所，在校学生141.4万人。

二　柬埔寨的华文教育

柬埔寨华文教育已有100多年的历史，历经曲折坎坷。早在19世纪初，凡是有华侨居住的地方就有华侨开办的私塾教授华文。20世纪50年代，是柬埔寨华文教育的黄金时代，华校最多时达到200多所，开有小学、初中及等同高中的专修班，学生近5万人。不少华侨、华裔青年读完专修班后，还回祖国继续读大学。

从20世纪70年代到90年代，柬埔寨的华文教育受到巨大冲击，几乎完全停滞，1990年后开始逐步恢复，但始终存在缺乏资金、合适的教材和教学经验等方面的困难。其中最大的困难还是缺乏资金和高水平师资。根据柬埔寨华人理事会文教处1997年5月对瑞华学校的调查，在137名教师中，未达到初中毕业的人为55人，约占40%。为此，“柬华理事总会”成立了文教基金处，同时，在中国国务院侨办、中国驻柬大使馆、中国广西侨办的大力支持与帮助下，进行了多种师资培训。1999年，在国务院侨办的全力帮助下，中国为柬埔寨选派了资深教师，并协助柬华理事总会创办了中专师范教师培训班，开始为全柬华校输送小学华文教师。2002年暑期，国务院侨办特派专家讲学团赴柬开办短期培训班，对全柬华文学校教师进行15天的专业教学培训，使许多教师深受其益。同时，“柬华理事总会”挑选了10位教师赴广西民族学院进行为期1个月的汉语专业培训。另外，中国广西侨办根据柬华理事总会提出的援教申请，委派20多位专业教师赴柬华校任教。

根据柬埔寨华人理事会文教处的统计，到1999年上学期，全柬华文学校已达69所，学生（包括柬族学生）将近5万人。目前，柬埔寨共有华文学校70多所（包括公校和私立学校），学生近5万人。其中金边公私立华校最多，潮州会馆兴办的瑞华学校规模最大，现在分为正校和分校，共开200个班，教职员工有230多人，学生有1万多名。其他规模较大华校如客属会馆兴办的崇正学校、海南会馆兴办的集成学校均有2000名左右学生。还有私立的立群学校也有学生2000多人。截至2008年，柬埔寨全国已有华校80多所，在校学生5.6万人。这些数字都凝聚着柬埔寨华侨华人热爱中华故土、传承民族文化的赤子之情。

瑞华学校是柬埔寨最著名的华校，创办于1914年，20世纪50年代时用潮州话授课，后来改用普通话。50年代后期开设高中课程，学生4000多人，教师100多人，享有“东南亚最高华人学府”的称号，70年代后因战乱停课。1989年柬埔寨政府实施新政策，该学校次年由柬埔寨华人理事会出钱收回校舍并加以扩建，1992年9月复课，学生达1700人，到2000年已经超过2万人。据统计，截至2007年瑞华学校已具庞大规模，开设班级208个，拥有教职员工240多人，学生超过11000人，不仅是柬埔寨，也是东南亚地区首屈一指的华文学校。目前，该校全部用普通话授课，使用以中国内地教材为基础改编的课本，也重视英语教育。

在柬埔寨华校的文化教育中，柬埔寨当地文化的教育大约占40%，中华文化的教育约占50%，世界文化的教育约占10%。

2009年12月，柬埔寨华文教育迎来了一个新的发展契机，经中国国家汉语国际推广领导小组办公室（汉办）同意，江西九江学院和柬埔寨王家学院联合创办柬埔寨王家孔子学院，这是第一家柬埔寨孔子学院。到2012年6月，柬埔寨孔子学院在国内开设了8家汉语培训中心。

柬埔寨华文教育已形成自己一套完整的教学和管理体系，包括统一学制、统一教材和统一师资调配等。柬政府的多元文化政策给了华文教育不断发展的空间。洪森首相曾表示：“王国政府不会执行歧视华人的政策。”他还捐资兴建华校，鼓励柬华侨华人组织起来，在招商引资中发挥自己的优势，当好国家经济发展的纽带。中文和中华文化正在柬埔寨这个文明古国发挥着重要作用，为增进柬中友谊架起宏伟桥梁。

第二节　科学技术

柬埔寨经济落后，受现实条件的限制，科学技术发展相对缓慢，投入少、人员少、成果少，没有完善的科技系统。

一　自然科学

柬埔寨自然科学涉及的领域主要包括：

（1）基础理论的教学和研究，其中很大部分的任务由高等学校系统担任，但没有系统、规范的组织体系和相关机构。

（2）重点开展农业种植、食品加工、林业、环境污染防治和医疗卫生事业方面的研究，政府资助、扶持和组织相关研究的开展和成果的推广。

（3）与相关国际组织和有关国家开展合作与交流，但目前主要局限于争取相关研究项目的资助、提供便利及帮助组织实施等工作，其中东盟相关机构、联合国和其他非政府组织是主要的合作对象。

东盟及亚太经济合作组织是柬埔寨参与国际科技合作的重要舞台。

2001 年 5 月，柬埔寨政府主办了第一届东盟 - 中日韩（10 + 3）科技高官会议，会议就在 10 + 3 合作框架下开展科技合作进行了磋商，2003 年 4 月第二届会议在菲律宾马尼拉举行（柬埔寨也参加了此次会议），东盟科技委生物技术分委会、非常规能源分委会、食品科学分委会及中国科技部国际合作司等均向会议提出了具体项目建议。东盟秘书处向会议提出了确立《10 + 3 科技合作框架职责范围》及《10 + 3 科技合作实施机制的指导原则》等具体建议。

2001 年 9 月 17 ~ 18 日，第九届东盟科学和技术部长会议在文莱召开。根据会上达成的协议，东盟部分国家将向柬埔寨提供科技援助，新加坡为柬埔寨、老挝、缅甸和越南四国提供食品安全方面的短期培训，泰国为上述四国提供食品生物技术方面的培训，印尼提供信息技术在水文及技术管理上的应用培训，马来西亚提供风险分析和食品安全方面的培训。

柬埔寨皇家政府和欧盟联合进行了一个重点项目——“柬埔寨农业支持项目”。该项目由欧盟委员会和柬埔寨政府共同承担，具体由柬埔寨的乡村发展部、农林渔业部以及水资源和气象部共同负责。该项目的目的在于发展柬埔寨乡村基础设施，为战后柬埔寨重建提供帮助支持。该项目开始于 1995 年，1999 ~2003 年是为期 4 年的第二期建设，投资总额达到 8000 万欧元，重点地区包括磅士卑省、茶胶省、磅湛省和磅清扬省。

在推动科学发展的过程中，国际社会的援助和带动起到了不小的作用。比如在推动农村的发展方面，在荷兰开发组织的援助下，柬埔寨于 2005 年开始开发家庭沼气项目，旨在建设长期的家庭沼气池，推动了柬埔寨再生能源领域的发展，同时也保护森林和环境。到 2011 年底，柬埔寨已建造了 9500 个家庭沼气池，共有 5.5 万农民受惠。针对自然灾害给农民带来的困扰，2011 年 4 月，水源与气象部和法国国家气象局合作，共耗资约 700 万美元，在金边市兴建了高科技的气象台。2011 年 5 月，柬埔寨还诞生了首部国产“免耕”播种机，该机器可以让农民在无须耕犁的情况下种植作物。2011 年，柬埔寨计划部还与韩国国际协力团共同签署了“2014 ~2020 年柬埔寨国际科学发展总计划”备忘录，这项计划的合作资金为 350 万美元。

二 人文社会科学

柬埔寨的人文社会科学研究主要集中在语言文学研究、宗教（主要是佛学）研究、历史研究、文物保护、旅游开发和经济研究等领域。开展这方面研究的有师范、外语、经济和艺术方面的高等学校，以及佛教研究所、佛教协会、高棉作家协会等组织机构。

近年来，柬埔寨的人文社会科学研究以实用型研究领域为主，积极开展与东盟及相关国家和国际组织的合作。2001 年，中老缅越柬泰等国同意联手建立“澜沧江 - 湄公河次区域虚拟大学”，确定以相互感兴趣的旅游专业、澜沧江 - 湄公河次区域研究、信息技术作为虚拟大学教学的先导领域，率先开设旅游课程。2002 年 1 月，在中国昆明召开了“澜沧江－湄公河次区域虚拟大学旅游课程建设专家论证会”，中、越、泰、老、柬以及联合国教科文组织亚太区域教育处、联合国教科文组织文化处、中国联合国教科文组织全国委员会、东南亚教育部长组织高等教育与区域发展中心、澜沧江－湄公河次区域旅游协调机构的专家参加了论证会。会上有关各方同意，将借助多媒体远程教育手段率先开办旅游教学课程，第一批学生将招收旅游企业的管理人员，各成员国大学通过一定的教学质量保护体系，相互承认学分。

三　佛学研究

20 世纪 50 年代是世界佛教全面复兴的时期，柬埔寨佛教界在新独立的柬埔寨政府的扶持下，掀起了一个佛教活动热潮，与世界佛教复兴运动相呼应。柬埔寨过去没有高级佛学院，培养高级人才都要到泰国或越南等国。1955 年柬建立以国王名字命名的“苏拉玛里特佛教中学”，培养佛教初级人才。1959 年，西哈努克佛教大学正式落成。该校为柬埔寨佛教高等学府，学僧主要来自僧界，学制分三级。考入此校学习 3 年者可获一般毕业文凭；再学两年者，经考试合格可获学士学位；已获学士学位者继续深造，学完第三级并通过答辩可获博士学位。至此，佛教教育形成了多层次的立体教育体系。学僧在校既要学习传统佛教理论和语言知识，还要学习西方社会科学知识和实践禅修活动，以培养行解双优的佛教人才。1968 年编纂翻译了近 40 年的高棉文佛教三藏终于全部出齐，这部高棉文三藏共 110 卷，其中律藏 13 卷，经藏 63 卷，论藏 34 卷。1969 年 4 月 1 日柬埔寨为此举行了隆重的庆典。

现代柬埔寨著名僧人学者有：章纳法师（Preah Chuon Nath，1883～1969 年），曾于 1948 年起担任大宗派僧长长达 20 年之久，对古代和现代语言有精深的研究，所编纂的高棉文字典最为著名。胡达法师（Preah Hout Tat），曾任西哈努克大学校长，1970 年继任大宗派僧长，还担任了三藏编译委员会主席，为高棉文三藏编译工作立下了功勋。乔摩法师（Preah Khieu Chum）是一个高产的作家，一生致力于佛教知识的普及工作，而且对现实存在之问题，根据佛教教义提出可行的答案，主要译撰有：《治国知识必读》《生命之问题，据佛陀和学者而言》《涅槃的概念》《戒律的概念》等 11 部。潘卡法师（Preah Pang Khart）是最著名的佛教史学者，擅长佛教和印度教的研究，著有《柬埔寨佛教》《高棉文化与文明》《吠陀、婆罗门、印度教教义》和《高棉与印度文化、文明》等。

第三节　文学艺术

一　文学

柬埔寨的文学发展史明显地可以分为 3 个时期：古代文学（公元 1 世纪扶南王国建立到 19 世纪中叶殖民统治前）、近代文学（19 世纪中叶到 1953 年独立前）和现代文学阶段（独立后至今）。

柬埔寨古代的神话传说和民间故事相当丰富，从吴哥古迹的浮雕上看，印度的史诗《摩诃婆罗多》等故事早已盛行，但在吴哥王朝以前，没有成文作品传世。

吴哥王朝是柬埔寨文化的繁荣时期，婆罗门教和佛教对这一时期柬埔寨的文学有着巨大影响，以印度史诗和佛教故事为题材的宗教文学十分繁荣，如著名的《罗摩的故事》就是从印度的史诗《罗摩衍那》改写的，但其中加上了本国的神话传说，成为具有本民族特色的作品。这部作品的作者和创作年代均无从查考，现有的版本也残缺不全，只剩下第 1 ~ 10 册和第 75 ~ 80 册。这些文学作品大多书写在石碑、贝叶（称为贝叶文学）或兽皮（称为兽皮文学）上而得以流传下来。

吴哥王朝时期的很多文学作品（主要是诗歌）大都雕刻在石碑上，至今在柬埔寨流传下来的古代文学大都是“石碑文学”。其中著名的诗人有迪华格拉、西威桑姆、普曼德拉、卡威德拉、因德拉黛维（阇耶跋摩七世的王后）、耶德阿玛拉彼等，他们以石碑诗文的形式记载当时各个时期的成就，为后人研究吴哥王朝的历史提供了重要资料。同时，这些诗文韵律严谨，格式齐整，具有民族特色，是柬埔寨古典诗歌的典范。活跃在这一时期的作家，大都是王室贵族，文学创作的形式主要是诗歌，内容大多为歌颂神灵、赞美国王和预测未来，也有很多是传播佛教哲理的作品。文字以梵文为主，晦涩难懂。

《林伽》（Linga）是这个时期柬埔寨最优秀的文学作品，它是用柬埔寨古文写成的舞台上多幕的独白剧本。柬埔寨家喻户晓的“林伽”故事脱胎于印度的《罗摩衍那》，讲述的是神通广大的猴王哈努曼与魔王阿苏搏斗的故事，表现了善与恶的斗争。故事生动，文字优美，深受柬埔寨人民的喜爱。

吴哥王朝后期因为国势日衰，文学的发展也受影响，但在这一时期仍出现了公认的优秀作品 27 部，优秀作家 22 人，作品内容也有了新的变化。如翁萨具·依的《少年波格》一反以往文学作品对国王歌功颂德的传统，指责国王强抢民女，有一定的现实意义。

1431 年吴哥被暹罗攻占，蓬黑阿·亚特国王复国后，于 1433 年迁都金边，吴哥王朝时期便宣告结束。在战乱中许多文献典籍遭到破坏，吴哥古迹艺术宝库也被遗弃。一度兴盛的婆罗门教和大乘佛教逐渐为小乘佛教所取代，梵文也随之被巴利文和高棉文所取代，这对柬埔寨文学的发展产生了重大的影响。从内容上来看，宣扬上座部佛教、主张坐禅行善的作品逐渐占了上风。从文体来看，这个时期的作品比较通俗易懂。这个时期的文学中最有价值的是民间文学。许多民间故事有一定的人民性，主人公多为普通百姓，敢于反抗封建压迫。最有代表性的是《特明吉的故事》和《阿勒沃的故事》，它们的作者爱憎分明，使用辛辣的语言揭露封建统治者的丑恶面目，歌颂普通农民特明吉和阿勒沃的机智和勇敢，使他们成为历代传颂的传奇人物。这些民间故事中还流传着一些相当独特的创世神话，如《金环蛇的故事》。此外，动物寓言故事也很流行。故事中把各种动物加以人格化，表达了作者的思想感情，其中《索皮顿赛》最受欢迎。索皮顿赛是“兔子判官”的意思，它描写聪明、勇敢的小兔子见义勇为，抑强扶弱，颂扬了劳动人民的不畏强暴和敢于主持正义的精神。

当时与民间文学并存的还有宫廷文学，作者大多出身于上层阶级。他们的作品或颂扬国王，或宣扬佛教轮回思想等，代表作有《格龙苏密》

和《东姆和狄欧》等。

1863 年柬埔寨成为法国的“保护国”后，法国殖民当局一方面实施文化出版检查法，用行政手段限制柬埔寨文化的发展，另一方面又积极传播西方文化。以法国文化为代表的西方文化陆续传入，对柬埔寨文学产生了重要影响。一方面，柬埔寨民族文学面临着毁灭的危险，另一方面，西方文化的传入，也促使柬埔寨文学起了新的变化。首先，是现代小说的出现，并成为这个时期最重要的文学形式。其中《苏帕特》和《珠山玫瑰》是最著名的代表作，集中表现了柬埔寨文学民族化的特色和成就。《苏帕特》是著名作家林根（1911～1959 年）的代表作，描写一对青年男女苏帕特和曼燕的忠贞爱情。《珠山玫瑰》是另一著名作家涅·泰姆的作品。主人公泽特是拜林的矿工，由于他勤劳、诚实、勇敢，两次救矿主父母脱险，博得了赏识，最后继承了矿主的产业。虽然这两部作品均存在缺点，但它们体现了民族化的精神，被认为“高棉化文学运动”中的优秀作品。在诗歌方面，叙事诗《冬貂》的整理出版，是柬埔寨诗歌的成就，它基本上摆脱了古诗惯用的梵文和巴利文的冷僻词语，采用大众化的语言。《冬貂》具有较大的社会意义，它揭露和鞭挞封建礼教，歌颂冬貂忠于爱情和反抗封建恶势力的精神。同时，它在艺术上生动地塑造了几个鲜明的人物形象。其次，在这一时期还出现了一批以反帝为题材的作品，如《震撼高棉的革命》一书收集了阿扎斯瓦起义、伯坤博起义等抗法斗争故事。

1953 年柬埔寨独立后，柬埔寨的文学艺术进入了新的发展时期，揭开了现代文学的序幕。这个时期的重要特点就是文学作品的形式多样化，诗歌、小说、戏剧、报告文学以及文学理论等形式都有，数量也有明显的增加。另外，政府也开始采取措施倡导和扶持文学的发展，1956 年 3 月成立了作家协会，建立与世界各国作协的联系，有组织有规划地在全国开展民间文学的收集和整理，对一批有价值的文学作品进行了出版和保护。这一时期的作品既揭露了殖民统治的罪恶与黑暗，也描写了独立后的美好生活。如诉说殖民统治时期的苦难、歌颂独立以后的美好生活的《新太阳照在旧的土地上》；揭露社会的黑暗、向往着光明未来的《汽车司机森》《乡村女教师》《劳工》；抨击封建婚姻制度、提倡婚姻自由的《河水流不息》《蜂毁花》；揭露越南阮氏王朝侵吞柬埔寨、谴责南越反动统治者侵略柬埔寨罪行的《露》《孤女》等。

20 世纪 60 年代初，诗人伊姆·乌莱写了不少慷慨激昂的反美爱国诗篇和小说，如他的著名诗集《怒火熊熊》（1964）。1970 年“3·18”政变以后，柬埔寨人民进行了 5 年民族解放战争，解放区的文学工作者根据真人真事创作了许多革命题材的小说。如小说《妈妈的牺牲》，以 1967 年三洛农民暴动和 1968 年 1 月西北区武装起义为背景，描写一个贫苦农民的一家在祖国的解放事业中英勇牺牲的故事。此外，还有反映金边学生运动的小说《达姆彭的红心》（1976）等。

1970 年后，由于战乱和动荡，柬埔寨文学艺术的创作进入了冬眠期，没有产生多少好作品。20 世纪八九十年代，涌现出了一批让人印象深刻的海外柬埔寨作家的作品。其中最著名的是美籍柬埔寨人迪特·普兰的自传体小说《杀戮场》和日籍柬埔寨人班·塞达琳女士的《东京的天空下》。受到西方现实主义文学思想的影响，柬埔寨现实主义文学在 19 世纪中后期就开始萌芽了，到 20 世纪三四十年代已有一些经典作品出现，如《梭帕特》《枯萎的花》等。70 年代至 90 年代，面对持续不断的战争，柬埔寨国内的现实主义作家们失去了用鸿篇巨制来反映历史演变的雄心，国内领域出现通俗小说的相对繁荣。这些作品都在不同程度上体现了渴望民主、自由、平等、追求个性解放等思想内涵，如孙·索万妮女士的巴萨剧本《铁蒂花》《靓女的故事》《帅哥》等。

1993 年，柬埔寨迎来了和平，在战火和政治斗争中饱受摧残的高棉文学也开始得到恢复。该年，柬埔寨作家协会作为一个独立的非政府组织得以重建。到 2002 年，柬埔寨作家协会共有 200 名会员，其中有一小半人是全职作家。20 世纪 90 年代以来，柬埔寨的通俗小说得到了较大的发展，小说在内容上更贴近现实，在艺术性上构思更加巧妙，描写更加细腻。如《死亡爱情》《艺术之家》《生命之疮》《爱情命运》等都是这一时期涌现出来的优秀作品。

进入 21 世纪，柬埔寨出现通俗文学向现实主义靠拢的倾向。面对柬埔寨社会贫富差加大，社会风气腐败，一批新崛起的青年作家深入社会，关注社会问题。如：邵洛郝的《疯狗阿毛》（2004 年）、育·索彼的《我的 BA 学位》（2004 年）、索彭的《昆大叔毁了汽油罐》（2005 年）、查克·罗斯的《真相》（2005 年）、高塞哈的《船》（2006 年）、育·索彼的《太阳依旧升起》（2009 年）等。

二 戏剧电影

柬埔寨的戏剧与舞蹈有着密切的联系，特别是古典剧和古典舞蹈通常是结合在一起表现的，在表演时两者完全结合起来，唱和舞融合在一起。民间的戏剧和舞蹈通常由流动性剧团在各地的宴会和婚礼上演出。

柬埔寨现代戏剧出现于独立之后，目前比较流行的有两种，一是“阿雅”，即男女对唱一个故事，以手拍和，无音乐伴奏；二是舞台剧，与话剧相似。

20 世纪 60 年代柬埔寨成立了一个国立的芭蕾舞和戏剧学校，培养舞蹈和戏剧表演人才。

由于柬埔寨的华人最早大都来自潮州，潮州文化在柬埔寨也有较大影响，其中潮剧对柬埔寨的戏剧产生了重要影响。有研究人员认为，在柬埔寨很著名的“巴塞戏”就是由当地人早年买下解散的潮剧班的戏服、乐器和道具，再改用高棉语演唱柬埔寨民间神话故事和中国历史人物故事演化而成的，戏中至今仍保留着潮剧小生、花旦、青衣等一些行当的角色形象，演唱时唱念结合，还融进一些潮剧音乐的旋律，这些显然也都是源于潮剧的传统表现形式。柬埔寨的民间戏剧“洛坤巴塞”，与潮剧也有血缘关系，据说潮剧就是它的原种。

1960 年，潮剧作为中国政府的文化交流协作项目到柬埔寨演出时，剧团受到的礼遇，以及观众争看演出的狂热，在当地均属空前，王后、王族、亲王、大臣和政府要员都分别前往观看，剧团正副团长、艺术指导及主要演员还获王后“授勋”的至高礼遇，并连续多次被邀往皇宫观摩学习柬埔寨的古典舞蹈。

在法属时期，柬埔寨的电影院放映的几乎全是外国影片，其中以美国和法国片为主。柬埔寨独立后，政府新闻部设有电影和摄影处，拍摄每周新闻纪录片，但放映的故事片仍多是外国片。柬埔寨自己的电影事业开始于60年代初期。1960年柬埔寨成立了“柬埔寨影光制片公司”，同年6月拍摄了第一部由柬埔寨人扮演并以柬埔寨故事为主题的影片《虎穴贞娘》。从此开始了柬埔寨的电影事业，并在短时期内取得了较大成绩。

20世纪60年代是柬埔寨电影的黄金时代。金边大约有20家条件相当不错的电影院，柬埔寨也拍摄了不少的故事片。在整个60年代，柬埔寨的电影事业发展比较迅速，这与以西哈努克为首的柬埔寨政府的大力支持是分不开的。西哈努克素以喜爱电影艺术出名，除对电影事业的扶持外，还亲自参与电影的编剧、导演甚至担任主演，西哈努克夫人莫尼克也参与其中。西哈努克拍摄的电影《快乐的森林》《小王子》《吴哥的阴影》和《黄昏》等影片，有着生动的故事和一定的艺术水平，在国内外受到好评，其中《小王子》和《吴哥的阴影》都曾经在国际电影节上获奖。

1968年柬埔寨举行了第一届国际电影节，有27个国家参加影展。20世纪60年代末期柬埔寨全国有电影院约40家，全国省会城市均有电影院。除少数本国影片外，大都放映美国、日本、法国和中国香港等地的进口片，全年观众约有250万人次。

战乱时期柬埔寨电影业几乎完全停滞。1975~1988年，柬埔寨只拍摄了一部电影，金边所有的电影院都关了门。1990年，柬埔寨国营录像制片公司拍摄故事录像片6部，记录故事片2部。私营录像拍摄队155个，生产故事录像片168部。中央级录像放映队2个，观众54万人次，收入达1460万瑞尔，放映录像1470次，进口外国录像片163部。省市录像放映队300个，放映12万场次，观众1764万人次。

2000年，柬埔寨投资拍摄了12年来的第一部电影——《蟒蛇之子》。该影片取材于柬埔寨民间故事，这个故事在1960年曾经被国家之星电影制片厂搬上过银幕，并曾在香港举行的亚洲国际电影节上获得6项大奖。这次拍摄是根据1960年的剧本改编而成的，由柬埔寨人法桑昂担任导演，泰国著名男影星威纳格拉布主演，拍摄费用为30万美元。

影片公映后一炮打响，影院人满为患，场场爆满，受到观众热烈欢迎，是柬埔寨电影市场多年来难得一见的情景。该影片还在泰国引起了轰动，曼谷的30家电影院同时上映该片，每天票房收入高达6.9万美元，放映12天观众超过10万人次。曼谷的6家电视台以及主要报纸都争先报道该片，泰国媒体认为这部影片已经击败其他进口影片，成为同期上座率最高的外国影片。

《蟒蛇之子》大获成功，使原先还一直为能否收回投资而担心的制片商喜出望外。该片为新时期柬埔寨电影事业的重新开端奠定了良好的基础。目前，柬埔寨政府正采取措施逐步恢复民族电影事业。电影院等基础设施也开始吸纳外资进行改扩建，柬埔寨电影业正逐步进入发展轨道。

三 音乐舞蹈

（一）音乐

柬埔寨的传统音乐，相传已有近2000年的历史。我国的《三国志》记载：公元243年，扶南王范旃遣使“献乐人及方物……”这说明，早在3世纪时，柬埔寨就有造诣相当高的乐师。隋唐时，中国还把扶南乐列入九部乐之一。

柬埔寨的音乐文化深受印度文化的影响，与周边的泰国、老挝的音乐有着很深的渊源。15世纪中期，泰国的大城王朝入侵柬埔寨，掠走了数以万计的精通吴哥音乐文化的乐手和舞女，吴哥音乐从此成为泰国大城王朝音乐文化的重要组成部分。

柬埔寨的音乐至今还保持着吴哥时代高棉文化的特征。柬埔寨古典音乐的合奏主要有“平佩阿特”和“莫霍里”两种形式。“平佩阿特”相当于泰国的“皮帕特”，是纯古典音乐、仪式音乐以及古典戏剧与舞蹈伴奏等的重要演奏形式。主要使用双簧直笛、竹琴、木琴和双面鼓等乐器，仪式音乐则根据不同情况而采用不同的编制。此外，红白喜事的音乐又各使用特殊的乐器。

“莫霍里”主要用于古典舞蹈的伴奏以及和人们日常生活有着密切联系的音乐。这种乐队主要使用竖笛、鳄鱼琴、二弦琴、单面鼓、竹琴和木琴等乐器。仪式音乐以合奏为主，但在戏剧、舞蹈等古典艺术中，为了说明故事的情节，有时也加上歌唱。尤其是用“莫霍里”编成的乐曲，不仅作为伴奏，同时也可以作为纯音乐的形式出现。

柬埔寨人民喜爱音乐，歌声处处可闻，音乐在柬埔寨文化中占有显著地位。歌曲的演唱和器乐的演奏十分广泛。柬埔寨的民族乐器多种多样。一个比较完备的管弦乐团，通常配有两排木条或金属条的木琴、单弦琴或数弦的弦琴、木制的长笛、双簧管和大小各异的鼓等乐器。

柬埔寨音乐与西方 7 个音阶不同，通常只有 5 个音阶。民族音乐主要有交响乐、高棉乐和宾柏乐等形式。交响乐没有和声，通常用于戏剧伴奏，演奏者随着一种乐器演奏，常以木琴领衔，并且可以即席演唱。高棉乐是一种欢快的音乐，通常在婚礼等喜庆场合演奏，曲调欢快。宾柏乐则相对缓慢，为古典舞蹈伴奏，有时也在祈祷仪式中演奏，乐器有竹琴、木琴、大锣、小锣、铁琴、笛和鼓等。

现在纯粹的柬埔寨原始乐器，只有在农村中流传的“安邦”，是农民劳作之余用来自娱消遣的。

1953 年获得独立后，柬埔寨对音乐人才的培养比较重视，曾成立音乐学院。近些年来，西方通俗音乐和亚洲地区的流行音乐在柬埔寨大受欢迎，在柬埔寨大小城市的酒楼、剧场和咖啡厅等场所里随处可闻流行音乐。

（二）舞蹈

舞蹈是柬埔寨艺术宝库中的瑰宝，也是世界舞蹈艺术花园中的一朵奇葩。柬埔寨舞蹈分为古典舞蹈和民间舞蹈两种。柬埔寨语都称为“洛坤”，与泰国的“洛坤”相同，来自爪哇语“拉古”，是步行的意思。按照舞步来说，柬埔寨的舞蹈与泰国、爪哇、缅甸和老挝的舞蹈有很多相近的地方，相传这些舞蹈都出自古印度的民间舞蹈。

柬埔寨的古典舞蹈，又称宫廷舞蹈，有两个主要特点。第一是象征性。古典舞蹈舞姿优美，静中有动，动中有静，动静自如，宽舒洒脱。它通过每一个带有明确象征意义的姿势，用类似祈祷的安静平缓的节奏表达人物的喜怒哀乐等心理活动。第二是用歌唱来说明剧情的发展。在乐队的伴奏下，歌唱演员随着舞蹈演员的臂膀、手、脚的各种动作，用歌词来解释舞蹈的含义和显示舞蹈的不同进程。

据历史记载，早在阇耶跋摩二世（802~850年在位）时期，这种舞蹈就在宫廷中演出，至今已有超过千年的历史。从吴哥古迹的浮雕中，可以看出古代舞蹈和现代舞蹈的姿势是一模一样的。皇家芭蕾舞蹈充满高尚、安详、娴静的动作，多变的台步和优雅的手势，充分表现了人物的喜怒哀乐。台步主要有惯步、快步、告别台步、出入台步、飞行台步和交战台步等。主要的手势包括：手握拳头表示愤怒；四指紧合、拇指放在手心，表示诧异、忧愁、沉思或祈祷；拇指和食指相连与手掌成直角，其他三指向后弯，表示快来、摘花，也表示鸟类；手指伸直紧合指向手背弯，表示胜利、为什么、这样，也表示风、云、月光或阳光。宫廷舞蹈的剧本取材主要是“林家”故事。古典舞蹈的节目很多，主要有：《祝福舞》《百花园中的仙女舞》《神仙仙乐舞》以及大型舞剧《罗摩衍那》《拉玛雅娜》等。

柬埔寨的古典宫廷舞蹈以亮丽的服饰，婀娜的舞姿，细腻的手足动作，加上别具情调的音乐，成为柬埔寨人民接待远方尊贵客人的保留节目，也是他们向世界各地进行文化交流的重要内容。柬埔寨独立后，仍保留了有七八十人规模的皇家舞蹈团，该团经常随西哈努克亲王出国访问演出，在国际上受到好评，1957~1958年曾两次到中国演出。西哈努克的母亲哥沙曼王后曾亲自领导皇家舞蹈团。

红色高棉时期，柬埔寨几乎丧失了全部的舞蹈老师和舞蹈家。但在皇室和有关人士不断努力下，柬埔寨培育舞蹈家的皇家艺术学院于1980年复办，舞蹈团也得以重新复活。现在，该舞蹈团归属于由诺罗敦·帕花黛维公主担任部长的文化艺术部，该团应邀在美国、欧洲和亚洲各国巡回演出，广受好评。2002年5月，该团还到日本进行了26场演出，演出节目内容，除了可说是宫廷舞蹈的象征的“阿布萨拉之舞”（天女之舞）外，还包括以神话、叙事诗及民众写实生活等为题材的多彩多姿的舞蹈。

柬埔寨的民间舞蹈大多与柬埔寨人的日常生活有关，诸如与牛、马有关的反映农耕的题材以及与捕鱼、捣米等劳动方式相关的舞蹈。此外，还有一些则与泰国、老挝的舞蹈相同，如《蜡烛舞》和《笙舞》等。柬埔寨的民间舞蹈，因地区不同而风格各异，但在舞蹈服装、道具以及伴奏乐器等方面通常都有相似之处。伴奏的乐器主要有锣、鼓、琴、笙等，乐曲欢快活泼，深受广大群众喜爱。南旺舞、得洛舞、野牛舞和亚恰舞是最流行的民间舞蹈类型，此外还有孔雀舞和竹竿舞等。

《南旺舞》是现代柬埔寨民间最流行的舞蹈。这是一种许多对男女随着音乐的节拍跳动、用手臂做多种姿势的舞蹈，其动作要比古典舞蹈简单一些。《昌扬舞》是一种活泼、热烈、滑稽的舞蹈，演员身穿“摆尾裙”，化装成各种滑稽的角色进行表演。此外，柬埔寨的民间舞蹈还有《伊给舞》《野牛角舞》《孔雀舞》《舂米杵舞》等。

四　美术

在历史上柬埔寨与印度和中国这两大文明古国都有文化交往。它的传统美术以印度教和大乘佛教为主要内容，并伴随着对高棉国王神化的祭祀崇拜思想，主要通过印度教神庙建筑和雕塑等形式表现出来。

柬埔寨的美术史可分为4个阶段。

（一）扶南国时代（6世纪中叶以前）

在扶南时期，柬埔寨的雕刻和雕塑水平就具有相当高的造诣。扶南国是柬埔寨的印度教古国，信奉印度教（特别是湿婆派）和佛教（大乘派），制作多臂的湿婆铜像。确证为扶南的遗物和遗迹尚未发现，但俄厄遗迹很可能是扶南国的一处港口。另外，在普农多出土的八臂毗湿奴立像、持斧罗摩立像、吴哥附近发现的笈多风格的砂岩制佛头和佛立像，可以确证至迟在5~6世纪，印度的造像艺术已波及此地。这些神像和佛像风格古朴，大都体态丰满，线条柔和，具有明显的印度艺术风格，表现了高超的雕塑水平，它的创作传统一直影响到前吴哥时代的均衡优美的雕像群中。此外，在一些礼物器具上也发现有精美的雕刻图案，雕工精细，制作精巧，实用美观。

（二）前吴哥时代（6世纪后半叶至8世纪末）

约6世纪中叶，在扶南国北边兴起了真腊国。后者在7世纪时统一了柬埔寨，建都伊奢那先，后于8世纪分裂为水真腊和陆真腊。从6世纪中叶至9世纪初重新统一并建都于吴哥以前，史称前吴哥时代。

前吴哥时代，高棉人继承印度要素浓厚的扶南末期的美术传统。当时的遗迹和遗品不太丰富，主要分布于洞里萨东部地区至湄公河下游，大体上属于印度教风格。高棉人的美术才能，从9世纪起表现在突然出现的大量石构建筑上。他们作为建筑师的非凡本领在于，既能构造巨大的石构建筑物，也能装饰建筑细部，从中反映了良好的工艺感受力和装饰能力。这个时代所遗留下来的建筑几乎都是印度教神庙，建筑样式类似南印度的帕拉瓦建筑，在材料上以砖瓦为主，石料仅仅用于基部、入口的门楣上，通常都是小规模的。庙堂建筑为箱形单一堂样式，上部顺次递减地重叠成数层与主屋同形的结构，以后发展为高塔形塔堂建筑，即在单独的祠堂上构筑高塔状屋顶。

有代表性的作品有数处，主要集中在旧都三坡布雷卡一带。在雕塑方面，发现了若干石雕和青铜的佛教造像（6世纪后期至7世纪）、许多印度教的诃里诃罗像和女神像（7~8世纪初期）。它们在印度式雕塑的基础上充分发挥了高棉人的独特造型能力。诃里诃罗像之多也引人注目，特别是其造型表现上，瘦而匀称，能把握人的姿态，有着明显的印度笈多时代萨拉纳特雕像样式的特点。如果从雕像对颈、腕、胸、腹部的逼真表现手法来看，又有着明显的罗马造型样式。雕塑艺术风格在这个时期发生了明显的变化。在安岱发现的哈雷哈拉神像，集毗湿奴神和湿婆神的神韵于一体，形神合一，被视为柬埔寨雕塑艺术的瑰宝。

在8世纪，由于真腊的分裂和外国的入侵，高棉美术的发展中断，没有留下多少遗品。

（三）吴哥时代（9~15世纪前期）

9世纪时，阇耶跋摩二世（802~850年在位）统一了高棉，建立吴哥王朝，至1433年柬埔寨国王放弃吴哥，这一时期史称吴哥时代。吴哥时代是高棉美术的黄金时代和古典时代。

阇耶跋摩二世在位期间，在各地筑城，修建巨大寺庙群。至9世纪末的耶输跋摩一世（889~900年在位）时，高棉势力扩张到今泰国南部，北达琅勃拉邦的湄公河中游。他选择洞里萨湖西北的土地，建设大都城吴哥，柬埔寨进入大型建筑盛行的时代，为此耗尽了长期积聚的巨大财富。苏利耶跋摩二世（1113～1150年在位）时，建造了吴哥寺，高棉建筑达到鼎盛期。

高棉人在以大规模的寺庙建筑为主体的大规模艺术创造活动中，充分发挥了艺术天分。这个时期的人物雕塑大多为直立式，人物细节更为丰富，层次感更强。此时的雕塑风格开始出现了区别于印度风格的特点，标志着柬埔寨雕塑民族风格的大致形成。高棉建筑的遗迹主要集中在吴哥及其附近。寺庙建筑主要使用砂岩、红土和砖等建材，逐渐完善前代开始出现的高塔式塔堂，随之将大台基高高地堆成急剧的阶段式金字塔形，其后发展了立有主堂的寺庙形式，又建立了五塔式寺庙，即在基坛上以高塔式主堂为中心，四角各有一高塔。进而，产生大回廊样式的著名大寺——吴哥寺、巴云寺，达到柬埔寨建筑艺术的顶点。任何寺庙从堂的构成到诸堂塔的布局，无论平面或立面都呈现严格的几何式对称，这是一大特色。著名的代表性建筑有：巴肯寺、罗洛建筑群、班迭斯雷寺等。

这些建筑在丰富多彩的浮雕装饰上，尤其引人注目。浮雕装饰一般由简素古朴发展为丰富多彩，充分表现了高棉人旺盛的装饰情趣和对纹样的敏锐感受。但到后期，它又过于填满空间，显得过分繁缛。另外，在大回廊式寺庙中，回廊上有描绘故事、国王事迹的中楣浮雕。在作为人体雕刻的圆雕和高浮雕的神像、佛像、飞天像上，早期为追求强有力的表现而制作固定的直立像，以后逐渐发展为寻求均衡和协调的倾向，被称为巴云样式。至阇耶跋摩七世（1181～1219年在位），柔和纤弱的雕塑成为时代特色，雕像的笑容被称为“吴哥式微笑”。吴哥时代的雕像多数为石像，少数为青铜像，整体上程式化而乏于变化，但有一些男神像有一种逼人的力感，一些女神像上身裸露，富于魅力。

（四）15世纪以后

从《真腊风土记》的记载看，高棉国于14世纪后还处于繁荣时期，但几乎没有出现以往那种盛大的美术活动。此后，小乘佛教渗透进来，高棉又数次遭泰人的侵略。受泰人影响，木构建筑在柬埔寨开始流行。随着吴哥王朝的没落，柬埔寨的雕刻及雕塑艺术走向衰落。但古代柬埔寨的雕刻和雕塑艺术为人类文明史留下了灿烂的一页。

1434 年，高棉王国迁都金边，金边城市建设始具规模。现在，金边拥有辉煌的旧王宫、秀丽的塔山、庄严的独立纪念碑，以及富有民族色彩的寺庙、尖塔等名胜古迹。金边国立大学下设美术学院。

在法国殖民统治时期，柬埔寨的传统美术没有得到发展，西方的美术流派和风格开始传入，但总体上影响不大。1953 年独立后，柬埔寨政府开始在全国建立一些美术机构，开始了现代柬埔寨美术的历史。由于经济社会发展的缓慢以及多年的战乱，几十年来柬埔寨的美术也没有获得大的发展。除了历史遗留的吴哥古迹这个柬埔寨传统美术宝库外，新发展起来的许多地方没有多少美术传统。

五　文化设施

柬埔寨的文化设施大都设在首都金边，其他省会城市的文化设施也相对完善。金边主要有柬埔寨皇家博物院、军事博物馆、国立图书档案馆和佛教研究所图书馆等。另外在暹粒还有著名的吴哥保护中心，它成立于 1907 年。

金边皇家博物院在旧王宫北邻，陈列着 5 ~ 14 世纪的石雕像、青铜像、遗址浮雕、石碑、陶器、金银工艺品，达数千件，尤以吴哥时代的雕塑著名。此外，它还展示着 19 ~ 20 世纪王宫的日用品和乐器等。

第四节　体育

除了各种富有民族特色的民间体育运动项目外，从很早的时候起，柬埔寨就开始开展各种正规的体育锻炼活动。早在 1913 年，金边就有了足球场，经常开展足球比赛。

独立后，政府对体育运动比较重视。在 20 世纪 50 ~ 60 年代的西哈努克政权时期，政府中设有教育、青年和体育部，下设青年体育司，专门负责开展体育运动的工作。另外还有专门负责协调和管理体育事务的柬埔寨体育总会。该组织属民间组织，也得到政府的财政支持，很多国内甚至国际体育赛事的组织都是由它负责的，为柬埔寨体育事业的发展作出了重要贡献。

1956 年，柬埔寨派马术代表队参加了在澳大利亚墨尔本举行的第 16 届奥运会。1965 年，柬埔寨王国政府在金边主办了“亚洲新兴力量运动会”，包括中国、朝鲜等亚洲国家参加了此次运动会。柬埔寨代表团共获得奖牌 104 枚，仅次于中国而和朝鲜并列第二位。

在整个 20 世纪 50 ~ 60 年代，柬埔寨的体育运动设施发展也很快，共建了 40 个省级运动场，数百个足球场、篮球场、排球场和游泳池。1964 年建成柬埔寨最大的综合性体育场——金边国家体育场，能容纳 6 万 ~ 8 万名观众。在这些体育设施中，有不少是其他国家援建的。1966 年，由中国援建的柬埔寨体育馆连同运动员宿舍等辅助设施竣工并移交给柬埔寨政府，该体育馆拥有 1000 个座位。

20 世纪 70 年代初期以后，柬埔寨的体育事业陷于停顿。1993 年后，柬埔寨的体育运动逐步恢复正常，并开始派出代表团参加各种运动会。

在 1994 年由日本主办的第 12 届亚洲运动会上，柬埔寨派出十几名运动员参加羽毛球、拳击、柔道和乒乓球共 4 个项目的比赛，没有获任何奖牌。虽然成绩很差，但毕竟体现了柬埔寨重新回到了国际体育舞台。

1995 年，柬埔寨在离开奥运大家庭近 40 年之后再次加入国际奥委会。同年 12 月，柬埔寨派团参加了在泰国举行的第 18 届东南亚运动会。在此次运动会上，柬埔寨代表团运动员人数最少，仅为 68 人（其中男运动员 65 人，女运动员 3 人），获得 2 枚铜牌，排在文莱、老挝等国家之后。

1996 年 12 月，柬埔寨举行了首届柬埔寨吴哥半程马拉松赛，来自中国的选手获得冠军，柬埔寨运动员也参加了比赛。该项比赛每年都举行，成为柬埔寨组织的为数不多的大型运动赛事之一。

1998 年 12 月，在曼谷举行的第 13 届亚洲运动会上，柬埔寨派出 105 人组成的体育代表团，其中包括 70 名运动员和 35 名官员，参加了跆拳道、田径、游泳、拳击、武术、空手道、射击、羽毛球、藤球、沙滩排球、足球等11个项目的角逐。由于受国家经济条件的限制，柬埔寨代表团实际需要9万美元的运动员参赛费用，但政府只筹集到7万美元。有一些项目完全靠商人和其他国家的赞助，比如足球队由当地商人出资，藤球队的费用则由泰国赞助。

2000年1月，在一位华侨富商的赞助下，柬埔寨主办了第4届女子世界杯乒乓球赛，奖金为8.5万美元，向世人初步展现了战后新柬埔寨的风采，也显示了柬埔寨民间对体育运动的支持。

2002年9月，柬埔寨派出27人的代表团（包括1名女性）参加了在韩国釜山举行的第14届亚运会。

2004年8月，柬埔寨派出由16人组成的代表团参加了在希腊雅典举行的第28届奥运会，其中男女运动员各2名，分别参加游泳和田径比赛。

2008年柬埔寨派出14人组成的代表团参加了在北京举行的第29届奥运会，代表团由旅游大臣兼柬埔寨奥委会主席童昆带队，代表团中包括两名游泳运动员、两名田径运动员以及两名参加奥林匹克夏令营的青年。

2011年11月，柬埔寨奥委会主席唐坤再次率领由运动员、教练员和官员组成的35人代表团前往广州参加亚运会。22名运动员分别参加了8个项目的比赛：拳击、田径、游泳、跆拳道、网球、沙滩排球、摔跤和中国象棋。

足球一直是柬埔寨人民最热爱的体育项目之一。虽然柬埔寨的足球水平不高，但对于参与东南亚地区的足球盛事——“老虎杯”足球赛热情高涨，球迷的热情一点也不逊色于东南亚其他国家。在亚洲杯、世界杯等级别的预选赛上也不乏柬埔寨足球健儿的身影，虽然成绩不佳，但乐此不疲。在2001年5月举行的2002年世界杯亚洲区小组赛上，柬埔寨还和中国队分在同一个小组，金边主场时0∶4不敌中国，在广州客场挑战中国队时以1∶3失利。由于柬埔寨的球场设施简陋，没有草皮，影响柬埔寨的主场比赛，国际足联还特别向柬埔寨提供40万美元以改善设施。

第五节 新闻出版

20世纪50~60年代，柬埔寨的新闻出版事业发展很快。政府设立了新闻部，专门主管新闻出版事业，为报纸、刊物、广播、电影业的发展奠定了基础，新闻出版事业呈现出欣欣向荣的良好势头。但是，进入70年代以后，原有的新闻出版事业受到了严重破坏，在此后大约20年的时间里几乎处于停滞状态。90年代以来，随着政局的稳定和对新闻出版控制的放宽，柬埔寨的新闻出版事业有所恢复和发展。

一 报纸与通讯社

1970年以前，柬埔寨出版的报纸比较多，其中主要的报纸包括：《柬埔寨日报》《人民社会同盟报》《柬埔寨电讯报》《自由报》《自由人民报》《祖国报》《人民报》《民主报》《柬华日报》《工商日报》《湄江日报》《经济日报》《中立报》和《共存报》等数十种，分别用柬文、中文、法文、日文、越文和英文出版，但发行量都不大，最多的也只有6000份左右。

此后，由于政局变化等原因，柬埔寨的报刊有了很大变化，许多报刊被迫停刊或被政府查封，其中绝大多数的华文报刊首当其冲被迫关闭。在朗诺政权时期，原先许多亲西哈努克王室的报纸被查封，西哈努克亲王在国外又办了几种法文版的报刊。1975年柬埔寨共产党执政后，原有报纸一律被查封、停刊，报刊业完全停滞。

金边政权上台后，柬埔寨的报刊略有起色，到1990年，金边政权控制的主要刊物有：

《柬埔寨革命军》，金边政权的军队报纸，1979年创刊。

《统一战线旗帜下的大团结》，柬文报纸。

《人民报》，柬文双周刊，1985年创刊，人民党的机关报，发行量约5万份。

在通讯社方面，金边政权的国家通讯社是“柬埔寨新闻社”，简称

“柬新社”，成立于1980年。在新闻协会方面，1992年后，柬埔寨的新闻协会主要有人民党控制的“柬埔寨记者协会”。

20世纪80年代末期，外国驻柬埔寨的通讯社主要有：苏联的塔斯社（TASS）和越南的“越南新闻社”。1993年大选后，美国的美联社、日本的共同社、中国的新华社和法国的法新社等机构均在金边有办事处。

柬埔寨新闻出版印刷业由国家新闻部管理。国家新闻部的职能中包含：监督报纸、公报、杂志和其他印刷出版物以及电子媒体的内容；监督印刷厂和音像制品机构；审批印刷出版物和音像制品的进出口；审批商业性印刷厂、音像制品商及相关厂商的建立、终止和暂停营业，等等。

据统计，到2006年底为止，柬埔寨有274家报刊。报纸中发行量较大的有：《柬埔寨之光报》《人民报》《柬埔寨日报》《金边邮报》和《柬埔寨时报》等；影响较大的中文报纸有：《华商日报》《柬华日报》和《星洲日报》等。

《华商日报》创办于1993年12月17日，当时在柬埔寨50多家报纸中排行第二。《华商日报》创办后得到广大华侨和华人的支持和喜爱，发行量初期为3000份，后来增加到5000份左右。该报除刊登柬埔寨国内的重大政治、经济和文化方面的内容外，特别致力于宣扬中国传统文化和当前中国国内的改革开放情况。报纸还特别关注当地华文教育的开展情况，专门开设有“中华文化”“现代华语会话”“学生园地”等栏目，举办了多次作文比赛，为推动柬埔寨华语教育的发展作出了贡献。

1999年8月，第二张华文报纸《大众日报》创刊，柬埔寨《华商日报》一家华文报6年多来的垄断局面被打破。2000年3月，第三张华文报纸《新时代日报》开办，形成三足鼎立局面。柬埔寨华文报市场非常小，因为在柬埔寨的四五十万华人中有阅读华文报能力的估计只有三四万人，读者主要限于当地上千家中国公司和柬埔寨各地的华裔富商，发行量只有几千份。

《新时代日报》与《大众日报》的老板都是香港商人，编辑力量大部分来自中国内地。《新时代日报》的主编曾任职中国武汉的《长江日报》，2000年时有22名员工。《大众日报》的社长来自中国，2003年有员工9

人。此外，柬埔寨当地华人还办有《高棉独立日报》，马来西亚华人在柬埔寨办有《金边时报》，泰国的华文报纸《世界日报》《亚洲日报》也在柬发行。

2004年，在柬埔寨新闻工作者的一致建议下，柬埔寨开始在全国各个省份出版发行当地的报纸。第一批分属于柬埔寨4个省份的地方报纸在2004年6月份创刊发行。亚洲基金会首次向这4家报纸提供了20万美元的财政援助。

二　广播电视

（一）广播

根据1950年法柬之间的协定，柬埔寨国家广播电台于1954年移交给柬埔寨政府。该电台分为国内广播和国际广播。西哈努克领导的柬埔寨王国民族团结政府建立后，建立了“柬埔寨民族统一阵线之声”电台，1970年8月1日开播。民主柬埔寨建立后，柬国家电台改名为“民主柬埔寨广播电台”。越南1978年底侵入柬埔寨后，柬埔寨全国出现了多座广播电台。其中“柬埔寨人民之声广播电台”是原金边政权的国家广播电台，成立于1978年，每天用5种语言共播送45小时节目，对国内广播用高棉语，国际广播用英语、法语、越南语和泰语。1979年至20世纪90年代中期，由红色高棉控制的“民主柬埔寨之声”广播电台也一直使用柬语和越语广播。“高棉之声”广播电台由西哈努克派与宋双领导的高棉人民民族解放阵线共同创建于1984年，每天用高棉语向西部地区广播3次。

根据统计，1984年柬埔寨全国约有收音机17万余台，到1995年这个数字增加到25万台。

2008年12月11日，由中国国际广播电台和柬埔寨国家电台合作运行的调频电台——金边中柬友谊台在柬埔寨首都开播，内容涉及多个领域，主要面向柬埔寨人和在柬埔寨工作生活的华人。

柬埔寨目前有29家电台，官方电台5家，其中FM96和FM103电台属国家所有，每天分别播音19个小时和18个小时。

目前，在柬埔寨影响较大的有以下4家广播电台：蜂巢广播电台、柬埔寨妇女广播中心电台、法国国际广播电台以及英国广播公司。

（二）电视

1983年，金边政权在越南的帮助下建立柬埔寨电视台，于1984年12月正式开播。1986年3月起，金边地区每天晚上可收看2小时的电视节目。后来在苏联的援助下，柬埔寨建立了卫星地面接收站，从1987年3月起可以收看苏联的卫星电视节目。

20世纪80年代末期，金边政权在磅湛建立了一个地方电视台，从1990年起每天可以播送2小时的电视节目。

根据1990年的统计，柬埔寨全国约有电视机2万台，其中80%以上是黑白电视机。

柬埔寨共有7家电视台。主要有柬埔寨国家电视台（以柬语播音为主）、仙女11台（私人台）、第9台（私人台）、第5台（军队台）、首都第3台（官方）、巴戎台（私人台，每日有中文新闻报道）和CTN电视台。此外，还有3家有线电视台：柬埔寨有线电视公司、金边有线电视公司和微波无线电视公司。2008年4月3日，柬埔寨首个卫星电视网正式成立。

三 图书期刊出版

20世纪60年代期间，柬埔寨只有少数几家出版社，出版的图书也主要限于教科书。1975年后，所有出版社均被关闭，出版业处于停滞状态。

20世纪80年代以来，在金边等主要城市流传的图书多数是舶来品，而且大部分来自越南。随着教育事业的恢复和发展，以教材为主的图书需求日益增加，金边政权重新组建了几家出版社，主要从事教科书的编辑出版工作。

柬埔寨的书店主要有：国际书局、蚁绍庆书局、城市书店、巴戎书店、金边书店、吴哥书店。国际书局是柬埔寨最大的华文书店，从中国大陆、中国台湾、中国香港和新加坡购进各种华文图书杂志，以适应华文读者的需要。

在期刊方面，柬埔寨1970年以前的刊物主要有：《民族主义者》周刊、《柬埔寨现状》周刊、《柬埔寨画报》等。其中影响最大的是人民社会同盟主办的《民族主义者》周刊。1990年时的主要刊物有《柬埔寨周刊》，柬文刊物，1975年创刊，发行量约5万份。据统计，到2006年底为止，柬国内共有新闻工作者协会14个，期刊和杂志社101家。

由于多种原因，柬埔寨的出版发行业十分惨淡。

2003年2月14日，法国作家圣埃克苏佩里撰写的著名哲理童话《小王子》一书的柬埔寨语版正式出版发行。《小王子》目前已被译成136种语言，发行量达到5000万册，是世界上发行量最大的文学作品之一。柬文版《小王子》由法国一家非政府组织勒西帕（le Sipar）负责出版。从1991年起，该非政府组织已经在柬埔寨建立了67家图书馆，出版了6种教育方面的书籍。柬埔寨语版的《小王子》一书售价仅象征性地定为1.6美元，销售量约3000册。《小王子》的出版将有助于推动柬埔寨的读书活动。

第八章

外　　交

第一节　外交政策

柬埔寨从 1953 年 11 月独立至今，其外交政策的演变可以根据柬埔寨的政治发展分为 5 个不同的时期：柬埔寨王国时期（1953.11 ~ 1970.3）、高棉共和国时期（1970.3 ~ 1975.4）、民主柬埔寨时期（1975.4 ~ 1978.12）、柬埔寨人民共和国时期（1979.1 ~ 1991.10）和柬埔寨王国时期（1993 年 6 月至今），其中 1970 ~ 1975 年以及 1982 ~ 1990 年代初分别还有柬埔寨民族团结政府和民柬联合政府存在，他们也制定了自己的外交政策，并在国际上独立开展外交活动。

一　西哈努克领导的柬埔寨王国政府的外交政策

柬埔寨 1953 年独立后面临着比较痛苦的抉择。以西哈努克为首的柬埔寨人民十分珍惜来之不易的民族独立和国家主权，但在当时的冷战格局下，要做到这一点非常困难。一方面，以美国为首的西方阵营向柬埔寨施加压力，要求柬埔寨加入东南亚条约组织。随着美国在越战中越陷越深，对柬埔寨的压力也越来越大。另一方面，在中国和苏联的支持下，以胡志明为首的越南共产党领导越南人民与美国侵略者进行了不屈不挠的斗争，这使得柬埔寨的安全受到东西方武装对抗的直接影响。西哈努克在总结柬埔寨历史上多次丧失主权和独立的原因的基础上，并结合当时的国际格局，逐步形成和完善了他的和平中立思想。在西哈努克政治生涯的各个阶段，他都始终坚持和平中立政策。

1954 年的日内瓦协定规定柬埔寨不参加任何军事同盟，也不容许外国在柬埔寨的领土上建立军事基地。柬埔寨代表在会后也做出了保持中立的承诺。1955 年 3 月，西哈努克在访问印度期间，宣布接受尼赫鲁的中立主义。同年 4 月，他在万隆会议上表示以“参加中立国家的大家庭作为国策”。1956 年 2 月，他以参加东南亚条约组织违反了柬埔寨的中立政策为由，拒绝加入该组织。同年 4 月 21 日，西哈努克领导的人民社会同盟第三次全国代表大会决定不参加任何军事集团，执行严格的中立政策。1957 年 8 月，柬埔寨第三届国民议会通过了关于执行和平中立政策的法令。1957 年 11 月 4 日，柬埔寨王国公布了这一法令。法令规定：柬埔寨王国是中立国，不跟外国建立任何军事上、思想上的同盟，不侵略任何国家；当柬埔寨王国受到侵略时，保留拿起武器自卫、向联合国和友好国家呼吁的权利。这样，和平中立政策就以法律的形式确定下来，并成为柬埔寨外交政策的核心。

西哈努克的中立政策经历了一个由不偏不倚的消极中立到坚持原则性和灵活性相结合的积极中立的过程。西哈努克最初在东西方之间保持严格中立，坚决不介入东西方之间的冲突。用他的话说就是同东西方搞三角恋爱而“避免同两个丈夫结婚”。随着国际形势的发展，西哈努克的和平中立政策越来越带有反帝反霸的色彩，可以说是一种“反对帝国主义的中立”。这一转变具体表现在柬埔寨对待美国的援助、老挝问题、阿尔及利亚问题、中华人民共和国在联合国的合法席位问题以及越南人民的抗美救国斗争等问题的态度和行动上。针对西方国家对中立主义的批评，西哈努克还严格区分中立主义和中立政策，他认为“中立主义是一种意识形态，因而它是固定的，中立政策是一种政策，所以它是可变的”，“柬埔寨不是中立主义的国家，而是采取中立政策的国家”。

综上所述，西哈努克的和平中立思想的内容可以概括为：维护柬埔寨的民族独立、生存和发展权利；在平等、和平、合作即和平共处五项原则基础上建立同一切国家的友好合作关系，可以接受与中立原则不相抵触的援助，但不同任何不以平等相待的国家合作，不与任何国家缔结政治和军事同盟，不要求也不接受东南亚条约组织的保护，不允许任何国家把柬埔寨作为军事转运站；当国家遭到外来侵略时，坚决进行正义的自卫战争；在国际事务中，伸张正义，主持公道，支持民主进步事业，维护和发展世界和平。

二 朗诺领导的高棉共和国政府的外交政策

朗诺集团是在美国的支持下发动政变的，因此，朗诺政权实行的是向美国“一边倒”和坚决反共的外交政策。一方面，朗诺政权同意美国把战火延伸到柬埔寨境内，同时希望美国在军事和经济上提供大量援助，政治和外交上为其撑腰。另一方面，朗诺政权积极发展与美国盟友的关系。1970 年 5 月，朗诺政权分别同泰国和南越“复交”。1971 年 7 月 13 日，朗诺政权与中国台湾当局签订了贸易协定；同年 9 月 13 日，朗诺政权决定在台北设“常驻外交使团”，台湾当局随后也在金边设立了“常驻外交使团”。

朗诺政变后，西哈努克在北京成立了柬埔寨民族统一阵线和柬埔寨王国民族团结政府，并且仍然强调王国民族团结政府的外交政策是“民族独立、和平、中立、不结盟，与爱好和平及正义的各国人民与政府团结和友好的政策”。在 1970 年 4 月 24 日至 25 日举行的印度支那三国四方的最高级会议上，西哈努克提出他们的战斗目标可以概括为“独立、和平、中立”。为了争取国际社会对柬埔寨抗美救国斗争的同情和支持，西哈努克还积极开展外交活动，使王国民族团结政府获得了 62 个国家和国际组织的承认。

三 柬共执政期间的外交政策

从 1975 年 4 月到 1978 年 12 月是柬埔寨共产党执政时期。1976 年 1 月 5 日颁布的民柬新宪法第一章第一条规定“柬埔寨是一个独立、统一、和平、中立、不结盟、主权和领土完整的国家”。同年 4 月 11 ~13 日举行的民主柬埔寨第一届全国人民代表大会第一次会议确定国家的对外政策是“继续实行独立、和平、中立和不结盟的政治路线；反对帝国主义、新老殖民主义和一切反动势力”。在国际事务中，民柬还支持第三世界国家争取和平、捍卫民族独立的斗争，也开展了一些外交活动。到1978年，已有86个国家和地区承认民柬政府。但民柬的外交总体上不太活跃，主要与社会主义国家打交道，只有埃及等少数几个资本主义国家在金边设有外交机构。

四　柬埔寨人民革命党执政期间的外交政策

20世纪80~90年代初，由越南扶持成立的“柬埔寨人民共和国”政府奉行的是向苏联、越南“一边倒”的外交政策，着重发展与经互会成员的关系。柬埔寨人民革命党执政的柬埔寨人民共和国首先取得了越南、苏联、老挝以及部分东欧国家的承认，并与这些国家保持或建立了外交关系，在政治、经济和军事领域开展了密切的合作。其次，为了在联合国取得合法席位，柬埔寨人民共和国政府开展了频繁的外交活动，以获取更多国家的支持和承认。经过努力，金边政权在巩固和发展与苏联和部分东欧国家关系的基础上，拓展了与非洲国家的关系，到1985年底获得了40多个国家和民族解放组织的承认。但在冷战格局下，金边政权缓和与西方国家关系的努力基本上没有成效。

与此同时，民柬政府以及后来的民柬联合政府也加强了外交活动，以获取国际社会对他们的抗越救国斗争的支持。为此，民柬宣布解散柬埔寨共产党，停止在柬埔寨实行社会主义和共产主义，以缓和与西方国家的关系。1981年3月26日，西哈努克在平壤宣布成立由他任主席的“柬埔寨争取独立、中立、和平与合作团结阵线”，依然把在取得独立的基础上实行和平中立政策作为对外政策的核心。1986年3月，西哈努克亲王代表民柬联合政府提出了政治解决柬埔寨问题的8点建议，其中一个方面的重要内容就是强调“柬埔寨将成为一个独立、领土完整、拥有自由民主制度、和平、中立、不结盟、没有任何外国基地的国家”，“柬埔寨的中立将由联合国保证”。为了表示自身的存在，民柬联合政府主席西哈努克还两次在解放区接受了中国、朝鲜、马来西亚等6个国家大使递交的国书。

抗越三方的外交努力取得了明显的成效，民主柬埔寨联合政府赢得了国际社会的广泛同情和支持。在联合国大会上，支持给予民柬联合国合法席位以及要求越南从柬埔寨撤军的国家越来越多。1982 年，已有 70 个国家承认民柬联合政府；到 1987 年第 42 届联大会议时，民柬获得的赞成票已多达 117 票。

五 柬埔寨问题和平解决后的外交政策

1993 年的柬埔寨新宪法规定“柬埔寨是独立、主权、和平、永远中立、不结盟国家”。柬埔寨政府以此为指导，推行多元化的外交战略，力求在和平共处原则的基础上与所有国家建立和发展友好关系，以促进国家的重建和发展。

1998 年新一届联合政府成立后，洪森首相在施政纲领的外交政策部分宣告，柬埔寨奉行中立、不结盟和睦邻政策，致力于同本地区国家发展和平友好合作关系，相互尊重独立和主权，互不干涉内政。并强调要在上述原则基础上，努力发展以下三个方面的对外关系：一是特别重视发展与毗邻国家的友好关系；二是与东盟国家发展双边和多边合作关系，使东南亚成为和平、稳定、合作和繁荣的地区；三是发展与世界各国的友好合作关系。在实际活动中，柬埔寨对外政策具有以下两个特点：一是注重融入国际社会，大力发展经济外交，重视改善和发展与西方国家和国际组织的关系，以争取经济援助，但在争取援助和投资的同时抵制外来干涉；二是强调立足印支、依托东盟，同时发展与中国的特殊战略关系，并主张通过和平谈判方式解决与邻国的边界问题。洪森主张全面恢复越、老、柬三国的传统友好合作关系，并倡议举行印支三国首脑非正式会议。

2004 年 7 月成立的新政府仍旧是由柬埔寨人民党和奉辛比克党联合执政，因而基本上是沿用上届政府的外交政策。值得注意的是，柬埔寨王国第三届联合政府在与周边国家保持良好关系的同时，与美国的关系得到了明显改善。

截至 2004 年 6 月，柬埔寨已与 107 个国家建交，其中 62 个国家向柬派出大使，常驻金边使馆 26 家；柬向 22 个国家派出大使，开设 6 个领事馆，任命 6 个名誉领事。

2008 年 9 月 24 日，人民党组建了柬埔寨王国第四届政府，继续延续前三届政府的外交政策，而且更加注重大国平衡外交，积极发挥柬埔寨在东南亚地区一体化中的作用，谋求全方位地融入国际社会。在 2013 年举行的第五届国会选举中，人民党获胜，将组建新一届政府，外交政策将会具有连续性。柬埔寨新政府继续奉行独立自主的外交政策，活跃于国际尤其是东南亚地区舞台。在许多重大的国际和地区事务磋商中，仍将看到柬埔寨国家领导人尤其是洪森首相的身影。洪森政府将积极参与推动东盟一体化进程，积极参与推动 10 +3、10 +1 合作乃至东亚区域合作，在国际和地区事务中发挥着越来越重要的作用。

第二节　与东盟的关系

柬埔寨与东盟的关系包括柬埔寨与东盟组织以及各个成员国之间的关系，分别介绍如下。

一　与东盟组织的关系

东盟是推动柬埔寨问题政治解决的主要力量。柬埔寨新政府 1993 年成立后，就一直把加入东盟和东盟自由贸易区作为其提高国际地位、融入国际社会、发展对外经济关系的重要战略目标，并为此进行了不懈的努力。本来东盟准备于 1997 年 7 月同时接纳柬埔寨、老挝和缅甸入盟，但柬埔寨国内恰好在这时发生动乱，入盟被推迟。1998 年 12 月初柬埔寨第二届王国政府成立后，柬埔寨再次启动了入盟进程。1998 年 12 月 15 ~16 日在越南河内举行的东盟首脑会议原则上同意柬埔寨加入东盟。又经过几个月的考察，柬埔寨于 1999 年 4 月 30 日正式加入东盟，成为东盟的第 10 个成员国。入盟后，柬积极参与东盟政治合作机制和经济一体化进程，坚持成员国协商一致和不干涉原则，主张加强合作，缩小新老成员差距，重视发展同东盟国家的友好合作关系。尤其值得一提的是，柬埔寨利用它与朝鲜的传统关系，在 2000 年 7 月使朝鲜成为东盟地区论坛的正式成员。柬埔寨对成为东盟成员国感到自豪，但政府一度抱怨每年要缴纳的 500 万美元会费以及每年必须参加的约300次东盟会议，这对柬埔寨的财政无疑是一个沉重的负担。此外，在税收、产业结构、法律体系和行政管理的调整以及人力资源的开发等方面也倍感压力。不过柬埔寨政府认为，加入东盟是着眼于长远利益，而且入盟总体上应是利大于弊。

2002年7月1日，柬担任东盟轮值主席国，承办了东盟的许多重要会议。3月，东盟旅游部长会议在柬埔寨暹粒省召开。5月，第22届东盟国家警察领导人会议在金边召开，讨论加强地区及国际打击跨国犯罪合作问题。7月，东盟旅游论坛及柬旅游年会议召开。8月，第4届东盟-湄公河流域发展会议（AMBDC）在柬暹粒省召开。11月，柬埔寨在金边主办了东盟第8届首脑会议、第6次东盟与中日韩领导人会议（10+3）、首次大湄公河次区域（GMS）领导人会议和东盟与印度对话会议。澜沧江-湄公河次区域国家在会议期间签署了《大湄公河次区域便利运输协定》谅解备忘录和《大湄公河次区域政府间电力贸易协定》，中国与东盟各国共同签署了《南海各方行为宣言》。2003年6月，柬埔寨又成功地承办了第36届东盟外长会议暨东盟与对话伙伴国会议和东盟地区论坛等重要国际会议。柬埔寨顺利完成东盟轮值主席国任务，大大提高了柬埔寨在东盟的地位。2003年10月，柬埔寨首相洪森在印尼巴厘岛举行的第9届东盟首脑会议期间，与东盟其他成员国首脑共同签署了《东盟协调一致第二宣言》（亦称《第二巴厘宣言》），同意东盟将于2020年建成“经济共同体”“安全共同体”和“社会文化共同体”三个共同体。2004年11月，在老挝万象举行的东盟首脑会议上，柬埔寨和其他东盟成员国一起通过了为期6年的《万象行动计划》，签署并发表了《东盟一体化建设重点领域框架协议》《东盟安全共同体行动计划》等。2007年11月12日柬埔寨国会审议通过了两个议案，批准柬埔寨加入《东盟-中国自由贸易区协议》和《东盟-韩国自由贸易区协议》。根据该协议内容，柬埔寨与中国、韩国将分别于2015年和2018年完全实施免关税进口。2007年11月20日，在新加坡举行的第13届东盟首脑会议上，柬埔寨和其他成员国签署了《东盟宪章》等重要文件，决定用法律性的规范来加快推进地区一体化进程。2009年2月27日至3月1日，第14届东盟峰会在泰国华欣和差安举行。柬埔寨和其他成员国签署了《东盟共同体 2009～2015 年路线图宣言》，以及东盟政治与安全、经济、社会与文化蓝图等多项对东盟今后发展及共同体建设具有战略意义的文件。

2012 年，柬埔寨再次成为东盟轮值主席国，该次东盟峰会以“东盟：一个共同体，共同的命运”为主题，各方确定将在 2015 年底建成东盟共同体。柬埔寨首相洪森在开幕致辞中回顾了东盟 45 年来在地区合作特别是共同体建设上取得的成就，以及东盟当前面临的挑战和机遇。峰会期间，举行了东盟外长会议、东盟 10＋1 会议、东盟 10＋3 会议和东亚峰会等。东盟领导人还就落实《东盟宪章》各项目标、缩小地区发展差距等议题进行商讨，并讨论通过了《东盟人权宣言》等一系列重要文件。

柬埔寨作为轮值主席国，在协调南海问题上作出了积极的努力，一直推动《南海行为准则》的制定。2012 年 7 月在柬埔寨首都金边举行的东盟第 45 届外长会议上，柬埔寨极力反对菲律宾、越南等国将与中国的双边冲突写入《联合声明》。

二　与泰国的关系

泰国是柬埔寨的主要邻国之一，两国边界线约 800 公里。从柬埔寨吴哥王朝开始，柬泰两国之间就一直存在着控制与反控制的斗争，泰国相对而言占据上风。

柬埔寨 1953 年独立后，两国虽然建立了外交关系，但关系一直不很稳定。1958 年 8 月，柬泰因为边界上的柏夏威寺（也称隆端古寺）的所有权而发生争议，两国关系趋于紧张。同年 11 月 24 日，柬埔寨宣布暂时中止与泰国的外交关系。在联合国的协调下，两国于 1959 年 2 月 6 日复交，但隐患并没有消除。1959 年 10 月 6 日，柬埔寨将柏夏威寺争端提交海牙国际法庭裁决。由于泰国支持山玉成领导的“自由高棉”发动针对西哈努克政府的活动，柬埔寨于 1961 年 10 月 23 日再次宣布与泰国断交，两国关系跌入谷底。1962 年 6 月 15 日，海牙国际法庭判定柬埔寨对柏夏威寺拥有主权，泰国拒不接受，甚至于 1966 年 4 月 3 日派兵攻打驻守在柏夏威寺的柬埔寨军队。后来印度和法国在柬泰之间进行过斡旋，两国一度进行了复交谈判，但没有取得什么进展。

这一时期柬泰关系之所以不顺，除了两国之间的历史恩怨和边界纠纷之外，还有一个重要原因就是泰国在冷战期间采取了紧跟美国的对外政策，与美国一样敌视柬埔寨西哈努克政府，甚至公开侮辱谩骂西哈努克和柬埔寨王室。也正因如此，当朗诺集团在美国的支持下政变成功后，泰国于 1970 年 5 月宣布与柬埔寨复交，6 月两国就互派大使，7 月朗诺访问泰国，泰国表示愿意提供“一切可能的军事援助”。同年 10 月，两国签署了关于恢复金边至曼谷的铁路交通运输协定。1972 年 1 月，两国又签署了“边界安全协定”，允许双方军队越界围剿人民武装力量。

柬共解放全国后，泰国政府于 1975 年 4 月 18 日承认了柬埔寨王国民族团结政府。同年 10 月，柬政府副总理英萨利率团访问泰国，双方发表了联合公报，宣布恢复外交关系，并决定在互派大使之前，先成立边境联络处，暂时负责处理两国关系事宜。11 月，泰国外长回访柬埔寨，双方在相互尊重主权和现有边界、开展平等贸易以及成立柬泰政治经济联络委员会等问题上达成了一致。1976 年 6 月，泰国克立政府外长彼猜访柬，双方就建立大使馆和解决边境纠纷等问题交换了意见。但同年 10 月泰国他宁政府上台后，柬泰关系又恶化，边境冲突不断，直到 1977 年 10 月江萨上台后才有所缓和。1978 年 1 月，柬泰双方同意互派大使。同年 5 月，英萨利再度访问泰国，两国同意在 1975 年联合公报的基础上发展双边关系，加强两国之间的贸易与农业技术合作，并决定恢复边境联络处，以消除误解，防止发生边境冲突。

1979 年初越南军队占领柬埔寨后，直接威胁到泰国的安全。因此，泰国坚决反对越南对柬埔寨的占领，拒绝与金边政权来往，继续承认民柬的合法地位，积极促成柬埔寨抗越三方的合作。泰国一度成为抗越武装力量的大后方和获取外部军事援助的通道。在国际舞台上，泰国与其他东盟国家以及中国、美国一起，推动联合国安理会逐年通过谴责越南侵略柬埔寨、要求越南撤军的决议，要求保留民柬在联合国的合法席位，并承办了多次关于柬埔寨问题的国际会议以及柬埔寨国内有关各方的会晤。泰国政府还本着人道主义精神，先后安置了 20 多万柬埔寨难民，并协助联合国难民署将部分难民转往第三国。

到20世纪80年代末，随着柬埔寨问题和平解决的希望越来越大，泰国政府对金边政权的政策发生了一些变化。1988年7月泰国差猜政府提出了将印支由战场变为商场的口号，开始与金边政权接触，并鼓励发展与金边政权的非官方贸易。1991年3月泰国军人临时政府成立，对柬政策又进行了调整，更加强调平等对待柬埔寨的四方，并在四方之间居中调解。1991年6月和12月，泰国两次作为东道主，在帕塔雅举行柬埔寨全国最高委员会会议，客观上加快了解决柬埔寨问题的和平进程。柬埔寨全国最高委员会迁回金边后，泰国随即在金边设立了办事处，继续保持与有关各方的联系。

1991年10月关于柬埔寨问题的《巴黎协定》签订后，泰国积极支持联合国在柬埔寨的维和行动和柬埔寨的重建工作，协助遣返滞留柬泰边境的柬埔寨难民。1993年柬埔寨联合政府成立后，泰国一方面与新政府发展正常的国家关系，同时继续与民柬保持着联系。1994年民柬被宣布为非法组织后，泰国仍然庇护民柬方面。泰国政府的这种两面政策引起了柬埔寨政府的严重不满。1997年7月，柬埔寨人民党与奉辛比克党发生武装冲突，奉党将领涅本蔡失败后逃到柬泰边境组织武装抵抗，并得到了泰国政府的支持。洪森对此耿耿于怀。1998年柬埔寨王国第二届政府成立后，两国政府逐渐改变了心态，都以务实的态度致力于改善和发展双边关系。进入21世纪以来，柬泰两国交往与合作明显增多。

2000年2月，柬泰两国召开双边合作联合委员会第3次会议，就贸易、金融、旅游、反毒品、反走私等问题进行了磋商，签署了民航协定，并一致同意尽快解决两国的海陆边界划界问题。同年6月，泰国总理川·立派对柬进行正式访问，两国签订了《联合打击非法跨境贩运走私文件》和《归还被盗机动车辆协议》及两国《关于陆界调查与勘定的谅解备忘录》，解决了长期困扰两国关系的一大难题。泰国政府还表示将进一步发展两国的贸易，也支持柬埔寨早日加入世界贸易组织。同月，柬埔寨和泰国还就合作开发暹罗湾争议海域的油气资源达成了共识。同年7月，泰国旅游局长访柬，双方决定以“两个王国，一个目的地”为旗号加强两国在交通、旅游宣传等方面的合作。

2001 年 6 月泰国总理他信正式访柬，双方签署了《新闻公报》《经济合作框架协议》《领海大陆架重叠区域谅解备忘录》《电信合作协定》4 个文件，就加强、深化两国在多领域的合作达成了一系列共识。同年 10 月，泰国总理他信对柬进行工作访问，并接受了西哈努克国王授予的“最高友好合作勋章”。同年 11 月，柬首相洪森对泰进行正式访问，双方签署《外交护照互免签证协议》，泰国王普密蓬授予洪森“最高白象大绶带骑士勋章”，泰国兰甘亨大学授予洪森名誉博士学位。但同年底，两国在柬埔寨北部边境的柏夏威古寺附近发生对峙，虽未酿成流血冲突，但也表明两国仍存在深层次的矛盾。

2002 年 3 月，柬泰边境委员会在泰国帕塔雅举行第 3 次会议，柬埔寨国防部联合大臣迪班和西索瓦·西里拉（也是柬边境委员会的两主席）、皇家军队总司令兼边委会副主席盖金延和泰国边委会主席差瓦立及泰国军队最高总司令蒙空等出席会议。双方一致表示愿意在边境地区扫雷和打击贩毒、假钞、非法伐木等边境犯罪方面加强合作。同年 8 月 15 日，柬埔寨开通了位于柬北部与泰国接壤的奥多棉吉省的奥斯马口岸，从而使其对泰国的口岸增加到 4 个（还包括暹粒省的暹粒市、马德望省的波贝以及戈公省的占扬）。同年 12 月，柬外交大臣贺南洪访问泰国，出席柬泰双边合作委员会第 4 次会议，柬埔寨向泰方提出了解决两国边界问题的新建议。泰方同意向柬提供软贷款，帮助维修柬 48 号公路。与此同时，柬埔寨与泰国准备挑选一些城市结为友好城市以便互相帮助，增设 3 个边境口岸，在戈公省、拜林和波贝尔合作建立加工区。

但是柬泰两国关系在 2003 年 1 月受到了严重的考验。由于柬埔寨媒体报道一位泰国女明星 2003 年 1 月中旬发表了吴哥窟应属泰国的言论，引发了柬埔寨民众对泰国的不满情绪。1 月 29 日，上千名柬埔寨学生和民众在泰驻柬大使馆外示威，并逐渐酿成冲击使馆的严重事件。同时，泰国设在金边的泰航办事处、西那瓦电信公司办事处、泰京银行分行以及泰资酒店和部分泰餐馆也遭到严重破坏。泰国政府总理他信当晚得知此事后，立即向柬方提出了最强烈的抗议，同时宣布泰柬外交关系由大使级降为代办级，召回驻柬大使，关闭大部分边界口岸，要求柬埔寨政府严惩凶手和赔偿，直到泰方满意后再进行恢复双边关系的谈判。他信认为，这是柬国内某些政治势力出于不可告人的政治目的，蓄意制造了这起严重损害泰柬关系的恶性事件。1 月 30 日，泰国军方派出 5 架军用运输机前往金边，接回泰驻柬大使馆全体外交官及 500 余名泰侨。事情发生后，柬埔寨政府一方面加强了对泰国驻柬机构以及泰侨的保护，同时呼吁国民保持冷静，不要做出破坏柬泰两国友好关系的举动。3 月 17 日，柬方支付了 592 万美元，作为对泰驻柬使馆建筑物损坏和使馆工作人员财物损失的赔偿。2003 年 4 月 23 日，柬首相府大臣索安与泰外长素拉杰举行会谈，双方同意恢复大使级外交关系，泰驻柬大使次日返回金边。5 月 31 日，柬泰两国政府首次联合内阁会议在柬埔寨的暹粒举行，两国政府首脑洪森和他信与会，双方在会上签署了 4 个合作文件。这标志着柬泰关系完全恢复正常。2006 年 8 月 10 日，泰国总理他信访问了柬埔寨。2006 年 10 月 15 日，泰国总理蒙拉育・朱拉暖上将访问柬埔寨。2007 年 12 月泰国外长长披汶颂甘访问柬埔寨。2008 年 3 月 3～4 日，泰国总理沙玛访问柬埔寨。然而，从 2007 年底开始到 2008 年，两国再一次爆发了对柏威夏寺及其附近领土包括达莫多吉寺和达莫安通寺主权归属的争端，双方冲突不断升级，最终爆发了小规模的军事冲突。这对双边关系的正常发展造成了恶劣影响。双方对峙并发生交火，把本来就脆弱的两国关系推向了风口浪尖，这会在两国关系史上留下抹不去的阴影。2008 年 10 月 15 日，在柬泰双方军队发生小规模军事冲突后，泰外长颂蓬告诫留柬的泰国人尽快离开柬埔寨。到 2008 年 10 月 17 日，据泰国外交部透露，在柬埔寨的 1500 名泰国侨民已有 432 人于 10 月 15 日返回泰国。柬泰两国的军事对峙和小规模军事冲突直到 2009 年 5 月才缓和下来。2009 年 5 月 21 日，泰国陆军总司令阿努蓬在柬泰边境与柬埔寨王家军前线指挥官斯雷德将军进行了会晤。双方一致表示将避免再次发生边境武装冲突。

就在柬泰之间的柏威夏寺争端暂时平息之际，两国又因洪森任命他信为柬政府顾问而发生龃龉。2009 年 10 月 27 日，柬国王西哈莫尼任命他信为洪森私人顾问和柬政府经济顾问，泰国阿披实政府对此作出了强硬回应。11 月 5 日，泰国政府召回驻柬大使；11 月 6 日，泰国政府宣布取消 8 年前两国签署的合作开采石油和天然气的谅解备忘录，并威胁关闭两国边境。柬政府毫不退让，同样召回了驻泰大使，并驱逐泰国驻柬使馆官员，逮捕了在柬航空公司中任职的泰籍工程师，罪名是“窃取他信飞行计划书”。但值得注意的是，尽管柬泰两国频繁地展开舌战，唇枪舌剑有时非常激烈，但却往往具有“动口不动手”的特点。相互的指责往往都留有很大的空间，显示出要通过和平谈判以缓和紧张局势的姿态。譬如，尽管分歧严重，但两国之间争端一直维持在可控范围之内，高层对话渠道一直保持畅通。2010 年 8 月 23 日，在泰国前总理他信辞去柬埔寨王国政府经济顾问一职后，泰国宣布自 8 月 24 日起恢复与柬埔寨的外交关系。柬泰两国总理分别在东盟 - 美国峰会等场合进行过四次会晤，两国领导在缩小冲突、扩大合作方面达成共识，逐步缓解两国的紧张局势。柬泰两国还于 12 月 19 日在金边举行建交 60 周年庆典，泰国外交部长赴柬参加庆典。2011 年 9 月在泰国大选获胜的为泰党党首英拉总理访柬，两国领袖达成协议，同意从主权有争议的柏威夏寺地区撤军，而撤军行动将由印度尼西亚观察团来监督，这对修好两国关系，恢复两国各个领域的合作关系，促进经贸投资领域发展有明显的推动作用。2012 年 4 月，柬泰第四届边境省长会议在柬举行，此次会议重点讨论了深化两国边境省份的合作、增设边关、促进地区经贸往来及维护地区安全等问题。作为两国沿边境省际合作的重要机制，柬泰省长会议机制在促进边境和平与发展、加强经济、文化等各领域合作方面发挥了重要作用。在两国议会交往方面，9 月，泰国议员、泰国柬埔寨友好协会主席帕亚（phayab）率团访问柬埔寨，受到柬埔寨国会主席韩桑林的接待，双方就推动双边议会之间的合作发展进行交流。

在两国边境争端方面，既有合作的迹象，也存在一些隐患。2012 年初，第 20 次柬泰边境边境委员会在柬召开，两国军队领导人就在边境发生的一些非法活动、边境和平和土地发展等问题进行讨论，双方达成多项共识，为保护边境的和平安宁加强两军之间的合作。双方在柏威夏地区问题上虽有了一些进展，但 7 月，泰国在柏威夏地区附近省份进行军事演练，柬方认为这是对其的挑衅和威胁，一定程度上阻碍了柬泰关系的进一步发展。

三　与越南的关系

柬埔寨与越南是有着长达930公里边界线的邻国，但两国关系比较复杂，历史上就有着很深的积怨。从二战结束至今，柬越之间既有过合作和友谊，也发生过激烈的对抗。

柬埔寨在独立之初与南越政权关系密切，但南越吴庭艳政权在美国的指使下，不断压迫柬埔寨放弃和平中立政策，并且多次入侵柬埔寨或在边境地区挑衅，参与了颠覆柬埔寨王国政府的活动。这样双方关系不断恶化，最终于1963年8月断绝了外交关系。与此同时，柬埔寨王国政府从20世纪50年代中期开始与胡志明领导的越南民主共和国接触。1959年8月，越南民主共和国派遣贸易小组长驻金边，后来升格为代表团。1965年2月25日~3月9日，越南民主共和国派团参加了在金边举行的印度支那人民代表大会。由于同样面临着美国的巨大威胁，两国之间产生强烈的合作愿望，双边关系迅速发展。柬埔寨与美国在1965年5月断交之后，柬埔寨的许多边境地区成为越南的后勤供给地和庇护所。1967年6月，西哈努克致函越南总理范文同，宣布柬埔寨政府承认越南民主共和国，并建议双方建立外交关系。同年6月15日，柬埔寨王国与越南民主共和国正式建交。此后，越南民主共和国政府多次发表正式声明，承认和保证尊重柬埔寨在现有边界内的领土完整。而柬埔寨王国政府也对越南的抗美救国战争给予了道义上和物质上的帮助。1969年5月14日，柬埔寨王国政府宣布承认越南南方共和临时革命政府。

1970年朗诺政变后，越南继续支持西哈努克。1970年5月5日，柬埔寨王国民族团结政府成立，越南民主共和国和越南南方共和临时革命政府领导人5月6日就分别致电西哈努克表示祝贺，同时宣布承认西哈努克领导的柬王国民族团结政府，不承认朗诺政权。1970年5月和1971年1月，西哈努克亲王和夫人两次访问越南。

1975年印度支那战争结束，柬共和越共在各自的国家建立了社会主义政权，两国之间的矛盾开始尖锐起来。首先是固有的领土和边界问题。越南在历史上就侵占了柬埔寨的大片国土。法国殖民统治印度支那时期，又随意划分越、老、柬三国之间的边界线，柬埔寨部分领土被划入越南版图。但越南仍不满足，1975 年 6 月派兵占领了柬埔寨的威岛，并且拒绝从战争期间向柬埔寨借用的基地撤军。从此，两国间的边境冲突就不时发生。1976 年，两国举行边界谈判，越南要求按它的主张重新划定边界，自然遭到了民柬的拒绝。其次是在柬埔寨大量存在的越南侨民问题。当然，柬越之间爆发战争，主要是南北越统一之后，越南试图建立所谓的印度支那联邦。因此，从 1975 年 4 月以来，越南就开始向民柬施加压力，要求民柬与越南建立和发展“特殊关系”，实行“共同的外交政策和经济政策”，搞“越柬联合经济”和“海上共同防务”，但都一一遭到民柬政府的拒绝。1977 年 12 月 25 日，民柬政权宣布对越南进行全面战争。12 月 31 日，民柬政权宣布中止与越南的外交关系。于是越南便下决心用武力推翻民柬政权。1978 年 1 月，越军调动 5 个师的兵力进攻柬埔寨东北地区，双方都伤亡惨重。同年夏天，越共决定夺取对柬作战的胜利，并把柬和中国定为越南的直接敌人。从同年 8 月开始，越军加大了对柬埔寨的进攻力度。同年 10 月，越军进入紧急戒备状态，准备对柬发动全面进攻。同年 12 月 3 日，在越南的庇护下，逃亡越南的民柬反对派成立了“柬埔寨救国民族团结阵线”。

1978 年 12 月 25 日，越南出兵近 20 万进攻柬埔寨，并于次年 1 月 7 日占领金边，扶持成立了以韩桑林为首的金边政权。但是由民柬、西哈努克派和宋双派三方组成的抗越力量并不屈服，同越南侵略军进行了顽强的武装斗争。随着国际形势的发展尤其是苏联对外政策的变化，越南到 20 世纪 80 年代末意识到打垮抗越力量、建立印度支那联邦已成了空中楼阁，加上国内经济濒临崩溃，越南不得不大幅度调整内政外交政策，决定实行“广交友、少树敌”的外交政策。在柬埔寨问题上，越南不仅同意撤军，而且对政治解决柬埔寨问题持合作态度。1989 年 8 月 26 日，越南宣布已从柬“全部撤军”。在越共六届九中全会上，越南承认出兵柬埔寨是一大错误，越南为此付出了巨大的代价；同时决定接受联合国安理会常任理事国关于政治解决柬埔寨问题的框架文件。1991 年的越共七大又表示将在平等与相互尊重独立、主权及政党利益的基础上发展与柬埔寨的关系。1991 年 10 月，越南参加签署《柬埔寨冲突全面政治解决协定》，从而结束了长达 13 年的柬越战争。1992 年 1 月，越南外长阮孟琴访柬，与西哈努克亲王签署了联合公报。

1993 年 5 月柬埔寨大选结果揭晓后，越南表示欢迎和支持，并且坚决反对原金边政权的副总理夏卡朋和内政部长辛松等人分裂柬东北六省的叛乱活动。新政府成立后，柬越关系进入了一个新的发展阶段，但最初双方的接触并不多。这是因为柬埔寨人民党与越共存在着特殊关系。为了避免柬埔寨其他政党利用这些问题来做文章，不对洪森和人民党造成不利影响，越南有意减少与柬埔寨政府尤其是人民党的交往，而且基本上不进行军事和安全方面的交流。1994 年 1 月，越南在柬埔寨的马德望市开设总领事馆。1998 年 11 月，柬埔寨新政府成立，洪森成为唯一的首相。洪森随即于 12 月 15 ~16 日赴河内参加东盟第 6 次首脑会议，并对越南进行正式访问。

随着洪森地位的进一步稳固以及柬埔寨加入东盟，柬越两国的公开往来明显增多。1999 年 6 月，越共中央总书记黎可漂应西哈努克国王的邀请对柬进行正式访问，标志着柬越关系进入了稳步发展阶段。访问结束后发表的《柬越联合声明》强调，两国将进一步发展两国之间的永久睦邻友好关系，相互尊重独立、主权和领土完整，互不干涉内政，不使用武力和以武力相威胁，不允许利用自己的领土从事反对另外一方的活动。两国还同意采取有效措施制止一切旨在破坏两国传统友好关系的阴谋，通过和平谈判的方式解决两国存在的问题。这份联合声明也成为指导两国关系发展的准则。

2000 年，越南国会主席农德孟、副总理阮晋勇、外长阮颐年、卫生部长杜源峰等分别访柬，其中阮晋勇访柬期间，双方签署了《农业渔业科技协议》《卫生合作协议》《关于在柬埔寨寻找、挖掘和送还从抗法到抗美时期和 1979 ~1989 年在柬阵亡的越南军人遗骸的协议》。柬副首相萨肯、联合国防大臣西里拉于同月访越。

边界和领土纠纷一直是影响柬越关系的重大障碍。洪森主张用和平方式解决这一问题，并反对清算历史旧账。2000 年 3 月、8 月和 11 月，柬越两国就柬越边界问题举行了三轮谈判，并于当年的 11 月 4 日在河内签署了《柬越边界协议备忘录》，标志着两国关系发展取得重大突破。

2001 年 11 月，应西哈努克国王的邀请，越南国家主席陈德良对柬进行国事访问，双方签署了《促进和保护投资协议》《两国边界地区贸易及商务服务协议》和《两国外交部合作备忘录》等文件，并发表了《双边合作框架联合声明》。陈德良还代表越南政府向柬埔寨赠送了 2000 吨大米和 2000 米布（2002 年 3 月兑现）。越南中部的西原地区 2001 年 2 月发生骚乱后，约 900 名越南人逃入柬埔寨避难，其中有人要求通过联合国难民署转往第三国，而越南政府却要求柬埔寨政府将他们遣返回国，柬埔寨夹在中间左右为难，柬越关系也受到一定的影响。

2002 年 1 月，柬埔寨首相洪森赴胡志明市出席柬老越三国总理第二次会晤。在这次会议期间，三国总理主要就三国“三角发展区”的建设计划进行了磋商，会后发表了新闻公报。同年 5 月，萨肯副首相兼内政大臣率柬内政部代表团访问越南，与越南内政部门进行年度磋商。同年 6 月，柬越两国关于 2001 年越南部分难民滞留柬埔寨问题的谈判取得重大进展，首批 50 名越南难民获准离柬赴美。同年 8 月和 12 月，越南国防部长范文茶、外长阮怡年分别访柬。8 月 1 日，柬埔寨正式开通了与越南接壤的两处陆地口岸，即柴桢省的巴韦口岸与干丹省的克奥三瑙口岸。

虽然目前两国关系步入了正常轨道，但一直没有彻底解决的边界问题和侨民问题是两颗随时可能影响两国关系的定时炸弹，尤其是柬埔寨国内对越南的民族反感情绪非常强烈，这两个问题要完全解决也非常困难。如柬埔寨境内的越南侨民总数估计在 150 万左右，约占柬埔寨全国人口的 1/9，这对柬埔寨国家安全的影响是显而易见的。因此，奉辛比克党在 2003 年 7 月大选前就利用此问题大做文章，向人民党发难。不过越南移民问题在 2003 年有所改善，柬内政部批准成立柬埔寨越南人理事会和 19 个省的分会。2003 年 8 月 16 日，柬埔寨第一家越文报纸在金边创刊发行，越语的调频广播在金边开播，越南人理事会拥有的医院正式开业。

2004 年，柬越关系获得了恢复和发展，双方人员往来增加，交往内容也从友好访问、经济合作发展到军事和非传统安全领域。越南提出愿意在军事人员培训、海军建设等方面向柬埔寨军方提供援助。

2005 年，柬越两国党政军高级别互访频繁，合作领域不断扩大。尤其是越南对柬埔寨的援助非常值得关注。3 月底，越南共产党总书记农德孟访问柬埔寨，两国发表联合公报，高度评价这一具有历史意义的事件，称它开启了 21 世纪柬越两国团结友好合作的新纪元。10 月，洪森访问越南，双方签署 7 个文件，其中包括 1985 年边界条约的补充协定、越南援建柬埔寨总长 70 公里的 78 号公路的协定、教育培训协定、两国关于湄公河共有水域的管理和开发谅解备忘录、文化合作协定、联合打击贩卖儿童妇女的协定，以及陆路运输协定。12 月，越南外长阮颐年访柬，两国外长就 1985 年柬越边境补充协议获得两国立法机构批准进行了换文，补充协议正式生效。此外，两国政府间的其他部门间的相互往来也非常密切。

2006 年，柬越关系顺利推进。8 月 21 ~ 23 日，越南副总理阮生雄访问柬埔寨，双方对两国间的合作、相互投资等问题进行了会谈。10 月 23 ~ 24 日，柬埔寨副首相贺南洪访问了越南。10 月 24 ~ 25 日，柬越经济、文化、科技合作联合委员会召开第八次会议。12 月 18 ~ 19 日越南总理阮晋勇对柬埔寨进行正式访问，这是阮晋勇担任总理后首次访柬。双方一致表示要进一步加强两国友好合作，并讨论了关于投资矿产开采、种植橡胶以及在柬埔寨东北部建设水电站等问题。为了加强两国贸易，柬埔寨还在柬越边关口岸柴桢省、茶胶省与越南接壤的地区成立经济特区，同时计划在磅湛省棉末县和干丹省成立经济特区，以推动吸引投资及扩大出口。柬埔寨和越南 2006 年双边贸易额同比增长 66%，达到 9.5 亿美元，柬对越出口逆差 6.1 亿美元。越南贸易部每年在柬埔寨举办“越南国际贸易博览会”，越南贸易部还决定从 2006 年 9 月 1 日起，将对 40 种原产地为柬埔寨的进口农产品实行免税，但对大米和烟叶则实施限额免税。从发展趋势来看，在东盟区域一体化和大湄公河次区域一体化的不断推进下，柬越两国关系将会朝着友好合作的方向继续发展。

2007年2月，越南公安部长黎鸿英率领的越南公安部代表团访柬，双方就推动两国联合在打击犯罪方面的合作达成了一致，同意在推动打击恐怖分子、有组织犯罪团伙、跨国犯罪、毒品走私、拐卖妇女和儿童、假币、洗钱、非法出入境等方面的合作。2月27日~3月1日，越南国家主席阮明哲访问柬埔寨。3月，越南国防部长冯光清上将率领的越南国防部高级军事代表团访问柬埔寨，双方签订2007年国防合作议定书。7月，柬工业矿产能源部部长访问越南，越南表示将支持越柬在工业领域的合作，认为双方在炼油、橡胶生产和加工以及种植等领域具有较大的发展潜力。为了加强越柬边境贸易，越南2007年决定把与柬接壤的3个国家级口岸升级为国际口岸。8月21~22日，柬越经济、文化、科技合作联合委员会第九次会议在柬埔寨金边召开。不过在2007年7月29日，位于金边的柬埔寨-越南友谊纪念碑遭到炸弹袭击。

2008年6月24~26日，柬埔寨国王西哈莫尼访问越南。10月6~7日，柬越经济、文化、科技合作联合委员会第十次会议在越南舰港召开。11月，柬埔寨首相洪森率团出席在越南河内举办的第三届伊洛瓦底、昭披耶河与湄公河经济和合作战略会议以及第四届柬老缅越首脑峰会。

关于边界问题，虽然越南在1985年12月27日宣布与金边政权签订了《边界条约》，声称划定了两国之间的陆地边界，但并没有得到有关各方的承认。1998年柬埔寨新一届政府成立后，与越南进行了多轮磋商。2002年12月24日，洪森在会见来访的越南国会主席阮文安后向媒体宣布，柬越两国计划在2003年3月正式签订陆地边界协议。但洪森的做法遭到西哈努克国王、桑兰西党以及部分奉辛比克党议员的反对，加之2003年1月底金边爆发了反泰骚乱，柬越陆地边界协议签字仪式就被搁置下来了。2005年，两国顺利签署了1985年边界协定补充协定。根据边界补充协定，边境地区的柬埔寨人将有权使用河流航行、捕鱼和用水，而不必像从前那样必须获得越南方面的批准。双方还决定2008年完成界碑竖立工作，所需经费全部由越南承担。2009年12月初，越南政府副总理兼外长范家谦率团访问柬埔寨，洪森首相会见了范家谦一行。范家谦副总理此行的目的，主要参加柬越双边合作会议，并探讨与柬发展橡胶种植业、开发水电、交通、矿物勘探和能源供应等方面的合作问题。洪森首相说，范家谦副总理此访，体现了两国间的友好合作处于不断巩固与发展之中。12 月中旬，越共中央总书记农德孟应邀率团访问柬埔寨，洪森首相、柬参院主席谢辛、国会主席韩桑林、国王诺罗敦·西哈莫尼先后会见了农德孟。访问期间两国签订了两项重要协议：《柬越能源、工业和矿产领域合作协议》《柬越水域运输协议》，并发表了《柬越联合公报》。公报称，双方取得共识，继续加强合作，遵行 1999 年和 2005 年的柬越联合声明，相互支持、尊重各自国家独立、领土完整，不干涉内政，不允许任何武装侵略行为，平等对待，为维护共同利益和东南亚和平稳定与东盟区域合作与发展作出努力；双方一致同意加强高层互访和边境地区当局的互访，以增进了解和相互信任，维护传统友谊特别是促进青年一代的团结合作；加强两国间经济合作；双方决定在 2012 年完成两国共同国界立碑的工作；磋商海域界限问题和加强海上联合巡逻活动；对柬埔寨向在柬越南侨民提供居留权和谋生的法律照顾，越南给予高度评价。12 月 26～27 日，洪森首相应邀访问越南，出席由越南政府在胡志明市举办的“越柬投资论坛”。

2011 年，柬越关系继续保持了密切的交往，高层互访频繁，两国传统友谊与合作关系不断深化。年内，越南总理阮晋勇、越共中央总书记阮富仲均展开对柬埔寨的正式友好访问，出席参加“第二届柬越投资论坛”，签署 9 个经贸合作文件以及向柬捐赠 10 万美元的人道主义救灾援助。这为进一步增进了解，增加互信打下良好基础。在经济合作上，双边贸易额突飞猛进，2011 年柬越双边贸易额达 28.29 亿美元，同比增长 54.8%，提前实现两国领导人确定的 2012 年双边贸易额 20 亿美元的目标。2012 年是柬越建交 45 周年，在周年纪念日，两国总理共同为柬埔寨贡布省和越南坚江省边界上的 314 号界碑落成揭幕，以这种方式庆祝两国建交。9 月，柬埔寨国王西哈莫尼及其代表团对越南进行了国事访问，同时出席在越南举办的庆祝两国建交 45 周年的活动，旨在推动两国全面战略伙伴关系向更高水平发展。两国经贸往来发展交流迅速。据越南投资计划部统计，越南对柬埔寨累计投资已经达到 23.6 亿美元，投资领域主要是通信、金融、橡胶种植和矿产，柬埔寨已经成为越南第二大境外投资国。

四 与老挝的关系

柬埔寨和老挝是有着538公里共同边界线的邻国。在扶南和真腊时期，柬埔寨和老挝两国一度同属一个国家。进入近代后，两国又都是法国的殖民地。1954年的《日内瓦协议》使两国的独立同时获得了国际社会的认可。这些共同的经历有利于两国独立后关系的发展。1957年8月14日，柬埔寨与老挝正式建交。在20世纪50年代，西哈努克的和平中立政策对老挝首相梭发那·富马产生了较大影响。富马被亲美的右翼势力推翻后，一度流亡柬埔寨，富马要求老挝中立化的斗争继续得到了西哈努克亲王的大力支持。但从60年代中期开始，美老关系不断发展，柬老关系有所降温。1970年朗诺集团发动政变后，老挝政府承认了朗诺政权，并与之建立了外交关系。

1975年柬埔寨和老挝革命成功后，两国关系进入了一个新的发展阶段。尽管两国对1904年法国单方面划定的两国边界都有异议（主要是对柬埔寨上丁省和老挝的占巴塞省、阿速波省存在争议），但双方均同意在维持现有边界的基础上，相互尊重独立、主权和领土完整。因此，边界争端并未影响两国关系。1975年10月，英萨利率团赴万象参加了老挝独立30周年纪念活动，受到老挝苏发努冯主席和凯山·丰威汉副主席的接见。同年12月，老挝外长奔·西巴色访问民柬，访问结束后发表了联合公报。1976年1月，西巴色再次访问民柬，双方宣布正式建立外交关系。1977年2月，两国签署《航空协定》，金边与万象之间的航线同年8月正式开通。1977年7月越老签订《友好合作条约》后，柬老关系发生了微妙的变化。1977年12月，老挝国家主席苏发努冯访问民柬，民柬表示绝不允许外国军队利用柬领土反对老挝，希望老挝政府也采取同样立场。但苏发努冯没有就此表态，引起民柬方面的严重不满。

越南1978年底出兵侵略柬埔寨后，与越南建立了“特殊关系”的老挝政府与民柬的关系急转直下。在韩桑林领导的柬埔寨人民共和国政府宣布成立的当天（1979年1月9日），老挝政府就宣布予以承认，并立即向金边派出新任大使。从此老挝一直与金边政权保持着密切的政治、经济交往，并始终和越南站在一起，反对联合国有关柬埔寨问题的历次决议。1979年3月，老挝苏发努冯主席访柬，双方签订了为期5年的《经济、文化、科学和技术协定》。同年8月，韩桑林回访老挝。1981年5月，凯山·丰威汉率领老挝人民革命党代表团出席了柬埔寨人民革命党第四次党代会。同年12月8日，凯山·丰威汉致电韩桑林，祝贺他当选为柬埔寨人民革命党总书记。1983年2月，韩桑林政权参加了在万象举行的印支三国最高级会议和印支外长会议，会后发表了《关于越南在柬埔寨驻志愿军的声明》。1984年1月，老挝苏发努冯主席再次率老挝党政代表团访柬，出席金边政权建国5周年庆祝活动。1988年10月，当时的金边政权总理洪森访问老挝，与凯山·丰威汉举行了会谈。1990年12月，柬埔寨人民革命党总书记韩桑林应邀赴万象参加老挝15周年国庆典礼。1991年3月，韩桑林和洪森率团赴万象参加了老挝人民革命党的第五次党代会，会见了凯山等老挝主要党政领导。除了这些高层互访外，1979~1991年，柬、老、越三国每年举行两次外长会议，专门讨论国际局势、地区问题和相互关系，成为三国采取协调一致行动的重要机制。

随着政治解决柬埔寨问题进程的不断推进，金边政权与老挝的关系也发生了微妙的变化，双方来往明显减少。但老挝政府支持1991年签署的巴黎和平协定，支持联合国在柬埔寨的维和行动。1993年柬埔寨新政府成立后，与老挝逐渐建立了一种正常的国家关系。

两国开始重新建立了高层互访，由此促进了双方在各个领域的合作与交流。1994年柬埔寨国会主席谢辛（也是人民党主席）访问老挝。1995年12月，西哈努克国王访老，与老党主席坎代和总理西沙瓦进行了会谈。同年两国外长举行会晤后，同意加强边境旅游及文化、教育等领域的合作。1998年柬埔寨第二届政府成立尤其是柬埔寨也加入东盟后，柬老两国关系有了进一步的发展。1999年10月，柬埔寨首相洪森访问老挝，双方签署了引渡条约、陆路运输协定和电力合作协议。同年12月，两国合作联合委员会第四次会议在金边举行，会后两国同意在经济社会等各个领域开展全面合作并启动边界谈判。2000 年，柬老两国正式签署边界协议，并决定在 2004 年之前完成勘界和树立界碑任务。2000 年 4 月，老挝总理西沙瓦・乔本潘访问柬埔寨，两国签署了教育合作协议、文化合作协议和新闻合作协议。2001 年 1 月在老挝万象举行的两国合作联合委员会第五次会议上，双方又签署了政治和安全合作协议、经济技术合作协议、社会文化合作协议、环境合作协议和两国首都合作协议。同年 8 月，老挝新总理本扬・沃拉吉对柬埔寨进行了为期 3 天的正式访问，双方发表了联合公报。老挝总理在与柬领导人的会谈中表示支持柬埔寨在 2002 年 11 月主办东盟第八次首脑会议，并同意给予必要的支持。双方在会谈中还讨论了陆路交通和旅游合作方面的问题，老方表示已经修好连接柬埔寨桔井省与上丁省的公路，希望将柬、老、缅的旅游连成一片，并联手打击毒品和刑事犯罪。2002 年 5 月，柬埔寨人民党主席、参议院主席谢辛再次访问老挝。同年 6 月和 9 月，老挝国会主席沙曼・维亚吉和老挝副总理兼国家计委主任通伦・西苏里先后访柬。同年 11 月，柬埔寨国会主席拉那烈访问老挝。

截至 2003 年 7 月，柬老两国已完成了 76%（407 公里）的边境勘界工作。2006 年 6 月，柬老合作联合委员会第九次会议在老挝举行，双方表示要共同努力解决两国边界的划界问题。此外，双方还表示将在打击跨国贩毒、非法砍伐森林等方面继续进行合作。7 月，老挝副首相西苏里访问柬埔寨。8 月 31 日至 9 月 2 日，老挝首相布帕万访问柬埔寨。11 月，老挝国会主席通辛・坦马冯访问了柬埔寨，在会见柬埔寨国会和参议院领导人时表示，两国国会应该在解决两国边界问题上发挥促进作用。洪森首相在会见通辛・坦马冯时指出，柬埔寨政府对老挝政府允许柬埔寨边民进入老挝接受治疗表示感谢。通辛・坦马冯表示要向柬埔寨吸取促进国家经济增长的成功经验。2007 年 8 月老挝国家主席朱马利・赛雅贡和副总理兼外长通伦・西苏里（Thong Loun Sisoulith）先后访问柬埔寨。8 月 8 ~ 10 日，柬老合作联合委员会第十次会议在柬埔寨西哈努克城召开。2009 年柬老之间继续保持了频繁的高层交往。11 月 25 日，由总理波松・布帕万率领的老挝政府代表团抵柬，开始对柬埔寨进行正式访问。访问期间双方签署了边界问题协议，至此，柬老两国间的边界立碑工作已完成了88%。两国政府还同意，将互派大学生前往对方国家学习，以便增进两国青年人之间的了解。在老挝总理波松成功访问柬埔寨之后不久，柬埔寨首相洪森也于12月9~10日率团访问了老挝，出席了第25届东盟运动会开幕式。2010年，柬老两国不仅政治、经济交往日益频繁，划界和立碑工作进展顺利，而且在宗教文化交流方面也有新的进展。2011年柬老关系继续稳定发展。3月，老挝总理通辛·坦马冯抵达柬埔寨展开为期两天的正式友好访问，两国总理出席上丁省奔格罗柬老边界纪念界碑剪彩仪式，同时还倡议在两国建交55周年庆期间，柬老两国联合举行具有重大意义的庆祝活动或开设具有两国友谊象征性的公共场所。柬埔寨柏威夏省政府与老挝占巴塞省政府签署了涉及文化、旅游、农业、商业、农产出口、边界治安、打击军火走私活动、贩毒和犯罪活动九项合作协议，另外，双方还决定于2012年初开通柏威夏省宿察县磅索烙一乡和占巴塞省棉空县交界的国际关口。2012年初，柬埔寨首相洪森会见了来访的老挝常务副总理宋萨瓦·凌沙瓦（SAMSAVAD），双方希望继续扩大经济和旅游领域的合作。两国也积极加强在卫生领域的合作。8月，柬埔寨卫生部长与老挝卫生部长进行交谈，在卫生改革、减少母婴死亡率、卫生人力资源培养方面进行了深入讨论与合作。应老挝总理邀请，首相洪森于11月参加在万象举办的第九届亚欧首脑会议。此外，两国议会之间也进行了交流，11月，国会主席韩桑林会见了老挝社会文化委员会主席逢提，双方交流了工作经验，加强了柬越两国立法机构的合作。但是，柬埔寨对老挝修建沙耶武里水电站表示反对，认为水电站的修建将对湄公河流域的环境及下游人民造成严重影响。

柬老两国与越南重视在区域合作中的配合，谋求共同繁荣与发展。柬老两国都加入东盟后，重视在东盟、大湄公河次区域合作（GMS）等区域合作框架内的协调与合作，以共同维护自身的利益。1999年10月，首届印支三国总理峰会在老挝万象召开，三国总理决定建立“三角发展区”（包括老挝南部2省、越南中部3省和柬埔寨东北部2省），并确定了“发展三角区”的优先发展项目。2000年，柬与老、越两国达成了“三个国家、一个目标”的经济合作计划。2002年初，第二届印支三国总理峰会在胡志明市召开，三方同意加快“三角发展区”的建设，促进湄公河的国际开发与合作。2004年11月28日，柬、老、越三国政府首脑在老挝万象开会，通过了建立三国发展三角区总体计划，并签署了万象声明。这个三角区覆盖柬埔寨和老挝各3个省份以及越南的4个省份。基础建设、贸易、农业、工业、环保、旅游、卫生和教育被确定为8个重点发展合作领域。2006年12月，三国领导人峰会在越南大叻市举行，峰会主要讨论有关加速在三国交界的三角地区的经济开发与合作的进程，以及研讨有关柬老越与日本计划成立三角发展区的合作纲领与方案各相关问题。2008年11月，柬老越领导人峰会在老挝万象召开，三方签署了一系列加强合作的协议。2011年柬老越发展三角区（CLV－DTA）的合作进展迅速。CLV－DTA由三个国家的交界省份组成，包括柬埔寨的蒙多基里、拉达那基里和上丁，老挝的阿速坡（Attapeu）、萨拉万（Saravan）、色空（Se Kong），越南的得乐（Dak Lak）、得侬（Dak Nong）、嘉莱（Gia Lai）和昆嵩（Kon Tum ）。为更好地对CLV－DTA的发展建设起到宣传作用，同时也对外公布柬老越三国的有关经济社会信息和政府的决策，3月开始试运行三国联合设立的“三国网站”（http：//clv－triangle. vn）。为了带动发展区周围的发展，确保当地发展均衡，2011年三国同意进一步扩大发展三角区范围，纳入柬埔寨的桔井省、老挝的占巴塞（Champasak）和越南的平福省（Binh Phuoc）。同时，经柬老越三国协商，同意降低CLV－DTA内工作准证和临时居留费至最多80美元，柬埔寨决定将取消三角区内外国人的工作准证和临时居留费用。此外，三国还计划设立“柬老越基金”，调动财务资源来展开“2010～2020年发展大蓝图”计划。为有效地实行三方在发展三角区的合作协议，尤其是在经贸投资领域的合作协议。2011年12月在老挝阿速坡省开展了为期一周的“柬老越旅游贸易展”。柬老越三角区13个省的政府代表及众多企业参加了展览会开幕式。在此展览会上，老挝和柬埔寨企业展示了富有当地特色的产品，如银雕精品、土锦品、竹藤工艺品及其他农产品等。11月9日，湄公河次区域合作论坛在越南得乐省举行，柬埔寨与越南、老挝代表一起参加了此次论坛。三方一致认为，应该利用好柬老越合作这个平台，进一步促进投资贸易便利化，加强区域内国家之间的沟通协商，加大与区域外国家的合作，在大湄公河次区域合作框架内的经济走廊启动的背景下扩大三国发展与合作的空间。9月，湄公河次区域旅游城市市长会议在越南胡志明市举行，包括柬埔寨在内的8个国家市长代表参加了会议。会议讨论的主要议题有：鼓励各旅游部门加强合作；加强在旅游人力资源领域的合作；共创旅游平台；大湄公河次区域旅游城市市长会议相关话题。此次会议旨在全方位推动重点旅游城市合作，加强该区域吸引旅客的能力。在此会议期间，柬埔寨金边、越南胡志明市、老挝万象三大城市领导签署了湄公河次区域旅游合作协议。

五　与东盟其他国家的关系

柬埔寨与东盟其他国家以往的联系比较少，西哈努克曾非常反感菲律宾胁迫柬埔寨加入东南亚条约组织。越南侵略柬埔寨之后，东盟老六国对柬埔寨普遍持同情态度。20世纪80年代末，印尼作为东盟的核心国出任柬埔寨问题国际会议的两主席之一，推动了柬埔寨问题的和平解决。但印尼为了保持它在东盟的领导地位和抵制中国在东南亚地区的影响，以及它对民柬的仇视，印尼政府在柬埔寨问题上的态度与泰国等东盟国家并不一致，而且与越南保持着密切的联系。

柬埔寨加入东盟后，与东盟国家的交往明显增多，高层互访不断。访问柬埔寨的东盟领导人主要有马来西亚最高元首西拉杰丁（2002年12月）、印尼总统梅加瓦蒂（2001年8月）、新加坡总理吴作栋（2001年5月）、缅甸总理钦纽（2004年）、新加坡总理李显龙（2005年3月）、新加坡外长杨荣文（2006年1月）、印尼总统苏西洛（2006年3月）、文莱国王博尔基尔（2007年4月）、缅甸总理登盛（2007年12月）、马来西亚国家元首端姑米占·再纳·阿比丁（2008年5月）。柬埔寨首相洪森出访的东盟国家主要有马来西亚（1999年2月、2007年8月）、印尼（1999年3月）、新加坡（2000年6月、2002年3月）、菲律宾（2000年8月）、缅甸（2000年2月、2007年5月）、文莱（2000年8月）。洪森访问印尼期间，两国签署了促进贸易合作的谅解备忘录，洪森还向印尼政府表达了柬埔寨希望学习印尼开发石油天然气先进经验的愿望；访问菲律宾期间，两国签署了《加强与保护投资合作协议》《成立双边合作联合委员会协议》以及关于加强旅游业、医疗保健合作和持有外交与官方护照入境者免予签证的谅解备忘录；访问文莱期间，两国签署了贸易与民航合作协议，文莱还承诺为柬埔寨培训石油勘探人员。吴作栋访柬期间，双方同意加强旅游业和人力资源培训方面的合作。2001 年 4 月，马来西亚承诺投资 3300 万美元帮助柬埔寨开发电力。2004 年马来西亚对柬投资 2327 万美元，是柬当年的第二大外资来源。2012 年 8 月，在柬埔寨暹粒举行的第 44 届东盟经济部长会议上，柬商业部长占比塞和印度尼西亚贸易部长吉达・瓦加万（Gita Wijrawan）签署了《柬埔寨－印度尼西亚大米交易谅解备忘录》。该备忘录规定，印度尼西亚每年购买柬大米至少 10 万吨，柬每年从印度尼西亚进口 120 万吨肥料。印度尼西亚加鲁－特里加耶公司（Galuh Trijaya）2018 年将向柬供应总值 15 亿美元的肥料、拖拉机及碾米机。2012 年，东盟投资商在柬埔寨的投资，新加坡位居第 3 位，新加坡在柬投资的领域广阔。新加坡在支援柬埔寨人力资源培训中发挥重要作用，2002 年在金边成立“ICON 培训中心”，为柬埔寨大学生和政府官员培训英语。从 2002 年以来到 2012 年为止，新加坡在该培训中心为柬人力资源提供培训逾 6400 人次。新加坡还是向柬埔寨承诺提供 5 千万新元援助用于开发其人力资源的六个东盟国家之一，试图为柬埔寨 2015 年融入东盟经济一体化进程铺平道路。在双边贸易方面，柬新两国 2012 年度双边贸易额达 14.48 亿美元。1994～2011 年新加坡在柬埔寨的投资总额达 6.35 亿美元。新加坡投资主要集中在国内碾米、橡胶、成衣和塑料袋加工等方面。目前，进入柬国的新加坡企业估计超过 100 家。柬缅两国自 1955 年建立外交关系以来，合作关系显著发展。特别是近期以来，两国领导人交往频繁，就发展双边关系和区域问题交换了意见，并且签署了旅游、航空运输、经济贸易合作、蒲甘－暹粒建立友好城市等合作协议。2012 年 12 月 1 日开始恢复从缅甸至柬埔寨的直航国际航线，这将对加强柬缅两国之间的经贸合作，尤其是对带动双方旅游业迅速发展起到重要作用。双方还正计划实行免签证的计划，并力图尽快实施。

第三节　与中国的关系

柬埔寨与中国关系源远流长，陈寿《三国志·吕岱传》就已提到扶南于公元227年“遣使奉贡”；《隋书·炀帝纪》记载，公元616年，“真腊国遣使贡方物”。

周恩来总理和柬埔寨国家元首西哈努克亲王于1955年4月在万隆亚非会议上结识，可视为新中国与柬埔寨王国正式友好关系的开端。1958年7月19日，中柬正式建立外交关系。7月24日，中柬两国发表建交公报并决定互派大使。1960年12月19日，中柬两国在北京签署了《中柬友好和互不侵犯条约》，标志着两国关系进入了一个新的发展阶段。

在20世纪50年代中期到60年代末，两国高层互访的频率之高实属罕见。据统计，西哈努克在此期间6次访问中国（1956、1958、1960、1963、1964和1965年），周恩来总理2次访问柬埔寨（1956和1960年），陈毅副总理3次访柬（1958、1960和1964年），刘少奇主席（1963年）和李先念副总理（1967年）也曾访问过柬埔寨。除此之外，中国还派出大批专家和工程技术人员到柬埔寨帮助建设。

1956~1969年底，中国也是柬埔寨最主要的援助国之一，中国对柬无偿援助累计达2.15亿人民币，其中主要是经济和技术援助。中国以实物援助的方式，为柬埔寨修建了纺织厂、胶合板厂、造纸厂、水泥厂等一批企业以及机场、医院、广播电台、大学实验室等公共设施。1956年，中柬两国签订了第一个经济援助协定以及实施该协定的议定书，中国向柬埔寨提供8亿瑞尔的无偿援助。1964年和1965年两国两次签订了援柬军事物资和装备的议定书，1965年两国签署了文化及科学、技术合作协定。中国的援助不带任何附加条件，与部分西方国家形成了鲜明对比，因而深受柬埔寨人民的欢迎。

在此期间，中国和柬埔寨在外交上的共同点越来越多，在许多国际问题上采取了一致行动，并且相互支持。西哈努克政府坚持台湾是中国领土不可分割的组成部分，中华人民共和国政府是中国唯一合法政府的立场。在第十八届联合国大会上，柬埔寨与阿尔巴尼亚等国一起提出了关于恢复中华人民共和国在联合国的合法席位的提案。中国则一直支持柬埔寨维护国家主权和领土完整的斗争。1967 年 6 月 13 日，中国政府发表声明，表示“完全尊重柬埔寨王国在目前边界内的领土完整”，支持柬埔寨王国政府的和平中立政策。

1970 年 3 月 18 日朗诺政变后，西哈努克亲王于 3 月 19 日到达中国北京，中国仍以国家元首的礼遇接待西哈努克亲王，并且大力支持亲王在北京开展抗美救国和反对朗诺政权的活动。西哈努克领导的柬埔寨民族统一战线以及柬埔寨王国民族团结政府都是在北京成立的。毛泽东、周恩来等中国领导人多次公开声明，坚决支持柬埔寨人民的抗美救国斗争。1970 年 8 月 17 日，中国与柬埔寨王国民族团结政府签订了 1970 年中国向柬提供无偿军援的协定。与此同时，由于朗诺政权实行亲美反共政策，尤其不能容忍的是朗诺政权发展与中国台湾当局的实质关系，中国政府宣布断绝与朗诺政权的一切外交关系，并撤回了外交机构和专家。因此，在1970～1975 年的抗美救国战争期间，中国政府从政治道义上和物质上都对柬埔寨给予了全力以赴的支持，为柬埔寨的抗美战争和国内解放战争的胜利作出了重要贡献。

1975 年 4 月 17 日柬埔寨全国解放后，中国与民主柬埔寨的关系又有了较大的发展。双方进行了一系列的互访，两国在外交上相互支持，中国政府和人民对柬埔寨战后的恢复和重建也给予了大力支持和援助。

1979 年初越南占领柬埔寨首都金边后，中国政府坚决支持柬埔寨人民的抗越斗争，拒绝承认韩桑林政权，要求越南从柬埔寨撤出全部军队，恢复柬埔寨的独立、和平、中立和不结盟地位。中国 1979 年 2 月 17 日开始的对越自卫反击战在一定程度上支援了民柬的抗越斗争。1982 年 6 月，在中国的支持下，以西哈努克亲王为首的民主柬埔寨联合政府在北京成立。中国为柬埔寨问题获得全面、公正、合理的解决也作出了巨大努力。在中国和其他爱好和平的国家和国际社会的共同努力下，制定了政治解决柬埔寨问题的框架文件，并获得了联合国安理会的批准。此外，中国还派出工程兵分队参加了联合国组织的柬埔寨维和行动，具体负责柬埔寨重要基础设施的修复重建；积极响应联合国1992年发出的为柬埔寨恢复和重建捐款的呼吁，主动认捐1000万美元。

1993年柬埔寨举行大选并成立新政府以来，中柬关系进入了健康稳定、全面发展时期，两国传统的睦邻友好关系得到了进一步发展，在政治、经贸、文化、教育、军事等领域的友好合作不断加强，在国际和地区问题上保持着良好的协调和合作。

从1993年至今，两国保持着高频率的高层互访。此外，西哈努克国王每年在中国进行例行的身体检查和疗养期间，也与中国领导人会晤；两国领导人在参加“10+3峰会”等国际会议期间，也多次会谈。

其中最主要的几次访问如下。2000年11月13~14日，江泽民主席应西哈努克国王的邀请，对柬埔寨进行国事访问，这是中国国家主席时隔37年之后再次访问柬埔寨。江主席访柬期间，与柬埔寨主要领导人就双边关系和共同关心的问题交换了意见，并代表中国政府向柬埔寨提供了1亿元人民币的贷款和25万美元救灾援助。双方签署了《中柬关于双边合作框架的联合声明》《中柬关于成立经济贸易合作委员会协定》《中柬经济技术合作协定》《中柬农业合作谅解备忘录》等6个协定、换文和谅解备忘录。

2001年5月18~21日，全国人大常委会委员长李鹏应柬国会主席诺罗敦·拉那烈亲王和政府首相洪森的联合邀请，对柬进行正式友好访问。这是中柬建交43年来中国全国人大常委会委员长首次访柬，进一步加强了中柬传统睦邻友好关系，促进了两国间的友好合作。

2002年11月1~4日，朱镕基总理应柬埔寨王国政府首相洪森的邀请，率团正式访柬并出席第一届大湄公河次区域（GMS）经济合作领导人会议、第6次10+3会议以及东盟与中国领导人会议（10+1）。在柬期间，朱总理同洪森首相举行了工作会谈，并会见了柬埔寨其他主要领导人。朱总理还代表中国政府宣布免除柬埔寨对华所有到期债务（约2.1亿美元），同时还就中国向柬埔寨提供无偿援助和无息贷款以及帮助柬修复桔井—上丁公路签署了相关协议。朱总理强调支持柬埔寨走符合自身国情的发展道路，并提出将农业、人力资源开发、基础设施建设作为当前两国合作的重点领域。

2003 年，温家宝总理在曼谷参加国际会议期间与云升（洪森）总理举行了会晤，李肇星外长访问柬埔寨并出席了 ARF 等一系列国际会议。此外，中国的商务部长、中共中央纪委副书记、中联部部长、中共云南省委书记、北京市副市长相继访柬。

2004 年 3 月 20 日 ~23 日，中国副总理吴仪访问柬埔寨，并与柬埔寨政府签订 9 项协定。

2005 年 1 月 27 日，中国建设部长汪光焘访问柬埔寨，就金边的城市规划问题与金边市长交换意见。3 月 28 日，中共中央纪委委员、河南省委副书记兼省纪委书记李清林率领的中共代表团访问柬埔寨。中共中央政治局委员、书记处书记、宣传部长刘云山应柬人民党和奉辛比克党邀请，对柬进行友好访问。11 月 16 日，水利部长汪恕诚访问柬埔寨，并与柬签署了中柬两国水利合作备忘录，两国将在水资源的管理政策、规章、探测、研究与发展、商贸与培训人才方面加强合作。外交部部长助理李金章率外交部代表团于 11 月访柬，表示中国将继续帮助柬培训人才，在水利建设方面提供援助，向柬提供 418 种商品的免税优惠，把柬列入优惠旅游国，鼓励更多中国游客到柬旅游。

2006 年 4 月，中国国务院总理温家宝对柬埔寨进行正式访问，两国签署了联合公报。温家宝总理同洪森首相举行了会谈，会见了诺罗敦·西哈莫尼国王、参议院议长谢辛和国民议会议长韩桑林。

2007 年，中共中央政治局委员、湖北省委书记俞正声率领的中共代表团和重庆市委书记汪洋，以及安徽省和云南省代表团等先后访问柬埔寨。

2008 年 1 月 31 日 ~2 月 2 日，中国外交部长杨洁篪访问柬埔寨，柬埔寨副首相兼外交与国际合作大臣贺南洪与杨洁篪外长举行了会谈。双方在会谈中就进一步拓展两国友好合作达成以下共识：（1）保持高层交往势头，巩固两国关系政治基础，共同办好中柬建交 50 周年及“中柬友好年”庆祝活动。(2) 进一步挖掘合作潜力，发挥优势互补，扩大经贸合作，实现互利共赢。支持中国公司积极参与柬埔寨水电站、公路等基础设施建设。(3) 加强两国外交、文化、体育、卫生、旅游、文物保护等部门以及地方间的交流与合作，拓展合作领域，丰富中柬全面合作伙伴关系内涵。(4) 加强在联合国安理会改革、东盟与中国 (10+1)、东盟与中日韩 (10+3)、大湄公河次区域合作等国际和地区事务中的协调与配合，维护双方共同利益。2008 年底，全国政协主席贾庆林对柬埔寨进行了正式友好访问。同年，中国人民解放军副总参谋长、公安部部长和中共代表团先后访问柬埔寨。

2009 年 12 月 20～22 日，中共中央政治局常委、国家副主席习近平应邀对柬埔寨访问。访问期间，习近平会见了西哈莫尼国王、参议院主席谢辛、国会主席韩桑林。12 月 21 日，习近平与洪森首相在由中国援建的新首相府办公大楼举行了会谈。洪森首相对习近平应邀访柬表示感谢，并表示这是柬埔寨首次在中国政府援建的总理府办公大楼举行仪式接待外国高级领导人。

2010 年初，回良玉副总理应邀访问柬埔寨，双方签署了农业、通信合作等协议。11 月 3～6 日，吴邦国委员长对柬进行了为期 4 天的正式访问。访问期间中方宣布免除柬 400 万美元的债务，同时向柬另外提供 100 万人民币的无偿援助，中柬双方还签署了在未来 5 年内中方在柬投资 23 个项目的合作谅解备忘录，总额达 16 亿美元。

2011 年，中共中央政法委书记周永康、中国全国人大侨务委员会副主任委员葛振峰应邀相继访问柬埔寨，柬中两国团结、友谊与合作关系不断得以巩固与拓展，两国全面战略合作伙伴关系的内涵不断得以丰富和充实。

2012 年，中国国家主席胡锦涛对柬埔寨进行国事访问，在首都金边会见了柬埔寨首相洪森，双方对两国及地区问题交换了意见，一致同意将中柬全面战略伙伴关系推向更高水平。此外，中国政治局常委、中央纪委书记贺国强也对柬埔寨进行了友好正式访问，会见了人民党名誉主席、国会主席韩桑林和奉辛比克党领袖盖博拉斯美。中国国务委员兼国防部长梁光烈也对柬埔寨进行了访问。特别是在柬埔寨前国王西哈努克逝世后，中国国家主席胡锦涛和其他中央政治局常委一起来到北京医院出席西哈努克遗体告别仪式，对西努哈克太皇的逝世表示最沉重的哀悼。10 月 17 日，北京新华门、人民大会堂、天安门广场、外交部降半旗致哀，由中国国务委员戴秉国护送灵柩，由中国政协主席贾庆林前往柬埔寨出席西哈努克的葬礼。这些都表明中国和柬埔寨两国传统友谊的深厚，是两国关系不断发展的见证。这也被认为是近几年来中国最高级别赴外致哀外交行为。

柬埔寨首相洪森对中国进行了多次访问。1996 年 7 月，当时的柬埔寨第二首相洪森访华，双方签署了《两国政府关于促进和保护投资协定》和《两国政府贸易协定》等合作文件。洪森首相 1999 年 2 月再次访华时，中柬两国签署了《中柬经济技术合作协定》《中国政府向柬政府提供优惠贷款框架协议》，中国政府同意向柬埔寨提供 2 亿美元的无息贷款和 1830 万美元的援助。2004 年洪森首相三次访华，创造了中柬高层互访的纪录。2004 年 4 月 19 日，洪森率领 55 人代表团对中国进行了正式友好访问，会见了中国主要的领导人，与温家宝总理进行了会谈，中柬两国签署了《中华人民共和国政府与柬埔寨王国政府经济技术合作协定》等 10 个合作文件。2004 年 8 月 29 日，洪森再次访华，并于 9 月 3 日至 5 日出席了在北京举行的第三届亚洲政党国际会议，会后又参观了西安、深圳、广州等地。2004 年 11 月 2 日，洪森率领 20 多人的代表团前往中国南宁参加于 11 月 3 ~6 日举行的首届中国 - 东盟博览会，加上此前由柬埔寨商业大臣占巴实率领的柬埔寨商业代表团和非官方代表，参加此次博览会的柬方人员近 200 人。由此可见柬埔寨方面对中柬关系的重视。此外，桑兰西党与中国的关系也有所发展，表明了支持一个中国、反对台湾独立的态度。2005 年 7 月，柬埔寨政府首相洪森率团出席在中国昆明召开的大湄公河次区域第二次高峰会议，并对云南和贵州两省进行访问。访华期间，两国签署了 4 个文件。2006 年 10 月 30 日至 11 月 3 日，洪森首相参加了在中国广西南宁举行的中国 - 东盟建立对话关系 15 周年峰会、中国 - 东盟商务与投资峰会和第三届中国 - 东盟博览会。2007 年 10 月洪森第四次率团出席中国 - 东盟博览会，被誉为“广西的老朋友”，并被授予“广西的荣誉公民”称号。2008年10月22~25日，洪森首相和副首相兼外交与国际合作部长贺南洪率团出席了在中国广西南宁举行的第五届中国东盟博览会和第五届中国－东盟商务与投资峰会。洪森首相还出席了10月24~25日在北京召开的第七届亚欧峰会。2009年10月15~20日，应中国四川省委书记刘奇葆的邀请，洪森首相率柬埔寨政府高级代表团参加了“第10届中国西部国际博览会”。柬埔寨在本届博览会上共设了28个摊位参展。博览会期间，温家宝总理会见了洪森首相。洪森首相与四川省委书记刘奇葆等讨论了中柬两国在各领域的合作事宜，与中方签署了多项贷款协议，其中包括兴建62号公路计划、8号公路计划、6号公路计划、建设马德望省的水利系统计划、波罗勉省抗洪设施建设计划，以及金边市电力供应计划等。2010年12月中旬，洪森总理对中国进行正式访问，双方签署了12项合作文件，并达成共识，决定到2015年推动双边贸易额达到25亿美元的目标。中方还宣布，为柬埔寨提供1亿人民币无偿援助，提供3亿美元的优惠贷款以实施3个项目。应中国政府邀请，洪森总理于2012年9月1日前往中国新疆维吾尔自治区乌鲁木齐市参加第2届“中国－亚欧博览会”。2013年是中柬建交55周年，也是中柬友好年。洪森总理表示，届时将会组织众多相关活动，以进一步加强中柬两国之间的深厚友谊。应国务院总理李克强邀请，柬埔寨首相洪森于4月8日至10日出席博鳌亚洲论坛2013年年会并对中国进行正式访问。访问期间，双方同意成立两国政府间协调委员会，共同落实好此次访问期间签署的《关于落实中柬全面战略合作伙伴关系的行动计划》，统筹协调和全面深化各领域务实合作，推动中柬全面战略合作伙伴关系取得更大发展。双方还就2013年中柬建交55周年和“中柬友好年”有关活动方案达成一致，宣布启动“中柬友好年”，同意共同办好各项活动，扩大友好交流，增进两国人民相互了解和友好感情。双方同意采取切实有效措施，保持双边贸易稳定增长，争取实现2017年双边贸易额50亿美元目标。李克强总理还宣布中国政府向柬埔寨无偿援助3亿元人民币和提供5亿美元优惠贷款。从1992年以来，中国政府累计向柬埔寨政府提供的无偿贷款和优惠贷款总额已经达到28.93亿美元。

近年来，中柬两国在外交、文化、军事等领域的交流与合作不断扩大。1994 年两国外交部官员团实现互访。两国分别于 1997 年 12 月和 1999 年 5 月互换照会，我国同意柬在广州、上海设立领事馆，柬同意我国保留在柬设领权利。1996 年 11 月，广州与金边通航。1998 年 7 月，柬驻广州总领馆开馆。1999 年 6 月，我国同意柬驻港领事馆升格为总领事馆。同年 7 月，柬驻上海总领馆开馆。2003 年，柬埔寨驻昆明领事馆开馆。2000 年 9 月，柬埔寨皇家军队副总司令贡金访华，双方签署了两项价值 270 万美元的军援协议，用于协助柬国防部培训官兵。2001 年 2 月，中国国防部长迟浩田访问柬埔寨，同意给予柬埔寨 400 万美元的援助，用于整修一个军事中心和一所军队医院。此外，2000 年 10 月，柬中友协成立，诺罗敦·帕花黛维公主任会长。同年 11 月，中柬友好协会成立，全国妇联副主席顾秀莲任会长。2003 年 8 月 19 日，中国军事代表团访问柬埔寨，双方签订中国无偿培训军事学员协定，金额为 1250 万元人民币。同年 12 月，柬埔寨中国军援代表团访问中国，访问期间中国提供 4000 万元人民币修建柬埔寨皇家军总医院，还将援建军事学院，援助总额为 1 亿元人民币。2008 年，中国向柬埔寨提供 5000 万元人民币的无偿援助和 5000 万元人民币无息贷款，用于柬埔寨经济发展；年底，中国国际广播电台的广播在柬埔寨成功落地，由该台与柬埔寨国家广播电台联合开办的中柬友好广播电台正式开播，每天用柬埔寨语、英语、汉语普通话和潮州话连续广播，播出时间累计 17 个小时。2011 年，中国首个柬埔寨历史文化研究中心正式落户江西省九江市，开启新时期柬中双方学者互相学习与交流的先河。人民党考察团在长沙取经时达成长沙市与柬埔寨金边市建立“友好城市”关系的意向书，为进一步推动长沙与柬埔寨之间的交往提供了良好契机。中国成都、宁波、厦门等地纷纷在 6 月底 7 月初开通了柬埔寨暹粒直航包机，大大便利了中国游客来柬观光旅游。中国银行金边分行、中国工商银行金边分行纷纷在柬埔寨开业，这将在为柬埔寨当地企业提供金融服务、帮助柬发展金融市场、推动柬埔寨经济的稳定增长方面做出应有贡献。2012 年 5 月 28 日，正在柬埔寨访问的中国国务委员兼国防部长梁光烈在柬埔寨首都金边会见了柬埔寨国防部长迪班。作为两国签署军事协议的一部分，中国28日给予柬埔寨约1900万美元的国防援助。

长期以来，中柬两国在各自高度关注的领域里也相互支持和帮助。西哈努克、洪森等柬埔寨主要领导人在台湾问题上始终强调坚持“一个中国”的原则，坚决反对“两国论”“一边一国论”以及台湾独立，禁止柬政府官员和国家公务员与台湾进行官方接触，并在“西藏问题”和“法轮功”问题上支持中国政府的有关政策和立场，支持中国申办2008年奥运会，加强了对华人华侨权益的保护。1997年8月，洪森宣布关闭台湾驻金边的代表处，尽管当时台湾是柬埔寨最主要的外资来源之一。1998年以来，曾经在台湾问题上动摇的奉辛比克党也改变了政策，注重发展与中国政府的关系。1999年4月，洪森再次重申，柬埔寨不会再开设台湾的签证办事处。2000年3月，西哈努克国王致函江泽民主席，代表柬国会、政府、人民并以国王和国家元首的名义重申，柬不承认并将永不承认台北“政权”，柬认为世界上只有一个中国，台湾是中国的一个省，是中国领土不可分割的一部分。同年7月，柬政府以非法持有和使用武器的罪名，逮捕了在金边进行非法活动的一批台湾人，其中包括“竹联邦”头目陈启礼。2003年11月27日，两国签署了经济合作协议，中国政府向柬埔寨提供5000万元人民币的无偿援助和2亿元人民币的无息贷款。在中国—东盟自由贸易区建设计划中，中国承诺的“早期收获”计划包括柬埔寨，并从2004年1月1日起对柬埔寨出口中国的297种（后来增加到330种）商品给予零关税待遇。至于审判民柬前领导人问题，中国政府的态度也非常明确，中国过去、现在和将来都不会向柬埔寨政府施加任何压力，但任何想借此机会再次挑起柬埔寨民族冲突的做法都是不可取的。2006年3月，柬埔寨发表申明，谴责陈水扁废除“国统会”和“国家统一纲领”的危险行为，认为陈水扁的举动不负责任，不利于地区和平与稳定，也不利于台湾问题的和平解决。而中国坚持不干涉柬埔寨内政，支持柬埔寨加入世界贸易组织和参加亚欧会议。对于柬埔寨希望的经济援助，中国也给予了力所能及的帮助。在涉及东盟一些国家与中国间的南海争议问题上，柬埔寨总理洪森表示，“我们应严格执行并遵守《南海各方行为宣言》（DOC）及后续行动指针，以增强各合作领域的相互信任。柬埔寨支持在东盟和中国的框架内解决南海问题，反对外部势力介入，反对将南海问题国际化”。

回顾历史，中国历代领导人与西哈努克国王建立了深厚的友谊，为两国关系的长期稳定发展奠定了坚实的基础。目前这种友谊已经传承到中柬两国新一代领导人身上。柬埔寨首相洪森强调中国是柬的战略依托和坚强后盾。柬埔寨人民反抗外来侵略、维护国家独立和主权的斗争，也历来得到了中国政府和人民的大力支持。因此，我们有理由相信两国传统的睦邻友好合作关系将在和平共处五项原则的基础上得到进一步发展，各个领域的合作将不断深化。

中国已经成为柬埔寨最有影响的政治、经济伙伴，两国关系正处于1979 年以来最密切的时期。但是居安思危，我们不能回避中柬关系中存在的某些问题。一是红色高棉问题。红色高棉执政期间执行的极“左”政策给柬埔寨人民造成了极大的伤害。一些西方势力想借审判红色高棉前领导人的同时追究中国的责任，进而破坏中柬关系。二是台湾问题。柬埔寨新政府 1993 年成立后，一度与台湾当局关系密切，在柬埔寨投资的台商最多时达到两三万人。尽管目前柬政府在台湾问题上立场坚定，但不能完全排除柬埔寨个别政党将来出于某种目的再度与台湾当局发展实质关系的可能性。三是大湄公河次区域开发与合作问题。目前，中南半岛国家对中国在湄公河上游开发电力有所不满，认为严重影响了下游的生态环境和沿岸人民的生活，其中以柬埔寨的态度最为强烈。四是柬埔寨担心中柬关系过于密切会影响到柬与其他国家的关系。

第四节　与美国的关系

1950 年 2 月，美国在柬埔寨设立公使馆，建立了与柬埔寨的官方联系。1951 年 9 月，美柬签订援助协定。1954 年《日内瓦协议》签订后，美将公使馆升格为大使馆。但美国发展与柬埔寨关系，有着非常强烈的目的性。美国试图利用柬独立后的经济困难，希望通过大量的军事和经济援助，拉拢和控制柬埔寨，使柬埔寨为它的反共战略服务。美国驻柬大使麦克林托曾直言不讳地说，“我的使命是把柬埔寨变成另一个美国堡垒”。1955 年 5 月 16 日，美柬签署第一个军事援助协定。从此到 1963 年 11 月柬埔寨拒绝美援为止，美国共向柬埔寨提供了 3.56 亿美元的经援和军援（主要是经援），数额大大领先于其他国家和国际组织。

由于柬埔寨的和平中立政策阻碍了美国在印度支那地区的侵略和扩张，因此，美国又大肆支持柬埔寨的反对派对西哈努克政府进行颠覆活动，试图破坏柬的和平、中立和独立的外交政策。1958 年，美国唆使南越吴庭艳政权派兵入侵柬埔寨上丁省。1959 年，美国策动暹粒军区司令琼·莫舒皮发动兵变。美国还支持山玉成领导的“自由高棉”进行反政府活动。美国对柬埔寨的公开颠覆和赤裸裸的干涉行为，引起了柬埔寨人民和西哈努克政府的严重不满。1963 年 11 月 5 日，柬埔寨王国政府要求美国在 12 月 31 日之前关闭“自由高棉”广播电台。由于美国对柬政府的最后通牒式要求无动于衷，西哈努克于同年 11 月 20 日宣布拒绝美国的一切援助，并限定美国在 1964 年 1 月 15 日之前撤出其在柬埔寨的所有军事、经济和文化机构。1964 年 3 月，柬埔寨召回驻美大使。1965 年 5 月 3 日，因反对美国对越柬边境附近的柬埔寨鹦鹉嘴地区进行轰炸，西哈努克宣布与美国断交，柬美关系跌入谷底。

柬埔寨与美国断绝外交关系使美国在东南亚的扩张战略严重受挫，因此先后派前总统肯尼迪的夫人杰奎琳·肯尼迪、美驻印大使鲍尔斯和美国总统约翰逊的私人代表尤金等人访问柬埔寨，进行复交斡旋。考虑到美国在越南的战争不断升级，为了保障国家的安全，西哈努克又于 1967 年 12 月照会美国政府，表示只要美国承认柬现有边界和结束对柬的一切侵略，柬埔寨就同意与美国复交。1969 年 4 月 16 日，美国政府表示承认柬埔寨王国在它目前边界内的主权、中立和领土完整。同年 6 月 10 日，柬埔寨宣布与美国复交，并互派代办。不过已对西哈努克非常恼火的美国人并没有因此就减缓对柬埔寨王国政府的压力，相反指责西哈努克允许中、苏的援越物资借道柬埔寨运到南越，并且加紧在柬埔寨培植代理人，变本加厉地煽动柬国内的亲美势力反对西哈努克。

1970 年 3 月，朗诺发动政变推翻西哈努克亲王后，美国对柬埔寨的援助进入了第二个高峰期。朗诺政权存在的5年间，基本上是靠美国的援助维持的。美国共计给予朗诺政权11.8亿美元的军事援助和5.3亿美元的经济援助，仅1971年和1974年美国就分别援助朗诺政权2.635亿美元和2.91亿美元。鉴于美国支持朗诺发动政变并大力援助朗诺政权，西哈努克领导的柬埔寨王国民族团结政府1970年5月10日宣布与美国断交，并与美军和美国扶持的朗诺集团进行了一场你死我活的斗争。1975年4月12日，美国驻柬埔寨大使逃离金边，标志着美国势力退出了柬埔寨。柬共革命胜利后，美国中断了对柬埔寨的援助，并对民柬政府进行封锁，还一度派军舰和飞机进行骚扰。1977年3月，美国提出派团访问柬埔寨，但遭到民柬的拒绝。

1979年初越南占领金边后，美国从冷战的大格局出发，反对越南入侵柬埔寨，并在联合国投票赞成维护民柬的合法席位以及东盟等国提出的关于柬埔寨局势的决议草案。美国还邀请西哈努克访美，每年向宋双派和西哈努克派提供350万美元的援助，1989年又额外追加500万美元。由于宋双派的领导人大多是朗诺时代由美国培训的军官，因此，美国对宋双派更加青睐。大批的美式武器、弹药以及电台、药品、军装等装备都通过泰国运进柬埔寨，源源不断地送到抗越游击队员的手中。此外，在制定解决柬埔寨问题的框架协定、组建联合国驻柬临时权力机构以及组织大选和柬埔寨重建问题上，美国也持合作态度，对推进柬埔寨问题和平解决的进程发挥了一定作用。

随着冷战的结束，美国对柬埔寨问题的态度由牵制苏越变为促使未来的印支局势朝有利于美国的方向发展。1990年7月18日，美国国务卿贝克在巴黎宣布了对柬埔寨问题的新政策：撤销对民柬联合政府在联合国的合法席位的支持；美国愿意与越南进行直接谈判；防止红色高棉重新上台。1991年底，美国向柬埔寨派驻大使。1992年1月4日，布什总统宣布解除自1975年以来美对柬实施的贸易禁令。1993年5月柬埔寨大选结果揭晓后，美国政府立即宣布承认，但坚决反对民柬方面参加新政府，并以完全断绝对柬援助相威胁。1996年，美国将柬埔寨列为24个走私和转运毒品国家之一。同年10月，美国宣布同意给予柬埔寨贸易最惠国待遇。

1997年7月洪森将拉那烈赶下台之后，美国谴责洪森“违反民主和人权”，并质疑洪森政府的合法性，为此宣布对柬埔寨实行制裁。1998年柬埔寨第二届王国政府成立后，美国才解除了对柬的制裁。美国曾经试图使柬埔寨政府亲西方，改造不成功之后，美国政府从骨子里敌视洪森和以人民党为首的政府，并且开始对柬采取了两面政策，一方面保持与柬的官方关系，另一方面着力在柬埔寨培养一个有能力的反对派政党，并选定桑兰西党为培养对象。自从桑兰西退出奉党另起炉灶之后，美国的一个非政府组织——国际共和研究所就大力支持和援助桑兰西。国际共和研究所为桑兰西党培训党员，制定大选战略，并在该党与美国政要之间牵线搭桥。

一波未平，一波又起。柬美关系1999年初刚刚好转，红色高棉（民柬）的灭亡又使审判红色高棉前领导人问题成为影响柬美关系的重要因素。美国主张成立国际法庭审判红色高棉前领导人，使该问题国际化，进而对柬埔寨施加更大的影响，使柬政府向西方靠拢。而洪森考虑到国内的稳定以及国家的尊严，坚持审判红色高棉是柬内政问题，必须按柬的法律在柬国内进行审判。为此，柬美两国又发生了交锋。2000年1月，美国国务院发言人希望柬政府在“审红”法律方面表现更大的灵活性，在此问题上和联合国取得一致意见。美国众议员罗拉巴彻随后访柬，与柬领导人就国际社会如何在“审红”问题上发挥作用交换看法。同年3月，美国东亚与太平洋地区事务助理国务卿拉尔夫·鲍伊斯访柬，试图解决联合国与柬政府间关于“审红”问题的分歧。同年4月和11月，美国会参议员约翰·凯利又两次访柬，与柬领导人就“审红”问题进行磋商。由于柬财政预算的60%来自西方的援助，光是扫雷一项每年就需要800万~1200万美元的国际援助；柬埔寨每年的出口约80%是针对美国市场。因此，在美国和联合国的步步进逼下，柬政府被迫不断地做出让步。2000年4月，洪森访问美国，其立场发生了根本变化，与美国就“审红”问题基本达成一致。柬美关系随即得到改善，美国贸易代表巴舍尔夫斯基同年5月通知柬方，自5月12日起，美国允许柬埔寨出口美国的成衣份额增加5%。2000年11月，美国国务院发言人谴责了金边枪战事件，并认为这起恐怖主义事件的目的是破坏柬埔寨民主化进程、武装颠覆柬政府。并表示美国一贯大力支持柬民主化进程，反对任何旨在破坏民主发展的行动。2001 年 1 月，柬埔寨国会通过《审判红色高棉法》，同意成立国际混合法庭，并允许国内外法官共同调查取证。美国随即对此表示欢迎。同月，美太平洋舰队司令布莱尔上将率美军事代表团访柬。同年 8 月，柬埔寨国王西哈努克签署了该法，美国随即宣布恢复于 1997 年 7 月停止的对柬直接援助。

“9·11”事件后，洪森政府意识到这是改善美柬关系的一次绝好机会，决定以实际行动支持美国的反恐战争。洪森立即向美总统布什表示，柬埔寨支持美国的反恐行动，愿意协助美军对塔利班作战，将提供开放领空的方便，并派遣排雷小组到阿富汗。西哈努克国王也致函美总统布什，表示反对和谴责一切恐怖行为，并对美国人民遭受生命和财产损失表示慰问。美国对柬埔寨的反恐立场反应积极，不仅帮助捉拿发动 2000 年 11 月金边枪战的柬埔寨自由军头目春亚塞，并且于同年 11 月 5 日把柬埔寨从走私和转运毒品国家名单中剔除，放松了对柬埔寨非法移民问题和“审红”问题的关注。但这些外交姿态并不意味着美国对柬政策发生了根本的变化，美国依然坚持审判英萨利，继续利用纺织品出口配额干涉柬内政，美国驻柬大使要求柬政府进行彻底的反贪行动。

2002 年 2 月，美国负责东亚与太平洋地区事务的助理国务卿帮办马修·戴利访柬，向柬埔寨领导人表达了美国对“审红”问题和乡级选举暴力事件的关切。同年 3 月，美国国会教育与劳务委员会委员乔治·米勒访柬，就贸易、劳工及美柬纺织品双边协议等问题与柬有关官员进行接触和磋商。同月，美国国务院发表《2001 年度人权报告》，批评了柬人权状况。4 月，美国通过联合国粮农组织向柬捐赠 24400 吨大米和 2300 吨植物油。6 月，美国接纳滞留柬埔寨境内的 900 多名越南中部少数民族计划启动，首批 50 人赴美国。同月，柬商业大臣占蒲拉西访问美国，争取美国鼓励对柬投资、增加柬服装出口配额、支持柬加入 WTO。同年底，美国根据柬埔寨劳工条件改善的实际情况，同意在 2003 年给柬埔寨新增 18% 的纺织服装产品配额（6% 自动增长，12% 奖励），超过了 2002 年的 15%。

2003 年，柬与美国的官方关系有所发展。美国向柬埔寨提供了 4500 万美元的援助，以帮助柬防治艾滋病，由美援建的艾滋病、皮肤病和性病检测大楼在年内竣工并投入使用。柬美两国还签订了禁止向美国出口高棉古文物的备忘录；美国将柬出口到美国的服装配额从每年增加 12% 提高到 14%，以鼓励柬成衣厂进一步维护工人权益；美国还向柬提供了援助和人员培训，帮助柬加强对边境口岸的管理和过境人员的监控。美国向柬埔寨的人权组织提供了 950 万美元的援助，帮助这些机构开展维护人权活动。而柬埔寨政府也努力改善和发展与美国的关系，年内柬埔寨主动要求销毁库存的 233 枚 A－72 型肩式地空导弹，以防止这批武器落入恐怖分子手中。美国对此提供了 23 万美元的援助。

2004 年，美国国际开发署、农业部等部门向柬埔寨提供了 6500 万美元的援助，柬埔寨对美国的成衣出口从 1998 年的 3.55 亿美元增加到了 2004 年的 17.4 亿美元。虽然柬埔寨与美国签订的双边纺织品协议 2004 年 12 月 17 日到期，而且柬已加入了世贸组织，但美国表示无意减少从柬埔寨的进口，相反决定增加 4% 的配额。

2005 年，美国开始调整对柬埔寨的外交姿态，开始正面肯定柬在民主、人权和新闻自由方面取得的进步，不再将柬埔寨视为专制国家。双方的合作从经济、文化领域扩展到军事。此外，美国刻意把政府的政策与国会参众两院的立场加以区别，以消除柬的不满。美声称尽管参众两院有些议员主张中断对柬的援助，但美政府坚持认为向柬埔寨人民提供援助对于保持两国关系非常重要。美每年向柬提供的援助为 6000 万美元，按照柬人口平均计算，是亚洲各国中最多的。美国赞赏柬在反恐方面给予美的支持与合作。

2006 年，柬埔寨与美国僵持 10 年的关系得到明显改善。2006 年 1 月，美国驻金边大使馆新馆落成，美国助理国务卿希尔 1 月 16 日访问柬埔寨。7 月 14 日，美国贸易副代表巴蒂亚与柬埔寨商业部长占蒲拉西签署了《美国－柬埔寨贸易与投资框架协议》。该协议将促进两国之间的贸易与投资，为解决双边贸易问题提供一个平台。两国就扩大双边贸易与投资的方式进行讨论，同时还就知识产权、贸易便利化和海关问题，以及柬埔寨履行世贸组织承诺情况进行讨论。12 月，美国前总统克林顿访问柬埔寨，会见了洪森首相，并看望了当地感染艾滋病病毒的儿童，他呼吁国际社会给予感染艾滋病的柬埔寨儿童更多帮助。克林顿还代表他的基金会和柬埔寨政府签署了一项关于感染艾滋病儿童问题的合作备忘录，称赞柬埔寨政府近年来为抗击艾滋病作出的努力。

2007 年以后，柬埔寨和美国的关系继续得到发展和加强。2007 年 2 月，美国国会批准 2007 年度向柬埔寨政府提供 5600 万美元援助，希望两国能保持更为正常的关系。2007 年 11 月，美国贸易代表施瓦布与柬埔寨商业部长占蒲拉西就扩大和深化双边贸易和投资关系进行了会谈。这是美国贸易代表首次访问柬埔寨，也是双方首次在《美国 - 柬埔寨贸易与投资框架协议》下举行会谈。2008 年 9 月 14 ~ 16 日，美国副国务卿内格罗蓬特在柬埔寨大选结果正式宣布后的敏感时间对柬埔寨进行了访问，给柬埔寨带来了 2400 万美元的援助款项。2012 年 11 月 19 日，美国总统奥巴马与柬埔寨首相洪森进行会晤，这是美国首位访柬的总统，具有重要的历史意义。双方围绕柬埔寨民主与人权、经济合作、区域安全合作及遗留债务问题进行协商会谈。柬埔寨借机向美国说明柬的民主与人权状况，并且强调柬没有政治犯，并且就朗诺时期欠下的债务进行协商解决。奥巴马总统的来访旨在表明美国开始重视与东南亚国家的关系，包括柬埔寨在内的东南亚国家对美国重返亚太战略都具有重要的作用。尽管奥巴马对柬的民主、选举和人权状况表示担忧，但柬美之间的合作意愿远大于这些分歧。

柬美双方在军事领域也不断加强合作。近年来，美国太平洋司令部不断派出海军医疗队、军舰等访问柬埔寨，深化两国合作关系。2007 年 2 月，在离开柬埔寨 32 年之后，一艘名为“加里”号的美国导弹护卫舰重返柬埔寨，并在西哈努克市港口进行了为期 5 天的访问。值得一提的是，舰上 230 名官兵中有 1/3 是当年逃到美国的柬埔寨难民后代或美柬混血儿，这次访问明显带有一定的寻根访祖的用意。访问期间，美柬海军会举行简单的联谊活动，美国官兵游览磅逊港和西哈努克港训练基地，并参观红色高棉遗迹博物馆，凭吊 1970～1975 年阵亡在柬埔寨的美军士兵坟墓等。美国海军着力塑造“亲民”形象，为当地居民送医送药，充当“义工”。2011 年 8 月，60 名美国太平洋空军飞行人员与柬埔寨王家军军队、工程队、医疗队以及当地官员、平民等约 4000 人参加为期一周的“太平洋天使 11－1”的人道主义援救演习，这是美柬两国两军开展人道主义救援演习的项目之一，体现两国在这一领域的合作关系日愈紧密。12 月，美国第 11 海军陆战队远征部队、“珍珠港号”和“新奥尔良号”军舰 5 号登陆队同柬埔寨王家军分别在金边和西哈努克省举行人道主义救援和救灾联合演习活动，以便交流人道主义救援和救灾方面的经验。美国驻柬大使馆发表《新闻公报》称，通过演习，柬美两军合作关系将进一步发展，同时也提高亚太地区国家应对自然灾害和人道主义救援的能力。柬美双方在 2012 年进行过多次军演。3 月，美国和柬埔寨联合举行“2012 吴哥哨兵”军事演习，约 100 名美国士兵和王家士兵参与关于维护和平和人道主义方面的演习，演习的目的在于提高柬埔寨军队在这些方面的能力，增强双方军队之间的交流合作，维护地区和平安全。柬美双方还在 10 月份在柬埔寨西努哈克省举行了第三次柬美“海上联合战略训练演习”。美国防长帕内塔在东盟防长非正式会议期间抵达暹粒，与柬埔寨副首相兼国防大臣迪班进行会谈，主要谈论了两国国防领域合作和人力资源培训等问题。

美国对柬援助力度也在加大。2011 年 7 月，美国海军援助修建西哈努克省里姆（Riem）海军基地的两间海军医务所和一口井，主要为当地海军及其家属和周围居民免费治病。11 月美国政府通过美国国际发展署（USAID）向柬埔寨政府提供 2030 万美元无偿援助，用于支持柬埔寨推动经济发展、保障粮食安全和应对全球气候变化。12 月，美国援助 30 多万美元在西哈努克省建“国家海军中心”，该中心竣工启用后，不仅为美国海军与柬埔寨海军进行更多的海上演习和加强两国海军交流提供了平台，还将提高柬埔寨海军的战斗能力，确保海上的安全与和平。自 2008 年以来，美国政府已向柬政府提供了 5276 万美元，支持柬埔寨经济发展项目。

第五节 与苏联、俄罗斯及东欧国家的关系

一 与苏联、俄罗斯的关系

1956年5月18日，柬埔寨与苏联正式建交，揭开了两国关系史上新的一页。同年7月7日，西哈努克亲王应邀访问苏联，两国宣布互派大使，同时苏联决定向柬埔寨捐建一所有500个床位的医院。苏联从1959年开始对柬埔寨提供经济援助。1960年11月28日，西哈努克亲王再次访问苏联，两国发表了联合公报，苏联向柬埔寨捐建一所能容纳1000名学生的高等技术学校。1961年1月，赫鲁晓夫以个人名义向西哈努克亲王赠送了一架直升机。1962年2月18日，赫鲁晓夫在由苏联驻柬埔寨的新任大使转交给西哈努克的亲笔信中称苏联是柬埔寨最可靠的朋友。1963年4月，柬埔寨经济代表团访问苏联，苏联又决定向柬埔寨援建一座水电站。西哈努克亲王还在同年9月1日宣布苏联向柬赠送了一批飞机和高射炮，这是苏联向柬埔寨提供军事援助的开始。由于中苏关系在20世纪60年代中期破裂，苏联对柬埔寨继续与华友好不满，因而也疏远柬埔寨。1965年10月，西哈努克第六次访华前想访问苏联，但被苏联拒绝，柬苏关系因此恶化。

1966年苏联主动与柬埔寨改善关系，从此到1970年3月，可以说是两国关系史上的蜜月期。1966年3月，应苏联邀请，柬埔寨王国政府副首相宋双访苏，会见了苏联最高苏维埃主席和部长会议主席，苏联同意援助柬埔寨一批包括5架米格－17战斗机和两架运输机在内的军事物资（价值1亿瑞尔，约合210万美元）。同年5月14日，柬苏友好协会成立。同年8月5日，柬苏两国把1957年5月签订的贸易协定、贸易支付协定和科学文化合作协定的有效期顺延一年。1967年4月，苏联又向柬埔寨赠送了一批战斗机、运输机和高射炮。同年5月，柬外交大臣访苏。同年6月，苏联政府表示尊重柬埔寨在现有边界内的领土完整。1968年2月，柬埔寨国防大臣访苏，苏联同意向柬埔寨提供550万卢布的军事援助。

1969年4月，柬埔寨武装部队总司令访苏，柬方提出购买苏联海军装备。同年5月，柬埔寨外交大臣再次访苏。同年11月，柬苏友好协会主席宋双访苏。而苏联也在1969年内派了7个代表团访问柬埔寨。

1970年3月18日，朗诺发动政变。苏联从实用主义的角度准备抛弃西哈努克亲王，因此直到西哈努克要离开莫斯科前往北京之前的几个小时才把金边发生政变的消息告诉亲王，并且从3月21日起就不再称西哈努克为国家元首。柬埔寨民族统一战线成立后，苏联部长会议主席柯西金仅以个人名义向西哈努克亲王表示祝贺，但没有提到柬埔寨王国民族团结政府。与此同时，苏联与朗诺政权保持着外交关系，苏联驻金边使馆人员也没有减少，苏联还于1971年8月向朗诺政权提供了一批援助物资，并把柬埔寨的民族解放斗争说成是“骨肉相残”。1973年1月越美《巴黎协定》签订后，苏联的态度又发生了变化，声称柬埔寨王国民族团结政府是柬埔寨唯一的合法政府，苏联将提供一切可能的援助。1975年3月，苏联驻金边使馆人员撤出，但并没有断绝与朗诺政权的外交关系。

1975年4月柬共革命胜利后，苏联领导人向柬共领导人致电表示祝贺，但柬共领导人置之不理。4月29日，柬埔寨强令苏联和西方国家驻金边的外交官集中，随后押送出境。1976年4月17日，苏联最高苏维埃主席和部长会议主席致电波尔布特和乔森潘，对柬埔寨革命胜利一周年表示祝贺，但波尔布特和乔森潘仍不予理睬。1977年12月，柬埔寨驻苏联使馆人员离开莫斯科回国，柬苏关系基本断绝。

1979年1月9日，韩桑林领导的柬埔寨人民共和国成立，苏联政府当日就表示承认，苏共总书记勃列日涅夫与部长会议主席柯西金还致电祝贺。贺电称“今后苏联将要发展和加强两国间的传统友好合作关系与合作，并且支持柬埔寨人民建设和平、独立、民主、不结盟的国家”。从此双方高层互访不断。1980年2月，韩桑林率团访苏时，与苏联签订了经济、技术、文化、科技合作与贸易协定；1984年7月，金边政权当时的部长会议主席姜西访苏，双方同意成立柬苏经济贸易与科学技术合作专门委员会。苏联也多次派出高规格的代表团访问柬埔寨。

韩桑林领导的金边政权成立后，苏联恢复了对柬埔寨的援助，并很快成为柬埔寨的最大援助国。从1979年到1991年苏联解体，苏联对柬埔寨的援助折合美元累计不下10亿美元。其中1979～1982年，苏联共向韩桑林政权提供了价值3.29亿美元的赠款和1.5亿美元的贷款以及36.8万吨粮食援助，对韩桑林政权的生存和发展发挥了极其重要的作用。由于苏联与金边政权关系密切，由西哈努克派、柬共和宋双派组成的民柬联合政府在此期间与苏联严重对立。

从20世纪80年代中期开始，苏联对柬埔寨问题的政策逐渐发生了变化，也想从柬埔寨问题的泥潭中脱身。1987年3月，苏外长谢瓦尔德纳泽表示柬埔寨问题应和平解决，外国军队应撤出柬埔寨。从此苏联支持和配合联合国为全面政治解决柬埔寨问题所作的努力。1991年8月苏联解体后，独联体国家终止了对柬埔寨的援助，俄罗斯也无暇发展与金边政权的关系。1993年10月，俄罗斯与柬埔寨恢复了外交关系。1995年1月，俄罗斯恢复了对柬埔寨的军事和其他方面的援助，双方签订了《友好合作协定》，两国关系得到了全面恢复和发展。

2001年5月，柬外交大臣贺南洪访问了俄罗斯，标志着柬俄关系新的开始，但两国在政治、经济、安全等领域的交流与合作并不密切。洪森原计划于同年9月30日访问俄罗斯，但因“9·11”事件而取消。2002年，俄外长伊万诺夫出席了在柬埔寨举行的东盟外长会议后续会议及东盟地区论坛。2007年5月，俄罗斯与柬埔寨结束了俄罗斯入世谈判，柬支持俄加入世贸组织。2008年5月24日，柬参议院主席谢辛会见了来访的俄罗斯投资代表团。2010年3月5日，洪森在金边会见了来访的俄罗斯联邦喀尔玛克共和国总统伊律基诺夫。柬俄两国还将加强在文化、教育、体育、旅游、农业、医疗、基础设施建设以及电力、石油和天然气开发领域的合作。

二　与东欧国家的关系

20世纪50～60年代西哈努克的和平中立政策在国际上产生了一定的影响，与东欧的社会主义国家也建立了比较密切的关系。如西哈努克亲王多次访问南斯拉夫，南斯拉夫与柬埔寨在1960年签订了经济技术协助协定。为了履行这一协定，南斯拉夫在1963年向柬埔寨贷款600万美元，用来援建柬埔寨的基隆电站。捷克斯洛伐克1956年10月与柬埔寨签订了科学、技术和通商协定，为柬埔寨无偿援建了一座火力发电厂，后来曾向柬埔寨贷款3.7亿瑞尔，用于援建糖厂、轮胎厂和拖拉机装配厂。民主德国向柬埔寨贷款6.6亿瑞尔，用于修建水泥厂。越南1978年底入侵柬埔寨后，南斯拉夫谴责越南，并在联合国投票赞成保留民柬的合法席位，要求越南从柬埔寨撤军。但民主德国、捷克斯洛伐克、波兰等东欧国家继续与韩桑林的金边政权保持着友好往来，其中前两者分别是金边政权的第三和第四大贸易伙伴。民主德国在20世纪80年代还为金边政权恢复和发展橡胶业提供了重要援助，在磅湛援建了一个橡胶园和一个橡胶加工厂。

第六节　与日本的关系

柬埔寨与日本于20世纪50年代初建交。1952年柬埔寨参加了对日和平条约，但条约生效后，柬于1954年放弃了向日本要求赔偿的权利。因此，在西哈努克于1955年12月访问日本时，日本政府同意在3年内给予柬埔寨15亿日元的无偿援助。但这个计划拖了7年才勉强完成。1958年3月2日，日柬两国签署经济技术协助协定。该协定于1959年7月6日生效，1965年7月终止。日本在此期间先后向柬埔寨提供了约4亿瑞尔的贷款和价值8000万瑞尔的设备，主要用于修建金边港、水净华大桥、金边地下水道工程、发展玉米种植，以及无偿援建马德望农牧机械中心、医疗中心和畜牧中心。日本还和柬埔寨合资经营“高棉热带作物公司”和“柬埔寨森林发展公司”。1960年2月，日柬还签署了贸易协定，由于日本总是出超，柬埔寨决定于1964年8月1日起停止进口日货，直到次年2月两国才重新签订贸易协定。

越南1978年侵略柬埔寨后，日本支持民柬的抗越斗争，在联合国历届大会上，对民柬的合法席位和越南从柬埔寨撤军都投了赞成票。日本的一些非官方机构也对柬埔寨提供了一些人道主义援助。1987年底以来，日本政府支持西哈努克亲王同金边政权洪森在巴黎会晤。随着柬埔寨问题和平解决的曙光不断显现，日本增加了对柬援助。美国 1992 年 1 月取消对柬经济制裁后，日本也随即恢复对柬埔寨的官方援助。

柬埔寨问题巴黎和平协定签订后，日本积极支持柬埔寨的重建工作，并担任了柬埔寨重建国际委员会主席。从 1991 年 10 月至今，日本是柬埔寨的最大援助国，日本对柬援助累计超过了 10 亿美元，为柬埔寨的经济发展作出了贡献。技术援助、无偿资金援助和日元贷款是日本政府对柬埔寨经济援助的 3 种主要方式，其中以无偿资金援助为主。而柬埔寨也非常重视发展同日本的关系，从不谴责日本在"二战"期间的罪行和日本领导人参拜靖国神社，也不批评日本发展军事力量。

2000 年 1 月，当时的日本首相小渊惠三对柬进行正式访问。这是自 1957 年日本首相岸信介访柬后，日本首相再次访柬。小渊拜会了西哈努克国王、参议院主席谢辛和国会主席拉那烈，并与洪森首相举行了会谈。洪森感谢日本在柬恢复和平与经济重建中的积极贡献，希望日本帮助柬在缩小穷国与富国的差距方面发挥更积极的作用。小渊表示将继续支持柬政府为巩固国内和平和促进经济发展作出的新努力，承诺分别向柬提供 280 万美元和 1900 万美元的非项目援助，用于排雷与安顿地雷受害者的生活及支持柬的经济发展。在"审红"问题上，日本表示只有在柬方和联合国达成一致的情况下，日本才能支持柬的"审红"进程。同年 5 月，柬外交大臣贺南洪与日本驻柬大使斋藤正树签署 3 项日本援柬协议备忘录，援助总额为 1600 万美元。同年 5 月 16 日，洪森率政府高官前往日驻柬领事馆吊唁日本前首相小渊惠三。同年 6 月，洪森前往日本参加小渊惠三首相的葬礼并拜会日本新首相森喜朗。2001 年 4 月，柬外交大臣贺南洪访日。同年 6 月，洪森出席了在日本举行的第 5 次援柬咨询团会议后顺访日本。日本在此次援柬会议上承诺向柬提供 1. 18 亿美元援助。同月，日本皇次子访柬。同年 11 月，日本通过亚洲开发银行向柬埔寨提供了 1200 万美元的援助，用于建设柬西北部的水利设施。

2002 年 1 月，日本厚生省大臣盐川正十郎对柬进行正式访问。盐川代表日本政府表示，日本每年将继续向柬提供 1 亿美元的无偿援助；每隔 3 年，日本还将向柬提供 4000 万美元的贷款。同年 7 月，日本外相川口顺子在东盟地区论坛（ARF）外长会议发言时，呼吁国际社会支持联合国积极参与和帮助柬埔寨对前民柬领导人的审判工作。2002 年 2 月，应日本国会邀请，柬国会主席拉那烈对日本进行正式友好访问。

2003 年柬埔寨举行了柬日建交 50 周年纪念活动，金边、暹粒和磅湛 3 省市还同时举办了柬 – 日文化交流月。

2004 年 9 月，日柬两国达成协议，日本将向柬埔寨提供 44 亿日元的优惠贷款和用于购买印刷设备的 45 万美元无偿援助。

2005 年，日本除了在经济上继续援助柬埔寨外，开始重视与柬埔寨的政治关系。

2006 年，日本向柬埔寨提供了 1 亿美元的援助，用于修建基础设施。

2007 年，日本通过经济援助在柬埔寨取得外交和军事合作方面突破的目的性和主动性明显加强。洪森首相 2007 年 6 月正式对日本进行国事访问，双方还签署了投资保护协定，以完善投资环境，促使日本企业到柬埔寨投资和扩大两国贸易。双方还就经济合作、联合国改革等问题交换了意见，就共同合作维护世界和平达成一致。日本表示欢迎“审红”特别法庭的运作以及承诺投资 7000 万美元在柬埔寨东部的乃良建造长 2000 米的湄公河大桥。洪森还会晤了日本国际协力银行行长，双方就有关扩建西哈努克港国际码头和规划经济特区等问题进行了磋商。7 月，日本派遣以经济产业副大臣山本幸三为团长、数十家相关商社参加的政府和民间代表团访问柬埔寨，对石油、天然气和铝土矿等资源进行调查。8 月，日本防卫厅副长官木村隆秀率团访问柬埔寨，木村隆秀表示希望柬埔寨方面加强与扩大两国国防部之间的合作。

2008 年，柬日两国建交 55 周年，两国于 1 月发表了“2008 柬日友好关系年”的联合公告，表示将继续加强在各个领域的合作。9 月 4 日，柬埔寨和日本签署协议，根据协议，日本将向柬埔寨提供 3.69 亿日元的援助，其中 3.3 亿日元用于增加柬埔寨的粮食产量，3900 万日元用于柬埔寨国家电视台的修缮。2009 年 1 月 10 ~ 11 日，日本外相中曾根弘文访问柬埔寨。访问期间，两国签署了日本进一步加大对柬埔寨援助的协议。2012 年 4 月，柬埔寨首相洪森参加了在日本东京召开的“日本 – 大湄公河次区域合作高峰会议”，并与日本首相野田佳彦会晤。此次会议通过了《东京战略》，日本将在今后三年向包括柬埔寨在内的湄公河成员国提供70多亿美元的援助。此外，柬埔寨和日本还单独签订了《洪水对策支援计划》，向柬提供1800万美元用于灾后重建，同时还邀请200名柬埔寨青年到日本交流。

柬国的政治稳定也极大地推动了柬日之间经济关系的发展。从1990年起双边贸易额逐年攀升，2000年之后柬埔寨一改往年的贸易逆差状况，开始出现小幅度的顺差。2008年以来世界性金融危机对两国双边贸易影响并不大，经2009年的小幅度回落后，2010年两国双边贸易依然达到320亿日元（见表8－1）。

表8－1 日柬经贸关系情况表（1990～2010年）

单位：亿日元

年份	1990	1995	2000	2005	2006	2007	2008	2009	2010
出口至柬埔寨	6	72	56	86	95	130	190	110	140
从柬埔寨进口	5	7	56	120	140	160	130	130	180
双边贸易额	11	79	112	206	235	290	320	240	320

资料来源：日本统计年鉴2012，http：//www. stat. go. jp/english/data/nenkan/index. htm。

日本是向柬提供援助最多的国家之一，但日本私营企业在柬投资并不多。战后五十多年来，日本对柬FDI投资基本裹足不前。虽然柬日双方已在2007年签署了自由贸易协议，以鼓励日本投资商来柬投资，但据柬埔寨发展理事会数据显示，1994～2010年，日本在柬埔寨的FDI总额为1.48亿美元，仅占柬埔寨的外国直接投资总额342亿美元的0.43%，排名第11位。为改变在柬埔寨投资落后现状，近年来日本利用柬埔寨现有政局稳定、投资政策宽松及潜在巨大的劳动力市场等优势，力图加大对柬投资力度。2009年以来，为压缩人工成本、充实供应链，日本一些从事缝纫加工、皮革制造、制鞋等劳动密集型产业的中小企业及大型制造厂商开始到柬埔寨投资设厂。据日本贸易振兴机构（JETRO）预测，2011年投资柬埔寨的日本企业数量增加五成，达75家左右，日本企业将在柬掀起大规模的投资热潮。目前，已经在柬开展业务的日本企业有雅马哈、美贝亚、矢崎总业、NTT和松下等知名企业。

日本对柬的经济援助是巩固与深化两国政经关系的基石，也是检验日柬关系的“试金石”。目前，日本对柬埔寨的经济援助主要包括技术援助、无偿资金援助和日元贷款三种主要方式。1994～2009年，日本向柬埔寨提供的援助金额共计16.35亿美元。据日本国际协力机构（JICA）的数据，1992～2012年这二十年间，日本政府共向柬埔寨提供了总额为22.42亿美元的援助。日本对柬经济援助有如下两个特征。

第一，援助领域更加广泛。日本是向柬埔寨提供援助最多的国家之一，自1992年以来每年平均向柬提供约1.3亿美元援助，援助领域包括基础设施、农业、健康、医疗和人力资源等。柬埔寨许多具有重大国计民生意义的大型标志性的基础设施建设都是在日本援助下建成，如连接金边和柬西北部地区的交通要冲——“水净华大桥”，1994年由日本出资首先修复，被柬国政府改名为“柬日友谊大桥”。2003年，日本修建了柬埔寨境内湄公河上第一座“磅湛大桥”（基苏那大桥），大大便捷了金边到东北地区的交通，对促进东北部地区经济发展具有重要作用。2011年日本提供约9200万美元无偿援助修建跨湄公河大桥——河良大桥。除了对柬基础设施方面的援助，日本也非常关注柬埔寨的农业发展援助，重大项目有菩萨省水利灌溉项目、马德望省农业技术培训项目、职业技术培训中心，以及鱼苗养殖业项目等。

第二，以无偿援助为主，人道主义色彩比较浓厚。在日本对柬的援助中，无偿援助占很大比重，而且大多是人道主义援助为主。譬如，日本在消除地雷和未爆弹药项目中向柬埔寨提供了最多的无偿援助，自1999年以来，日本已向柬埔寨提供多达52亿日元的无偿援助。日本不仅通过日本国际协力机构（JICA）向柬埔寨派遣排雷技术员、培训柬埔寨排雷员、维修排雷设备，还向柬埔寨排雷机构（CMAC）提供援助。在日本等外国政府的帮助下，自1992年以来，柬埔寨清除的雷区面积达到270平方英里左右，通过排雷和危险教育，每年被炸死或炸伤的人数从1996年的4320人减至2010年的286人。

第七节　与欧盟的关系

柬埔寨与欧盟关系包括柬埔寨与欧盟组织以及欧盟主要国家的关系。

一　与欧盟组织的关系

1992～2000 年，欧盟向柬埔寨提供了 2.5 亿欧元的援助，援助主要领域为教育、扫雷、民主与人权、人道援助、农村发展、人力资源培训和环境保护等方面。1997 年 7 月洪森将拉那烈赶下台之后，欧盟停止了对柬埔寨的人道主义以外的其他援助，直到 1998 年 11 月新一届政府成立才恢复。1999 年 8 月，欧盟与柬埔寨签订了纺织与服装自由准入协定，对其出口到欧盟的成衣制品免征关税。

2000 年 4 月，欧盟发表声明称，“审红”应符合公平、公正原则以及联合国支持的国际标准，欢迎联合国与柬政府就审判问题继续展开对话，审判进程也应获得联合国的支持。同年 5 月，柬与欧盟举行第一次双边会议，欧盟承诺将扩大对柬的援助与合作。同年 6 月，欧盟表示将向柬提供 520 万美元援助并派遣专家到柬政府各部门指导培训工作，以协助柬政府进行扶贫工作和司法行政改革，加强和改善政府重要部门官员的行政能力。

2002 年 2 月，柬埔寨接受了欧盟观察团对柬地方选举的监督，欧盟对选举的公正性表示满意。2 月 18 日，欧盟常驻柬埔寨代表处成立，欧盟官员表示，欧盟支持柬埔寨加入世界贸易组织，同意加强双方的双边和多边经济技术合作，鼓励柬埔寨进行行政、经济和司法改革，承诺给予柬埔寨最不发达国家享有的免关税、免配额的优惠待遇。

此外，柬埔寨借东盟－欧盟部长级会议的平台加强了与欧盟的关系。2003 年 1 月 27～28 日，柬埔寨外长贺南洪出席在比利时布鲁塞尔举办的第 14 届东盟－欧盟部长级会议，双方对加强进一步的合作进行了交流。2003 年 3 月 27 日，洪森首相与欧盟签署协议，根据协议，欧盟将向柬埔寨提供 2000 万欧元的援助用于柬埔寨基础教育的改革。2005 年 3 月 10～

11 日，柬埔寨外长贺南洪率团出席了在印尼雅加达举办的第 15 届东盟 - 欧盟部长级会议。2007 年 3 月 14 ~ 15 日，第 17 届东盟 - 欧盟部长级会议在德国纽伦堡召开，柬埔寨外长贺南洪率团参会，并单独与英国外长进行了会谈。2009 年 5 月 27 ~ 28 日，第 17 届东盟 - 欧盟部长级会议在柬埔寨金边成功举办，柬埔寨同与会各国就全球面临的新挑战进行了讨论，各国都认识到加强相互合作应对挑战的重要性。2012 年 3 月 31 日，东盟 - 欧盟高官会议在柬埔寨首都金边的和平宫举行，旨在为东盟 - 欧盟经济磋商会议作好准备。2012 年 11 月 2 日，欧洲理事会主席赫尔曼·范龙佩抵达金边开始对柬埔寨进行 3 天的正式访问，在与柬埔寨首相洪森举行会谈时表示，欧盟希望进一步加强和扩大与柬埔寨以及其他东盟国家的合作，并将继续对柬埔寨的经济发展提供援助。

在对柬援助方面，2000 ~ 2013 年上半年，欧盟向柬埔寨提供无偿援助总共 4.87 亿欧元（约 6.34 亿美元），涉及许多领域，如教育、农村发展、公共财政改革和发展私人领域培训等。在审红特别法庭的开支援助方面，欧盟一直是提供资金援助，让审红特别法庭能正常运作下去的重要援助方之一。2013 年 2 月，欧盟援助 690 万欧元（约 933 万美元）给柬埔寨教育部，用于改善公共财政管理体系以及教育领域项目。欧盟一直是柬教育领域的重要合作伙伴之一，自从 2003 年就提供了 3 次援助金，柬埔寨教育领域发展项目将于 2014 ~ 2016 年每年平均支出 1 千万欧元。

在柬埔寨与欧盟的双边贸易方面，2005 ~ 2010 年，欧盟投资商在柬投资总额约 4.72 亿美元，其中旅游业占 63%，工业和成衣业占 26%，农产品加工业占 8%，基础设施占 3%。2011 年 6 月欧盟驻柬总商会成立，主要由法国商会（CCFC）、英国商会（BBAC）和其他欧盟投资商组成。柬埔寨与欧盟的双边贸易近年来发展迅速，由 2008 年的 8.84 亿欧元上升到 2012 年的 20.39 亿欧元，其中主要是欧盟国家从柬埔寨进口，对柬埔寨的出口占贸易总量的比例很低，柬埔寨一直处于顺差状态。

二　与法国的关系

柬埔寨独立后，一直与昔日的宗主国——法国保持着比较密切的关系。《日内瓦协议》之后，柬埔寨的独立得到国际公认，法国也被迫从柬埔寨撤出军队，但法国在政治、文化和军事领域对柬埔寨仍有较大的影响。法籍教师和专家在柬埔寨的教育和行政管理中仍发挥了重要作用，柬埔寨皇家军队也由法国军事代表团代为训练。仅 1963 年法国就向柬埔寨派出了 600 多名专家、教师和工程技术人员，1970 年增加到 2000 多名。

从 20 世纪 50 年代中期至 60 年代中期，法国是柬埔寨的最大援助国。但从 60 年代中期开始，由于美国在印度支那的战争升级以及其他一些原因，法国对柬援助急剧减少。在此期间，法国无偿援助柬埔寨的经济项目主要有医院、学校、制鞋厂、牛奶厂等，合营企业有橡胶厂和西哈努克港炼油厂。法国还对柬贷款 36.5 亿瑞尔，并以贷款的形式先后援建了西哈努克港（即磅逊港）、西哈努克港淡水厂和发电站、金边军民两用机场、金边至西哈努克港的铁路等一系列重要的基础设施。1963 年，法国在柬埔寨的投资增加到 50 亿瑞尔，其中橡胶业就占了 45 亿瑞尔。1969 年 9 月，法国总统戴高乐访问柬埔寨，法国在联合公报中表示尊重柬埔寨的中立外交政策，承认柬埔寨在目前边界内的领土完整。

朗诺集团 1970 年 3 月政变成功后，法国承认朗诺政权，并与之保持了外交关系。但法国继续维持着与西哈努克亲王的个人关系，与西哈努克领导的柬埔寨王国民族团结政府也有往来，同意柬埔寨民族统一战线在巴黎设立办事处。

民主柬埔寨 1975 年成立后，法国与柬埔寨基本上断绝了往来。越南 1979 年初占领金边后，法国是既不承认韩桑林政权，也不承认民柬联合政府，但在联合国历届大会上均要求越南从柬埔寨撤军，并给予抗越三方物质上的援助。随着形势的不断发展，法国对柬埔寨问题的关注程度有所提高，为柬埔寨问题的和平解决多方斡旋，法国也因此成为柬埔寨问题国际会议的两主席之一。1988 年 9 月，法国推动西哈努克与洪森直接会谈。1989 年 7 月，首次柬埔寨问题国际会议在巴黎召开。1991 年 10 月，第二次柬埔寨问题国际会议在巴黎召开，与会各方签署了柬埔寨问题的最终解决方案《巴黎协定》。可以说法国为柬埔寨问题的顺利解决作出了重要贡献。冷战结束后，法国一度雄心勃勃，想在印度支那发挥更大的作用，曾提出了重返印支计划。但终究因为国力有限和其他因素的制约，最后不了了之。

1993 年柬埔寨王国新政府成立后，柬法关系继续平稳发展。拉那烈多次访问法国，1997 年 7 月与洪森发生冲突后一度流亡法国。近年来柬法两国交往有所增多。2000 年 3 月，柬参院第一副主席梳越 · 基万莫尼拉访法。同年 4 月，法国参议院主席克里斯蒂安 · 彭塞勒访柬，双方签署了法向柬提供 550 万美元的援助协议。同年 5 月，柬外交大臣贺南洪与到访的法国国际合作部长若斯林共同主持柬法合作联合委员会第三次会议，双方签署了柬法合作伙伴框架协议，就双方在农村发展、农业和卫生方面的合作协议举行了换文仪式。同年 7 月，法国军舰阿贡尼号对柬进行友好访问。柬法两国同月签署投资协议，规定柬方将保证法方投资者享受与柬方商业者相同的待遇。2001 年 1 月，柬法签署经济援助协议，法向柬提供 435 万欧元的援助，帮助柬修建从暹粒市至吴哥的公路和其他项目。同年 2 月柬法签署协议，法承诺在未来 3 年向柬提供 800 万法郎的文化科技援助。同年 5 月，柬外交大臣贺南洪再次访问法国。2002 年 2 月，法国外交部秘书长韩金访柬。同年 4 月，法国海军帕拉里尔号军舰访问西哈努克港。同年 5 月，法国国际电台在西哈努克港建立调频转播站。2005 年 9 月，洪森访问法国，双方签署了 2006～2010 年双边合作协议。根据这项协议，法国同意将这项为期 5 年的合作提供的援助总额提高到 1.2 亿欧元，法国在恢复法语在柬埔寨的地位、修复吴哥古迹、抢救柬埔寨传统文化等方面给予柬埔寨援助。2011 年 7 月，法国总理菲永访问柬埔寨，与首相洪森会晤，并拜会了柬埔寨国王西哈莫尼和太皇西哈努克。这是 20 多年来法国总理首次访问柬埔寨，此次访问意在进一步深化两国在各领域传统合作关系，法国将继续向柬埔寨提供援助，鼓励法国企业到柬投资。自 2004 年以来，法国在柬埔寨的直接投资额已达到 6.68 亿美元，主要涉及建筑、房地产和石油等领域。

三　与德国的关系

德国也是柬埔寨的一个重要援助国。2000 年 10 月 7～9 日，德国经济合作与发展部长维乔雷克访问了柬埔寨。2001 年，德国表示愿意在民主、国内社会、公共行政、卫生、家庭计划、经济改革与市场体系的发展以及低洼地区农村的发展等方面加强与柬埔寨的合作。

2004 年 4 月 26 日，柬国务兼财经大臣吉春和德国驻柬大使海尔姆特·奥尔伦在金边签署了 3 项德国无偿援助柬埔寨的协议书，总金额为 3537.2 万欧元。其中有 1500 万欧元是落实两国 2003 年度财政合作协议，德国帮助柬埔寨修复农村基础设施，在茶胶省和贡布省建立电缆系统并促进中小型企业的财政援助。另有 1475 万欧元是落实两国 2003 年度技术合作协议，德国帮助推行反家庭暴力行为，协助落实行政系统第三阶段发展计划，拟定卫生保险系统试验项目，在贡布省和磅同省推行第三阶段农村基层社团发展项目和实行基层分权管理第二阶段计划，以及促进市场经济发展、关于基层土地按福利优惠分配项目和促进商贸活动等方面的援助。还有 562.2 万欧元是落实两国 2001 年度技术合作协议，以便落实卫生医务官员技术培训和支持国家审计局和非正规教育的援助。这些援柬计划中的部分项目已经开始实施，协议签署后，双方将继续推行尚未落实的发展项目。2008 年 8 月，柬埔寨与德国签署了两份 2015 年生效的合作协议，根据协议，德国将提供 3465 万欧元用于两国之间技术和金融合作。2009 年 2 月 17 日，柬埔寨副首相贺南洪与德国副外长彼得·阿蒙进行了会谈。阿蒙表示满意柬埔寨王国政府对红色高棉政权的审判过程，并将对这项工作提供更大的资金支持，同时，他希望柬埔寨加大反腐力度。

1993～2010 年德国提供对柬埔寨科技与金融技术培训以及减轻人民贫困的援助大约 3 亿美元。仅 2010～2011 年提供的各方面援助就逾 3600 万欧元，2012～2013 年逾 3 千万欧元。特别是 2013 年提供柬埔寨保健项目第二期和第三期的经费援助达 1300 万欧元。

第八节　与其他国家和国际组织的关系

本节主要介绍柬埔寨与韩国、朝鲜、印度等国家以及联合国等重要国际组织的关系。

一 与韩国的关系

自1993年以来，由洪森主导的柬埔寨政府在处理朝鲜半岛南北部关系问题上，一直侧重经济较为发达、向柬埔寨提供了大量援助的韩国。1997年，洪森不顾西哈努克国王的反对，坚持与韩国正式建交。两国建交后，双方在各个领域的交流与合作明显增多。2000年2月，韩国前总统全斗焕率商贸代表团访柬。全斗焕称赞洪森是缔结韩柬友谊与巩固两国外交合作的关键人物。同年6月，柬韩签署了两国新闻邮电合作备忘录，规定两国将加强新闻、邮电和先进传媒方面的合作交流，并为此筹组理事会。韩方表示将为柬培训通信人才。2001年4月，洪森首相对韩进行正式访问，这是柬韩建交后双方首次高层往来。双方签署了韩国向柬埔寨提供经济合作基金的协定、两国航空协定及文化交流计划书。同年6月，韩柬两国签署一项备忘录，韩向柬提供2000万美元用于发展柬的信息产业以及柬政府部门的办公自动化建设。同年7月，韩国交通部宣布柬韩已就开通两国直达航线达成协议，具体通航时间将由有关航空公司决定。同年9月，两国签署了韩国从柬埔寨进口农产品的协议和韩国向柬埔寨提供用于修复3号国家公路的低息贷款的备忘录。同年12月，柬国会主席拉那烈访韩。2006年3月20~23日，洪森首相率团访问韩国，双方表示要加强在经济、旅游、人员培训等方面的合作，并签署了4个相关文件。7月29~31日，韩国外交通商部部长潘基文访问柬埔寨。11月19~22日，韩国总统卢武铉访问柬埔寨。2008年2月25日，柬埔寨首相洪森率团访问韩国，出席韩国新总统李明博的就职仪式。2009年10月，韩国总统李明博对柬埔寨进行了为期两天的访问，与柬埔寨首相洪森举行会谈，确定两国建立全面战略伙伴关系。双方还就加强在林业资源、矿产资源和旅游等领域的合作进行探讨，韩国决定向柬埔寨遭受台风袭击的地区提供援助。2011年11月，柬埔寨和韩国政府代表举行首次会议，就建立五年战略伙伴关系（2011~2015年）进行探讨，该会议象征着柬韩两国在提供优惠贷款、无偿援助等方面的合作关系取得进一步的进展。据柬国财经部发表《新闻公报》说，这是两国关系的又一个新起点，将推进两国各个领域合作关系更加紧密，利及两国人民。

自从两国建交以来，各领域合作发展迅速，据柬埔寨发展理事会统计显示，1994~2011年9月，韩国对柬投资累积40.3亿美元，是仅次于中国的第二大投资来源国。韩国在柬投资主要有服装厂、银行、金融、农产加工、旅游、制造业、建筑和信息业。2012年韩国一跃成为柬埔寨第一大外资来源国（2.87亿美元，超过中国的2.63亿美元和日本的2.12亿美元）。韩国投资领域为制衣、玩具、电子装配、木薯加工、生物乙醇等。值得一提的是，韩国还是柬埔寨重要的劳务输出市场。2011年柬埔寨一共输送了4957名劳工赴韩国务工，与2010年的2116人相比增长了134%。在韩国务工的柬埔寨籍外劳主要是在农业和工业领域工作，月薪平均是1000~1500美元。

二 与朝鲜的关系

柬朝两国间有着传统友好的友谊。1964年12月15日，朝鲜最高人民会议常任委员会委员长崔庸健访问柬埔寨，两国发表联合公报并决定建交。朝鲜政府和人民一贯支持柬埔寨维护国家独立、主权的正义斗争。朗诺1970年3月发动政变后，朝鲜继续支持西哈努克。同年5月5日，西哈努克领导的柬埔寨王国民族团结政府在北京宣告成立，朝鲜领导人金日成立即致电祝贺，并承认柬王国民族团结政府是柬埔寨唯一合法政府。应金日成的邀请，西哈努克亲王偕夫人于1970年6月15日至7月1日访问了朝鲜，双方发表了联合声明。1971年3月，柬王国民族团结政府外交大臣沙林访问朝鲜。同年4月，柬王国民族团结政府宣布支持朝鲜领导人关于朝鲜半岛统一的八点纲领。同年7月，西哈努克亲王再次对朝鲜进行国事访问。

1975年4月柬共革命胜利后，朝鲜与民柬之间的来往较少，只是金日成与西哈努克保持着密切的私人来往。越南侵占柬埔寨之后，朝鲜拒不承认越南扶持的韩桑林政权，支持以西哈努克亲王为首的民柬联合政府的抗越救国斗争。

1993年9月柬埔寨新政府成立，柬朝关系进入了一个新的发展阶段。1994年4月，西哈努克国王访问朝鲜，并于5月26~28日在平壤主持召开了柬埔寨民族和解圆桌会议。1999 年 7 月，西哈努克国王应朝鲜最高人民委员会主席金永南的邀请，又一次对朝进行了国事访问。2000 年 7 月，朝鲜外长白南舜访柬，双方同意通过经济代表团互访加强双边合作。2001 年 7 月，朝鲜最高人民会议常务委员会委员长金永南应西哈努克国王邀请对柬进行正式友好访问，双方发表了联合公报。这次访问也平衡了柬埔寨与朝鲜和韩国的关系。2006 年 4 月 17 日，应朝鲜最高人民会议常任委员会委员长金永南的邀请，柬埔寨王国国王诺罗敦・西哈莫尼正式访问朝鲜。朝鲜劳动党中央机关报《劳动新闻》发表社论表示，西哈莫尼国王的这次访问“充分反映了柬埔寨政府和人民不断加强和发展朝柬友谊的立场和意志”，将成为把朝柬友谊发展到新的更高阶段的重要契机。2007 年 11 月，朝鲜总理金英日访问柬埔寨，与首相洪森会晤并且签署了投资促进与保护协议和海运合作协议。2012 年 6 月，柬埔寨副首相兼外交大臣贺南洪访问朝鲜，并会见朝鲜最高人民会议常任委员会委员长金永南，以深化柬埔寨与朝鲜之间的友谊和合作关系，并希望增进朝鲜同东盟的合作关系，也希望朝鲜重返六方会谈。2012 年 7 月，朝鲜外相朴义春参加完在金边举行的东盟地区论坛外长会后开始对柬埔寨进行正式访问，并表示希望两国在农业、工业领域合作的想法，希望在农业、建筑、小型水电站、基础设施等领域同柬加强合作。

三　与印度的关系

在西哈努克执政期间，柬埔寨与印度关系密切。1955 年 3 月，西哈努克访问印度时，宣布接受尼赫鲁的中立主义，并且后来与尼赫鲁等人一起成为不结盟运动的发起人。

越南入侵柬埔寨之后，由于印度与苏联和越南都保持着密切的关系，印度在 1980 年承认了越南扶持的金边政权，与柬埔寨抵抗力量之间则基本没有联系。在每年的联合国大会以及三年一次的不结盟首脑会议上，印度都试图转移国际社会对金边政权的遣责。1986 年 5 月，印度文物调查局同意出资 400 万美元帮助金边政权修复吴哥窟。随着冷战临近结束和苏联对外政策不断调整，印度对柬政策也发生了变化，转而支持政治解决柬埔寨问题。1989 年 7 月，印度参加了在巴黎举行的柬埔寨问题国际会议，随后继续积极参与寻求柬埔寨问题的解决方案。1991 年 10 月关于柬埔寨问题的巴黎和平协定签署后，印度向联合国驻柬埔寨临时权力机构派遣了 2250 名文职和军事人员，对柬埔寨战后的和平重建发挥了建设性作用。同年柬印两国签署了经济技术合作备忘录，洪森访问了印度。

1993 年柬埔寨大选结束后，印度继续与柬新政府保持了比较密切的经济、文化交流。1996 年柬埔寨第一首相拉那烈访问印度，两国签署了文化协定。2000 年 2 月，柬埔寨首相洪森首次访问了印度。2002 年 4 月和 11 月，印度总理瓦杰帕伊两次访问柬埔寨，柬印两国签署了有关航空、修复吴哥达波隆寺、外交与公务护照互免签证、贸易合作、贷款和保护文物 6 项协议。印度承诺在人力资源开发、科技、基础设施建设方面向柬提供帮助。在柬埔寨的提议下，东盟首次邀请印度参加东盟与印度对话会议。2006 年 5 月 25～26 日，柬埔寨和印度经济、贸易、科学技术合作委员会在金边召开了第一届会议，双方签署了加强经济、贸易、科学技术合作的相关协议。2007 年 5 月 17～19 日，柬埔寨副首相贺南洪访问印度。7 月 8～11 日，柬埔寨首相洪森访问印度，双方签署了 6 份合作文件。12 月，洪森再次访问印度，双方签署了加强双边合作的 7 份相关文件。2010 年 9 月中旬，印度总统普拉蒂巴·帕蒂尔对柬埔寨进行为期六天的访问，并分别与柬埔寨国王西哈莫尼、参议院主席谢辛、国会主席韩桑林和政府总理洪森举行会谈。柬印两国政府签署了《柬埔寨－印度国家审计署合作谅解备忘录》和《落实斯登达水资源开发项目（第二期）优惠贷款协议》，两项协议的总额为 1500 万美元。2011 年 11 月，柬印首轮外交磋商会议在金边举行，国会议员兼印度文化关系委员会主席卡兰辛格博士访问了柬埔寨。2012 年 11 月，印度总理辛格率团参加在柬埔寨举行的第十届东盟－印度峰会。2012 年 12 月 20 日至 21 日，柬埔寨首相洪森访问印度，并出席庆祝东盟－印度建交 20 周年、东盟－印度举行高峰会议 10 周年的系列庆祝活动。洪森在与印度总理辛格的会谈中表示期盼印度加大对柬贷款援助额度，柬方也希望印度积极落实两国 2002 年签署的开通直航备忘录，以促进旅游业发展。

四 与澳大利亚的关系

1970 年 3 月朗诺政变后，澳大利亚政府承认了朗诺政权。1975 年 4 月民柬取得全国革命胜利后，澳大利亚承认了民柬政府，但未向金边派遣外交使节。

越南 1978 年底侵略柬埔寨后，澳大利亚政府虽然指出波尔布特政府倒台是咎由自取，但谴责越南的武装干预行为，拒绝承认越南扶持的金边政权，支持继续保留民柬在联合国的合法席位，并且花费上千万美元收容柬、越难民。1981 年，澳大利亚政府迫于国内的压力，撤销了对民柬的外交承认，但仍不承认金边政权。从 1983 年开始，澳大利亚工党政府建议柬埔寨冲突各方进行和平谈判，但又不与东盟一起在联合国提出议案，保持了自己外交的独立性。1985 年，西哈努克访问澳大利亚，希望澳政府继续为柬埔寨问题的解决发挥积极作用。1989 年，澳大利亚外长伊文斯提出了解决柬埔寨问题的一揽子方案。1990 年 1 月，安理会 5 个常任理事国同意澳大利亚提出的和平建议的基本原则作为未来各方谈判的基础。关于柬埔寨问题的巴黎和平协定签署后，澳大利亚派约翰·桑德斯中将担任联合国驻柬临时权力机构的军事指挥官，澳还向柬提供了 500 名军事通信兵、10 名警察、30 名观察员和部分文职人员。在柬埔寨大选前夕，澳政府向柬增派了 6 架黑鹰直升机和 100 名军事人员，另有 69 名澳大利亚志愿者到柬埔寨担任投票监督员。柬大选结束后，澳政府宣布大选是自由公正的，并且欢迎新政府的成立。因此，可以说澳大利亚为柬埔寨问题的最终解决作出了很大的贡献。

从 1993 年至今，澳大利亚是柬的主要援助国之一，但两国关系只是一种正常的国家关系，并未因为过去的历史渊源而显得密切，相反在一定程度上受到了东盟主要国家与澳大利亚关系不协调的影响。澳大利亚支持柬埔寨加入世界贸易组织，并向柬提供了 1650 万美元的资金，以协助柬埔寨进行司法改革。近年来，双方在一些领域开展了一定的合作。2003 年 6 月 15 日，柬埔寨外长贺南洪与澳大利亚外长签署了一份谅解备忘录，双方表示要加强在反国际恐怖主义领域的合作。2003 年 10 月，柬埔寨与澳大利亚建立了柬澳议会友好小组，在第一届会议上，澳大利亚参议员布雷特·梅森高度赞扬了柬埔寨政治状况的改变和人民生活的改善。2006年10月9~13日，应澳大利亚总理霍华德邀请，洪森首相访问了澳大利亚，双方进行了友好会谈。2012年3月，澳大利亚外长卡里就任以来首先访问了柬埔寨，与柬埔寨首相洪森进行会谈，并到暹粒参加了由澳方援建的工程，同时还了解了澳大利亚一直资助的审红特别法庭进展情况。澳大利亚对柬埔寨的援助不仅仅局限于工程建设方面，还在社会突出问题上进行援助。2012年12月，澳大利亚政府承诺将拨款1450万美元用于包括柬埔寨在内的大湄公河地区抗击疟疾。2013年初，澳大利亚驻柬埔寨大使馆宣布澳将向柬埔寨提供92万澳元援助，用于妇女保护，其中82.5万澳元用于预防和制止家庭暴力，提高女性工作能力，其余用于打击人口贩卖活动和保护外出务工女性权利。

五 与巴基斯坦的关系

巴基斯坦与柬埔寨于1952年建立外交关系，在红色高棉掌权时代，巴基斯坦与红色高棉没有来往，1992年才与柬埔寨恢复外交关系。巴基斯坦总理贾迈里2004年4月访柬，答应向柬埔寨提供1000万美元低息贷款，用于修复柬境内的一处小型蓄水库和发展社会经济。这是巴基斯坦首次向柬提供的大额经济援助，也是巴基斯坦和柬埔寨两国友好合作的良好开端。柬埔寨与巴基斯坦在外交上有着良好合作的基础。2009年10月26日在巴黎总部召开的联合国教科文组织世界遗产委员会大会上，巴基斯坦支持柬埔寨成为该委员会的常务委员，并于2012年联合国大会上，支持柬埔寨担任2013~2014年联合国安理会非常任理事国，两国的友好合作得到不断巩固与加强。

六 与联合国的关系

联合国与柬埔寨的关系可以说是极为密切的。1955年12月15日，柬埔寨被联合国接纳为成员国。此后联合国组织的湄公河委员会还给柬埔寨贷款1800万美元，用于修建柏特诺水库。联合国为柬埔寨问题的政治解决作出了不可磨灭的历史贡献，先后通过了数十个关于柬埔寨问题的决议，并且在柬埔寨进行了二战后最大规模的一次维和行动，付出了20多亿美元的代价，以在柬埔寨建立民主与和平。

1997年7月洪森将拉那烈赶下台之后，由于质疑洪森政权的合法性，联合国决定暂停柬埔寨的会员资格，直到1998年12月初柬埔寨新一届联合政府成立后才同意恢复。

联合国也是审判民柬前领导人的主要推动者之一，并且表示，如果审判名单中不包括英萨利，联合国就不与柬埔寨政府合作。洪森一方面表示随时可以同联合国就审判问题进行会谈，另一方面坚持审判法庭必须设在柬埔寨，也不同意派柬埔寨政府官员到联合国总部谈判。柬政府发言人甚至声称，如果联合国不派法律专家参加对民柬前领导人的审判，柬埔寨就将单方面在国际社会寻找法律专家，直至自行组织审判。2000年3月，联合国秘书长安南的特使、联合国副秘书长汉斯访问柬埔寨，并与洪森会谈。此后洪森的态度发生了较大的变化。2002年初，由于联合国坚持按照自己的标准和要求审判民柬前领导人，柬政府表示拒绝，联合国立即宣布退出与柬政府的谈判。直到2002年底，联合国才决定重开谈判，并在具体问题上做出了一定的让步。2003年3月17日，柬政府与联合国秘书处就成立审红特别法庭合作审判民柬前领导人事宜达成了一致协议。5月13日，联合国大会以协商一致的方式通过了该协议。这份协议同意审红特别法庭依据柬埔寨法律体系建立，主要依据柬法律进行起诉，柬法官占多数。联合国原来提出的建立完全由联合国主导的审红国际法庭的计划未能实现。这一协议的签订也标志着“审红”进程朝着实质性的启动迈出了重要一步。

联合下属的国际货币基金组织（IMF）和联合国粮农组织（FAO）与柬埔寨关系密切。国际货币基金组织2003年恢复了对柬援助，同年提供了8160万美元的援助。2005年5月，柬埔寨副首相兼外长贺南洪受邀率团参加了联合国粮农组织在意大利罗马举行的关于世界粮食安全的会议。2009年1月30日，洪森首相会见了联合国粮农组织驻柬埔寨代表，联合国粮农组织表示2009年将给柬埔寨提供250万美元的资金用于修建农业灌溉系统。

柬埔寨作为世界最不发达的国家之一，正积极落实联合国千年发展目标。当前，离目标截止时间只有两年多，柬埔寨在实现千年发展目标十多年过程中取得了一系列的成就，在儿童入学率、公共卫生条件、基础设施和清洁水供应等方面有很大的提高，但要在2015年实现千年发展目标，仍面临着很大的困难和挑战。

七 与世界贸易组织的关系

从1994年开始，柬埔寨积极谋求加入世界贸易组织（WTO）。2001年5月，柬埔寨商业大臣率领柬埔寨政府代表团在日内瓦与世界贸易组织部分成员进行了双边和多边谈判。为了使柬埔寨的经济政策符合世界贸易组织的相关协议和国际惯例的要求，柬埔寨政府在进出口税务、避免企业垄断、允许私营企业与国营企业竞争等方面进行了重大改革。2001年11月，柬埔寨以世界贸易组织观察员身份参加了在卡塔尔首都多哈举行的世界贸易组织大会。2003年4月，WTO通过了一份日程安排，以便使柬埔寨能在同年7月结束入世谈判。2003年9月12日在墨西哥坎昆召开的WTO第5次部长级会议上，柬埔寨被接纳为世界贸易组织正式成员。

柬埔寨是WTO仅有的几个不发达国家成员之一，从长远看入世对柬埔寨经济发展有较大的好处，但近期则要更多地面对挑战。

八 与亚洲开发银行的关系

亚洲开发银行与柬埔寨关系密切，并向柬提供了大量贷款和援助。1992～2000年，亚洲开发银行向柬埔寨提供了4.1亿美元的贷款和5300万美元的无偿援助。截至2013年底，亚行已经累计向柬埔寨提供19.1亿美元的援助，其中亚洲开发基金（ADF）贷款有15.7亿美元。亚洲开发银行的对柬援助，主要体现在基础设施援助和金融资金援助，对柬埔寨1993年以后的经济重建起到了非常重要的作用。

（一）基础设施援助

1994年亚行向柬埔寨提供672万美元的贷款，用于修复1、2、3、5、22号公路。此外，亚行还同意向柬埔寨提供5251.5万美元的贷款，用于发展电力工业。1997 年上半年就两次作出决定，拟向柬提供两笔巨额贷款：一次是 3 月 12 日由负责越、老、柬、缅地区事务的亚行代表贾纳宣布，拟向柬提供 1.75 亿美元的贷款，用于改造 250 公里的 1 号国道；另一次是于 1997 年 5 月宣布，决定在 1997～2000 年再向柬提供 4 亿美元的低息贷款，以支持其 14 个社会经济发展项目。据柬埔寨财经部长吉春说，在 1991～1996 年的 5 年间，亚行已向柬埔寨提供了 2.4 亿美元的贷款和价值 4000 万美元的技术援助，使得亚行成为柬埔寨最大的多边资助方。亚行于 1997 年 3 月 28 日宣布向柬埔寨提供 5740 万美元的贷款，用于发展医疗和农业项目，其中 3040 万美元用于在柬埔寨新建或重建 26 座医院以及 230 个农村医疗站，其余用于农业发展贷款。自 1993 年柬埔寨新政府产生以来至 1997 年初，世界银行已向柬埔寨提供 2.37 亿美元的贷款，期限为 40 年（包括 10 年宽限期），并只收取 0.75% 的管理费。2010 年 3 月 2 日，亚洲开发银行与柬埔寨政府签署总额 6350 万美元的援建铁路协议。根据协议，亚行和澳大利亚政府将分别向柬政府提供 4200 万美元优惠贷款和 2150 万美元无偿援助，用于修复柬现有铁路，并新建诗梳风至柬泰边境波贝 48 公里铁路。柬现存两条铁路线，均年久失修，运行困难。一条为金边至西哈努克港南线铁路，全长 254 公里；一条为金边至诗梳风北线铁路，全长 337 公里，该段也是泛亚铁路柬境内的一部分。修复和新建项目总耗资约 1.4 亿美元，已于 2013 年完工。2010 年 12 月 16 日亚洲开发银行宣布，决定柬铁路维修项目援款加倍，由原来的 4200 万美元增至 8400 万美元，占柬铁路维修项目总值 1.41 亿美元中 60% 的份额。据悉，柬需重建的铁路长达 600 公里。亚行上述援助属优惠贷款，为期 32 年，其中包括 8 年宽限期。宽限期内年利 1%，其后年利为 1.5%。2010 年 3 月初，该行向柬提供 4200 万美元优惠贷款，用于柬埔寨修复从金边到西哈努克港的铁路等项目。2011～2013 年以来，亚洲开发银行主要对柬埔寨优先发展交通、卫生、农业、教育和金融五个领域的项目，致力于农村和省级道路建设、促进农业现代化、提高初级教育和职业教育水平等。

（二）金融资金援助

2010 年 12 月 2 日亚行通过理事会会议决定，将向柬埔寨提供 1500 万美元的援助，落实改善金融体系项目，帮助柬埔寨政府建立稳健的金融市场制度。援助项目涉及改善商业银行支付系统、改善债券支付体系、改善银行体系运作、完善有关银行与金融业相关法律制度。通过完善金融市场制度，鼓励小额金融机构接受民众存款。亚行从 2007 年起开始向柬埔寨提供金融项目的援助，援助总额已达 15.2 亿美元，创造了 12000 个就业机会，并且促成 980 个银行分行和小额金融机构开业。2011 年 1 月 27 日柬埔寨副总理兼财政部长吉春同亚洲开发银行驻柬埔寨经理普图·勘亚内（Putu Kamayana）签署援助协议，通过该协议，亚行决定向柬埔寨提供 4400 万美元援助，用于实施三个发展项目。2013 年 1 月亚洲开发银行向柬政府的 6 个发展项目提供约 2.3 亿美元援助，其中 2.18 亿美元是贷款，1170 万美元为无偿援助。6 个发展项目分别是：促进经济多样化项目、公共服务基层分权管理和财政改革项目、第 3 期教育领域发展项目、发展南部地区经济走廊项目、扩建中压电缆系统项目以及防治水灾和大湄公河次区域旱灾项目。关于亚行对柬援助情况详见表 8-2。

表 8-2 1966～2013 年亚行向柬埔寨提供的援助

项 目	数量	金额（百万美元）	占比（%）
农业和自然资源	22	377.31	19.68
教育	10	204.60	10.67
能源	7	165.77	8.65
金融	12	200.30	10.45
卫生和社保	4	59.00	3.08
工业和贸易	3	46.60	2.43
多部门	5	205.80	10.74
公共部门管理	15	162.07	8.45
交通	11	373.26	19.47
水资源供应及其他市政基础设施	6	122.26	6.38
合 计	95	1916.97	100.00

资料来源：www.adb.org/sites/default/files/pub/2014/CAM.pdf。

大事纪年

1~7 世纪初	扶南王朝。
7~8 世纪末	早期真腊。
802~850 年	阇耶跋摩二世在位。
802~1432 年	吴哥王朝。
15 世纪初~16 世纪末	晚期真腊。
16 世纪末~1863 年	柬埔寨王国时期。
1219 年	阇耶跋摩七世去世。
1431 年	吴哥被阿瑜陀耶的军队占领。
1618 年	巴隆·拉嘉四世让位于其子吉·哲塔二世。
1771 年	越南爆发西山农民大起义。
1779 年	柬埔寨德良太守牟氏发动叛乱。
1794 年	安英王在曼谷加冕。
1796 年	安英王病故。
1802 年	越南阮朝建立。
1807 年	柬埔寨国王安赞二世（1806~1834 年在位）被迫向阮朝称臣纳贡。
1813 年	阮朝军队侵入柬埔寨境内，柬沦为越南的“保护国”。
1828 年	柬埔寨人民抗越民族起义。
1840 年	柬埔寨人民抗越民族起义。
1841 年	曼谷王朝军队进占金边。

1845 年	暹越签订和约。
1859 年	诺罗敦成为柬埔寨新国王。
1860 年	法国博物学家亨利·穆奥在密林中探险时发现了吴哥古迹。
1863 年	阿卡·索亚亲王率领农民和僧侣发动了第一次反法起义。柬埔寨沦为法国的保护国。
1864 年	泰国曼谷王朝的拉玛四世蒙固王创立达摩育特派。
1867 年	金边成为柬埔寨固定首都。马德望、诗梳风、暹粒三省割让给暹罗。
1876 年	首次发现磅清扬省境内新石器时代遗址三隆森。
1884 年	法国人强迫柬埔寨王室签订第二次《法柬条约》。
1904 年	诺罗敦国王逝世。
1914 年	创立瑞华学校。
1922 年	诺罗敦·西哈努克出生于柬埔寨金边市。
1935 年	柬埔寨建立第一所高级中学。
1941 年	马德望、暹粒及磅同和上丁两省的部分地区割让给泰国；日本出兵侵入柬埔寨。
1941 年	诺罗敦·西哈努克继承王位。
1943 年	金边爆发了有数万人参加的反法示威游行。
1944 年	诺罗敦·拉那烈出生于金边。
1945 年	日本直接统治柬埔寨；废除《法柬条约》。
1946 年	选举法颁布；通过宪法草案。建立抗法武装。签署《法柬军事协定》。
1947 年	柬埔寨王国宪法正式颁布；举行首届国民议会选举。
1949 年	柬法签署新条约。

1951 年	成立越南－高棉－寮国人民联盟委员会。
1951 年	洪森出生于磅湛省。
1953 年	发起“争取独立的王家改革运动”；法国结束对柬埔寨的殖民统治。
1953～1970 年	西哈努克时期。
1953 年	11 月柬埔寨宣布独立。
1954 年	日内瓦会议；柬埔寨获得了国际社会的承认。
1955 年	万隆亚非会议。3 月，西哈努克访问印度。
1956 年	5 月 18 日，柬埔寨与苏联正式建交。
1958 年	中柬正式建立外交关系。
1959 年	实行征兵制。
1960 年	苏拉玛里特国王病逝；西哈努克就任国家元首。创办高棉皇家大学。
1964 年	成立技术大学。伊姆·乌莱发表著名诗集《怒火熊熊》。
1966 年	第六次国民议会选举。柬埔寨劳动党改名为柬埔寨共产党。
1967 年	朗诺辞职。
1968 年	举行了第一届国际电影节。
1969 年	恢复与美国的外交关系。尼克松入主白宫。
1970 年	朗诺集团宣布取消君主立宪制。美军和南越军队入侵柬埔寨。“3·18”政变。
1970～1975 年	朗诺政权时期。
1971 年	朗诺发动代号为“真腊 2 号”的大扫荡。
1973 年	西哈努克出访亚非欧三大洲的 11 个国家。
1973 年	美国签署《关于结束战争、恢复和平的协定》。
1974 年	政府财政赤字达到 482.4 亿瑞尔。
1975 年	红色高棉推翻朗诺政权。柬共取得抗美救

	国战争的全面胜利。
1976 年	柬共颁布了《民主柬埔寨宪法》。民主柬埔寨举行首次普选。
1977 年	柬越两国断交。
1978 年	越南大举入侵柬埔寨。
1979 年	越军占领金边。
1983 年	越军发动 3 次重点进攻。
1984 年	越对柬西部进行大扫荡。
1986 年	第一个社会经济复兴和发展五年计划。
1989 年	越南从柬埔寨撤走了最后一批部队。实施《柬埔寨外商外资法》。
1990 年	4 月，西哈努克提出九点和平计划。8 月，联合国安理会通过《全面政治解决柬埔寨问题的框架文件》。9 月，成立柬埔寨全国最高委员会。
1991 年	签署《巴黎协定》。
1992 年	联合国安理会向柬埔寨派出联柬机构。1 月 4 日，美解除对柬实施的贸易禁令。
1993 年	1 月，金边政权对民柬阵地发起大规模攻势。9 月，柬埔寨通过新宪法。
1994 年	新《柬埔寨王国投资法》。
1995 年	通过《私有化条例》。美向柬提供了约 5000 万美元军援。
1996 年	《外汇法》。
1997 年	柬埔寨国民议会通过《政党法》。颁布《柬埔寨王国公司法》,《柬埔寨王国劳工法》。
1998 年	7 月，柬埔寨举行第二次大选。12 月，联合国恢复了柬埔寨在联合国的合法席位。
1999 年	柬埔寨正式加入东盟。

2000 年 提出“三角战略”。江泽民主席访问柬埔寨。

2001 年 1 月，通过《审判红色高棉法》。4 月，通过了《矿产法》。发表《2000 年柬埔寨国防白皮书》。6 月，泰国总理他信正式访柬，签署了《新闻公报》《经济合作框架协议》等文件。

2002 年 师恩大桥启用。柬担任东盟轮值主席国。签署《南海各方行为宣言》。

2003 年 举行第三次全国大选。8 月 16 日，柬埔寨第一家越文报纸在金边创刊发行。6 月，承办第 36 届东盟外长会议。9 月，柬埔寨加入世贸组织。

2004 年 诺罗敦·西哈莫尼成为柬埔寨的新一任国王。“四角战略”。《万象行动计划》《东盟安全共同体行动计划》。

2006 年 温家宝总理访问柬埔寨。发布《2006 年柬埔寨国防白皮书》。

2007 年 第二届全国基层选举。11 月 12 日，加入《东盟 – 中国自由贸易区协议》和《东盟 – 韩国自由贸易区协议》。11 月 20 日，签署《东盟宪章》。

2008 年 第四届全国大选。柬日两国建交 55 周年。4 月 3 日，柬埔寨首个卫星电视网正式成立。

2012 年 柬埔寨全国人口达到 1474 万。再次成为东盟轮值主席国。柬越建交 45 周年。3 月，“2012 吴哥哨兵”军事演习。3 月 31 日，东盟 – 欧盟高官会议举行。4 月，签署《东京战略》。5 月，第六届东盟防长会议

	召开。10 月 15 日，柬埔寨前国王西哈努克在北京逝世。11 月 19 日，美国总统奥巴马访问柬埔寨。
2013 年	6 月，“太平洋空运－2013”军事演习。第五届国会选举，人民党获胜。

参考文献

一　中文图书

陈显泗:《柬埔寨两千年史》，中州古籍出版社，1990。

陈显泗等:《中国古籍中的柬埔寨史料》，河南人民出版社，1985。

陈显泗等:《神塔夕照——吴哥文明探秘》，云南人民出版社，2001。

贺圣达:《东南亚文化发展史》，云南人民出版社，1996。

贺圣达等:《战后东南亚历史发展（1945～1994）》，云南大学出版社，1995。

贺圣达等:《走向21世纪的东南亚与中国》，云南大学出版社，1997。

贺圣达等:《世纪之交的东盟与中国》，云南民族出版社，2001。

姚楠主编《东南亚历史词典》，上海辞书出版社，1995。

王民同主编《东南亚史纲》，云南大学出版社，1994。

杜敦信、赵和曼主编《越南老挝柬埔寨手册》，时事出版社，1988。

王士录:《当代柬埔寨》，四川人民出版社，1994。

王士录:《当代柬埔寨经济》，云南大学出版社，1999。

谭实等:《柬埔寨》，广西人民出版社，1985。

许肇琳、张天枢:《柬埔寨》，广西人民出版社，1995。

刘稚:《走进柬埔寨》，云南美术出版社，2004。

张锡镇:《当代东南亚政治》，广西人民出版社，1994。

张锡镇:《西哈努克家族》，社会科学文献出版社，1996。

张锡镇：《东亚：变幻中的政治风云》，中国国际广播出版社，2002。

汪新生：《现代东南亚政治与外交》，广西人民出版社，1998。

梁英明等：《近现代东南亚》，北京大学出版社，1992。

梁志明主编《殖民主义史：东南亚卷》，北京大学出版社，1999。

陈乔之等：《冷战后东盟国家对华政策研究》，中国社会科学出版社，2001。

马晋强主编《当代东南亚国际关系》，世界知识出版社，2000。

张殿英主编《东方风俗文化词典》，黄山书社，1991。

居三元等主编《东方文化词典》，北京大学出版社，1993。

余定邦：《东南亚近代史》，贵州人民出版社，1996。

何平：《东南亚的封建—奴隶制结构与古代东方社会》，云南大学出版社，1999。

汪慕恒等：《东盟国家外资投资发展趋势与外资投资政策演变》，厦门大学出版社，2002。

周庚鑫等主编《东南亚国家的外资政策》，云南人民出版社，1992。

李勤主编《东南亚经济概论》，云南民族出版社，1999。

赵伯乐主编《当代南亚国际关系》，中国社会科学出版社，2003。

张俞：《越南、柬埔寨、老挝华侨华人漫记》，香港社会科学出版社有限公司，2002。

《军事辞海·国际军事卷》，浙江教育出版社，2000。

《世界军事年鉴》（1989～2002），解放军出版社，2002。

华留虎主编《东盟军情望》，国防大学出版社，1998。

杨全喜、钟智翔主编《东盟国家军事概览》，军事谊文出版社，2003。

〔柬〕西哈努克：《西哈努克回忆录：我与中央情报局的斗争》，商务印书馆，1979。

〔柬〕西哈努克：《西哈努克回忆录——甜蜜与辛酸的回忆》，黑龙江人民出版社，1987。

杨木：《西哈努克国王》，四川人民出版社，1997。

赵兴燕等：《西哈努克》，浙江人民出版社，1997。

王爱飞：《波尔布特》，中国文史出版社，1997。

现代国际关系研究所世界人物研究室编：《东南亚·南亚名人录》，时事出版社，1990。

刘咸岳、黄铮主编《2001～2002年东南亚发展报告》，广西人民出版社，2002。

古小松主编《2003～2004年东南亚发展报告》，广西人民出版社，2004。

王士录主编《2000年东南亚发展报告》（内部资料），2001年5月。

王士录主编《东南亚报告：2002～2003》，云南大学出版社，2003。

王士录主编《东南亚报告：2003～2004》，云南大学出版社，2004。

王士录主编《2004～2005东南亚报告》，云南大学出版社，2005。

邹忠全、周影：《东南亚经济与贸易》，中国财政经济出版社，2006。

刘仁伍：《东南亚经济发展地图》，社会科学文献出版社，2008。

刘仁伍：《东南亚经济运行报告（2007）》，社会科学文献出版社，2007。

董治良主编《柬埔寨王国经济贸易法律指南》，中国法制出版社，2006。

王士录主编《2007～2008东南亚报告》，云南大学出版社，2008。

王士录主编《2008～2009东南亚报告》，云南大学出版社，2009。

赵和曼主编《东南亚手册》，广西人民出版社，2000。

董治良、赵佩丽、木向宏编《柬埔寨王国经济贸易法律指南》，中国法制出版社，2006。

刘美凤：《柬埔寨：金边耀眼的地方》，广西民族出版社，2006。

卢军、郑军军、钟楠编《柬埔寨概论》，世界图书出版公司，2012。

李轩志编著《柬埔寨社会文化与投资环境》，世界图书出版公司，2012。

赵耀：《柬埔寨王国投资法律风险防范》，法律出版社，2013。

〔新〕尼古拉斯·塔林主编《剑桥东南亚史》（上、下卷），云南人民出版社，2003。

〔英〕D. G. E. 霍尔：《东南亚史》（上、下），商务印书馆，1982。

〔美〕约翰·F. 卡迪：《东南亚历史发展》，上海译文出版社，1988。

〔美〕约翰·F. 卡迪：《战后东南亚史》，上海译文出版社，1984。

〔美〕马丁·弗·黑尔兹：《柬埔寨简史》，福建人民出版社，1972。

〔美〕卢西恩·W. 派伊：《东南亚政治制度》，广西人民出版社，1993。

〔美〕钱德勒：《世界历史文库——柬埔寨史》，中国大百科全书出版社，2013。

〔英〕迈克尔·利弗：《当代东南亚政治研究指南》，厦门大学东南亚研究中心，2003。

〔法〕A. 多凡·默涅等：《柬埔寨史》，暨南大学东南亚研究所，1982。

〔法〕姆·耳·马尼奇·琼赛：《泰国与柬埔寨史》，福建人民出版社，1976。

柬埔寨发展理事会：《各省市投资主要数据》，2003。

二　外文文献

Economist Intelligence Unit, *Country Profile* (*Report*): *Cambodia*, from 1992 to 2009.

Russell R. Ross, *Cambodia*: *A Country Study*, The US Government Published Press, Third Edition, 1990.

David P. Chandler, *The Tragedy of Cambodian History*: *Politics*, *War*, *and Revolution since* 1945, Chiang Mai: Silkworm Books, 1999.

Grant Curtis, *Cambodia Reborn*? *The Transition to Democracy and Development*, Washington, D. C.: Brookings Institution Press, 1998.

Evan Gottesman, *Cambodia After the Khmer Rouge*, New Haven & London: Yale University Press, 2003.

Ben Kiernan, *The Pol Pot Regime*: *Race*, *Power and Genocide in*

Cambodia under the Khmer Rouge, 1975 ~ 1979, Chiang Mai: Silkworm Books, 1996.

SIPRI, *SIPRI Yearbook 2001: Armament, Disarmament and International Security*.

World Bank, *Cambodia: Progress in Recovery and Reform*, Washington, D. C.: World Bank, East Asia and Pacific Region, Country Department I, 1997.

The National Institute of Statistics (NIS): *Cambodia InterCensal Population Survey*, 2004.

Ministry of Tourism: *Cambodia, A World of Treasures*, ARTASIA Press Co. Ltd, 2004.

Nick Ray, *Cambodia* (7th Edition) Lonely Planet Publications Pty Ltd, 2010.

The Guardian Weekly.

Jane's Defence Weekly.

三　网站

中华人民共和国外交部网站：http://www.fmprc.gov.cn/

新加坡《联合早报》电子版：http://www.zaobao.com/

新华网：http://www.xinhuanet.com/

柬埔寨《星洲日报》电子版（中文）：http://news.sinchewi.com/cam/

《金边邮报》：http://www.phnompenhpost.com/

金边晚报：http://www.jinbianwanbao.com

柬华日报：http://www.jianhuadaily.com

柬埔寨新景象：http://www.cnv.org.kh/

世界银行：http://www.worldbank.org/

中国驻柬埔寨大使馆：http://kh.china-embassy.org/chn/

中国驻柬埔寨大使馆经商处：http://www.cambodiainvestment.gov.kh/

柬埔寨中国商会网站联盟：http：//www. ccucc. asia/

柬埔寨中国商会：http：//www. cambo - china. com/

柬埔寨政府网站：http：//www. cambodia. gov. kh/

柬埔寨商业部：http：//www. moc. gov. kh/

柬埔寨制衣厂商工会：http：//www. gmac - cambodia. org/

柬埔寨农林渔业部：http：//www. maff. gov. kh/

柬埔寨文化艺术部：http：//www. mcfa. gov. kh/

柬埔寨环境保护部：http：//www. moeys. gov. kh/

柬埔寨外交与国际合作部：http：//www. mfaic. gov. kh/default. aspx

柬埔寨卫生部：http：//www. moh. gov. kh/

柬埔寨工业矿产能源部：http：//www. mime. gov. kh/

柬埔寨内政部：http：//www. interior. gov. kh/

柬埔寨社会事务、劳动、职业培训与青年改造部：http：//www. mlmupc. gov. kh/

柬埔寨计划部：http：//www. mop. gov. kh/

柬埔寨邮电通讯部：http：//www. mptc. gov. kh/view/home/default. aspx

柬埔寨公共工程与运输部：http：//www. mpwt. gov. kh/

柬埔寨农村发展部：http：//www. mrd. gov. kh/

柬埔寨旅游部：http：//www. tourismcambodia. org/

柬埔寨水利气象部：http：//www. mowram. gov. kh/

柬埔寨金边市政府：http：//www. phnompenh. gov. kh/

柬埔寨民用航空国务秘书处：http：//www. civilaviation. gov. kh/

索　引

B

F

G

H

J

L

Y

Z

其他

新版《列国志》总书目

亚洲

阿富汗
阿拉伯联合酋长国
阿曼
阿塞拜疆
巴基斯坦
巴勒斯坦
巴林
不丹
朝鲜
东帝汶
菲律宾
格鲁吉亚
哈萨克斯坦
韩国
吉尔吉斯斯坦
柬埔寨
卡塔尔
科威特
老挝
黎巴嫩
马尔代夫
马来西亚
蒙古
孟加拉国
缅甸
尼泊尔
日本
沙特阿拉伯
斯里兰卡
塔吉克斯坦
泰国
土耳其
土库曼斯坦
文莱
乌兹别克斯坦
新加坡
叙利亚
亚美尼亚
也门
伊拉克
伊朗
以色列
印度
印度尼西亚
约旦
越南

非洲

阿尔及利亚
埃及
埃塞俄比亚
安哥拉
贝宁
博茨瓦纳
布基纳法索
布隆迪
赤道几内亚
多哥
厄立特里亚
佛得角
冈比亚
刚果共和国
刚果民主共和国
吉布提
几内亚
几内亚比绍
加纳
加蓬
津巴布韦
喀麦隆
科摩罗
科特迪瓦
肯尼亚
莱索托
利比里亚
利比亚
卢旺达
马达加斯加
马拉维
马里
毛里求斯
毛里塔尼亚
摩洛哥
莫桑比克
纳米比亚
南非
南苏丹
尼日尔
尼日利亚
塞拉利昂
塞内加尔
塞舌尔
圣多美和普林西比
斯威士兰
苏丹
索马里
坦桑尼亚
突尼斯
乌干达
西撒哈拉
赞比亚
乍得
中非

欧洲

阿尔巴尼亚
爱尔兰
爱沙尼亚

美洲

墨西哥
尼加拉瓜
萨尔瓦多
圣基茨和尼维斯
圣卢西亚
圣文森特和格林纳丁斯
苏里南
特立尼达和多巴哥
危地马拉
委内瑞拉
乌拉圭
牙买加
智利

大洋洲

澳大利亚
巴布亚新几内亚
斐济
库克群岛
密克罗尼西亚
纽埃
萨摩亚
汤加
瓦努阿图
新西兰

图书在版编目（CIP）数据

柬埔寨/卢光盛等编著. -3版—北京：社会科学文献出版社，2014.12

（列国志：新版）

ISBN 978-7-5097-6092-5

Ⅰ.①柬… Ⅱ.①卢… Ⅲ.①柬埔寨-概况 Ⅳ.①K933.5

中国版本图书馆 CIP 数据核字（2014）第114031号

·列国志（新版）·

柬埔寨（Cambodia）

编 著／卢光盛 李晨阳 瞿健文 李 涛

出 版 人／谢寿光

项目统筹／张晓莉

责任编辑／赵怀英

出 版／社会科学文献出版社·人文分社（010）59367215

地址：北京市北三环中路甲29号院华龙大厦 邮编：100029

网址：www.ssap.com.cn

发 行／市场营销中心（010）59367081 59367090

读者服务中心（010）59367028

印 装／三河市尚艺印装有限公司

规 格／开 本：787mm×1092mm 1/16

印 张：26.25 插 页：1 字 数：409千字

版 次／2014年12月第3版 2014年12月第1次印刷

书 号／ISBN 978-7-5097-6092-5

定 价／79.00元